港澳台与海外新闻传播丛书　　丛书主编　董天策

港澳台广播电视

Radio Television in Hong Kong, Macao and Taiwan

谭天　等　著

暨南大學出版社
JINAN UNIVERSITY PRESS
中国·广州

图书在版编目（CIP）数据

港澳台广播电视 / 谭天等著. —广州：暨南大学出版社，2010. 3
ISBN 978-7-81135-449-2

Ⅰ. ①港… Ⅱ. ①谭… Ⅲ. ①广播事业—发展—概况—香港②广播事业—发展—概况—澳门③广播事业—发展—概况—台湾④电视事业—发展—概况—香港⑤电视事业—发展—概况—澳门⑥电视事业—发展—概况—台湾 Ⅳ. ①G229. 276②G229. 275. 8

中国版本图书馆 CIP 数据核字（2010）第 012588 号

出版发行：暨南大学出版社

地　址：中国广州暨南大学
电　话：总编室（8620）85221601
营销部（8620）85225284　85228291　85220693（邮购）
传　真：（8620）85221583（办公室）　85223774（营销部）
邮　编：510630
网　址：http：//www. jnupress. com　http：//press. jnu. edu. cn

排　版：暨南大学出版社照排中心
印　刷：佛山市浩文彩色印刷有限公司

开　本：787mm × 1092mm　1/16
印　张：19
字　数：397 千
版　次：2010 年 3 月第 1 版
印　次：2010 年 3 月第 1 次
印　数：1—2000 册

定　价：36. 00 元

本书由暨南大学“211 工程”项目“传媒产业与新闻传播研究”及教育部特色专业“新闻学”资助出版

Radio Television in Hong Kong, Macao and Taiwan

目录

上　编

中　编

下　编

总　序

2006年，华侨最高学府暨南大学百年华诞，暨南大学新闻传播教育恰好六十周年。在中国文化语境中，“百年”、“六十”意味深长，不仅令人回首过去的光荣，更令人憧憬未来的梦想。惟其如此，走过六十个春秋的暨南大学新闻与传播学院，在热烈的庆典氛围中不能不冷静地思考：暨南大学新闻传播教育有什么样的传统与特色？有什么样的经验与教训？有什么样的未来前景？

回顾历史，暨南大学新闻传播教育可谓历经风雨而不断奋进：1946年，暨南大学新闻学系在上海创立。1949年，因暨南大学停办而并入复旦大学新闻系。1958年，暨南大学在广州重建，中文系1960年开办新闻学专业。1970年，暨南大学在文化大革命中被迫停办，新闻学专业也随中文系并入华南师范学院（今华南师范大学）。1978年，复校后的暨南大学重建新闻学系，设立新闻学专业。从此，暨南大学新闻传播教育才走上不断开拓与发展的道路：

1983年，开设国际新闻与传播双学位专业（后更名为国际新闻本科专业）；

1985年，继中国人民大学新闻学院、复旦大学新闻学院、北京广播学院（今中国传媒大学）之后，成为第三批次获得新闻学硕士授予权的单位之一；

1994年，创办广告学本科专业；

2000年，获传播学硕士学位授予权；

2001年，在原新闻学系的基础上组建新闻与传播学院，下设新闻学系、广告学系、广播电视学系；同年，创办广播电视新闻学本科专业；

2003年，新闻学专业被评定为广东省名牌专业，新闻学科被确定为国务院侨务办公室重点学科；

2005年，获新闻学博士学位授予权。

在这样一个本科专业不断拓展、办学层次不断提升的过程中，暨南大学新闻传播教育的传统与特色越来越清晰地呈现出来。作为最高华侨学府的新闻传播教育，一个最突出的传统与特色就是大量招收华人华侨子弟，为港澳以及东南亚等地培养了大批的新闻传播专业人才。暨南大学新闻学系创立之初，著名华侨报人冯列山首任系主任，一开始就具有鲜明的“侨”字特色。在以后的发展过程中，招生、教学、科研，“侨”字特色始终保持。暨南大学1978年复办当年，新闻学系招收的香港、澳门等地的学生，就将近招生人数的一半，而现在的本科生中，港澳台与海外华人华侨学子更占70%以上。针对这样的生源结构，新时期以来学院陆续开设了海外新闻采写、海外报刊编辑、港澳社会问题研究之类的课程，2005 年重新修订的本科人才培养方案更开设了国际时事政治、国际传播、港澳台新闻事业、海外华文传媒、港澳台广告业、海外公益广告等特色性课程。与此同时，也一向比较注重开展对港澳台媒体、海外华文传媒的研究，陆续发表了一批关于港澳台与海外华文传媒的论文，出版了《香港报业春秋》、《东盟国家媒介透视》、《东南亚华文报纸研究》等著作，从而有力地促进了特色化的人才培养。

正是由于暨南大学新闻传播教育始终具有这样的“侨”字特色，本人于2006 年9 月受命担任暨南大学新闻与传播学院常务副院长主持日常工作以来，在规划未来学科建设的时候，特别重视将华文传媒研究作为一个富有特色的学科方向加以强化。在广东省重点学科暨南大学新闻学的建设规划中，把海外华文传媒研究作为一个重要的研究方向；在广东省高校人文社会科学重点研究基地暨南大学海外华文文学与华文传媒研究中心，把海外华文传媒研究作为一个重要的研究领域；在暨南大学“十一·五”、“211 工程”建设项目中，把海外华文传媒研究作为暨南大学华侨华人与海外华文教育学科的一个重要内容。

为了切实推进暨南大学海外华文传媒的研究，并将有关研究成果转化为人才培养的教学资源，深化暨南大学新闻传播教育的专业特色，学院在 2006 年底结束百年校庆、六十周年院庆活动之后，立即启动“港澳台与海外新闻传播丛书”的编撰工作：精心策划丛书的内容，确定各部书稿的撰写人，组织有关教师讨论撰写体例。由于各部书稿的研究基础不同，加上丛书作者大都承担了相当繁重的教学科研任务，这套丛书将陆续推出。该丛书的出版得到暨南大学出版社的大力支持，策划编辑杜小陆先生高度重视，从封面设计、版式设计到编辑校对，都找行家里手反复斟酌，使出版质量得到充分保障。

在“港澳台与海外新闻传播丛书”编撰的第一年——2007 年，暨南大学新闻与传播学院的学科专业建设又迈上一个新的历史台阶：新闻学先后被批准为广东省重点学科、教育部高等学校特色专业建设点，海外华文文学与华文传媒研究中心被批准为广东省重点人文社会科学研究基地，新闻传播学博士后科研流动站被国家人事部批准设立。所有这一切，都为暨南大学新闻传播教育迈向更辉煌的明天奠定了坚实的基础。

衷心祝愿“港澳台与海外新闻传播丛书”顺利出版，该丛书的出版有利于强化暨南大学新闻传播教育的“侨”字特色，提升暨南大学新闻传播教育的办学水平，从而为培养高素质创新型的海内外新闻传播专业人才作出更大贡献！

董天策

2007 年 11 月 15 日

序

暨南大学新闻传播教育的一个重要传统与特色在于：不仅为国内新闻传播业培养专业人才，而且为港澳台新闻传播业、为海外华文媒体培养专业人才。因此，研究港澳台新闻传播业，研究海外华文媒体，并且把研究成果及时转化为人才培养的教学资源，是暨南大学新闻与传播学院义不容辞的责任。2007 年初，我开始策划“港澳台与海外新闻传播丛书”的编撰，《港澳台广播电视》就是其中的一部。

随着香港、澳门的回归与两岸互动的加强，国内学界日益重视对港澳台新闻传播业的研究，分别研究港澳台新闻传播业的论文越来越多地出现在专业刊物上。不过，从总体上看，对港澳台新闻传播业的研究还不够充分，不够深入，一个重要的表现即研究专著尚不多见。已出版的著作，或者分别概述香港、台湾新闻传播业的总体面貌，或者分别勾勒香港、台湾新闻传播业的历史发展，很少对港澳台新闻传播业作整体的审视。由于历史的原因，香港、澳门、台湾的新闻传播业各有千秋，需要分别研究。但是，从专业教学的角度看，我们十分需要对港澳台新闻传播业进行整体性观照，从而提升对港澳台新闻传播业的总体认识。

基于这样的想法，同时考虑到广播电视业在整个新闻传播业中的地位日益突出，我们把港澳台广播电视从港澳台新闻传播业中分立出来，单独进行探讨。在讨论《港澳台广播电视》一书的框架时，我曾提出这样的撰写原则：既不要写成概览、概观之类的一般介绍，也不要写历史发展史，而要在史论结合的基础上进行专题研究，深入探讨，从而增强论述的学理性与现实针对性，有利于读者比较深入地把握港澳台广播电视的历史、现实与特色。

谭天教授和他组织的写作团队，历时近三年才完成《港澳台广播电视》的撰写，相当出色地完成了原来的写作构想。书稿不仅继承借鉴了前人的研究成果，而且搜集整理了不少最新的资料，分为上、中、下三篇，按照历史发展、管理运营、节目形态等几个方面，分别对香港、澳门、台湾的广播电视作了深入的论述。各篇内容相互映照，相互阐发，不仅有利于读者比较港澳台广播电视的历史、现实与特色，而且有利于读者体认港澳台广播电视的总体特色。章节的安排也充分考虑了港澳台广播电视的特殊性。譬如香港广播、电视剧的成就与影响突出，就分别单列出“香港广播节目”、“香港电视剧”两章；台湾电视新闻与纪录片、电视剧与娱乐节目比较均衡，就分别撰写了“台湾电视新闻与纪录片”、“台湾电视剧与电视娱乐节目”两章。这样的章节安排，进一步凸现了港澳台广播电视各自的特色。

当然，由于种种原因，特别是写作者缺乏在港澳台地区比较深入的生活体验，对港澳台地区历史与现实的特殊性之认识也有待深化，这势必限制写作者在联系历史与现实的政治、经济、文化、社会来论述港澳台广播电视这一方面的深度。万事开头难。《港澳台广播电视》的出版，表明作者在港澳台广播电视研究方面已迈出了相当坚实的一步，可喜可贺。我相信，作者在此基础上深入研究，将来在适当的时候推出《港澳台广播电视》修订本，一定会更加精彩！

董天策

2009 年国庆节于暨南园

第一章

香港广播电视历史与现状

由于地狭人密，兼之观念开放、技术发达、人才荟萃，香港的广播电视业历来处于高度竞争状态中，不仅声音广播从一家垄断发展到三足鼎立，香港电台代表主流意识形态，而且在电视广播中，“无线”与“亚视”之间的竞争由来已久，几乎贯穿于整个香港电视发展史中。尤其在当下，由于影视科技的迅猛发展，有线导线、卫星技术以及互联网技术、数字化浪潮带来了深广的发展契机。不仅如此，随着传播观念、收费观念的深入，收费电视异军突起，电视竞争愈发激烈。传统的免费“无线”传播必然会利用雄厚的节目、资本、社会资源与品牌意识，积极开发收费节目，成立收费频道；网络新兴科技促使越来越多的有线电视与新媒体组合在一起，形成了更具时新性的互动电视，如此等等，都为香港广播电视的发展提供了无数的可能。

第一节　电台：从一家垄断到三足鼎立

（一）香港电台一家独霸

香港电台（Radio Hong Kong）正式成立于1928年，直至1959年“商业广播电台”成立，一直独霸香港的广播市场。

图1-1　香港电台 logo

图1-2　香港电台台址[①]

香港的广播事业肇始于无线电爱好者的实验活动。1923年，香港市民自发组织“香港无线电学会”，开始播放新闻、音乐、歌剧，这距离全世界第一家广播电台——美国匹兹堡的KDKA的成立，不到三年的时间。1928年6月30日，由港英政府接管，成立呼号为GOW的电台，这就是香港电台的前身。这一天也成为香港广播的纪念日。香港电台开始仅以英语播出，直到1934年才增设中文台，用粤语播音，台号为ZEK。1941年12月，日本发动太平洋战争，并迅速占领香港，霸占香港电台，将其更名为“香岛放送局”，为其侵略服务。随着日本的战败，1945年9月15

① http：//www. fmdiy. com/ReadNews. asp？NewsID＝213

日，英国人重新回到香港。1948 年正式启用“香港广播电台”（RHK）的称号。20 世纪五六十年代以来，香港社会经济迅猛发展，1956 年，港英政府同意香港电台扩大规模，中文台（1957 年）与英文台（1960 年）实现全天播音。1976 年 4 月，香港电台创制超短波调频立体声节目，成为亚洲第一个采用立体声广播的电台。1981 年 6 月，开始全日 24 小时调频立体声广播。

1997 年香港回归祖国以来，香港电台继续发展，积极测试数码声音广播，提升声音广播的质量效果。1998 年，香港电台联同当时的资讯科技及广播局、商业电台及新城电台，首次在港岛的歌赋山及九龙的笔架山设置发射器，共同以欧洲广播联会制定的 Eureka 147 制式测试数码声音广播。2004 年，香港电台分两个阶段，进一步测试数码声音广播。在 2004 年 3 月，先行以 DRM（Digital Radio Mondiale）技术，测试中波频率数码声音广播；9 月起，再度测试欧洲尤里卡（Eureka 147）制式 Band 111 频率。2005 年 8 月，进行数码声音广播测试，但最终因以市场主导，再加上商业电台及新城电台对数码广播兴趣不大，所以未有实际成果。但到 2007 年 5 月香港电台已进行了四个阶段的数码声音广播测试，这为以后的数码广播打下了坚实基础。另外，香港电台积极与中央人民广播电台合作，适当地作了一些节目改变。如 2005 年达成合作协定，作一些节目的转播；再如同年 7 月，香港电台表示“考虑到节目策略方针及财政紧缺”，决定在 2005 年新马季停播赛马节目。这种决定曾经引起香港媒体的疑虑。实际上，香港电台以主流电台的身份作出相应的节目调整，以适应回归之后的香港社会，正表现出香港电台积极务实的态度。

目前，香港电台设有以下七个频道，覆盖全岛（见表 1－1）：

表 1－1　香港电台的七个频道

电台名称	频率	内部名称	节目形态	诉求对象
香港电台第一台	FM92.6～94.4	第一新闻与资讯频道	以粤语播音，传递最新、最全面的新闻时事资讯，兼备交流，协助公民、社会的协调发展	全体社会公众
香港电台第二台	FM94.8～96.9	第二家庭频道	提供丰富的生活资讯，推动社会共荣，支持多元文化的发展，并设有网上电台，以开拓青年沟通的网络世界	注重青年、社区活动及音乐
香港电台第三台	AM567、AM1584、FM106.8（香港岛南）、FM97.6（跑马地、渣甸山、湾仔、阳明山庄眺景园）、FM107.8（将军澳、天水围）	第三新闻及资讯频道	为居港的英语人士提供英语资讯，协助投入本港社会事务建设，融入香港	居港的英语人士

（续上表）

电台名称	频率	内部名称	节目形态	诉求对象
香港电台第四台	FM97.6～98.9	古典音乐台	推广美乐（FINE MUSIC），提高大众精神生活素质	古典音乐爱好者
香港电台第五台	AM783、FM99.4（将军澳）、FM106.8（屯门、元朗）、FM92.3（天水围）	第五长者、文化及教育频道	服务长者、照顾“小众”，全力做到“戏曲文教、生活传真、敬老慈幼、服务社群”	老人与戏曲爱好者等
香港电台第六台	AM675	第六英国广播公司世界台	转播英国广播公司世界台的节目	居港的英语人士
香港电台普通话台	AM621、FM100.9（跑马地、铜锣湾、湾仔、屯门北）、FM103.3（将军澳、天水围）	第七普通话频道	推广普通话，促进世界华语地区信息的交流	全球华人

香港电台作为香港历史最悠久的广播电台，初期主要宣传政府的政策，制作教育及资讯节目，但随着时代的转变和市民对资讯及知识的渴求，香港电台开始制作多媒体节目，提供资讯、教育及娱乐，适时地、不偏不倚地报道本地与国际大事及议题，协力推动香港的多元开放文化的发展，提供自由表达意见的渠道，更注重社会公共服务。

在这一期间，另一个具有一定影响的是“丽的呼声”电台。1949 年 3 月 21 日，由英商投资的“丽的呼声”有线电台成立，这是英国总公司的一家分公司（总公司于 1920 年成立，主要以电缆导线在英国一些接收不到电台大气电波信号的偏远地区进行电台转播，曾在海外殖民地广泛成立“丽的呼声”分公司，除香港外，还在新加坡、马来西亚、巴巴多斯、泰国等成立分公司），在香港传播史上占有一定地位。丽的呼声设有一个银色中文台和一个蓝色英文台。其主要节目是音乐、新闻、广播剧等，部分自办，同时转播香港电台的节目。1956 年又增加一个金色网，专门以广州话、潮州话、上海话等多种方言播出。有人认为丽的呼声是香港第一家商业电台，但从它经营的主要业务来分析，把它看做一个商营广播服务公司或许更准确。为客户铺设有线广播网络是丽的呼声的主要业务，它在这方面的发展也确实不错，到 20 世纪 60 年代全盛时期，丽的呼声的有线广播网遍布香港，创造了香港广播史上的一段辉煌。另外，当时香港奉行官营广播的政策，这直接影响甚至决定了丽的呼声的发展重点只能是网络而不是广播。因此，虽然丽的呼声发展很快，但香港电台在香港广播业的霸主地位没有受到实质的影响。后来丽的呼声将精力投向电视，无线电视开办后，

1973 年停办广播。

（二）香港电台、商台、新城三足鼎立

1958 年，港英政府发出第一个商业经营无线电台的牌照。1959 年 8 月 26 日，“商业广播电台”正式开播，全称“香港商业广播有限公司”，简称“商台”。此时香港电台建立已经整整 31 年了，但是，香港政府电台垄断广播的局面至此才被正式打破，香港商台因一直被视为“敢言的传媒”而深受香港市民的欢迎，与香港电台并称为收听率最高的电台。

香港商台是私营投资的股份制企业，靠广告收入维持运转与发展。其下拥有定位不同的三个台：商业一台（雷霆 881 台）、商业二台和商业英文台。由于 20 世纪 60 年代广播技术的进步，特别是半导体收音机的发展及价格的下降，收听广播的人数增加，收听行为普遍化、习惯化，商台恰逢千载难逢的发展良机，很快在市场上站稳了脚跟，形成与“香港电台”抗衡之势。雷霆 881 商业一台以资讯、时事、娱乐节目为主，是全港听众人数最多的电台。叱咤 903 商业二台则以青年人与学生为诉求对象，播出由 DJ 主持的本土或国外的流行音乐。90 年代为鼓励本土流行音乐的创作，叱咤 903 台曾指定只播出本地原创的流行音乐，总体上风格活泼，是目前在香港年轻人社群中最具影响力的电子传媒。AM864（英语/外语广播频道）以国际新闻与流行音乐见长，并在 2006 年以乌尔都语、尼泊尔语播音。香港广播在向人们提供新闻、娱乐的同时，迅速扩大了自身的影响和实力。此时可谓是香港广播的黄金时期。

得益于香港特区政府广播电台频道的改革，1990 年香港新城电台获得广播电台经营权，成为香港第三个广播电台。这个由李嘉诚和记黄埔、嘉禾电影、迪生创建以及美国广播集团等财团投资创办的电台于 1991 年 7 月正式开播，设有两个中文台（FM99.7 劲歌台及 FM104 金曲台）以及一个英文台（AM1044 Metro News）。与商台成立时广播的如日中天相比，此时的广播已是明日黄花，新城电台“旧媒体，新魅力”的旗号，着实有点悲壮和凄凉。自成立以来，新城电台始终承受着紧张的竞争压力，为求新求变，人事、节目、频道等急剧变动。为提升收听率，积极与如广东电台、中国国际广播电台等境内电台合作，进军珠三角地区。再如为了吸引听众，新城电台试图实践一种“看得见的广播”，特意在直播室与商场走廊之间安上玻璃窗，让游人可以从外面看到主持人直播节目，可谓煞费苦心。新城电台的成立，标志着香港广播三足鼎立之势的形成。不过由于新城长期亏损，真正旗鼓相当、竞争激烈的是港台和商台。

图 1－3　商业电台四十八周年台庆活动①

图 1－4　新城电台制作节目②

港台、商台、新城三台的竞争及地位从它们各自的频道设置、收听情况、发展战略也可看出来。自 1991 年新城开播至今，香港电台频道的数目一直是 13 个。其中港台有七个，商台和新城台各三个。港台的频道设置是：三个中文（第一、二、五台）、两个英文（第三、六台）、一个中英双语（第四台）及一个普通话（第七台）。商台和新城台各有两个粤语短波（FM）频道、一个英文中波（AM）频道。粤语短波频道分别是商业一台和商业二台，以及新城娱乐台和新城财经台；而英语频道则分别是 AM864 和新城采讯台。

具体见表 1－2：

表 1－2　港台、商台、新城三台频道情况

	频道	语种	内容	对象
港台	一台	中文、粤语	新闻、资讯	成年人
	二台	中文、粤语	娱乐及流行资讯	青年
	三台	英语	新闻综合资讯	外国人
	四台	中文、英语	古典音乐及艺术	特殊听众
	五台	中文、粤语	文化教育	知识分子、学生
	六台	英语	转播英国广播公司世界台（BBC World Service）节目	外国人
	七台	中文、普通话	新闻、资讯及一般节目	大众

① http：//news. xinhuanet. com/audio/2007－08/28/content_ 6614071. htm

② http：//bbs. ent. 163. com/bbs/tvb/145021028. html

（续上表）

	频道	语种	内容	对象
商台	商业一台（雷霆881台）	中文、粤语	新闻、时事，自称是“人民的喉舌”	25岁以上成熟市民
	商业二台	中文、粤语	流行金曲，口号是“无乐不作”	年轻人
	英文台	英语	国际流行歌曲	成年白领
新城台	新城财经台（前称为精选104、新城金曲台）	中文、粤语	全球各地金融市场动向的即时新闻和资讯。其宗旨为“全球财经，尽在新城”	经济界人士
	新城娱乐台（前称为新城997、新城劲歌台）	中文、粤语	娱乐新闻，周末播放有关健康和环保等专题的节目。其宗旨为“爱好生活，正是娱乐”	青年
	新城采讯台（前称为AM1044 METRO，AM1044 Metro News）	英语	提供音乐节目和每小时新闻报道，并为香港的少数族群如菲律宾、印度及印尼社群，以及从内地来港的新移民提供节目	一般听众及少数族群

从表1－2可以看出，“港台”与“商台”在频道设置上可谓针锋相对，特别是双方重点经营的第一、二频道，由于节目设置及观众定位十分相近，一直短兵相接，竞争激烈，但具体说来，各自的诉求仍然存在一定的差别，如果说“港台”更多保持政治、文化等主流化特征，那么“商台”则强调差异性、时尚化的道路。而新城台由于历史较短，实力有限，在频道设置及观众定位上只能剑走偏锋，拾遗补缺，这非常明显地表现在少数族语节目的开办上，如其采讯台就设有印地语（Desi Dhamaka）、他加禄语（Gintong Aral）、印尼语（Satu Jam Bersama ICA）等节目，这反倒在从“广播”到“窄播”的传播理念上存在着可取处。“新城电台提出‘专线电台’的办台方针，宣称大众‘广’播时代已经结束，新城电台将开始‘窄’播，即针对所设定的特定听众群来确定做节目的方针。”因此，尽管经济实力较弱，也能支撑起一片天空。

从三台竞争的结果看，港台与商台不分伯仲，港台权威、公正，商台亲民、贴近生活，而新城台则处于下风。尼尔森（中国）有限公司的调查数据证实了三台在香港广播界的地位（见图1－5）。

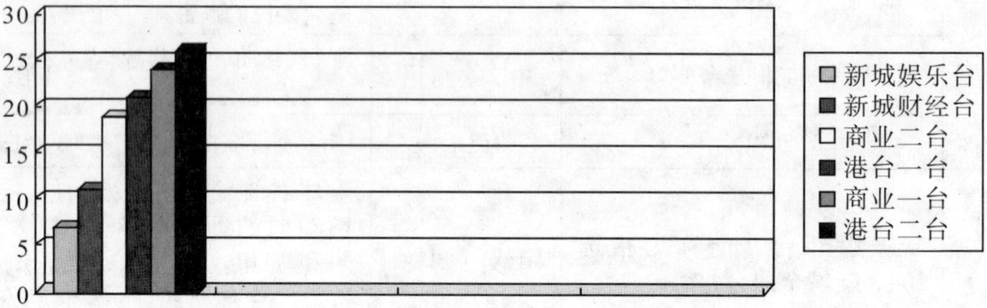

图1－5　尼尔森公司收听百分比调查

港台二台：26%	商业一台：24%
港台一台：21%	商业二台：19%
新城财经台：11%	新城娱乐台：7%

（每周累计听众人数，尼尔森（中国）有限公司调查结果，2000年10月至11月）

为扭转不利的局面，新城台曾数度改版。1996年第一次改版，把中文的劲歌台及金曲台分别更名为新城997及精选104，而英语的Metro News则改为Metro Plus新城采讯台。2001年，新城电台两度改版，新城997从2001年1月22日起更改台号为新城娱乐台，精选104亦在2001年2月5日更改台号为新城财经台。2004年下半年，新城电台又一次调整战略，宣布与内地广东电台结成合作伙伴，联合播放双方部分节目，谋求在内地发展。但是，频繁的改革与调整正反映出经营的困难与形势的严峻，新城台是香港广播电台三足中历史最短、实力最弱的。

第二节　电视台：有控制的自由竞争

（一）丽的映声独占银屏

香港目前人口总数为681万人左右，属于典型的地狭人稠的人口特征，而电视总户数约为212万户。据香港学者刘现成介绍，从人口结构的特征来说，香港影视娱乐消费市场的数量大约是新加坡的两倍，台北与高雄两地的总和，上海的2/3左右，①因此市场规模从城市的角度说并不算小，但从区域规模的角度说则是很小的（如台湾作为一个区域，影视消费市场就远超香港，更不用说市场极为广阔的大陆）。但

① 刘现成．跨越疆界：华语媒体的区域竞争．台北：亚太图书出版社，2004．2～3

是，与其他地区不同，香港人口稠密的特点使得香港的媒体市场与需求条件出现了两个明显特征：其一，香港市场规模太小，迫使本地的生产者与贸易商将重心移往海外，走入国际市场。可以说，香港广播电视的诞生就是外来资本与本土资本不同竞合的结果，香港电视节目不断走出香港，雄踞东南亚市场，挺进北美、西欧等海外发达市场。其二，香港拥挤而复杂的市场需求迫使本地生产者与供应商不断地改进其商品与服务。从根本上说，香港广播电视能够走出本岛，确立海外消费市场，是与自身的制作水平、娱乐观念、明星包装、完整的流行文化链条等联系在一起的，而这些都是与本土文化消费要求、特征密切相关的。换言之，香港广播电视之所以在海外具有如此强的竞争力，乃是因为本岛内部的高度竞争使然，正是在本岛内地精益求精，才具备称霸东南亚的实力。

刘现成认为，香港影视产业呈现出高度竞争的状态，这与香港大众对影视娱乐的休闲活动依赖甚深有着密切的关系。根据2002年尼尔森媒介研究（Nielsen Media Research），对香港、雅加达、吉隆坡、马尼拉、新加坡、台北及曼谷等七个亚洲地区都市的居民阅读报章杂志、看电视及电影等的习惯的调查显示，98%的香港人平时有收看电视的习惯，高居七大城市的首位。[①] 这当然与电视强大的娱乐功能、发达的网络、服务功能有关，正是广播电视不断培育起香港民众看电视的日常习惯。另外，香港民众受教育程度高，大约每七人当中即有一人是大学/大专文化程度，这造就了香港电视观众极为挑剔的特性。[②] 这种挑剔包括两个方面的含义：一是由于民众受教育程度高，自身携带的信息量大，对社会资讯的要求也就迫切，这促进了香港电视新闻等资讯类节目的发达；二是民众受教育程度高，但并不妨碍对娱乐的需求，尤其是香港属于高竞争型社会，人们承受着激烈的竞争压力，广播电视以娱乐类节目的形式开辟了另一种虚构的生活空间、心灵空间与情感空间，这一空间的感受方式、表达方式、宣泄方式都与日常生活中的残酷竞争恰恰相反，因此，民众的娱乐带有白日梦特征，但要真正被带入梦境，则需要节目的精巧构思。从这个角度说，“无线”的《欢乐今宵》这种娱乐思路过于直接、简单的节目在90年代的衰落也是必然之事。

从香港电视史看，香港电视并非从一开始就是这样的自由竞争状态，恰恰相反，和广播电台一样，电视在成立初期同样出现一家独占的局面。1957年5月29日，丽的呼声（香港有限公司）开办电视广播，成立了“丽的映声”，正式开启了香港的电视事业，1973年，“丽的”电视有限公司在香港注册成立，正式停办广播。据李献文介绍，1978年，“丽的”中文台每天播出两次，上午从6：55开始至10：30左右，下午从14：00开始至第二天00：30左右（周日播出时间延长），全天播出约15个小时，其中新闻约占总播出时间的5%。1978年5月14日，“丽的”开始全天24小时的电视广播。

① 卓伯棠．香港收费电视强势出击．媒体透视，2003（2）

② 马杰伟．电视战国时代．香港：次文化堂，1992. 33～34

图 1－6　“丽的”logo

图 1－7　“丽的呼声”既是电台，也是电视台[①]

“丽的”由于有海外资金的背景，带着明显的殖民色彩。当时“丽的”分中、英文两个台，开始时均播出黑白电视，中文台的新闻节目主要有《新闻及天气预报》，每天播报五次，每次 5～20 分钟，上午 7：00～9：00 集中使用中英文播报新闻。但是，总体上说，节目比较单调沉闷，新闻片多为胶片拍摄，冲印洗片、剪辑等耗时、花费巨大。除自制节目外，大部分是从国外购买的电影、纪录片和新闻片，而且多为英语原声，没有中文配音，加之收费甚高，因此，开始时观众并不多。这些做法随着国际政治形势发生变更而逐渐取消，西方世界在 70 年代逐渐结束对中国的封锁，中国在国际政治格局中取得合法地位后，尤其是伴随着中英关系的正常化，“丽的”电视台积极与内地联系，借用内地的人脉、事件以及政治变动，及时传达内地的信息，吸引香港观众。在 20 世纪 70 年代初，香港三家电视台中，“丽的”是与内地联系最早的一家，特别是 1972 年 3 月 13 日中英在北京签署两国互换大使的联合公报后，双方的联系更为密切。1975 年 4 月，“丽的”派出记者赴广州采访“广交会”，回港后制作四集专题片《广州近貌》。此后，派遣记者深赴内地，对内地的生产建设、人民公社作了介绍和报道。更有意思的是，从 1976 年起，“丽的”经常采用北京电视台（即后来的中央电视台）拍摄的新闻片，这一方面满足了当时香港民众对内地的好奇心，另一方面也大大节省了电视制作的成本与开支。1976 年毛泽东、周恩来和朱德等国家领导人逝世时，“丽的”及时播放了北京电视台通过人造卫星传送的北京吊唁情况。1977 年“丽的”开播了一个《中国纪录片特辑》，每周一至两次播放北京电视台、中央新闻纪录电影制片厂拍摄的新闻片。这些节目的编排与播出，显示出“丽的”积极开放的立场与跨区域的传播意识。

但是，由于“丽的”是收费电视，这在电视发展早期大大约束了其发展速度。

① http：//tvpudding. noonhost. com/viewtopic. php？ f＝68&t＝2070

"丽的"电视和"丽的呼声"广播一样，都是依靠有线网络，用户靠地线联络才能收看节目，不仅受限于电视机的生产与市民的经济能力，也受到有线网络在香港铺设进程的约束；它的被接受程度不仅与自身节目的质量息息相关，而且与市民的娱乐消费习惯有相当关系。在这些复杂因素的影响下，尽管一方面我们看到了丽的电视的发展，如随着电视事业的逐渐发展，电视娱乐深入人心，市民观众用户增加，出现粤语配音和本地创作，1968 年，丽的电视台有 11 万用户，但另一方面，因无线电视的开播，带来了"免费消费"的观念冲突，"丽的"电视大受影响。

（二）"无线"、"亚视"双雄相争

由于市场竞争与社会资本的自由流动，香港电视史迅速翻过了"丽的"独占银屏的历史一页，进入到"无线"与"亚视"的竞争局面。可以说，香港的电视大战，差不多每十年就要爆发一次。最近的一次"无线"与"亚视"激烈竞争，距今也差不多十年了。长期以来，香港的"亚视"与"无线"两家免费电视台，收视率一直不平衡，总体上说，"无线"占有压倒性优势，"亚视"虽居次席，但又往往不满足现状，针对"无线"节目编排的特征，针锋相对，或以相似的节目竞争，或祭出新器，有时倒也能逼得"无线"应对不暇。2007 年，随着新财团加入，耗资百万的新台标于 10 月 8 日正式启动，"挖角"之风再次出现，全新访谈节目出台，"亚视"出现了挑战"无线"的迹象，开始新一轮的电视竞争。事实上，"无线"与"亚视"的电视之争存在着历史的合理性，"一家独大"的垄断，终非正常的发展之道，对立的两元以竞争促活力，以竞争促发展，无论是人才潜力还是节目质量均在这种竞争的生态中获得自身提升的契机。我们看到，在香港电视史上深受观众欢迎的经典电视剧，大多出自"无线"与"亚视"竞争白热化之际，不少台前幕后的巨星级人物，也都在电视竞争中迅速成长。

1967 年 11 月 19 日，电影强者邵逸夫转战电视，与"铜锣湾地王"希慎兴业大股东家族成员利孝和一起成立香港电视广播公司，简称"无线"，首任主席由利孝和担任。1980 年，邵逸夫接替利孝和出任主席至今。2002 年，邵逸夫委任其太太方逸华为副主席，2003 年延请香港前广播管理局主席梁乃鹏出任副行政主席，协助方逸华管理无线电视台。作为香港首家商营无线电视台，到目前为止，"无线"虽然面临来自新旧媒体种种的竞争压力，却通过一方面积极培养新人，另一方面"老树发新枝"地新旧激活，仍然保持着自开播以来香港广电收视的霸主地位，其业务更是遍及世界各地，涉足节目发行、收费电视、音乐、电影、出版等行业，成为全球最大的华语商营传媒之一。"无线"下属两个频道，翡翠台（粤语播音）和明珠台（英语播音），每年播放近 1.5 万小时的节目，拥有超过 4 500 名全职雇员，2007 年营业额超过了 43 亿港元，成为香港大众文化重要的策源地、组成部分。"无线"电视节目（特别是电视剧）多为世界各地华人所熟悉，是全球制作华语节目最多的电视台，成为世界认识香港文化形象的窗口。[①]

图 1－8　“无线” logo

图 1－9　“无线”在将军澳的电视城[②]

“无线”自成立以来，就形成了三大特点：

（1）积极主动培育生产囊括影视音乐的流行文化明星，最为著名的是“无线明星培训班”。1971 年，无线电视艺员培训班成立，这个自产自销的明星培养基地，培育出的无线艺员占据了整个华人影视演员的半壁江山，如周润发、梁家辉，以及有着“无线五虎将”之称的刘德华、梁朝伟、黄日华、汤镇业、苗侨伟。除影视演员之外，“无线”更在流行乐坛上寻觅新人，全方位打造明星艺人，从 1982 年创办“新秀歌唱大赛”以来，积极发掘乐坛中有潜质的优秀者，历届获奖者如梅艳芳、黎明、郑秀文、杨千嬅等，都在演艺界中有着十分精彩的表现。可以说，“无线”对流行文化明星的自我生产极大地丰富了其节目资源，扩大了其社会影响。

（2）自成立以来，就兼具国际性视野与本土发展的意识，这种发展往往与广播电视的新技术紧密联系在一起。凭借开放发展的思维意识，“无线”总能在竞争的困境中左右逢源，寻找到新的资源创生点；借助新技术的力量，节目质量与传播方式获得积极更新。如香港新闻大多由本地记者采编，国际新闻多向英国购买，同时还接受美国新闻处和澳洲政府的免费供应，1976 年就开始经常播出卫星新闻节目，如 1969 年首次利用卫星直播美国宇宙飞船登月的人类壮举；1972 年尼克松访华，“无线”首次以彩色信号对此进行卫星直播；1997 年对香港回归进行 72 小时不间断直播和报道，其直播报道“香港政权交接仪式”更是创下了当年节目的最高收视率。

---

① 香港影视文化事业自出现以来，都具有很强的跨地域、跨国界的性质，如早期香港电影始终与东南亚国家地区的联系在一起，电视也如此。自从 20 世纪 80 年代开始，无线台（TVB）每年生产 2 000 ~ 3 000 小时的节目，其中有 1 000 小时的节目分别输出给 25 个国家。而当时的香港影片也已出口到 90 个国家，出口总值达 7 500 万港元。可以说，早在 80 年代，香港电视产业即已成为区域性的制造与输出中心。（数字来源：Eric Kit-wai Ma. *Culture*, *Politics*, *and Television in Hong Kong*. London：Routledge，1999. pp. 42 – 43）

② http：//ent. 163. com/07/1114/15/3T94S7VL00032FDP. html

（3）影视的“不分家”。邵氏电影公司的创办人邵逸夫以电影人的姿态加入电视业，不仅激化了香港电视界的竞争，“如此两个产业之间的相互支援与流动，不只是资金或经营权的层次而已，更重要的是将电影相关的管理概念注入新兴的电视产业当中，特别是对无线台（TVB）后来的发展有相当重要的贡献”。[①] 在刘现成看来，这种贡献首先集中在国际市场的开拓上，利用电影发行渠道，建立国际公司，专门负责电视台的国际化策略与节目全球发行网络的部署。其次表现在把电影工厂生产线的制作形态移植到电视节目的生产上，尤其是电视剧的生产，在这套机制下，无线电视台迅速积累了大量的节目库，使得电视剧成为无线电视台的重要资产。再者，影视产业之间的互动关系在人力资源的流动上更为密切，80 年代，电视产业成为电影最重要的人才来源，而且这样的来源是全方位的，电影新浪潮运动的主将们几乎都来自电视业，高频率的演出、国际发行渠道的多样化，成功地培育出电影业杰出的人才。

如上所述，在香港电视史上，“丽的”虽建台时间较长，但以无线广播的免费形式进门入户的时间却落后“无线”好几年。1973 年 12 月，丽的电视争取到经营无线电视广播 15 年的牌照，正式改为无线，进行“免费入屋”的传播，但已经是失去先机，此时“香港无线”已经形成了惯性收视，“无线”最长寿的综艺节目《欢乐今宵》早已家喻户晓，而周润发等影视巨星也从无线艺员培训班脱颖而出，成为银屏上的新一代偶像。面对“无线”强大的收视优势，“丽的”瞅准时机，在 1979 年以武侠电视剧《天蚕变》试探性地向“无线”迈出了挑战的第一步。由于“无线”在晚上 20：00～21：00 时段专播一些剧情分散的单元剧，缺乏一以贯之的长篇剧情电视剧，于是“丽的”安排大型武侠电视剧《天蚕变》于周一至周五每天连续播放，结果逼得“无线”不得不重新编排既定的节目。此后两家电视台都形成周一至周五每晚播放两集电视剧的惯例，这一编排沿用至今，也影响到其他电视台对黄金时段的电视剧编排。除节目编排外，《天蚕变》在艺术上颇具特色，创造了香港电视史上原创武侠剧的先河。当时，其他武侠剧都是改编自武侠小说，以大众熟悉的故事内容而具有吸引力，但同时，改编剧的成功与否，在相当程度上取决于小说原本的质量与影响，剧情的众所周知使得改编电视剧先声夺人，但可能又使观众对之熟极生厌。在这点上，原创武侠剧有效地弥补了改编剧的缺陷，提供了十分充分的创作自由，打开了观众的想象空间，并彻底解决了改编剧创作资源的有限性问题。与此同时，《天蚕变》的成功，形成了跨媒介的多方面、多层次合作，先有电视剧，后在观众强烈要求下，编剧之一的黄鹰写成了同名小说，而且，随即被著名的邵氏电影公司改编成电影。具体说来，原创武侠电视剧《天蚕变》打破了大团圆传统，凭着扣人心弦的情节、扎实的动作设计和徐少强、余安安等的精彩演出迅速赢得观众青睐，首播平均超过百万观众收看，大大缩短了与“无线”惯性收视的差距，更击败了“无线”在

---

① 刘现成．跨越疆界：华语媒体的区域竞争．台北：亚太图书出版社，2004. 207

20：00～21：00 时段播放的所有单元剧，使得“无线”不得不在两周后停播所有的单元剧，从片场拉回正在赶拍电影的首席武侠小生郑少秋，同赵雅芝、汪明荃、黄杏秀、陈玉莲、欧阳佩珊等“无线”的当家“台柱”，拍出了另一部经典武侠剧《楚留香》对阵，这才挽回局势。①

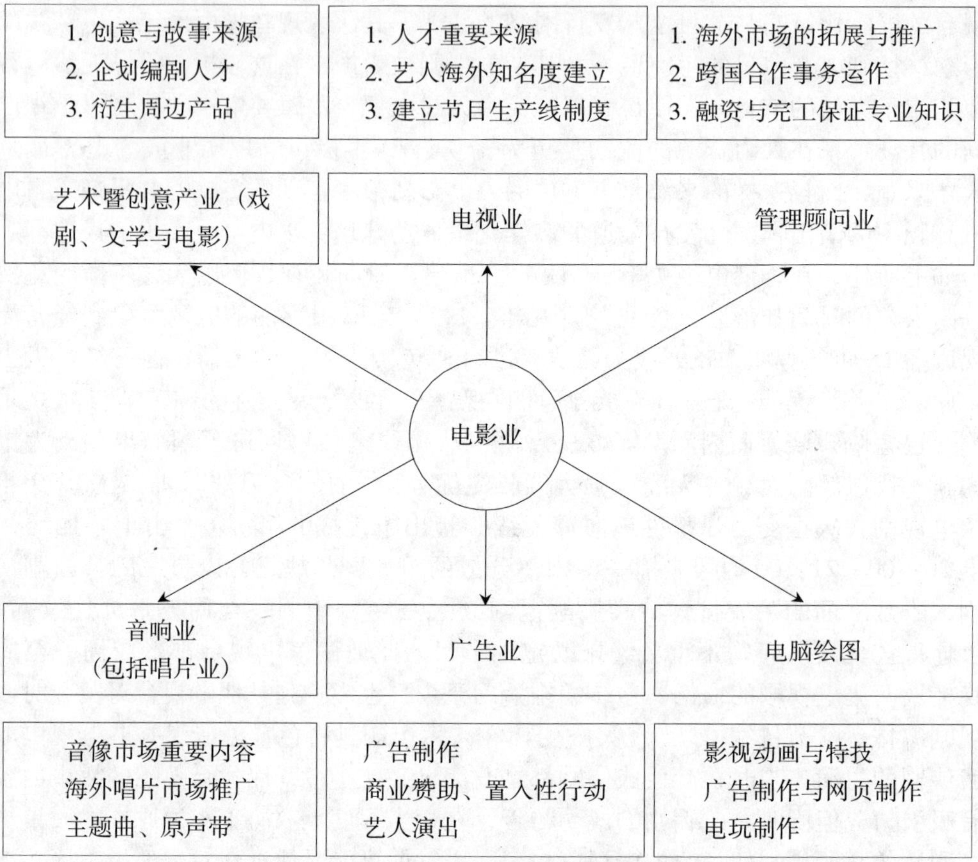

图 1－10　电影业在香港媒体中的地位②

在图 1－10 中，可以十分清楚地看到电影业在香港媒体中的重要地位，电影业不仅构成了创意产业的前期准备，而且成为产业管理实务的中介环节；不仅串联起戏剧、文学与电视，而且把音响业、广告业、动漫业和电脑绘图联系起来。可以说，电影业从人才储备、产品销售到明星生产机制等，让整个香港文化事业受用无穷。这样的跨媒体格

① 云之东．解密香港电视恩怨史，看无线亚视大战四十年，http：//blog. sina. com. cn/s/blog_48a82d4001000b7r. html

② 刘现成．跨越疆界：华语媒体的区域竞争．台北：亚太图书出版社，2004. 209

局可以说与庞大的邵氏电影“帝国”转向电视业发展的特殊历史有着非常大的关系。

“亚视”在《天蚕变》中初尝竞争的好处，于是逐渐形成与“无线”对垒的节目编排、互相“挖角”等立台传统（最典型的莫过于选美活动，“无线”有“香港小姐”，“亚视”就有“亚洲小姐”）。如果说《天蚕变》是电视剧竞争策略的浅尝辄止，那么“亚视”敢于向“无线”挑战，更需要电视人才的储备。因此，从人才资源上说，先前的“丽的”，后来的“亚视”受益于另一家电视台——“佳视”的人才分流。1975年开台的“佳视”雄心勃勃，大股东林秀峰的重金投入，向“无线”的霸主地位顶风挑战，先后聘请曾任立法会议员的周梁淑怡出任总经理，多位重量级人物包括刘天赐、林旭华、卢国沾及叶洁馨，成为香港当时电视娱乐圈的焦点。但是好景不长，曾经以电视剧称雄一方的“佳视”，1978年8月因财政问题而倒闭，大量台前幕后的人才流向“无线”、“丽的”。虽然有如郑裕玲等到了“无线”，但由于“无线”的人才充足，故接纳的不多，于是不少“佳视”精英转投“丽的”，如米雪、文雪儿、魏秋桦等均随监制萧笙到了“丽的”，无疑为人才本来有限的丽的奠定了人力基础，增强了“亚视”挑战“无线”的竞争底气。

“亚视”在各方面都有充分准备后，电视竞争就不可避免。历次数来，“无线”、“亚视”先后存在着三次规模较大的电视竞争。1980年，香港电视界终于碰撞出惊人的火花，“无线”、“丽的”第一次电视大战正式揭幕。9月1日，丽的电视在当日晚上黄金时间推出了集全台精英、筹备多时的“千帆并举展缤纷”的九月攻势，一气推出三套全新的、观众诉求完全不同的电视剧，主攻乡土情的《大地恩情之家在珠江》、古装剧《风尘泪》以及首开青春剧先河的《骤雨中的阳光》一齐登台亮相。其中，《风尘泪》反响一般，但《大地恩情之家在珠江》与《骤雨中的阳光》则击中观众软肋，吸引无数的香港观众牢牢地锁定频道。《大地恩情之家在珠江》共36集，初名为《大地苍茫》，以清末民初广东香山县围村生活为背景，演绎出一种浓厚的乡土情味。针对乡土风情的《大地恩情之家在珠江》，“无线”排出的阵容则是号称“一王”（郑少秋）、“五后”（李司棋、郑裕玲、森森、黄韵诗、李琳琳）领衔的《轮流传》，结果《大地恩情之家在珠江》首周收视率即过四成，而且是在“无线”历史悠久、多年来保持高收视率的19：05“翡翠剧场”时段，其后《大地恩情之家在珠江》收视率一路攀高，完全超越了《轮流传》。当地的媒体报道纷纷以“十年风水轮流传”为题，表示“无线”在竞争中落败。“无线”阵脚大乱后痛定思痛，随后将《轮流传》抽调至周六播映，成了“无线”开台以来首部被腰斩的剧集，同时名角汪明荃与谢贤合作，迅速制作出一部经典电视剧《千王之王》，剧中纠缠的儿女私情与新鲜神秘的赌术为“无线”挽回了颓势。①

---

① 云之东．解密香港电视恩怨史，看无线亚视大战四十年，http：//blog. sina. com. cn/s/blog_48a82d4001000b7r. html

图 1－11 “亚视”在大埔的总部①

图 1－12 电视连续剧《大地恩情之家在珠江》海报②

“亚视”投放于晚上 21：30 时段播出的青春片《骤雨中的阳光》表现同样出色，虽然只是半小时的小剧，却吸引了百万观众追看；随后开拍续集，收视率奇高，甚至打破了续集不会有高收视率的惯例。《骤雨中的阳光》是香港电视史上青春片的开山鼻祖，对后来的青春片影响甚深。此后，“丽的”拍了多部青春片，收视率皆不俗。这段时间，“丽的”与“无线”黄金时段的收视率比基本追到了 4：6 的大致旗鼓相当的程度。

随着新浪潮电影时代的到来，部分电视人才离开电视圈，主攻电影。此外，“丽的”引来澳洲财团的收购入资。1981 年 4 月，英国资本退出。7 月，大卫・史默等人组成了澳大利亚财团，从丽的电视广播有限公司购得 61% 的股份，接管了丽的电视广播有限公司。但由于管理不善，人事复杂，从 1981 年下半年起，麦当雄、萧若元先后离去，并带走大量的台前幕后人才（如著名的武术指导袁和平、程小东），万梓良、陈秀雯等也先后离开“丽的”。到 1982 年，“丽的”曾一度缩短电视剧的竞争战线，然而 2 月引进的台湾大型连续剧《战国风云》，被观众嘲笑为“闷到死”，加速了丽的电视的彻底衰落。③

1982 年，澳大利亚财团买下“丽的”全部股份，并将 50% 股权卖给华人财团“远东机构”董事长邱德根的邱氏家族，把“丽的”改名为“亚洲电视”，简称“亚视”（ATV）。随着“丽的”退出历史舞台，第一次电视战也就无疾而终了。自 1998 年 6 月起，“亚视”股权多番易手，陈永棋的“龙维有限公司”和“联旺有限公司”购得“亚视”的控制性股权，增强了“亚视”的实力。2004 年，“亚视”行政总裁

① http：//chintunglee. blog. 163. com/blog/static/937667762007622223523O6/

② http：//news. xinhuanet. com/newmedia/2007－09/28/content_ 6805620. htm

③ 云之东．解密香港电视恩怨史，看无线亚视大战四十年，http：//blog. sina. com. cn/s/blog_ 48a82d4001000b7r. html

封小平将24.12%的“亚视”股份转让给陈永棋和凤凰卫视董事长刘长乐，并退出“亚视”。2003年，陈永棋购进丽展集团的32.75%股份，成为“亚视”最大的股东。刘长乐的今日亚洲公司持有46%的股份，现在“亚视”的最大股东为查懋声家族控制的名力集团。

“亚视”股东发生重大变动，新资本的注入自然要求“亚视”出现崭新气象，于是与“无线”的电视大战骤然爆发。如果说第一次主要是以电视剧作为竞争的焦点，那么第二次的竞争首先集中在“挖角”上。丽新集团的林百欣家族，联同郑裕彤家族及何鸿燊组成新财团，购入“亚视”股权，并以重金聘请“无线”艺人，“无线”的台柱曾志伟、沈殿霞、林建明、何守信，当红艺人吴启华、黄日华与邓萃雯等纷纷倒戈，相继效力于“亚视”，令20世纪90年代的“亚视”声名鹊起。“挖角”的行为意味深长，首先，以挖角消耗的巨资，展示了新财团雄厚的经济实力，如以高出“无线”三倍的薪金吸引沈殿霞等台柱；其次，有效形成了娱乐热点，八卦消息在社会上不胫而走，制造了新“亚视”的新焦点；再次，从“无线”“挖角”的这些人才在“亚视”的平台上的确显示了新的创作力量，很快以新节目崭新亮相。这是迄今为止“无线”、“亚视”规模最大的一次“挖角战”。林伯欣以这种简洁有效的方式锐意改革，很快扭转了“亚视”的收视颓势，甚至在一些时段反超“无线”。“无线”当然不甘落后，于是，这段时间里，两台都涌现了不少经典并广为观众熟悉的电视剧。

针对“无线”经典的综艺节目《欢乐今宵》，“亚视”以高出“无线”三倍的酬金将沈殿霞、曾志伟、卢海鹏、林建明、李香琴等纳入旗下，先后成功邀得三大金牌监制招振强（“无线”1980年经典剧《上海滩》的监制）、韦家辉（“无线”1992年经典剧《大时代》的监制）与戚其义（《金枝欲孽》，《天地男儿》，《天地豪情》，《创世纪》，《妙手仁心》Ⅱ、Ⅲ的监制）加盟，随后，越来越多的艺人加入“亚视”，包括黄日华、郑少秋、吴启华、任达华、曾华倩、陈玉莲、戚美珍、陈庭威等一、二线的明星，这对“无线”来说，冲击不可谓不大。

在大举挖角的同时，“亚视”在这场竞争中也制作了不少经典节目和经典电视剧。为应对挑战，“无线”先后搞起“欢乐今宵救亡运动”与“剧集救亡运动”，集中精力制作了不少经典节目和剧集，客观上共同推进了香港电视的发展。“亚视”推出的系列节目，如香港著名才子倪匡主持的《今夜不设防》、笑星吴耀汉的《吴耀汉搞搞震》以及曾志伟与林敏骢合作主持的搞笑节目《开心主流派》等。“无线”此时则借助香港流行乐坛的力量，推出另一个大受欢迎的长寿节目《劲歌金曲》。剧集方面“亚视”有《还看今朝》（又名《天网》）、《胜者为王》（Ⅰ、Ⅱ、Ⅲ）、《银狐》、《戏王之王》、《司机大佬》、《马场风云》、《枪神》、《龙在江湖》、《92仙鹤神针》等。《还看今朝》聚集了大量由“无线”跳槽至“亚视”的艺员，黄日华、任达华、吴启华、戚美珍都在此剧中出现。但由于涉及“文革”，《还看今朝》无缘内地观众，但入选马来西亚传媒界20世纪华语电视剧集100强和新加坡电视媒体评选20世纪（1970—2000）百部华语经典电视剧集。《胜者为王Ⅰ》则是这一期间收视率最高的“亚视”剧集，首播时最高曾取得21点收视率，同样入选马来西亚传媒界和新加坡电视媒体选出的华语电视100强。“无线”在这一时期也是好戏不断，包括《人在边缘》、《今生无悔》、《我本善良》、《大时代》等。《我本善良》对内地观众影响尤大，《大时代》则被誉为“无线”90年代最杰出的电视剧。这次电视战中，“亚视”吸取“无线”的经验，开始着手培养自己旗下的艺员。

“亚视”在这一次电视竞争中可谓成也“挖角”，败也“挖角”。1994年前后，“亚视”不仅高薪挖来的人才纷纷离巢，就连自己培养起来的艺人也先后选择了离开。第二次电视战随着“亚视”人才的逐渐凋落也就偃旗息鼓、尘埃落定。

1999年，“亚视”以《还珠格格》再次与“无线”竞争，第三次电视竞争开始。这场战役可以追溯到“亚视”1998年底推出的《我和僵尸有个约会》。该剧预热的先兆并未引起“无线”的注意。1999年6月，“亚视”借助以前引用过《三国演义》等片和中央电视台以及内地电视台维系的良好人脉，引入《还珠格格》和《雍正王朝》。由于香港文化与祖国内地文化的差异，“无线”刚开始并未重视。结果两剧双双报捷，《雍正王朝》吸引百万观众收看，而《还珠格格》更是席卷整个香港电视市场，而同时段“无线”的《天地最前线》跌至20点，另外两线剧集也全面下跌。“无线”和“亚视”长期以来的收视率拉近，各占一半。为了减轻来自《还珠格格》的压力，“无线”一方面组织了理论的论辩，有意识地将本土的电视剧生产力和“购片”的速成发展策略对立起来，指出购片之道并非长远的发展之道，反而会阻碍电视业的自身能力的挖掘等话题，甚至试图以激发香港观众的本港热情、意识，来转移人们对《还珠格格》的追看。另一方面，“无线”在两星期内变阵三次。节目变动的急促只能说明“无线”当时确实手足无措，可以说，“无线”30多年来从未出现过如此慌乱的局面。8月13日AC尼尔森的收视率数据表明，“亚视”以平均3点的收视率超过“无线”，这在“无线”32年的历史上尚是首次。随后，“无线”改变应对策略，开始大量引进内地电视剧。2000年，《康熙微服私访记》收视率不断攀升，由29点直升至40点。这是国产电视剧在香港“无线”台创下的最高收视率，2002年“无线”翡翠台晚间热播的《大宅门》、《少年包青天》也引发了香港观众收视的热情，“内地剧抢滩香江”成为社会讨论的热点。①

随着《还珠格格Ⅰ》播出的结束，两台节目收视率普遍回落，由于外界对《还珠格格Ⅱ》的评价不及第1部，“亚视”高层对一小段时间的收视率回调出现较大分歧，高层组织发生变动。11月，《还珠格格》下档，《创世纪》开播，“无线”、“亚

---

① 云之东．解密香港电视恩怨史，看无线亚视大战四十年，http：//blog. sina. com. cn/s/blog_48a82d4001000b7r. html

视”的第三战就此落下帷幕。《还珠格格》的成功大大增强了“亚视”对外购剧的依赖性。然而随着电视剧出租市场和网络的日益发达，“亚视”的很多外购剧观众其实已先睹为快，而且，由于财力受限，“亚视”不可能夺得外购剧的全球首播权，导致外购剧质量和风格都良莠不齐。此后，“亚视”黄金档节目收视率逐年下滑。总体上看，“亚视”无论是财团的资金投入、管理体制、台前幕后的人才储备，还是造星机制，都难以与“无线”并驾齐驱。对观众来说，不管是“无线”还是“亚视”，多出些好剧集、好节目，这才是最乐于见到的事。

（三）卫星、有线电视兴起

20 世纪 90 年代以前的香港电视业，属于“无线”与“亚视”的天下。进入 21 世纪，香港电视业酝酿着一次巨大变动，“无线”、“亚视”等传统强势媒体在经历了黄金的发展时期后，均面临着人才、活力等发展困局，此时广播电视技术在新兴科技力量的推动下迅猛发展，于是，卫星电视、有线电视、互动电视等参与电视行业的竞争，这使得香港广电媒体的竞争愈发激烈。

1990 年 12 月 22 日，香港政府批准香港卫星广播有限公司通过亚洲一号卫星经营泛亚洲地区的卫星广播服务。1991 年，卫星广播（香港）有限公司（简称卫视）正式成立，即 STAR TV。该公司以香港为基地，为香港及亚洲地区提供卫星电视及电台广播节目。卫视成立之初属于香港和记黄埔有限公司，1993 年 7 月，国际传媒巨头默多克新闻集团收购了“卫星电视”63.6% 的股权，1995 年收购剩下的 36.4%，至此卫视完全属于默多克的新闻集团。控股后，节目以资讯与娱乐并重。2001 年 2 月，卫星广播有限公司的品牌改为“STAR”，这标志着由一家传统的电视网络公司向多元化服务、多种平台的综合性传媒转变。2002 年 1 月，卫星广播有限公司将中文品牌定位为“星空传媒集团”。

图 1－13　星空卫视 logo

图 1－14　星空卫视节目现场[1]

① http：//hey8girl. blog. 163. com/

默多克入主香港卫星广播，实则是看中了香港地区在整个亚洲所具有的独特辐射力。事实上，香港卫星电视的发展并没有得到本地政府的支持，相反，在卫星电视发展初期，香港政府为了避免对本土广播电视的冲击，明确要求卫视传播区域的对外性，强化受众的广延性，而禁止用粤语播音。因此，卫星电视对香港本土观众影响非常有限。但是，由于香港广电业自身理念的开放，加之先进的制作技术与充满活力的创造力，以及民主自由的新闻环境、发达的娱乐文化，香港卫视在香港本土外（尤其是商业化程度相对欠缺、具有相似的文化理念的国家与地区）受到了观众的重视。如卫视在 1992 年 2 月的报告显示其在中国台湾、印度等地区深受欢迎，5 月则宣布，卫视收益已超过了一直以来的投资总额。卫视成功的经营引起了国际传媒大亨默多克的关注。星空传媒集团成功地把“卫星电视”概念引进亚洲，并在引进过程中催化了区域内媒体产业的爆炸性发展。随着亚洲经济逐步开放，数以亿计的人开始接触到卫星电视，并由此获得全新的视听经验。星空传媒坚持节目内容本地化的策略原则，在满足不同地区观众的口味的同时，也为越来越多的人提供前所未有的丰富选择，并不断增加节目种类，提高节目的质量及制作水平。星空传媒于 1991 年以五个电视频道开播。迄今，星空传媒已拓展至 50 多个频道，以七种语言播出体育、音乐、电影、新闻、娱乐节目及电视纪录片。星空传媒的覆盖面遍及亚洲、印度及中东 53 个国家，超过三亿人口，每天都有大约一亿观众收看。它早期提供五个 24 小时频道：①体育台；②音乐台；③中文台；④新闻台；⑤合家欢台。

图 1－15　位于香港新界大埔工业村的凤凰卫视总部①

图 1－16　凤凰卫视中文台 logo

凤凰卫视的开播应该说是香港广播电视界另一种竞争的开始。事实上凤凰卫视正是脱胎于香港卫星广播。香港卫视被默多克的新闻集团收购后，随即改组，并引入刘长乐、陈永棋等人作为投资者，由此，香港卫星广播有限公司、今日亚洲有限公司与

① http：//big5. ifeng. com/gate/big5/bbs. ifeng. com/viewthread. php？ tid = 3937266

华颖国际有限公司合组为“凤凰有限公司”。1996年3月31日，卫视中文台一分为二，拆解为新的凤凰卫视中文台，以取代原有的卫视中文台，针对香港和内地开播——之前的卫视中文台限制在台湾地区广播。该台以沟通两岸四地及全世界的华人为宗旨，全部节目以普通话24小时播出，通过亚洲一号和帕拉帕C2两颗卫星，覆盖面积达亚太30个国家与地区，人口超过20亿，其中华语人口占62%。1999年8月，凤凰卫视欧洲台在英国伦敦正式开播，全面覆盖欧洲25个国家。凤凰卫视欧洲台的建立是凤凰卫视走向世界的第一步。2001年1月，凤凰卫视资讯台和凤凰卫视美洲台同时开播。凤凰卫视美洲台成功地在美国落地。仅四年多时间，这个华人受众最广泛的华语卫星电视，就从单一频道扩展成为多频道的卫星电视平台，不仅覆盖了亚太，还延伸到欧美、北非75个国家和地区。目前，凤凰卫视拥有五个电视频道（凤凰卫视中文台、凤凰卫视资讯台、凤凰卫视欧洲台、凤凰卫视美洲台、凤凰卫视电影台），一家纸质媒体（凤凰周刊）和一家网站（凤凰网）。

应该说，凤凰卫视的成功基于大胆的频道定位、出色的节目运作、富有创造力的人才资源。一方面，凤凰卫视定位为全球华人媒体，“全球”华人虽然从空间上说，最为广泛，但也由于这种过于广泛的空间定位，很可能使凤凰卫视的观众诉求落空，如与中国人最集中的境内内地存在新闻体制国营与私营的区别，凤凰卫视很难进入主流媒体行列。由于公司总部设在香港，因此在内地境内被视为“香港的电视台/媒体”，它是少数几个获得中国内地部分地区落地权的境外媒体，也是首家获准在中国合法广播的海外电视台。事实上，早在1996年凤凰卫视开播以来，在大城市涉外酒店与三星级以上宾馆，可以收看凤凰卫视节目，内地珠三角地区的普通家庭，可通过有线电视网络接收凤凰卫视节目信号，但是，对以前面向亚洲播出，并且已经进入了全国有线电视系统的卫视中文台来说，其覆盖面已大大缩小。在内地看来，凤凰卫视是香港媒体；而在香港，却又往往被视作内地媒体，如在香港普遍不被关注（是香港众多收费有线电视中的一个），所持有的只是非本地电视节目服务牌照，与香港的联系仅在于总部与部分新闻演播室设在香港，尤其是新闻报道的范围、重点、观点、立场与内地媒体差别不大，加之粤语这一天然的语言屏障，受众对象主要针对香港以外的华人地区。因此，尽管凤凰卫视在内地尤其是珠三角地区落地入户，以新闻的时效性、新颖性、深度、人文精神等吸引境内观众的眼球，但在香港的影响明显较弱，甚至被等同于“软性的中央台”。

另一方面，凤凰卫视由于投入资金有限，因此只能在管理体制上力争灵活多样、求新求变，以竞争刺激个人创造力与发展空间，从影视、文化、音乐、建筑等多角度、多层次开发新闻人物的明星路线，包装各富个性的新闻人物，尤其注重公正、自由、独立而健康的个体形象。可以说，凤凰卫视在管理上以事业留人、以情感留人，成功推出了一大批电视人。主持人方面，如吴小莉、陈鲁豫、窦文涛、曾子墨、胡一虎、许戈辉等，评论员方面，如曹景行、何亮亮、杨锦麟、邱震海、阮次山等。与此同时，出现了系列品牌栏目：评论类节目，有《财经点对点》、《石评大财经》、《时事亮亮点》、《震海听风录》等；资讯类栏目，如《凤凰早班车》、《今日看世界》、《有报天天读》；访谈类栏目，如《名人面对面》、《锵锵三人行》、《鲁豫有约》等，以理性、公正与深刻影响社会与广大的观众。对内地观众来说，凤凰卫视在对突发性事件的报道上尤为令人印象深刻，甚至可以说，凤凰卫视在2001年对“9·11”事件的报道一举确立了其在整个华语电视中的地位。凤凰卫视中文台《时事直通车》在晚上21：13左右，凤凰卫视驻纽约凤凰卫视美洲台记者唐哲在事发现场并不明白具体情况的情况下，就以一条消息报道了有一架民航飞机撞到世贸大楼上。这也是华语电视对“9·11”事件的最先报道。而在21：30左右，凤凰卫视停播了所有其他节目，全程转播美国CNN电视节目，用画面记录了当时世贸大楼浓烟滚滚，偶尔还有人从高楼跳出，第二架飞机撞上大楼等令人无比震惊的真实场面。正如网友说的：“当时从讲解人员的口中感觉到了非常紧张的气氛，我们有幸最早从电视中见证了飞机第二次撞击大楼、双子座大楼倒塌的全部过程。”① 可以说，凤凰卫视对“9·11”事件进行的36个小时直播报道，见证了整个事件的全过程，成为中国传媒新闻的直播典范。随后，“新闻直播”的概念深入人心。2003年，中央电视台成立新闻频道，24小时不间断播出新闻，对伊拉克战争、嫦娥一号卫星奔月、登顶珠峰、汶川大地震（长达1 000多小时）等重大突发的事件采取了直播的方式。从这个意义上说，凤凰卫视以先进的新闻理念推动了内地新闻媒体报道方式的更新。

从表面效果看，卫视在香港无论是过去还是现在并未取得较高的收视率，或者说，港人对收费性、普通话播音的有线电视服务存在一定抵触，但从深层次看，并不如此。如果说凤凰卫视以管理体制、人才培养、新闻理念等对内地电视起到了深刻的影响，甚至改变了既定的观念模式，那么对香港电视业的影响更是不容低估。主要存在以下五个方面：①广播电视媒体的进一步商业化。卫视以其不容辩驳的成功证明了私营商业化体制的有效性，由于广电技术更新、媒体竞争的压力以及深入发展的需要，香港电视出现了更多的私营频道，积极运用社会民间资本发展广播电视事业。②行政管理的进一步宽松。卫视的建立本身就是政府限制较以前放宽的表现，由于确定的“非本地”的传播对象，行政管理自然更宽松，这使卫视在具体的传播内容上存在更大的取舍自由、多样的报道角度，而成功的卫视在香港本地的传播自然也就刺激起管理的再次放宽。③跨国资本的进一步介入，促使香港广电媒体进一步国际化。由于卫视传播的超地域性，尤其是香港政府颁发的非本地电视服务牌照，使卫视不得不向外拓展，而对外传播的成名恰恰证明了香港这一地区“非中非西”的优越性，或者说，在卫视的跨地域传播中树立起积极正面的香港形象，这当然吸引跨国资本进驻香港，投资广电业。④传播对象、内容的区域化。从传播内质看，卫视的跨地域实

① 资料来源：http：//news.163.com/07/0910/16/3O1UEE2O00011OS5.html

际上仍然以文化圈层原理为依据（如凤凰卫视定位为全球华人，这一相同民族的身份体现了鲜明的文化意识），也就是说，充分利用同一民族、文化、语言、价值观、道德观等的优势，在同一文化根源下才能进行有效的传播，因此，这带来了更多以民族、地域为传播单位的电视发展。⑤由于覆盖对象的广泛，卫视传播的内容出现明显的理性、思辨、深度、大气等特征，以资讯类、谈话类节目见长，这在一定程度上对香港本地电视形成了显著的互补，不仅如此，也给本地电视的节目制作作出了示范，即便是一些新闻资讯类、评论类节目，同样能非常出色，吸引观众眼球。从这个意义说，卫视在节目形态上给予了香港本土电视一定的启示。

客观地说，在香港特殊政策的庇护下，卫星电视对传统的强势媒体影响较小（相反，传统的强势媒体却在资本注入上影响到卫星电视），而与导线电视传播关系密切。有线电视与卫星电视一道加入了激烈的广电竞争之中。1993 年 6 月，香港的九仓有线电视公司取得首张收费电视牌照，营业有效期为三年。同年 10 月开播八个基本频道。1997 年 8 月增至 35 个频道，目前，有线电视台共有六个新闻台，五个中文台，六个电影台和三个体育台。除了英语新闻台和有线寰宇台外，其余各台节目以粤语为主。有线电视以收费电视的形式经营，其中 15 个频道是基本服务，以每月收费形式提供节目，包括全球首个 24 小时的粤语新闻台，其他四个是逐次收费的电视频道。

有线电视在经营初期情况并不见好，至 1995 年已创办两年，但只有 15 万个家庭用户，同年上半年则亏损 2 亿多港元。这主要是因为收费方式与香港观众长期以来的“免费”观念存在较大抵触。与此同时，与无线电视相比，有线电视的节目本身也并没有表现出足够的吸引力。“有线电视”曾有过不良的营销记录，因此被电信管理局多次罚款警告，此后痛下决心，利用自身的媒介平台，宣传、介绍有线台的其他频道与节目内容，并将新闻、体育、儿童、成人等节目重新编排，以传播的道德底线，最大可能地涵盖节目源，突出自选节目的即时性、丰富性与多元性。这集中表现在对电影资源的利用上。在开播后一年，“九仓有线”就引入香港首个自选影像（Pay-Per-View）服务，积极引入电影资源，高峰时期曾有九个自选影像频道。1995 年起，有线电视把原有电影台一分为三，其中电影一台和三台 24 小时播放，电影二台则安排在 21：30 以后（2005 年 7 月改为 24：00 后），儿童台节目播放完毕才播出，至清晨 6：00 结束。内容囊括古今中外，并转播美国“家庭影院”电视网（HBO）节目、Cinemax（HBO 的第二个电影频道）、Star Movies（星空传媒电影频道）及 MGM（米高梅电影频道）等欧美电影以及日本、韩国、中国台湾等亚洲电影。2002 年 4 月，有线电视设立香港首个印地语电影频道 Zee Cinema，以好莱坞电影吸引印巴籍人士。不仅如此，有线电影为保持竞争力，2005 年 3 月决定成立骄阳电影有限公司，计划两年内斥资 3 亿港币拍摄 20 部电影，借以补充将来数年内新片的不足。自选 21 台、23 台、24 台为三个自选影院频道，分别播出美国影片、首播港产片、成人影片与精选的中西影片。尤其值得一提的是，23 台有线自选影院成人台是香港唯一播放成人节目的电视频道。此后，1998 年 10 月 31 日，有线庆祝建台五周年，“九仓有线”改名为“香港有线电视公司”，获得较快发展。2000 年 8 月，约有 170 万户可接收有线电视。2001 年 8 月，有线电视开始把电视信号逐步由模拟广播转为数字广播，并于 2005 年完成，成为香港首家利用数字广播的电视台。同年，有线电视成立覆盖整个亚洲及北美洲的华语卫星频道“新知台”，迎来了新的发展契机。新知台目前是香港第一大自制频道，是拥有第二大频道数量及第二多用户（达 83 万户）的收费电视台。

我们认为，随着传播观念以及收费概念的深入人心，收费电视的竞争日趋激烈，这是可以预知的。一方面，传统的免费“无线”传播利用雄厚的节目、资本、社会资源与品牌意识，积极开发收费节目，成立收费频道；另一方面，在网络新兴科技的支持下，越来越多的有线电视与新媒体组合在一起，形成了更具时新性的互动电视，这必将分去有线电视市场的份额。2006 年 2 月 21 日，无线收费电视宣布与电讯盈科合作发展收费电视服务。虽然“有线电视”在 2006 年的中期业绩报告称，此举对有线电视订户增长的影响甚为轻微，但是，要对该项发展对集团收费电视业务的实际影响作出有效的评估，目前还言之尚早。事实上，2000 年起，特区政府发布了新的《广播条例》，进一步放宽了在香港开办非本地服务电视的限制，兴起了第二次开办卫星电视的浪潮，先后批出四个本地收费电视节目服务牌照：香港网络电视有限公司、无线电视公司旗下的银河卫星广播有限公司、英资的 YES TELEVISION（HONG KONG）LIMITED、太平洋数码（香港）有限公司（台资）。这些跨国资本的介入以及卫星电视通过有线网络的落地，进一步促进了有线资源的丰富多样，也使得收费电视的竞争进一步白热化。

第二章

香港广播电视管理与运营

任何事业的活力发展都离不开必要的监管与经营。香港广播电视也如此。由于香港社会高度的商业化，以市场自由主义为主导，从而导致香港广播电视出现了与境内广播电视完全迥异的形态，更由于香港立法深受英殖民影响，无论是对媒体管理法律本身而言，还是对媒体经营来说，无论是对广播电视受众的权利保护，还是对媒体自身权利与义务的规定上，香港广播电视管理法律与制度都显得较为完善与缜密，尤其是涉及公共事务与安全时，香港广播电视管理法制、条例均表现出了相当的时效性与有效性。从某种程度来说，这些都值得境内借鉴。

第一节　香港广播电视的功能与属性

香港广播电视作为大众文化中的标本，对香港民众形成本港意识、集中生活经验、形塑本地身份都起到了十分重要的作用。从香港历史考察，1842 年 3 月 24 日，《中国之友》创刊，标志着香港新闻事业的开始，主编是美国浸信会教士叔未士和詹姆斯·怀特。1843 年，《广东记事报》进入香港，常发表反华言论，批评教会的传教活动。[①] 可以看到，纸媒文化在其诞生之初主要是中上层人士进行政治言论、发表时见的阵地，具有高雅化、上层化、时政性的特征，本身与香港民众距离甚远。后来，尽管有《明报》、《大公报》等香港本地力量的报纸，但报纸本身的信息传达能力、阅读习惯、传播范围等都大大逊色于后来崛起的广播与电视。

对于香港来说，身份归属不是一个停留在文本上的虚假问题，而是带有强烈的焦灼感的切己性。如果说在 60 年代经济迅速的腾飞中，香港暂时忘却了身份与归属，那么，1972 年 12 月，中国明确表示不接受英国继续对香港享有主权，重新提醒了英国与香港之间的宗主殖民关系；1984 年《中英联合声明》确定的“1997 回归”，曾经在很大程度上引起香港民众对前途的迷惘。这种迷惘恰恰证明香港处在“非中非西”的尴尬状态。这是由特殊历史原因造成的。众所周知，香港由于政治因素（半个世纪的英国殖民历史）、地理因素（天然的国际中转港），在内地境内屡次遭受政治冲击时仍然在相当时间内保持着稳定的社会格局，于是，从抗战开始到六七十年代，不断地吸纳“南下”的内地人才。而在“二战”之后，英殖民政府疲于应对国内经济的艰难，长期忽视香港的发展，尤其是为避免刺激香港本地意识的萌生，在经济、文化建设上完全放任自流，政治上无所建树。随着亚洲民族国家独立，国际政局的变动，英国在远东地区的战略利益几乎丧失殆尽。“英国协助遏制了印度尼西亚在婆罗洲的渗透，同时远离亚洲的一个主要冲突中心印度支那。英国逐步撤退，首先把香港卫戍部队的规模缩减到仅能维持内部治安的程度，1958 年又关闭海军船坞。从

---

① ［英］弗兰克·韦尔什．香港史．王皖强，黄亚红译．北京：中央编译出版社，2007. 167

那时起，香港在英国人眼中就成为一个附属物，一个没有任何战略意义的附属物，英国也越来越不指望从香港获得商业利益。英国议会很少关注香港问题，英国公众对香港不感兴趣，只是把它当作一个花费不菲的异国情调的观光地。”① 20 世纪 60 年代，香港逐渐形成了典型的现代社会态度，在财政司郭伯伟政策的领导下，香港社会日益繁荣，放任市场的这种金钱至上的态度成为经济扩张的发动机，但同时香港也被视为一个冷酷的社会，一直到了被誉为“香港黄金时代”的 70 年代，总督麦理浩才大大增加香港本岛公共事务的建设，如大量建设住房，修建铁路、地铁等公共交通设施，等等。

从香港本地文化考察，香港原来仅仅是个荒凉小岛，属于广东的岭南文化。由于语言壁垒，加之地处僻远，岭南文化与中原文化的交流甚弱，因此避免了中原文化由于政治时局变动造成的文化损伤。从岭南文化的地缘性来看，香港已是偏远之地；从中原文化来看，香港更是穷乡僻壤。因此，香港虽然在 20 世纪展现出政治与经济的某种优势，但也被称为“文化沙漠”，由于港英政府的文化漠视，本地身份长期以来没有得到有力建构，而且也没有得到内地文化的支持。我们看到，内地文化精英们在时局动荡之际纷纷“南下”香港，但在时局暂稳之时却又远离香港，他们一方面看到了香港在文化上的分裂状态，外来的殖民文化在香港上流社会盛行，而中下层人群保存着讲求实效、功利、世俗甚至有些粗俗的岭南文化，另一方面又由于地方生疏、气候炎热、语言不通以及发展落后，很不愿意长期留居香港，出现了典型的“暂居”、“客居”的心态。因此，尽管“南下”的文化人才之多之盛，如茅盾、郭沫若、郁达夫、萧红、张爱玲等，但都没有真正地扎根香港，叙述香港生活经验，构建香港的身份意识，积极建设香港的文化。从根本上说，或由于语言壁垒，或由于政治因素，或因生活环境，内地文化人缺乏对香港的认同，自然也难以替香港立言。

香港所处的岭南文化经验在社会中遭到了长期贬抑，这不仅源自英殖民文化的施压，也包括成熟但疏远的内地文化。从这个角度说，香港身份意识必须由本地滋生而出。伴随着香港经济的迅猛发展，发达的香港电影、电视文化才真正地将香港意识提上了议事日程。关于广播电视在香港市民生活中的重要性，马杰伟、陈韬文撰文指出：“虽然今年电视收视率持续下跌，但香港广播事务管理局于 1993 年 12 月至 1994 年 2 月期间的一项调查结果显示：收看商营广播电视台，尤其是中文台的节目，仍然是香港家庭的主要娱乐。观众收看广播电视的平均时间减少了（1990 年为每日 4.2 小时；1994 年为每日 3.5 小时），但目前广播电视仍然是主流的大众媒介，差不多每一个香港家庭都有一部或以上的电视机，其中 67% 左右同时拥有录影机。”② 在发达

① ［英］弗兰克·韦尔什．香港史．王皖强，黄亚红译．北京：中央编译出版社，2007. 507

② 马杰伟，陈韬文．香港、澳门的广播电视事业．载变迁中的香港、澳门大众传播事业．台北：行政院新闻局，1999

的电子媒介中，以现实色彩逐渐把香港城市注入市民的心里，形构了想象的香港城市，并唤起香港市民强烈的自豪感与归属感。

这种身份的建构首先体现在香港广电媒体发达的民生新闻上。正如上面已经提及，香港电视新闻竞争激烈，而竞争的焦点在于事关民生、关注现实的新闻上。如“亚视”的《今日睇真D》、《真系乜都有》等贴近民生、突出民生，很快赢得了较好的收视率；而“无线”的《六点半新闻报道》、《城市追击》、《城市小心眼》、《新闻透视》、《香港倒后镜》等也都是集中在民生新闻上。民生新闻对身份意识的构建起到十分重要的作用。

（1）以真实的镜像架构起银屏上的城市形象，如太平山、新界、九龙、荃湾以及居住了50万人口的沙田不绝于耳地出现，香港地标如中银大厦、汇丰银行时时在银屏上展露，当市民看到身边的真实世界构成了银屏的假想世界，也在心中逐渐形构了香港的整体观念，这种整体观念既包括现实的城市空间，也包括想象的文化空间。

（2）民生新闻之所以备受市民关注，根本在于以新闻的力量解决民众面临的生活难题，这些难题并不成为国家地区的大事，但对生活在凡尘琐事之中的市民来说，更为迫切。因此，当发达的民生新闻解决了市民身边的生活困难，当新闻媒体站在市民的角度处理切己之事时，市民自然会对身边的生活、城市产生一种强烈的认同感。

（3）从表面上看，民生新闻的出现体现了新闻的权力，或者说是媒体的权力，这种权力不同于行政部门的政府权力，而恰恰是对主流政治权力的公共监管，因此，民生新闻从根本上标志着一种社会公共领域的形成。从这个角度说，香港新闻媒体的民生新闻发达，正意味着香港社会公共领域的艰难萌生。在这一过程中，尽管有为收视率而夸张、渲染如名人丑闻、婚变争产、天灾人祸等信息，出现了信息娱乐化倾向，但是仍然以相关信息建立起相应身份的关联。与其说市民关注新闻，不如说市民关心自身在社会的公共权利。对香港市民来说，民生新闻所传达的“当家做主”的信息更为关键，它说明了香港市民有了发出自我声音的平台与空间。这是建立身份意识的关键环节。

香港广播电视节目打造香港身份意识，并不仅仅集中在表现市民生活的民生新闻上，同样也表现在传记片、纪录片的制作上。如香港电台制作的传记系列，囊括香港以及由香港到海外的华人，其中分为杰出华人系列、华人青年音乐家系列、华人青年演艺家系列、香港领袖系列、数风流人物等，以香港英才刺激起香港市民的自豪感。再如香港电台的《百载炉峰》分别在1982、1984、2001和2002年制作四辑，每辑以专题形式介绍香港历史，《一起走过的日子》则每一辑以一条街道为主题，介绍与街道相关的历史。如“亚视”制作的《寻找他乡的故事》，在国际电视节上屡屡获奖，介绍海外华人在异国他乡的故事，融入了许多当地风土人情和一些不为人知的历史和政治事件，记录了60多位海外中国人的奋斗故事。地理上似乎与香港无关，但在打拼的精神状态上完全一致。或者说，这完全是借海外华人的奋斗史追溯香港的历史，唤醒自身的记忆。再如制作香港历史的纪录片，如“亚视”的《成长话香江》、“无线”的《告别殖民地》等，这些纪录片、专题片都在香港身份的历史溯源、意识内涵等方面有着十分重要的作用。事实上，在陈韬文等看来，香港电视节目的变化表现在：纪实节目、清谈节目、软性的新闻资讯节目，已经从以往的边缘位置走入节目主流。[①] 我们认为，这在一定程度上表明，电视节目功能与文化属性发生了较大改变。20世纪70年代英殖民时期，香港市民在政治淡漠的普遍心态影响下，集中于经济发展与社会生存竞争，无暇也无意关注社会公共事务，此时人们热衷消费如电视剧、综艺节目等放松压力、宣泄心情的虚构节目，香港电视剧、电影、小说等叙事艺术也由此获得黄金时段的飞速发展，可以说，电视等广电媒体在这段时间内主要起到娱乐消遣的作用。90年代以来，香港社会现代化、文明程度大幅提高后，尤其是“香港回归”的刺激，市民前所未有地意识到政治与社会公共事务与自己有着切身利害关系，关注香港的前景即是关心自己的未来生活，由此爆发出前所未有的热情，甚至变本加厉，出现一种“泛政治化”现象。这在香港电影中同样有着明显的表现（如有意无意地把香港故事和“九七大限”联系起来，尤其是在评论文章中，几乎随处可见）。在这种情况下，香港电视节目出现“清谈”热、“评论”热，也就不足为奇了。这恰恰标志着香港市民已从“中转港”、“中转站”等暂时的“过客心态”走出，利用电子媒介积极地参与社会事务，发出自己的声音，建构起香港本土的身份意识。

毋庸赘言，以“无线”为代表的香港电视始终在电影、电视剧等叙事艺术上执著耕耘，这是邵逸夫以庞大的电影集团进入电视业后非常自然之事。这带动了香港中文电视台的竞争。《香港年鉴·1977》中说：“三个中文台还是会斗争下去，它们还是以戏剧为竞争目标，戏剧是以故事为主的，这样竞拍下去，可以肯定无论中西、现代或古典的，都会给拍绝。‘丽的’现在所动的脑筋是中国的古典，‘无线’现在所动的是世界名著，而‘佳视’所动的是武侠小说。”[②] 从这个介绍可以知道，香港电视剧涉猎范围非常广泛，古今中外的故事都能翻拍，但是，主要集中在传统与现代的兼顾上。值得说明的是，如果说关注市民的民生新闻类节目、关注政治话题的清谈类资讯节目形成了香港市民对当下社会的认识与态度，以及对未来的憧憬与判断，那么虚拟的电视剧则构成了想象过去的有效手段。换言之，影视剧不仅构成了香港人进行自我想象的内容，而且成为与岭南文化往来的深层渠道。这在相当程度上构成了香港意识的内容。如上所述，纸媒受到面对现实的新闻的诸多限制，尤其是在长期复杂的文化内涵的表达上，存在着较大缺陷，而虚构的影视剧弥补了这一缺陷。它以虚构的人、事、空间传达出了岭南地域所保存的传统文化意识，从而构成了香港身份的具体

① 马杰伟，陈韬文．香港、澳门的广播电视事业．载变迁中的香港、澳门大众传播事业．台北：行政院新闻局，1999

② 香港年鉴·1977，转引自李献文，何苏六．港澳台电视概要．北京：北京广播学院出版社，2004. 85

内容。如70年代香港长篇电视剧中的两大类别——“个人成长奋斗型”、“家庭复仇恩怨型”，前者表现出香港社会正处于上升阶段时的自我指认，资本主义社会的个人奋斗与事业竞争精神，现代社会的商业文化贯穿在其中；而后者仍然以传统的家族伦理情感作为情节的核心，家庭成员之间的传统关系尽管受到了现代冲击，但在制作者的情理逻辑的编织中，仍然是重要的情节推动力。这在客观上表现出岭南文化在地域与语言的壁垒中存留的传统文化。由于香港电视竞争激烈，且焦点往往在电视剧上，于是香港电视媒体绞尽脑汁，把创作触角延伸到每一个可供翻拍的领域，不仅出现了大量的古装剧与现代剧，就是古装剧中也类别繁多，如武侠剧、粤语剧、神话剧、历史剧等。武侠剧几乎把金庸、梁羽生、古龙的名著全部翻拍。整个80年代，“无线”在民族文化的通俗神话、民间传说等上深挖广掘，拍摄了如《铁面包公》、《钟无艳》、《观世音》、《宝莲灯》、《黄大仙》、《杨家将》等电视剧，“亚视”则有《武则天》、《秦始皇》等电视剧，而《上海滩》对龙争虎斗的“大上海”的想象，无疑成为映照自身的一面镜子。这些剧作不同于内地的历史正剧，往往以保存固有历史知识与思想为目的，它们更多地属于试图流行的大众文化的性质，因此充满了商业文化气息。但是，这种商业文化又凝聚了传统文化的内质，在中西、传统与现代的语境交错中生发出许多新质，更以其紧张的故事情节、生动鲜明的人物形象、精彩的场面描写，在香港民众的心里广为传播，潜移默化地形成了独特的身份意识。

可以说，香港电视剧在促成香港身份意识方面起到了十分重要的作用。不仅如此，香港从殖民身份到华人社区身份意识的嬗变，在电视台频道语言设置的前后变化上也反映了出来。“无线”与“亚视”两家广播电视在成立之初，均因港英当局要求播出英文节目而设立英文台（“无线”为“明珠台”，“亚视”为“国际台”），出现大幅度缩水与变味。就英文台成立原因来看，恰恰表明香港广播电视的殖民身份，而与电视台本身的商业定位完全相悖。这时，语言等级标志着香港的殖民身份。虽然1974年港英政府承认中文与英文共同成为官方语言，规定两种语言拥有同等地位，在政府和公众交流中同等使用，但是直到1989年才开始用这两种语言同时颁布法规，而且英语仍然是高等法院使用的唯一语言。[①] 英语高于普通话，更高于粤语的等级秩序，所具有的社会特权一目了然。但是，香港98%左右的人讲粤语，只有约1%的人口以英语为母语，除外籍人士外，本土仅有10%的观众以英语为流通语，从定位上说，显然不符合商业立台的“无线”和“亚视”。随着中英关系以及国际政治格局的变化，“九七回归”的时间早早确定，港英政府从1992年起已经放松对英文台的语言限制，而回归后，两家英文台从先前殖民身份的烙印变成了体现国际视野的标志，既可播放英语节目，也可以播放外国画面、粤语配音的新闻节目；既可以是原创的传播本地新闻的英文节目，也可以适时转播境内中央电视台国际频道的英语新闻节目。

---

① ［英］弗兰史·韦尔什．香港史．王皖强，黄亚红译．北京：中央编译出版社，2007. 541

从这个角度说，英文台从先前被强加的殖民地身份的标记，已经转变为沟通境内外、传播华人社区的新闻信息的平台，它不仅代表了开放的国际视野、世界意识，而且也成为当下香港社会的新象征。但相对来说，英文台的节目较弱，应该避免电视台的商业定位对收视率的追求导致的对节目创作的要求的忽视，而要进一步增强节目自身的创造力。从目前的状况看，英文频道标志着电视台的高度与品位，也代表了一个地区的国际化程度。

第二节　香港政府监管机构与法律

香港广播电视长期在港英政府的监管下发展（这种监管是将之置放在多种部门之间进行，具体情况见表 2－1），管办香港电台占据广播事业 30 年之久，之后才有商营电台的出现，但又不准自制新闻类节目，而必须转播香港电台的新闻节目，对电视的管理更加严格。1964 年制定的《电视条例》强化了当局的监管权，对节目时间、标准和广告都有详细的规定。而在“香港回归”日益临近的情况下，1990 年后放松了监管。其监管方法、法例只适用于商营电台、电视台，而作为政府一个部门的香港电台不接受其管理。有意思的是，在香港，电视与广播完全不同，商业主导模式占据主流，采取纯私营体制，非商业电视只占边缘地位。由于没有政府电视台，香港电台的电视部每周制作 12 小时的公共事务节目，交由香港无线电台和亚洲电视台在晚上黄金时间播出。

1987 年香港广播事务管理局正式成立，这是独立的管理香港广播电视的法定组织，统管香港无线电视和商营电台的广播事务，下设投诉委员会与业务守则委员会作为资讯机构，由影视娱乐处及下属的广播事务管理科具体实施管理。广播事务管理局采取宽松及鼓励竞争的规管模式，致力营造有利的营商环境，也为广播机构制定指引，让业界了解广播的规管制度，包括竞争条文的执行等。在长期的管理执行中，形成了几个特点：①为保障新闻的自由原则，不预先检查任何广播素材。②注重电视的社会属性，公开咨询市民和业界意见，定期进行意见调查，并推行“电视及电台广播资讯计划”，促进社会市民的了解。③监管松紧适度，细则详尽，十分清楚地定出适用于各类持牌人的节目、广告及技术标准。

表 2-1　香港影视媒体监理部门及主管业务

监理部门	主管业务
工商及科技局通信	广播电视、电影服务与淫亵物品管制，电信、创新科技与电子政府等政策之制定
广播事务管理局	香港广播电视业法定监管机构，参与发牌续牌，执行反竞争与制定适当节目、广告及广播技术标准
影视及娱乐事务管理处	执行监督规管广播电视业相关事宜，电影片分级、统筹电影相关服务与审批娱乐牌照
电信管理局	广播电波管理，协助广播事务管理局对电波监理、技术标准提供意见与指定业务守则
贸易发展局	协助影视业海外市场推广，举办国际影视节目交易展览

注：此表格引自刘现成．跨越疆界：华语媒体的区域竞争．台北：亚太图书出版社，2004. 192

这方面，香港学者谢志文的介绍十分详细。从寻求电台或电视台媒体事业的一开始，政府监管的观念、条文、细则就开始广为传播。每当政府招商承投电台或电视台时，就会制定好各项条文，让可能获得经营权的公司广泛而深入地了解这些条文，有利于确定以后的建台原则与立场。大体来说，主要有三个方面的具体规定：第一是节目标准（Programme Standards）。规定获准经营的公司所制作的节目须符合一般文雅趣味并合乎常理，尊重社会人士的个人意见，适当顾及儿童的特殊需求并尊重法律和社会习俗。此外，更特别指出对某些问题需在制作时极端谨慎处理，例如对宗教问题、婚姻问题、两性关系、暴力之表现、儿童的感受、时事评论及新闻分析等，都需加倍留意，免犯禁忌。第二是技术标准（Technical Standards），规定获准经营的公司可用的频率、波长、发射强度和发射站地点的选择及其他一切有关技术方面的基本条件，而对电视，更将画面扫描线的数字作了明确规定（香港规定用625线），以确保其播出或播映达到一定的标准。第三是广告标准（Advertising Standards）。针对香港广电竞争过度激烈以及电视台商业属性强烈的实际情况，这方面的规定更为详尽而明确。如规定获准经营的公司其广告必须合法，明确禁止播出某些物品或服务，例如枪械、高利贷、避孕药、婚姻介绍、殡仪服务、赌博场所等。此外，连广告的播出时间都作了明确规定（只可在节目开始及结束，以及在节目中自然间断时播放，也规定电台或电视台播放广告的最高时间限额。通常来说，政府规定广告的最高限额是每小时7分钟，这个数字，通常是作为一个平均数，即是说，某一小时内其广告是8分钟，但另一小时内其广告是6分钟，平均计算，就是每小时7分钟）。至于售卖药品的广告，细则就更多，如规定不能介绍某种药物可治愈某些疾病，不能用“最好”、“最有效”、“最安全”及“最快”等词语，不得有意侮蔑与其竞争的厂商或其货品，等等。

对于有意经营电台或电视台的人士，香港广播事务管理局作出几项重要而明确的规定。首先是持牌人必须是在本港长期居留的英籍人士，而大多数的董事应为长期居留本港的英籍人士，这些董事须积极参与其公司的事务。所谓长期居留本港，是指任何一年内在本港居留不少于180日，或任何的连续两年在本港居留不少于300日。政府亦规定获经营权者在开业的初期应有超过25%的有控制权的股本，持有人为长期居留本港的英籍人士，而在开业四年之后，此百分率应增加为50%以上。至于有控制权的董事，至少须持有15%的股权。另外，政府更规定该公司的各主要部门的首脑亦应为长期居留本港的英籍人士。

至于其他的规定，包括广告代理及经营广播器材的人士没有资格作为广播机构的董事；缴交费用给政府或缴交罚款给政府若超过限期的一个月，则政府可以取消其经营资格；对于最新的电视台的合约，更规定在开业后的四年将不少于其25%的股份公开上市。①

香港广播事务管理局不仅在规定上如此详细，对电视台的违规违例现象更是监管有力。广播事务管理局不仅设置了市民举报热线与网络信箱，而且对违例的事件大多能及时作出惩处，并予以公示。大体说来，对违例的惩处有五类：①劝谕或强烈劝谕，广管局会劝谕或强烈劝谕持牌机构更严格地遵守有关条文；②警告或严重警告，广管局对违例事件非常重视，会警告或严重警告持牌机构不得再度违规；③发出更正及/或道歉声明，如果违规情况严重，广管局可要求持牌人在其广播服务内发出更正及/或道歉声明；④罚款，广管局若认为违例事件非常严重，可向持牌机构施加罚款；⑤暂时吊销或撤销牌照，若违例事件非常严重，广管局可暂时吊销持牌机构牌照（最多30天）或查究事件详情，然后撤销或向行政长官会同行政会议建议撤销牌照（视乎牌照类别而定）。

黄匡宇认为，香港对于电台及电视的监管强调五项原则，分别是：①广播机构必须是本地独立机构，即广播机构的控制权应在本地人士或与本地关系十分密切的人士手中，“不合适人士”不得成为电台或电视台的主要持牌人；②广播机构不得破坏社会稳定，即不违反社会道德，不蔑视法律、现有社会体制或有缺陷人士，不扰乱社会秩序，不政治化；③广播机构必须保护儿童及青少年，晚上20：10之前，电台不能播放绝对不适宜儿童收听的节目，儿童节目应有助于儿童人格、品德及智力健全发展，电视方面则有更多的注意事项；④广播机构应提供正确指引，不作误导，保持公正，播放的新闻及言行必须符合节目标准，如新闻报道必须准确、公正及内容均衡，新闻剖析与评论应跟新闻报道分开，新闻节目不得接受赞助，广告资料不可作新闻播出等；⑤广播机构必须维护公众健康，不得播放香烟广告，酒类广告有所限制，播放

① 谢志文．香港广播事业概论．香港：商务印书馆香港分馆，1981．10～14

医药广告要遵守批准准则与表达手法。①

我们不妨看看黄匡宇在《广播电视概论》中列出的香港广管局对节目采取惩罚的例子：

表 2-2　香港广管局对节目采取惩罚的例子②

播映日期	节目名称	频道	违规之处	惩罚
1998-03-04	城市追击	无线电视翡翠台	大篇幅介绍淫媒及卖淫事业，不宜在接近全家欣赏时段播出	劝谕
1998-03-02	今日睇真 D	亚洲电视本港台	同上	劝谕
1998-02-20 1998-02-23	哗！哗！哗！打到嚟！	商业一台	过分突出节目主持人参与演出的某部电影	强烈劝谕
1998-02-07	魔术世界大观园	亚洲电视本港台	播映一名魔术师以矛穿颈，不宜在全家欣赏时段播出	强烈劝谕
1998-02-05	18 座 C 座	商业一台	使用不文明用语	劝谕
1998-01-25	一级奸爸爹	亚洲电视本港台	节目参赛者把一些豆子放进鼻孔，然后从鼻孔喷出，动作十分危险，易被儿童模仿，不宜在全家欣赏时段播出	严重警告
1998-01-22	饮至广告	有线电视寰宇台	播出与性及暴力有关内容	劝谕
1998-01-12	认真搞嘢夜	有线电视娱乐台	不人道地对待动物	强烈劝谕
1997-12-06	缤纷好玩樟木头	亚洲电视本港台	节目播出当日，发展商正在香港进行销售行为，有为发展商促销楼盘之嫌	严重警告
1997-11-18	今日睇真 D	亚洲电视本港台	主持人对一宗尚未审讯的刑事案所作的评语有预先判断之嫌	强烈劝谕

从表 2-2 中可以看到，香港广管局对广播电视节目的处罚存在着明显特征，处罚最重的（严重警告）都涉及社会公众利益，尤其是人身安全，一是对“喷豆子”

① 黄匡宇．广播电视概论（第 2 版）．广州：暨南大学出版社，2005. 415

② 黄匡宇．广播电视概论（第 2 版）．广州：暨南大学出版社，2005. 416

行为的“严重警告”，这是注重保护未成年人健康与安全的表现，联系到对“不人道地对待动物”、“以矛穿颈”行为进行“强烈劝谕”的处罚，可以看出，香港广管局的监管主要从保护儿童、青少年的角度出发，十分强调公众媒介对未成年人积极引导的正面功能。此外，香港广管局的监管对社会公众媒介与商业资本的关系保持高度警惕，防止社会媒介被少数社会资本操纵利用，误导大众，如“严重警告”的另一个案例是对有“促销楼盘”之嫌的电视节目，强烈劝谕的有“过分突出主持人参演的某部电影”，等等，这表明香港广管局力图使香港传媒在政治与经济力量之间保持中立公正的立场。说起来，在全球化范围内实现自由流动的跨国/境内/民间资本，往往影响，甚至控制本地的媒体进而影响本土观众，以达到商业赢利的目的。香港广管局对此有充分的认识与敏感度。而在政治与经济的关系中，在以上 11 例中，香港广管局没有一例由于对时下政治事件、政府批判而进行处罚的电视节目，仅有对“主持人影响刑事案审判”一例，这仍然是注重媒体保持独立公正的表现。从这个角度也可以看出，香港社会是一个充分商业化的社会，商业已经成为渗透到社会方方面面的力量，政治因素相对有所弱化，或者说在政治因素面前，香港媒体已经拥有自由的言论、批判的权力，香港广管局放松对此类电视节目的监管，而注重经济力量的渗透，正好说明了政府服务民众、关注民生、开放言论等功能。香港社会的开放性，也体现在广管局对性与暴力的相对宽松的监管上，如对表格中三例“含性与暴力内容的电视节目”只不过施予“劝谕”的最轻惩罚，而且作出“不宜在全家欣赏时段播出”的说明（这与境内对“黄色”、“泛黄”的广播电视节目的强力监管形成鲜明对照）。从传统文化上说，性与暴力在很大程度上触犯了以家庭为本位的传统伦理道德，这显然表明香港社会在英殖民统治下，传统道德已经大大松动，并且出现了“西化”的特征。

第三章

香港广播节目

广播这一媒体由于仅凭借声音传播的特征，在信息传播的清晰度上存在一定的缺陷，用麦克卢汉的观点说，即是一种“冷媒介”。因此，在当下媒介发达、高度竞争之中，广播无疑处于弱势，但是香港广播的节目十分丰富，这与其制作观念的开放性密切相关，出现了明显的人才混合、跨媒体、跨地域等特征。面对广播地位的衰落，一方面，香港广播将广播组织结构简化，编播队伍精简，设备设施投入减少，从而大大降低节目制作的成本；另一方面，在节目上实行专业化运作和分众化服务，以满足各阶层收听需要。在目前香港媒体的高度竞争中，香港广播及时应对全新快速的信息时代及经济全球化潮流，非常注重将世界各地的信息纳入自己的视线，新闻资讯报道即时迅捷、信息量大，内容涉及面广，形式新颖，如此等等，均体现了香港广播自身的媒体优势。

第一节　香港广播节目综述

应该说，香港广播节目的丰富性远远超过了境内电台，这与岛内广播竞争激烈、听众口味挑剔有相当大的关系。“香港广播由于其地域特点和受欧美及东南亚的影响，决定了其在广播体制、节目内容和制作形式方面与内地的不同。香港广播组织结构简化，编播队伍精干，设备设施投入少，节目制作成本低；在节目上实行专业化运作和分众化服务，以满足各阶层收听需要。在全新快速的信息时代及世界经济潮流中，香港广播非常注重将世界各地的信息纳入自己的视线，新闻资讯报道即时迅捷、信息量大，内容涉及面广，形式新颖，体现了香港广播的全天候、即时性、精加工、立体化、娱乐化和跟进性特点。”① 香港广播 24 小时的“全天候”保证了与听众关系的亲密，体现出明确的公共服务意识，听众只要打开收音机就能听到想听的节目，进行个性化选择，这对广播这种声音传播媒介来说十分重要，尤其是在特殊的时刻，声音的亲和力往往超出了影像，如深夜的清谈节目，倾诉情感的特殊性要求一种广播节目的约会意识，应该说，24 小时的全天候播出让观众有了充分的选择空间，也开发出符合各种节目特征的相应的节目时间。而节目的“即时性”是指新闻信息传播的时效性，注重第一现场，这种时效性在香港广电节目中得到充分发挥，不仅新闻资讯类如此，娱乐节目也非常注重现场感；不仅广播节目如此，电视节目也如此。从现场时效性来说，广播节目由于技术要求相对较低，利用声音传播往往能够迅捷地抢到第一时间。“精加工”强调对节目的精雕细琢，不断根据听众的要求与变化，适时改变节目的形态，包括主持人的人数、男女性别搭配、过场音乐等，都有非常细致的考虑，我们看到许多香港广播节目总在不断地调整播出的细小环节，如被称为香港最长

① 李卫红，江婷．香港广播资讯：全天候，国际化．视听界，2000（5）

寿的灵异广播节目“恐怖热线”（由新城娱乐台播放，2008 年停播），尽管在节目主旨上并无变化（专门探讨灵异事件），但节目主持人与节目名称不断变化，如节目前身为雷宇扬主持的“惊叫一点钟”，雷宇扬离开新城电台后由蔡康年接任主持，钟慧冰主持后改名为“夜半谜踪”，潘绍聪和露芙主持后再改名为“恐怖热线”，初时是由潘绍聪和露芙一同主持，随后只由潘绍聪主持。而该节目在网上电台 Uonlive 播放，更名为“极度恐怖热线”，但潘绍聪离开 Uonlive 后，节目现于网上电台 My Radio 继续，更名为“恐怖在线”。① 可以看出，节目名称与主持人、播出媒介等密切相关，主持人改动、节目改名似乎成为吸引听众的一种噱头，这一方面反映出香港广电人才的自由流动，另一方面也表现出电台根据主持人个性打造节目的特点。

广播节目的“立体化”主要体现了跨媒体发展的思路。在现代媒体激烈的竞争中，诉诸单一感官的广播无疑处在下风。“广播是弱势媒体”已经成为一个客观事实。在这种情况下，广播需要借助其他媒体的力量，进行跨媒体发展。如香港电台的《视播纵横》在香港电台电视部、电台部及网上广播站同步直播，而《城市论坛》是香港电台电视部制作的一个直播时事的论坛节目，模仿英国伦敦海德公园的时事辩论会。并且，在铜锣湾维多利亚公园、金紫荆广场、尖东百周年纪念公园等进行户外直播（所谓“看得见的广播”），而且，《城市论坛》从 2006 年 5 月 7 日开始在香港电台、网上广播站及无线电视翡翠台同步直播。② 这种立体化、跨媒体的节目特征极大地拓展了本属弱势的广播媒体，增强了广播的竞争力。广播节目的娱乐化倾向，当然是香港发达的商业性使然，影视文化丰厚的土壤、娱乐文化的兴盛、明星制度的完善，为广播节目的娱乐化提供了得天独厚的条件。即便是清谈类节目，由于明星艺人的参与，娱乐性也盎然无比；就是枯燥的财经资讯类节目，由于有充足的编剧、演员的保证，也能够以短剧的形式演绎，如《投资本色》以短剧形式形象生动地介绍投资衍生品、方法原则等。如吴君如、王贻兴及阮子健主持的《哗！哗！哗！打到嚟!》，内容非常丰富，既有明星访谈类内容，如《我爱 Cult 明星》、《名女士专访》，也有平常人家的生活体验，如《妈妈妈打到嚟》激情母亲与其子女分享做人母的心得体会；既有约请嘉宾玩游戏的《三个你系真》，也有定期播出的三位主持人饰演的广播剧。这种娱乐化广播节目内容繁多，对主持人各方面的要求都很高。节目所谓的“跟进性”，主要是指广播节目的社会功能，强调听众在节目中的地位，并通过广播媒介实在地落实到社会上，产生一定的社会效果。如大量反映市民日常生活中的点点滴滴的民生节目，表达听众政治意见的烽烟节目以及大量谈话类节目，听众不仅积极地参与其中，而且关注参与的效果，听众、媒体与社会职能部门等形成良性的互动，

① 参见《恐怖热线》：维基百科，自由的百科全书。

② 香港电台本身就是跨媒体、立体化的产物，一方面主要从事声音广播，是公共性质的电台，另一方面又制作代表主流官方立场的新闻电视节目，在无线翡翠台、亚视本港台等其他电视台播放。

香港广播对这方面非常重视。最典型的莫过于《绳之于法》，节目虽然由张马莉、扬子江主持，但节目的重点却在于听众与皇家香港警察警民关系科之间的联动关系，节目设有数十条热线电话，而接听者就是警员，市民意见、建议能够直接体现出社会价值，这种跟进性再次体现出香港广播节目的服务意识。

内地学者乔云霞说："从内容上看，香港广播电台的节目主要分三种类型：新闻资讯、文化娱乐和教育。各家电台都将新闻资讯视为立台之本，竞争尤为激烈。"①在她看来，其竞争方式主要有：①开办热线电话，就热门的新闻事件进行讨论；②强化生活资讯的即时更新，如交通信息、天气信息；③强调财经资讯。香港是商业中心、金融中心和经济贸易中心，人们对财经资讯有很强的渴求。其实，香港广播节目的丰富性远不止这些，大致说来有如下几类：

（一）新闻资讯类节目

如贯穿一天的《晨早新闻天地》、《午间新闻天地》、《傍晚新闻天地》以及《晚间新闻天地》等，这些固定栏目的定时播报，保证了新闻资讯的即时传达。由于香港的跨地域性，香港广播也出现了如《BBC 时事一周》等国际新闻类节目，与此同时，《铿锵集》（电台版）、《城市论坛》、《议事论事》（报道立法会一周动向，同时加插实施话题进行讨论）、《太平山下漫步》、《头条新闻》、《针锋相对》（电台版）、《雄辩擂台》、《星期六问责》等大量时事类节目，有效增大了新闻节目的信息量，增加了新闻节目的深度。而所谓"烽烟节目"（phone-in）有效地激发起听众对身边政事关注的热情，如《自由风自由 phone》、《轻轻松松自由 phone》等，以热线参与的方式使听众与社会联动起来。为适应信息爆炸的香港社会，资讯类节目的细化、发达更能给观众留下深刻印象，如资讯节目中大致分为十多类：警务资讯类（如《警讯》、《绳之于法》）、公共资讯类（如《奉告》、《都市半日闲》）、两岸四地类（如《龙情三地》、《国企风云》、《窗外有蓝天》等）、公务及社会政策类（如与消防处合作的《无情火》、与天文台合作的《气象万千》等）、心理健康类（如《小心失控》、《打开心窗》、《EQ 方程式》等）、教育类（如《千色教室》、《教出彩虹》、《大学之道》等）、经济及规划类（如《雄图伟略》、《蓝图廿一》、《香港工业 70 年》等）、投资类（如《投资本色》、《投资新时代》、《一桶金》、《一桶金之财经新思维》等）、专业类（如介绍香港航空业、国际机场的运作的《天空之城》、介绍香港特色建筑的《建筑宣言》、介绍专业人士的社会事业的《专之骄子》等）、自然及环保类（如《再造的空间》、《山水传奇》、《放虎归山》等）、全球性论题类（如《世界在厨房》、《孩子上战场》、《放眼天下》等）、医学类（如《医生与你》、《中医新里程》、《世纪战疫》等）、社会现象类（如《香港故事》、《生活逼人来》、《人生多重彩》等）、

---

① 乔云霞．中国广播电视史．北京：中国广播电视出版社，2007.358

励志类（如与卫生福利局合作的《百链人生路》、《我有我方向》、《不是香港人》、《各自各精彩——新移民系列》等）以及亲子类（如《孩子的天空》、《两代之间》、《童梦飞扬》等），如此丰富的资讯节目有效地满足了香港市民对资讯多层次、多方面的需求。

（二）娱乐类节目

这是香港广播的主要节目之一，子类型繁多的节目源，其中音乐与广播剧占据重要地位。香港的流行音乐实力雄厚，这给电台提供了源源不断的节目创意。音乐节目中，既有类似《中文歌曲龙虎榜》、《环球榜》等排行榜的最新流行音乐的介绍，也有一些经典音乐的再回顾，如《黄金的旋律》、《2000 靓歌再重聚》；既有华语类歌曲（如粤语、国语、闽南语等），也有英语、日语、韩语等音乐节目，如《Teen Music》、《Teen 空海阔》等节目。音乐专题类节目同样种类繁多，如《音乐情人》、《清谈浅唱不夜天》、《音乐互联网》、《一周红人馆》（香港商业电台叱咤 903）、《一切从音乐开始》（香港商业电台）等。而与音乐相关的娱乐资讯类节目也是层出不穷，如香港电台二台的《娱乐满天星》、《讲东讲西》等。三家电台每年都举办流行歌曲排行榜，并举办盛大的颁奖典礼活动，如叱咤乐坛流行榜颁奖典礼、新城劲爆颁奖礼、全球华语歌曲排行榜颁奖礼、十大中文金曲颁奖音乐会等，都是吸引听众的热门节目。

广播剧在香港娱乐节目中分量不轻，可以说，商台在建台初期就是靠“广播剧”、“空中小说”立足的。70 年代港台戏剧组每周制作超过 50 小时的广播剧，借助香港庞大的影视制作队伍，在媒体之间自由延伸，如广播剧《大丈夫日记》、《孤男寡女》等已经有了电影版本与系列产品，而由香港电台电视部制作的电视剧及其他节目不仅在翡翠台、本港台等六家电视台播出，往往还在电台适时播出，形成各种节目的“电台版”形式，这构成了特殊的香港广播现象。广播节目在电台、电视台之间自由穿梭，以两种媒体的力量传播，扩大了广播剧的社会影响。具体分为：①单元剧，在固定的时间段讲述完整的故事。由于香港发展迅速，社会事件众多，从内容上说，单元剧主题极为丰富，既有紧扣社会热点的新闻事件，也有从其他叙事艺术演化而来的虚构故事。从形式上看，单元剧以叙事艺术加工，演绎方式形象生动，这使得听众兴趣盎然。如《狮子山下》（电台版）以虚构的故事情景，叙述一般市民的生活与社会民生状况；再如《法门》，在一个固定时段演绎某一个真实的案件，阐释法律以及怎么保障市民的人身、财产安全等；再如詹志民和阿喱主持的《大佬冰室》，具有色情与暴力倾向，每集都有人被杀，而每集剧尾都有“豪爷”出场点评当日单元剧的主题。应该说，这在香港广播节目中最为引人注目。②儿童剧。主要针对儿童心理、生活、学习特征，以小演员为主编演的短剧，如 1977 年就播出的《小时候》，以小童星为主角，体味快乐的童年生活。这个节目受到小听众们的热烈欢迎，随后制作了两集，分别在 1999 年、2005 年播出。③女性剧。主要针对女性听众，再现现代女性在高度竞争的社会中事业发展、家庭生活、情感、育儿等的复杂关系，节目往往带有励志性，以疏导女性在现实社会中的受挫情绪，如《女人多自在》，是与香港妇女事务委员会合作，以戏剧的形式塑造一个普通少妇怎样从自我封闭中走出，积极帮助朋友、家人与社会，使得自己更快乐更自在。④历史剧。与内地相比，香港历史剧创作比较薄弱，广播剧、电视剧都如此，一方面，是因为还原历史的复杂制作成本的昂贵，另一方面，由于特殊的地理、政治因素，香港本身缺乏历史感。历史题材的广播剧有从传统评书中演变过来的《薛仁贵征东》、《薛仁贵征西》等。⑤青春剧，由于香港社会发展迅猛，青年思想活跃、爱好广泛、社会接触面广，针对这一群体，也制作了不少青春广播剧。

（三）服务类节目

作为服务意识十分普遍的香港，其广播节目的服务意识同样强化突出，但是，服务的元素往往融合在综合性节目中，尤其是与娱乐等其他元素交织在一起。如《清晨爽利》，是香港电台早晨的一档节目，每周一到周五早上5：00~6：30播放，由于是早晨节目，具有明确的听众对象，也就是老年人和早晨运动者为主，因此，节目出现李晖教授太极拳的内容，既有针对晨运者的运动性质，也有健康、养生的倾向。于是，节目顺势增加养生的内容。再如大型板块节目，香港电台二台的早晨节目《晨光第一线》，从早晨6：00到10：00，内容包括新闻、娱乐、教育、财经、资讯等：有介绍报纸头条新闻的《晨光头条快闪》，也有《晨光文娱艺术区》，专门播放经典老歌，也有《天气预报》，报道香港及世界各地的天气状况，《晨光增值中心》则是给听众讲解买卖股票、债务、投资等知识，等等。信息类服务与娱乐交织在一起。香港商业电台叱咤903的《五天精华游》，主要介绍文化、时装、饮食以及日常生活知识，但在这种服务类节目中同样贯穿着许多娱乐元素，如“未雨绸缪”环节（介绍天气报告）、TOP 5 Best Buy（以数字排行榜的方式介绍消费去处，包括电影、网上消费、演唱会门票等资讯），也会有“三姑六婆”（相面算命、情感问题的解答）、“一日一歌”（音乐节目）、“五天派对”（在中环举行听众聚会与派对）等，这种信息服务与娱乐内容之间的穿插，活跃了节目的收听群。再如香港电台制作的节目《精灵一点》，尽管是邀请专业的权威的医生介绍对听众在生活中有用的医学知识，但是形式都显得异常轻松。这种节目编排方式大大弱化了知识接受的困难程度，增加了听众接受的兴趣。

（四）教育类节目

香港广播非常注重社会效应，自然比较重视对未成年人的教育，从目前教育类节目看，主要分为：①互动教育类节目。针对香港强竞争、大压力的社会状况，父母往往顾不上孩子的学习，于是出现了如《上网问功课》、《打电话问功课》的互动教育类节目。再如《903傍住你放榜》，是专门为香港中学会考的学生设定的电台节目，会考生可致电电台和指定艺人通电话，艺人也会勉励考生。虽然关于“明星对话”是否是录音，现在仍有争议，但无论从何种角度看，此类节目都在一定程度上缓解了家庭压力，电台在相伴相亲之间，建立起与听众牢固的关系。②语文教育类节目。由于香港曾属英殖民地，西方背景错综复杂，导致语言种类繁多，语言行为交错，常常涉及两文（中文、英文）三语（粤语、普通话、英语），这种现状促使香港广播重视语言教育，出现较多的语文教育节目。回归之前，英语学习的节目较多，而在回归之后，中文普通话的节目大大增加，在客观上积极地推广普通话。如英文方面有《听歌学英文》、《反斗英语》、《英语游纵》、《英语一分钟》等，中文方面有《中文一分钟》、《唱谈普通话》、《普通话小剧场》、《普通话戏中戏》等。而在粤语方面，由于粤语是本地方言，流通范围广，习得人众多，节目相对较少，但《正读妙探显神通》以妙趣横生的侦探剧形式，帮助听众进行粤语辨音。③学前教育类节目。如《点虫虫开开心心学飞》、《点虫虫》、《小宝宝》等。④成人教育类节目。主要针对成年人在事业发展中的某种专业知识需求灵活制作节目，如《胜在营销》，由香港工业贸易署“中小企业发展支援基金”赞助，并与香港中文大学市场学（理学）硕士课程等联合制作，以真实个案及分析，向观众讲解中小企业的市场营销策略并分享成功要诀。

第二节　广播综艺节目

如上一节所介绍的，香港广播的综艺节目类型非常丰富，尤其表现在天空小说/广播剧与音乐节目上，而且也形成了重视听众积极参与的特征。事实上，无论是香港广播的天空小说还是音乐的DJ节目，都非常注重创作者的个性，尊重编导的人生体验。换言之，编导们以小说、音乐的形式，表达着一个充满情感魅力的心灵世界，而这个真挚的心灵世界曾经打动了一代听众，而节目也都经历了一个从艰难诞生到繁荣再到衰落的过程。从某种程度说，这种节目形态的变化折射出广播功能的变化、观众对广播要求的变化。当香港社会正处现代创业、经济腾飞的创造价值时期时，个人性成为时代的共性，各式的“天空小说”、不同风格的DJ节目都成为张扬个性的表征。但是，当以生产符号意义、注重文化消费的时代来临后，这种个人性特征被大大削弱，广播从彰显个性到泯灭个性，从突出风格到风格混杂，也就从先前体现心灵情感的、寄予理想价值的功能属性，转变成一种消遣的娱乐满足，这种娱乐满足并不需要个性的真挚与迫切，而仅仅是不动声色、不触动情感的无深度的娱乐。

（一）广播剧：从“天空小说”到戏剧化广播剧

广播剧在20世纪四五十年代开始兴起，在香港广播史上曾写下了光辉一页。据有50年广播经验的钟伟明忆述，70年代香港电台、商业电台及丽的呼声鼎足而立，单是香港电台，每星期就提供52.5小时的广播剧，以及1小时的世界名著，广播剧的受欢迎程度可见一斑。

事实上，广播剧只有短短数十年的历史，它的兴盛与香港广播业早期的发展有很大关系。为了挑战香港电台的垄断地位，丽的呼声广播电台在开播初期，征收十元的月费，决定了必须在节目质量上下足工夫。怎么吸引听众呢？长篇小说、连载小说等纸媒形式在香港培育起来的发达的叙事传统，可资利用。于是，丽的呼声在节目方面积极开发叙事因素，形成了广播剧（或称“天空小说”）特点，李我的“天空小说”、寄尘的谐剧、方荣的通俗小说等，都极受欢迎。随着广播剧日渐流行，题材趋于多元化，既有家庭、伦理故事，也有科幻、奇情小说，而形式也发生了变化。如果说“天空小说”主要是从小说借鉴故事情节、人物形象，那么戏剧化广播剧则是从戏剧处借鉴了大量的声响效果。戏剧化的广播剧除了有扣人心弦的故事内容外，在音响效果方面也极具心思，借鉴舞台剧的声响技巧，例如《人海传奇》、《香江夜话》、《武侠小说》等。

70年代，微型收音机由于携带方便，为无线广播平添了吸引力。香港广播的竞争相当激烈，丽的呼声、商业电台和香港电台为加强竞争力，不断扩充广播剧阵容，广播剧出现了繁盛的局面。如《中华五千年》是香港电台的一个广播剧，由1983年开播至2000年，一共900集，被称为香港电台最长寿的广播剧。这档节目由香港历史学者张伟国撰稿，最初由魏便利主持，但播至民国时期，改由梁家永主持，由钟伟明布幕，有时编导郑启明客串主持工作。在第一集中最初订出整套广播剧计划由原始社会到“文化大革命”为止，但最后播至中华人民共和国成立为止，第九百集为总结。每一集介绍对每个时代政治、文化、社会有重大影响的事件。除了讲述以外，还会依据史实以戏剧化形式表演。钟伟明感叹地说，广播剧曾经发挥着振奋人心，推动社会进步的作用，并且承担着三大目标，即报道、教育及娱乐。①

在广播业早期的光辉岁月中，涌现出不少代表性的人物，如被誉为“天空小说”的“始祖”的李我。李我在“天空小说”中，以灵活的声线分别饰演不同角色，无论男女老幼，均由一人包办，而广播内容并无剧本，只有数十字的大纲，任由他在直播室即时发挥。从内容上看，他的“天空小说”具有较强的社会批判性，及时传达社会信息，有利于宣泄社会的不满情绪。如李我在香港广播的第一部剧集名为《黑天堂》，他说：“当时香港有天堂之美誉，我的故事明显就是嘲讽这个天堂。”② 不仅如此，社会性内容更通过李我自己的人生经验，被表达得淋漓尽致，极为形象生动。

---

① 钟伟明语，引自颜美玉．广播七十五年系列（一）——天空小说与广播剧，http://www.942radio.com/Museum/c8e00c61-f6f8-4850-9888-12a135a1d9ca.html

② 李我语，引自颜美玉．广播七十五年系列（一）——天空小说与广播剧，http://www.942radio.com/Museum/c8e00c61-f6f8-4850-9888-12a135a1d9ca.html

他不时把自己早年不幸的际遇（李我早年人生坎坷，之所以取“李我”的名字，他说：“当时想到自己无父、无母、无兄、无弟、无妻，只有一个我，所以就改了单名一个‘我’字。”）投放在小说的主角身上，就如脍炙人口的作品《萧月白》，男主角虽受过高等教育，但却沦落街头，其后展开一连串的报复行动。这种具有极强的不满社会负面因素的个人情绪，在香港当时急速发展的过程中很有代表性，因此，在听众中大受欢迎。

当下，广播剧的形态早已发生变化。随着香港社会物质财富的飞速增长，中产阶级的日益扩张，消费形式与观念已经深入人心，讲究个人经验与社会生存体验的内容往往搅动了人们过去的某种深层情感，具有一定的排他性，仅在特定的听众群体中有效。因此，广播剧出现了重视无个性的娱乐需要。《Made in Hong Kong 李志刚》集中了多种广播剧，在杂烩了众多艺人的同时，也淡化了栏目自身的个性，更利于消费。它是香港电台第二台音乐及访问节目，主持人为李志刚，每星期一至星期五下午13：00~15：00 直播。区文诗在每星期二及星期五担任客席主持，和李志刚一起主持节目。洪崎峻在每日节目中有一小段时间出现，报道当日庆生的名人，星期五亦会担任客席主持。李志刚于节目宣传声带中称该节目为最多艺人力撑的节目，因此差不多每天都有一位或以上的艺人接受访问。节目亦鼓励创作，欢迎写出“大城市小故事”广播剧，并以广播剧贯穿在整个栏目中，如此，广播剧仅仅成为栏目的内容之一。

（二）音乐节目：DJ

香港音乐节目历来受到西方音乐节目的深刻影响，一方面，表现在始终存在着内容丰富的英文歌曲与音乐类节目，如香港商台的《黄金旋律》以及后来的《恬淡情怀》，另一方面，由于音乐能满足彰显个性的需要，通过对音乐的选择、组织和编排，可以传达编导的性情，在西方音乐节目中，DJ 音乐节目也就成了一个热点。“DJ”的“J”，是指“Jockey”，作名词时是指专业的骑手，作动词时是指指挥马匹或其他东西处于良好的运动状态；“DJ”的“D”则相对要复杂一点。起先是指 Disco，与 Jockey 连用，即 Disco 舞厅的司仪。后来随着时代的发展“D”还被认为是 Disc 的缩写，并与 Jockey 一起连用，译为“唱片骑师”，指在广播电台里播放音乐的节目主持人。从播出时间与形式说，DJ 音乐节目其实就是直播板块式音乐节目。

在 20 世纪 70 年代末至 80 年代初期，香港广播电台的音乐节目相当盛行，是 DJ 文化的光辉岁月，当时主持音乐节目的 DJ 更是香港万千乐迷崇拜的偶像。但时至今日，音乐节目的受欢迎程度大不如前，DJ 文化一落千丈。作为第一代 DJ 的陈任认为，电台 DJ 已经消失，现在有的只是节目主持人。

事实上，DJ 音乐节目包括两个层次的信息。首先，在此类音乐节目的解说中，有不少篇幅用于对作品、音乐家、创作背景和时代背景的介绍。这些“硬性”信息，毫无疑问是解说中的“规定动作”，解说中的“标准化”部分。其次，在这类音乐节目中，有大量篇幅是用于展现DJ个性一面的。如DJ对作品、音乐家的评判，未必盖棺定论，而只呈现一家之言；如DJ由音乐作品阐发开去，谈及自己听歌的经历、心绪，甚至谈到自己的生活、遭遇、生活感悟等，看似离音乐的主题较远，但恰恰是这部分，使DJ的形象与“自动打碟机”区分开来，亦使DJ之间区别开来。标准化的资料人人都有，无发挥的空间，唯有各自的思想和生活有泾渭之别，不可能相同，因而拥有较大的自我空间。这些个人评论、私家立场和自我写作，纯属“自选动作”，亦可称为“个性化解说”。[1] 在DJ文化极为流行期间，香港的音乐节目百花齐放，每个DJ都具有其独特个性，主持人一走入广播室，不仅以纯熟的技巧操控器材，顺畅地播音，而且通过评述、阐释自己选择的音乐，把个人的品位和性格充分传达出来。这种个性贯穿在整个节目中，选择音乐、歌曲编排、讲话内容、歌手访问等，节目的每一个环节，都由主持人一手包办。曾是一代年轻人偶像的邓蔼霖早在1977年就加入香港电台当DJ。她认为，DJ的魅力来自满足感。这种满足感既包括主持人的满足感（做好节目，不仅是服务听众，更重要的是以音乐的形式进行一种自我实现），也包括听众的满足感（听众不只是收听优美动人的音乐，而且通过对这个节目的选择彰显自己的个性与价值取向）。因此为了做好节目，DJ在每个环节都相当认真，为寻找一首合适的歌曲，花费大量时间四处挑选，甚至为了三分钟的访问，花上一个月的时间去追踪歌手和搜集资料。这种以DJ个性为诉求的音乐节目深受年轻人欢迎，独特的音乐个性唤起了听众强烈的认同，这种认同事实上也是对自己个性的确认与肯定。因此，当时听众多达数十万人，甚至近百万人，许多DJ纷纷走出幕后当上歌手，甚至成为电视、电影红星。DJ文化盛行的时候，著名的主持人大多是年轻人，但现在受欢迎的不少是资深人士。从近年的调查发现，香港电台受欢迎的主持人包括车淑梅、曾智华、梁奕伦、梁继璋、贵花田等；商业一台有郑经翰、黄毓民；商业二台则有林海峰、森美、小仪等。

DJ音乐节目及其文化随着80年代的结束而日渐式微。90年代，电台节目的个性节目逐渐失去鲜明感，节目不再是自我表现的舞台。一个人主持的节目，背后可能已有三个或以上的助手，无论在写稿还是联络嘉宾，甚至访问各方面，都有专人代办，然后把几个访问及不同环节凑合在一起。邓蔼霖认为，这种集体制作方式使节目失去了DJ的灵魂，美其名曰杂志式节目，实质上已失去了风格。

她的说法主要反映出两种不同的制作方式，这两种制作方式各有利弊。集体式制作虽然如邓蔼霖所说，存在着性格相互的冲突与抵消，但同时也有集中群体资源、智慧、力量做好节目的可能；个人化制作虽然在彰显个性方面存在着便捷之路，但也完全可能囿于自我，使节目内容褊狭，因而难以提升节目的档次。因此，DJ音乐节目

---

① 秦海菲．论广播音乐节目主持人的起源和发展，http：//www.rgd.com.cn/rgd/xxyd/nfgbyj/scbf/18593.shtml

与DJ文化的衰落关键并不在于制作方式，而是因为广播属性以及社会功能发生了根本改变，广播媒体受到其他媒体的挤压，日益成为一种弱势媒体。在这种情形下，电台音乐的娱乐功能受到社会其他娱乐形式、电台其他功能的共同冲击，电台音乐节目整体遭到冷落。曾经出任新城电台首任台长的陈任指出一个有趣现象：音质较佳的FM频道给清谈节目占用了，而音质较次的AM频道，则用作音乐广播。这反映音乐节目的受欢迎程度大不如前。而对节目主持人来说，音乐的作用也越来越小，只是用作过场的插曲。然而，面对DJ文化的衰落，邓蔼霖并不完全绝望。她说："我对电台还未死心的，我仍带有希望，不论节目主持人或DJ，如果懂得走位，就有生存的空间。"她认为，近六年以来，香港经济疲软，电台在发展上也起了变化，空间依然存在。① 的确，从目前电台竞争越来越同质化的现象来看，DJ恰恰给电台开出了一剂有效的药方。音乐不仅能有效地放松心情，满足听众的娱乐要求，也是电台打造个性、风格的契机。如上所说，不同的音乐DJ营造的音乐、收听气氛均大大不同，而且其所召唤起的听众身份与想象也各有区别，这在目前分众化传播中存在着相当的空间。从某种角度说，内地在90年代音乐DJ的盛行，恰恰说明了这一点。

目前音乐类节目与新闻资讯类节目出现了嫁接，如深夜节目《又爱上子夜场》、《一切从音乐开始》（Begin with Music）等，是香港商业电台两个中文台同步播出的深夜音乐节目，开始以一小时的时间跨度播放"万世歌王系列"，往往是以香港歌手为主题，在当晚节目播放有关歌手的主要歌曲。但因为是两台同步的关系，节目中播放的新闻报道称为"商业电台新闻报道"。

第三节　广播新闻类节目

在香港，新闻历来都是广电业竞争的焦点。而新闻的播报，本身也存在着从控制极严到宽松的过程，新闻的价值与功能，在广播这一受限媒体中也逐渐从资讯信息到发表自己观点甚至是娱乐演变。如香港商业电台在开办时，港英当局不准其自办新闻节目，按规定必须转播香港电台的新闻，到1972年改由香港电台提供新闻稿、本台播音员播报，1974年终于争取到自制新闻节目的权利，成立新闻部。到1977年开始，三个所属台均是半个小时报道新闻一次，报道新闻的频密程度居香港之首。

然而与电视新闻节目不同的是，电台虽然注重播报新闻（如香港电台制作的《新闻天地》和电视新闻节目一样，也分为"早晨"、"中午"、"下午"和"晚上"四个时段播出），但更强调市民听众的主动参与。在香港，听众打电话到电台参与时事讨论的节目称作"烽烟"（Phone-in的译音）节目，在香港广播发展中已有30多

---

① 邓蔼霖语，引自颜美玉．广播七十五年系列（二）——盛世DJ论今昔，http://www.942radio.com/Museum/c8e00c61-f6f8-4850-9888-12a135a1d9ca.html

年历史，这类反映民意的节目紧贴时代脉搏，无论在形式上还是话题的选择上，都不断演变，其中，主持人的角色功能显得更加突出。从某种意义上说，香港广播新闻节目已经淹没在新闻时事讨论的烽烟节目中。

烽烟节目始于1969年香港电台推出的《电话诉心声》。当时的香港刚经历暴动事件，人心思变，为疏导社会不满情绪，港英政府设立了民政主任的职位，以加强与市民之间的沟通。在节目中，各区民政主任轮流负责主持节目，解答市民的投诉。早期的烽烟节目官方色彩浓厚。曾积极推动时事清谈节目的现任广播处长朱培庆忆述，烽烟节目开始吸引听众应该是始于欧阳义德主持的《太平山下漫步》。70年代中期的《太平山下漫步》采用的直播方式，可谓一个重大突破。因为当时即使是英国广播公司（BBC），也是采用七秒延播的方式，即讲话之后七秒才播出，这主要是方便电台监听节目内容，删剪不恰当部分。以直播方式播出的《太平山下漫步》意味着监听的放松，留给主持人更多发挥空间，因此，欧阳义德主持节目大胆，观点直率，讨论激烈，吸引了不少听众。

80年代的电台烽烟节目首推《八十年代》。其名称的来由，除了节目是在80年代制作外，也是因为这个节目播出的时间是8：00～10：00。随着时间的推移，《八十年代》节目先后易名为《九十年代》以及今天的《千禧年代》。节目已跨越几个年代，随着政治环境的变动，无论是播出形式还是内容都大为改变，这在市民的参与、发表意见的比例上可以看得很清楚。《八十年代》的内容较琐碎沉闷，听众打电话参与节目大多是因为存在着解决生活难题的需要，如查询、投诉和发表意见。其中，发表意见不过是两成左右，其余属于查询及投诉。由于1982年的中英谈判，事关香港的前途，关系千千万万的香港市民的人生命运，香港的前途、归属成为社会谈论的焦点，香港的政治融入市民的日常生活之中。看到社会民众的变化，《八十年代》栏目组特意邀请三类人士，包括议员、学者及政府官员自由发表意见，谈论的深度、范围都获得有效提升，这一栏目也借此摆脱了困于市民生活的浅层次困境。

电台烽烟节目发展到今天，形式进一步出现变化。当下主持人立场鲜明、言辞尖锐，有时更被指为偏激。如香港商业电台的《风波里的茶杯》（1994年开播至2004年10月1日停播）是所谓“皇牌烽烟节目”，自开播以来，一直是全港十大收听率最高的节目之一，当时的主持人为郑经翰及林旭华。节目特别之处在于郑经翰不时会与林旭华顶嘴，如郑经翰遇上意见相左的来电便会挂断，而且时常不给别人解释的机会，以致时常受到听众的投诉，但也由于能迎合当时市民普遍对政府不满的诉求，节目受到各阶层的支持。如90年代末期，曾揭发市政总署多宗丑闻，最终使署长钟丽帼下台；2003年SARS暴发期间，节目主动揭发医疗危机，并联同富商巨贾发起“一人一个橙”运动，又呼吁市民7月1日上街，因而使主持人郑经翰获得“十点前特首”称号。[①] 可以看出，主持人由于特殊的身份与媒体功能，拥有比他人更多表达个人意见的机会，由于偏激、激进地表达个人意见，在短暂时间内就能吸引听众的注意，给节目本身带来较好的收听率，因此，偏激可能成为哗众取宠的商业法宝。以骂闯出路子、被称为名嘴的主持人黄毓民这样认为，烽烟节目占整体的时段不多但十分突出，容易引起听众的注意，主要是因为烽烟节目拥有议题设定的功能，可以制造话题，甚至可以影响政府的政策。但是，他又对主持人的影响力作了一定辩解，如认为针对烽烟节目的批判意见，政府官员除了电台，也有不少渠道可以表达意见，进行申诉；虽然他的节目引人注意，但并不一定可以影响大众，收听节目的人并不意味着都接受主持人的意见，甚至可能持有相反的见解，等等[②]。这些说法当然不能为主持人“偏激”确立起正当的理由。我们说，偏激地批评政府的意见，无论是否在实际行为中产生效应，但总会在市民阶层引起某种情感共鸣，长期积累，潜移默化地把一种对立、敌视、不信任等负面情感灌输到听众市民心里；而与从事媒体工作的主持人相比，其他各行各业的人员无论客观上存在如何多样的发表意见的渠道，都是一种“弱势”。总体来说，烽烟节目广受欢迎，除了因为主持人以偏激风格提供争论话题之外，更重要的是节目提供一个表达意见（无论是正面还是负面的意见）、传递民意的渠道。随着社会的发展，市民对参与政治、教育及经济等各方面的讨论日趋积极，在这一背景的推动之下，烽烟节目必将得到更大的发展空间。

当然，在这类节目中，也暴露出如何监管，如何平衡政府意见、民众意见与个人意见的关系等系列问题。香港广播事务管理局在业务守则当中，要求电台及电视台在那些批评性节目播出前，强调“个人意见节目”，这本身是从社会效益的角度对主持人阐释空间的事先约定，试图减少主持人片面、激进的观点对听众的影响力。但是有了这个申明，主持人更可以借助所谓表达“个人意见”而天马行空，自由自在地发表意见。从根本上说，烽烟节目对主持人的要求在于强烈的理性意识。主持人需要不时严格地反省，尤其需要一种走出自我、规划全局的能力。这不仅意味着所讲的话不只是表达自己意见，所归纳的议题不应只是个人兴趣爱好，而是要反映拥有较少言论机会的“弱势”的看法，而且，这种“弱势”不单是社会底层的弱势群体，也包括舆论中常处于弱势的群体。

---

① 资料来源：http：//zh. wikipedia. org/zh - cn/% E9% A2% A8% E6% B3% A2% E8% A3% A1% E7% 9A% 84% E8% 8C% B6% E6% 9D% AF

② 颜美玉. 广播七十五年系列（六）——时事节目“烽烟”四起，http：//www. 942radio. com/Museum/ 6d5a8c09 - 38e0 - 4e16 - 8cad - 31dd4e259c1e. html

第四章

香港电视新闻与娱乐节目

与其他国家地区一样，香港电视的竞争首先就体现在节目内容的竞争上。众所周知，新闻节目是电视节目的“第一语言”，电视台的实力就体现在新闻节目的优劣上，尽管香港电视具有一定的特殊性，但也难以脱出这一竞争通则。“无线”与“亚视”在新闻报道上各显身手，凤凰卫视等收费电视的电视新闻大大推进了新闻直播的概念，而在娱乐节目方面，香港电视较为欠缺。客观地说，文娱主持类节目存在着复杂的建构思路，尤其是对节目现场的控制能力。如节目的策划创意、节目主持人风格以及涉及主持人、嘉宾、现场观众、电视机前观众之间的关系协调，等等。总体来说，香港文娱专栏类节目始终没有真正把节目策划创意解决好，娱乐思路直率，甚或简单，在娱乐游戏类节目、娱乐新闻资讯类节目以及倚重自身内容的音乐类娱乐节目中，“香港制造”的确并不处于下风，但在主持类娱乐节目中，与其他地区（如台湾）相比，其竞争力就稍嫌不够。

第一节　电视新闻节目

一、香港电视新闻的发展

由于邵逸夫是从电影转向电视的，其强大的叙事资源、传统影响到电视台的立台原则。与一开始就非常注重电视剧创作相对应，“无线”并不十分专注新闻。20世纪70年代末，“无线”翡翠台每天分两次播音，第一次为7：00～10：00；第二次为12：00到次日凌晨3：00。全天播音约18个小时，新闻节目仅占总播出时间的10.3%。从制作的角度来说，关于香港本地的新闻消息一般由记者采集制作，而国际新闻多向英国政府和英国通讯社购买，同时也接受美国新闻处和澳洲政府的免费供应。[①] 这种做法实则透露出电视在香港传统社会较单一的功能（或者说，“无线”所代表的香港市民消费传统注重虚构的叙事，而忽视现代社会信息的传达）。无论是香港本土记者制作本岛新闻，还是直接购买、接受他国新闻的“免费供应”，对“无线”来说都只是一种不假思索的“方便”之举。

当香港社会进入经济腾飞的黄金时代，从人际关系简单、组织松散的传统社会转型到复杂多变、生活节奏快的现代社会，电视的功能与作用无形中得到了极大增强，变得更加多样化。现代社会发达的资讯、流动的人口、多元文化的撞击等，一方面，以强大的现实力量提醒了沉湎于虚构空间的市民们，一定程度上抵消了虚拟文本消费的传统性；另一方面，快节奏、高运动的现代社会使新闻资讯作为广电节目的“第一语言”的重要性立刻显现出来。一旦香港电视重视新闻节目的制作，很快就显现

① 李献文，何苏六．港澳台电视概观．北京：北京广播学院出版社，2004.11

出自身的特征。由于香港特殊的政治性质与地理位置，成为跨国、跨区域、跨文化的交叉点，我们看到，香港电视的新闻节目具有较强的跨国性（即国际性），对世界各地的重大事件予以及时报道，如 1969 年“无线”首次运用卫星传播技术对美国阿波罗 11 号飞船的登月壮举进行报道，1972 年用彩色电视信号直播美国总统尼克松访华。不仅如此，我们更看到香港电视对本土新闻事件（尤其是突发事件）具有强烈的现场报道欲望，新闻的真实性、时效性在香港电视这里得到了很大的提升（香港电视不仅新闻节目十分注重现场感，就连娱乐节目从一开始都是现场直播的，这在一定程度上反映出香港社会对“真实感”的特殊要求）。如早在 1974 年，“无线”就对香港旺角宝生银行抢劫案演变成挟持人质案件的全过程进行了长达 18 个小时的现场报道，1976 年第一次采用电子新闻采集设备（ENG）现场报道了香港秀茂坪山泥石流惨剧，等等。可以说，无论从广电技术还是直播的电视观念来说，香港电视均走在了亚洲广电的前列。

二、香港电视新闻的竞争

从 20 世纪 90 年代开始，香港电视偏重电视剧和娱乐节目制作的竞争得到根本改变，不仅电视新闻节目的分量显著增加，而且电视竞争也体现在新闻节目积极改版与有意识的对垒上。“无线”新闻节目从早间新闻《香港早晨》6：30 开始，半小时一单元，滚动播出四次，约 9：00 结束。中午的《午间新闻》于 13：00 播出，长约半小时。晚上是新闻播出的黄金时间，“无线”对此十分重视，傍晚安排有《六点半新闻报道及天气预告》，这是“无线”最主要的一档新闻节目。“无线”坚持在新闻编排与包装上形成自己的特色，即所谓“捆绑式新闻”，将内容相关的信息组合在一个单元中，使之互相对照、呼应，互为背景，让观众在客观的事件报道前，因信息内容的编排而体会到电视台的立场与态度。这种编排方式影响较为深远，后来的香港电视台大多采用这种方式，由此香港新闻出现“无一日无包装”的现象。晚上 23：45 播出的《晚间新闻》约半小时，这是当天最后一次主要新闻，对一天里的新闻进行总结归纳。除此以外，《星期日档案》、《铿锵集》也是比较受关注的节目，前者挑选一些具有争议性的话题，而后者大多从个体的生活经验表现社会问题。

而在“亚视”方面，为了回避“无线”在电视剧制作方面的过于强势，历来都有强调信息资讯的传统，甚至以“亚洲电视，信息第一”为立台原则与口号。早晨有《亚视早间新闻》、《亚洲早晨》，中午播放《十二点半新闻报告/天气预报/法律天地/亚视评论》，晚上有《六点钟新闻/体育快讯/天气预报》，晚上 23：00 播出最后一节主要新闻《夜间新闻》。20 世纪 90 年代，电视新闻资讯节目受到重视，在晚间 19：00～23：00，安排了《时事追击》、《港人讲事》、《真系乜都有》。1994 年推出《今日睇真 D》等新闻节目，既包括民生新闻，又有新闻评论；既有贴近普通市民的日常生活的新闻，也有名人丑闻、婚变争产、打劫奸杀等刺激观众眼球的“奇观”

式信息。

进入新世纪，香港电视新闻的竞争更加激烈，有线台以及无线台新闻频道开始24小时不间断地播出新闻。“亚视”推出数码广播，在ATV2新闻财经频道全天候地播放全球时事财经资讯。无线电视自2008年11月起，在高清频道互动新闻台24小时播放全球时事财经资讯。有线电视、Now宽频电视（电讯盈科推出）及无线收费电视均重点发展24小时新闻频道，其中有线电视及无线收费电视都有直播新闻台。从早晨开始，香港电视新闻节目就不断地碰撞、比拼。“无线”在翡翠台6：30播出1981年创办的《香港早晨》新闻节目，就迎面撞上“亚视”在本港台播出1991年首创的《亚洲早晨》新闻节目，而且，有线及Now宽频电视均于早上6：00~9：00播出自行制作的早晨节目《Cable早晨》及《Now早晨》。

在主要新闻时段中，“亚视”本港台每天中午播出《十二点半新闻报告》，节目时长大约20分钟。晚间《六点钟新闻》，新闻节目时段大约40分钟，然后播出各5分钟的经济快讯及体育快讯（星期六、日则没有经济快讯环节）。“无线”翡翠台主要新闻时段分为午间、六点半及晚间新闻，当中包含体育新闻。另有早上11：30、下午15：30及晚上三段新闻提要。2008年2月2日，“无线”和“亚视”都调整了周一至周五的晚间新闻时段。起初，“无线”翡翠台将原本为晚间23：35的新闻提前为23：00，播出时间延长15分钟，长达40分钟；“亚视”本港台为迎接挑战，亦提前35分钟，改为晚间22：30播出半小时夜间新闻，延长10分钟。中文台的竞争自然也波及英文台。“无线”明珠台（英文台）及“亚视”国际台（英文台）每天晚上19：30均播出大约25分钟新闻，晚上23：00后的夜间新闻则约长18分钟。而晚上两节财经新闻各长约5分钟。此外，逢周一至周五黄昏均安排播出约25分钟的普通话新闻及财经环节。

从传播媒介上说，电波传播速度等同光速，因此新闻的时效性在理论上达到无时差的程度，但是，追求新闻零时差的时效性大大压缩了节目的深度空间，对于现代观众来说，越来越不满足于信息的传递，而增加了对新闻深度的需求。电视新闻不仅是事件消息、信息的传播，更重要的是具有深度感的时事评论。于是，所谓“新闻杂志”节目就应运而生。如果说新闻节目往往是衡量电视台实力的标准，那么以“新闻杂志”命名的新闻评论类节目则是测量电视台智慧的标杆。“亚视”在这方面可谓十分重视，相继打造时事评论的品牌节目。本港台每周一至周五晚播出约10分钟的《主播天下》，以时事开讲，配以点题报道、背景介绍等；在中午则有《你有理论》的评论节目，每期均邀请不同的嘉宾主持，针对时事表达自己的看法，节目时长约5分钟。另有《时事追击》、《金钱世界》等。①

要说新闻评论类节目，不得不提香港有线电视、收费电视的新闻节目。由于商业

① 资料来源：时事纵横（Newline），http：//www.hkatv.com/v3/schedule/schedule－home.html

运作，电视台经常邀请政经名流分析时事，这是有线电视新闻节目的最大特征，也是其最具吸引力的诉求点。有线电视的时事节目数量为目前收费电视之最，有《时事宽频》、《神州穿梭》等，而 Now 亦有自行制作的多个清谈及探讨时事节目，包括《大鸣大放》及《时事全方位》节目，而无线收费电视则暂时只有《新闻多面睇》，且内容形式为一周新闻回顾，较少深入剖析新闻。与免费电视不同，有线及宽频电视的时事节目部分逢周一至周五均有播出。[①]

三、香港主要新闻栏目

1.《六点钟新闻》[②]

《六点钟新闻》是香港亚洲电视新闻及公共事务部每日制作的重点新闻节目。每日 18：00 于本港台播出。该节目历史悠久，于亚洲电视开播当日（1957 年 5 月 29 日）首播。播放时间曾多度转变，在丽的电视年代，本节新闻主要在 18：22 播出，至 1984 年亚洲电视年代，曾一度改称《香港一日》并在 19：00 播放。及后安排在 18：15 播放，并命名为《六点三新闻》，1991 年提前在 18：00 播放。“亚视”也曾先后将《六点钟新闻》延长为一小时，挪后至 18：25（改名为《亚洲电视焦点新闻》）及 19：30（改名为《亚视七点半新闻》）播映，在 18：00 仅保留 8 分钟的新闻简报。“亚视”在 2007 年改版后，《六点钟新闻》开始在“亚视”新闻网站作免费网上重温服务，包括新闻影片及文字稿。

《六点钟新闻》的主播先简单讲述有关新闻，然后播出由记者旁述录制好的新闻片，详细报道有关新闻。但从 2007 年 9 月中旬开始，《六点钟新闻》强调了新闻节目的编排与包装，除了原有的报道方式外，开始采用专题报道的方式：由主播简单讲述有关新闻，然后交由另一名（或更多）记者以直播的方式报道有关新闻，并播出由记者旁述先前录好的新闻片。由 2007 年 12 月开始，再增加一种专题报道的方式：由主播简单讲述有关新闻，然后交由另一名（或更多）记者以录播方式在虚拟布景报道，并运用虚拟布景展示有关新闻的图片或影片，也会播出由记者先前录好的新闻片。

---

① 资料来源：有线宽频网页，特辑节目，http：//cablenews. i – cable. com/webapps/program. php

② 资料来源：http：//zh. wikipedia. org/wiki/% E5% 85% AD% E9% BB% 9E% E9% 90% 98% E6% 96% B0% E8% 81% 9E

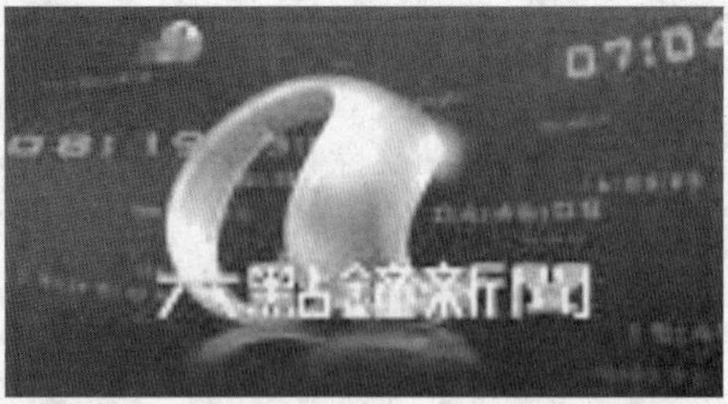

图 4－1　香港“亚视”《六点钟新闻》[①]

图 4－2　香港“无线”《晚间新闻》[②]

2. 《晚间新闻》(News Roundup)[③]

《晚间新闻》是指香港“无线”翡翠台、互动新闻台、“无线”新闻台和明珠台每日午夜前播出的新闻报道，由新闻及资讯部制作，节目形式与较早前高清翡翠台及“无线”新闻台的十一点财经及新闻报道相近。自 2008 年 7 月 13 日起，晚间新闻节目改用 16：9 技术制作，从 2009 年 2 月 2 日起，晚间新闻节目改用高清技术制作。

《晚间新闻》在翡翠台的名称原为《九点半新闻报道》，1983 年，因“无线”编排两线剧集而将综艺节目《欢乐今宵》延后播放，《九点半新闻报道》随之延后，因此改称《新闻报道》。1989 年 4 月 3 日改称《十一点半新闻报道》。“十一点半新闻报道”并非节目的实际名称，随着节目的播出时间而转变，例如新闻在 23：20 播出，节目名称则为《十一点廿分新闻报道》，23：35 播出则为《十一点卅五分新闻报道》。为了避免名称过长，于 1991 年 10 月 7 日更名为《晚间新闻》。在 70 年代至 80 年代初期，《晚间新闻》一般只有一名新闻主播，但若有重大新闻则作适当改变，如 1982 年“五二九雨灾”则由袁志伟与何洁贞双主播报道。80 年代末期，《晚间新闻》增加体育报道和天气报告的环节，直至 1993 年，“无线”取消《晚间新闻》的天气报告的环节，改为两位主播报道（包括一位体育主播），而原本的天气报告则由新闻主播在体育报道完后简短播报，这种播报方式一直沿用至 2009 年 2 月 2 日晚间新闻改革为止。

明珠台的《晚间新闻》则一直只是由一位主播报道，当中包括了体育及简短天气资料。另外，由于翡翠台与明珠台播放时间有冲突，所以明珠台《晚间新闻》会使用蓝色背景加上预录画面，而翡翠台则使用正常场景。

3. 《星期日档案》(Sunday Report)[④]

《星期日档案》是香港电视广播有限公司新闻及资讯部公共事务科自 1987 年 3

---

① http：//zh. wikipedia. org/wiki/% E5% 85% AD% E9% BB% 9E% E9% 90% 98% E6% 96% B0% E8% 81% 9E

② http：//zh. wikipedia. org/zh－cn/% E5% 85% AD% E9% BB% 9E% E9% 90% 98% E6% 96% B0% E8% 81% 9E

③ 资料来源：http：//zh. wikipedia. org/w/index. php？title = % E7% 84% A1% E7% B6% AB% E9% 9B% BB% E8% A6% 96% E6% 99% 9A% E9% 96% 93% E6% 96% B0% E8% 81% 9E&variant = zh－cn

④ 资料来源：http：//zh. wikipedia. org/w/index. php？title = % E6% 98% 9F% E6% 9C% 9F% E6% 97% A5% E6% AA% 94% E6% A1% 88&variant = zh－cn

月 10 日（星期二）起播出的一档新闻节目。每集节目以软性专题形式探讨不同的内容。本节目首播在星期二，故当初称为《星期二档案》。但由于后来于星期日播放，故改名为《星期日档案》。

4. **《铿锵集》（Hong Kong Connection，1996 年以前英文名称为 The Common Sense）**[①]

《铿锵集》是香港电台电视部制作的每周新闻纪录片电视节目，通常在星期日或星期一 19：00 于无线电视翡翠台播出，内容围绕香港政治、经济、教育、社会民生、弱势社群、环保、中国现况、国际视野等，议题十分广泛。节目于 1978 年 3 月 5 日首播，至 2002 年 6 月已经累计播放 1 000 集，是香港集数最多和最长寿的新闻纪录片电视节目。

四、香港电视新闻评论

说到香港的电视新闻评论，不得不提到《头条新闻》，它是内地学者和香港爱国人士批评得最多的节目，但它在香港的电视新闻评论史上却举足轻重，更是历年香港电台最受欢迎和最长寿的新闻评论节目，其受欢迎程度可见一斑。

《头条新闻》是香港电台电视部制作的时事评论节目，诞生于 1989 年，当时正是签署中英联合声明后，港人对香港未来进入迷惘期的时候。这个节目主要是将一周的新闻进行整理，然后再配上音乐，讽刺时弊。节目中不时会出现主持人揶揄香港政府或官员的情况，这一方面体现出港台的政治中立定位，另一方面也充分反映出香港拥有新闻自由和言论自由。

图 4－3　香港电台电视部制作的时评节目《头条新闻》[②]

图 4－4　《头条新闻》的黑色幽默[③]

① 资料来源：http：//zh. wikipedia. org/w/index. php？ title =% E9% 93% BF% E9% 94% B5% E9% 9B% 86&variant = zh – cn

② http：//our – soul – kitchen. blogspot. com/2007_ 04_ 22_ archive. html

③ http：//wow. esdlife. com/space. php？ uid = 24&do = blog&id = 33517

在每年的电视欣赏指数和全港观众认知率的调查中，《头条新闻》名列全港所有电视节目的前十五位。在香港这个以娱乐为大众媒介主流的社会中，一个时事评论节目有这个成绩实在非常难得。而在时事与公共关系欣赏调查中，《头条新闻》更是名列每年的前十名，如果细分到时事评论的话，它更是稳守每年的前五位。

但《头条新闻》得到的评价却是好坏参半，就受批评情况来说，有几年它是名列榜首的。如在1998年，徐四民在北京出席全国政协会议期间，批评《头条新闻》"阴阳怪气"，用政府的钱来骂政府，是别具用心。后来他接受《头条新闻》采访时表示"全世界没有一个政府电台跟政府政策对立的……政府政策如果没有人帮忙宣传，就一定不会成功"。[①]

在2001年，当时的香港特区行政长官董建华也曾批评过这一节目，当时正值董建华发表施政报告不久，《头条新闻》以"塔利班"和"施舍报告"讽刺特区政府及其施政报告。节目播出不久，董建华批评该节目"低趣味"，立刻引来社会的极大反响。

《头条新闻》具有香港新闻报道和评论的特有风格，正如内地电视学者钟大年所说，"香港媒体在处理热点新闻时，会发挥电视通感和文章直觉，调动各种电子手段，开拓视听双通道，为观众提供尽可能多的信息，做到声画并茂、真实还原"。[②]在《头条新闻》里充分反映出香港传媒人对敏感的政治新闻仍然存有黑色幽默感，这是民主思想和新闻与言论自由的具体表现。

平民话语使主持人和受众间成功地建立起一种"与话双方"的平等，而在节目中加入娱乐元素，使这种硬性评论节目的易受性和可视性大大增加，这两大因素是《头条新闻》成功的关键。但是，这两大因素的运用是十分考究的，稍有不慎，就会跌入重注意力、失公信力的陷阱里。这无论是对主持人、栏目还是电台的公信力都有不可预计的破坏。

由于这种具有一定娱乐性和可视性的节目形态，《头条新闻》不论在收视率上还是在评审节目的角度上，都是既专业又受欢迎的节目。它不以平铺直叙的方式去说新闻和评论新闻，而以多板块和多样式的表现手法，如何超荣的"超人"小品环节，还有吴志深和曾志豪的角色扮演环节"三司十二局"等，这些都表现出香港人对政治的黑色幽默和"鬼马"的态度。

从制作班底上看，制作者喜欢从社会上一些有争议的角度去评述新闻，这当然也包括历任主持在内，每一位都是能言善辩，时事或媒体阅历十分丰富，而评论又极为辛辣的社会知名人士或新闻人。如资深传播人毛孟静和吴志深，立法会议员陆恭惠，电影人张坚庭和何超荣，著名文化学者梁文道和古天农。

---

① 徐四民因病逝世，享年93岁，一向敢言，炮轰港台民主派．太阳报，2007－09－10

② 钟大年．香港内地传媒比较（第2版）．北京：北京广播学院出版社，2004

另外，香港电视台对这档节目也的确非常重视，《头条新闻》是在星期五晚上的黄金时段17：00~17：30播出。这样编排有两个方面的好处：一是这个时间使一个礼拜的时事新闻资料得以沉淀，虽然缺少了时效性，但也增加了后期制作及二度创作的时间。这样大大提高了传播效果。二是星期五晚上是一个星期里最后一个工作日的晚上，成年受众都放下了沉重的工作压力去迎接周末的休息。这时候，一个轻松、娱乐感重的时事评论节目，刚好满足了目标受众对新闻评论的求知欲和要求轻松的心理需要。在香港电视媒体时政新闻评论不多的情况下，《头条新闻》可以说成了大众心目中嬉笑怒骂式时事评论的必然之选。

也许因为香港市民普遍对时事、政治的兴趣不大，故此他们的政治分析力普遍比较薄弱，非常依赖这方面的学者和权威的评论。他们多是通过电视、电台和报纸这三种公信力较大的媒体，去获取这方面的资讯。电视评论是三者中传播效果最大的一种，可是在香港也是寥寥可数，一个星期只有两三档，专门的时政评论节目则只有《头条新闻》，在数目上，对比内地的央视，其实是相当少的。

香港的本土电视评论节目主要是单向性传播，和观众的交流甚少。评论讲求建设性和思考性，要是只是一味地道出政府施政的不是，而没有提出更具建设性的建议，这也违背了评论节目真正的意义。

可以说，《头条新闻》反映了大多数香港人对政治的心态，即一种“敢说敢骂，但不太懂怎么做”的心态。所以，香港未来要发展更具系统和互动的电视新闻评论，力争对社会大众更有帮助，舆论导向更为公正和客观，以克服节目上解惑不足的缺陷。回归十年来《头条新闻》还是有所改变的，过去可能是完全跟政府对着干，现在可以说更多的是与人为善或小骂大帮忙。

第二节　案例分析：粤港逐鹿“珠三角”

广东省是中国内地唯一允许境外电视合法落地的省份，迄今已有香港“无线”、“亚视”、“凤凰”等九个境外电视频道，广东珠江三角洲地区（简称“珠三角”，粤语为其主要语言）由此成为境内外电视新闻竞争最为激烈的地区。在竞争中，广东电视经历了退守、相持到占据优势的艰难而曲折的过程，内地电视新闻可以在这场较量中学到许多东西。

一、对垒：两个方面军

20世纪80年代，香港电视进入“珠三角”，由此拉开粤港电视新闻竞争的帷幕。参与新闻竞争的香港电视主要是“无线”、“亚视”和凤凰卫视，应战的广东电视主力为广东卫视、南方卫视、广州电视台、深圳电视台。电视新闻的竞争主要体现在日播电视消息和重大事件报道这两个方面。由于粤港电视新闻的理念、管理体制不同，各自的地位、实力不同，各有所长，各有所短，因而竞争的结果也有所不同。

（一）日播电视消息

日常性的消息类栏目竞争最为激烈，这点从粤港电视新闻栏目的时间编排就可以看出来。以广州地区为例，18：00～19：30 电视台安排的都是最强档的新闻：本港台《六点钟新闻》、翡翠台《六点半新闻》、广州台《广州电视新闻》（2009 年更名为《广视新闻》）、广东珠江频道《630 新闻》。这些经营多年的品牌栏目都在争夺晚间黄金时段。其中翡翠台《六点半新闻》与广州台《广州电视新闻》的竞争最具代表性。两档节目有许多相近之处：都是晚上 6：30 以粤语播出，长度半个小时，内容包括本地、国内、国际和体育新闻几个部分。由于香港自由开放的新闻管制，以及私营电视的性质，翡翠台《六点半新闻》在新闻价值取向上以观众为核心，报道紧密围绕与民众息息相关的经济新闻、公共信息，并且突出时效性、接近性，强调用现场报道的形式发挥电视的媒体优势，由此其收视率在珠三角长期占据榜首。

面对压力，广州电视台于 20 世纪八九十年代率先改革，大胆借鉴香港经验。首先，扩大新闻的容量，延长播出时间，提高新闻时效，新闻节目实行直播，重大事件力争第一时间播出。其次，突出社会新闻，让新闻更贴近生活、更亲切、服务性更强。在用词上讲究中性，尽量不带倾向性和政治性，对有争议的事情，坚持客观公正，不满足于只出现一种声音。会议报道的改进也是广州台一项大胆的改革，他们从会议中找出有价值的信息、老百姓关心的东西，加上字幕外景和背景，增加可视性，因而颇受观众欢迎。社会新闻成为报道主角是新闻观念的一大进步，《广州电视新闻》的收视率因此快速提升，并得以长期保持。再次，强调记者的现场报道，以提高新闻的真实性、信息的完整性，“现场语言的成功运用，可以形成与受众面对面交流的亲切感，从而提高受众对于新闻传播的心理参与”。现场报道在实践中的大力推行，不仅培养了一批观众熟悉的出镜记者，而且成为广州台战胜对手的重要法宝。广州电视台的改革与当时国内广泛存在的自上而下说教式、宣传式的报道形成强烈反差，自然也引起一些人的担忧，而结果却是“节目在导向上没出现什么问题，而且已经有了与海外电视抗衡的实力，取得了巨大的社会效益”。

（二）重大事件报道

如果说日常新闻节目比的是耐力和韧性的话，那么突发事件的报道更能反映一个电视台的综合实力，其应变能力的强弱直接影响媒体的知名度、美誉度和市场份额。每遇重大事件，香港电视的收视率就大幅上升，重大事件报道成为其在“珠三角”攻城略地的重要砝码。“9·11”成就了凤凰卫视已是人所共知的事实，而在 2004 年凤凰所有节目收视率排名中，前八名全都是关于台湾“3·20”大选的时政类节目。这类节目内地电视频道做不了。重大突发事件来临之际，充分利用不对等的政策因素是香港电视市场份额飙升的重要原因。

面对香港电视的“自由话语权”，广东电视一直在奋力抗争，并且取得过一些显著的成效，比如关于“非典”的报道，2003年2月11日，当得知广州市政府将首次就疫情举行新闻发布会时，广州电视台果断作出决定：全程直播发布会。这在广州所有电视媒体中是独家的。由于第一时间向市民传递了最权威的信息，此次直播创下了同时段广东电视媒体的最高收视点。当晚的《广州电视新闻》收视率突破20点，创下广州电视台新闻节目收视率的历史最好成绩。又如，在南亚海啸报道中，广州台派出两路记者奔赴灾区，还实现了中国广州、印度尼西亚和泰国三地的现场连线报道，这在全国省会城市电视台中是首创。重大事件报道的到位，在获得高收视率的同时，也显示了广州电视台的实力、气魄。而在以往，每逢重大事件发生，除了对香港电视羡慕、嫉妒、不满外，广东各电视媒体几乎无计可施，节目收视率大跌，重大事件报道成为广东电视新闻难以发力的软肋。

表4－1　2005年广州地区新闻节目收视率排名前十位

名次	节目名称	播出频道	平均收视率（%）	平均占有率（%）
1	广州电视新闻	广州台	10.9	32.0
2	新闻提要	市网香港无线	9.0	23.0
3	董建华请辞	省网香港无线	8.0	16.3
4	新闻提要	省网香港无线	7.2	19.1
5	董建华请辞	市网香港无线	6.5	13.2
6	曾荫权辞职	省网香港无线	6.4	13.7
7	新闻日日睇	广州电视台新闻频道	5.8	13.2
8	630新闻	广东电视台珠江频道	5.5	16.6
9	曾荫权辞职	市网香港无线	4.8	10.2
10	今日关注	广东电视台珠江频道	4.6	9.9

由表4－1中可见，常态播出的新闻，广东电视新闻占了上风，但在重大事件报道上，香港电视新闻往往先拔头筹。这种情况在近年来有了改观，如2008年的雪灾、地震等，内地包括广东电视新闻都以一种更加积极开放的姿态迅速投入重大事件的报道。

二、较量：两个主战场

广东“珠三角地区”是中国内地经济最发达的地区之一，也是传媒兵家争夺的重地，而其中分量最重、影响最大的是广州和深圳，可以说谁赢得了这两个地区谁就赢得了竞争的主动权，谁就赢得了广东电视新闻市场。在竞争过程中，这两个地区虽然在收视率和市场份额方面都经历了港粤电视的强弱转化，但是又因各自不同的情况而各有其特殊性。近年来，香港凤凰卫视和内地民生新闻的崛起使竞争更趋白热化。

广州地区。作为华南地区的中心城市，广州拥有丰富的信息和雄厚的经济实力，被境外电视看做进入内地的“桥头堡”，人们用三个“最”来形容这里电视新闻的竞争状况：最激烈的战场，境外电视竞争力最为强劲，境内电视实现超越最为困难。除了稳居收视率榜首的《广州电视新闻》以外，尤以广州电视台新闻频道2004年开播的《新闻日日睇》最受市民欢迎。它刚开始时是一个仿效凤凰卫视《有报天天读》的读报节目，后来发展成为集读报、评论及现场报道于一身的时长一小时的电视新闻节目。主持人陈扬以其个人魅力和对新闻的解读成为家喻户晓的“街坊英雄”。面对香港电视新闻的资讯优势，陈扬如是说：他（《有报天天读》的主持人杨锦麟）就像一个富翁，一会儿拿出一串珍珠来展示，一会儿又拿出一个戒指来展示，内地的观众看了会很兴奋；而我是“穷人”，我的财富就这么多，你的重点就只能不展示——而在点评。陈扬认为，自己的读报方式带有强烈的即兴色彩，因为接近人与人甚至家庭成员间的交流，所以赢得了观众的喜爱。

其实，我国的民生新闻最早源于广州，早在《南京零距离》诞生之前，广州电视新闻在香港电视咄咄逼人的挤压下，已经极具平民化视角。近年来，各类民生新闻栏目如雨后春笋般涌现，除了广州电视台的《新闻日日睇》之外，广东电视台的《今日关注》、《630新闻》，南方电视台的《今日一线》等也各显神通。广东电视台和广州电视台都办起了新闻频道，加上中央电视台新闻频道强势进入，在广州地区电视收视黄金时段里，有十多档境内外电视新闻栏目“水涨船高”，激烈的竞争也促进了电视新闻理念和节目制作水平的不断提高。广州由此成为我国电视新闻最发达的地区之一。

深圳地区。深圳作为中国改革开放的最前沿，作为两种制度的边缘，其敏感性、影响力又是全国性的甚至是全球性的，它的一举一动都被视为内地政策的风向标。信息的敏感、重要，再加上日益雄厚的经济实力，使深圳成为包括电视在内的各家新闻媒体的必争之地。相对以粤语为主的广州，作为移民城市的深圳则多种语言、多种文化并存，使得竞争更加激烈。上有中央电视台，外有香港电视，深圳电视新闻在香港翡翠台《六点半新闻》和央视《新闻联播》的两面夹击中艰难生存。深圳都市频道的名牌新闻栏目《第一现场》从2002年开播，到2006年连续12个月获得深圳地区电视栏目收视率和收视份额的双料冠军，成为整个本土电视的力量倍增器。《第一现场》成功地认准了目标受众特征和理想新闻理念，完成了从“民生新闻”向“主流新闻”的转型。

深圳电视新闻的超越归因于几个方面：①精准地确认对手，分析对手。他们采用皮尔逊相关系数研究法对对手进行研究，全年365天、每天1 440分钟，逐一分组对照，检测自己下跌的时间谁在上涨，自己上涨的时间谁在下跌，进而分析成功或不足的原因，有针对性地提出强化或改进的措施。②定义“主流”，构建新闻引力场。经2005年11月的60分钟直播改版后，《第一现场》主张“面向主流社会”的内容定位，但它却对主流新闻和主流人群作出了不同的界定，形成了栏目“面向大人群、做好大新闻”的理念，通过构建电视新闻引力场，巩固其主流媒体的地位。③由“事”及“势”，提升报道水平。《第一现场》通过自己的方式进行全面的记录和报道，带给观众这个城市最新鲜生动的新闻报道。但就事论事的报道方式已经不再适应现在受众对新闻的要求。改版后的《第一现场》通过增加深度报道和扩展内容题材，形成了初期做“事”，中期做“市”，后期做“势”的报道思路。新闻或围绕一个社会事件，深入挖掘现象表层之下的本质，或将一个个相关的单个事件系统总结，联系分析。报道个案展示、现象分析和规律挖掘三者并重，将社会生活中切实存在但缺乏关注的一系列重要问题完整地呈现到整个社会层面，因而有助于政府和公众关注、警醒此类问题，进而共同探讨解决之道。如栏目曾报道市内多处路段上的琉璃井盖凹陷，形成陷阱，威胁行车安全一事，但记者没有以一句“希望有关部门及时给予处理”打住，而是积极寻找事因，了解到这是因多次重新铺路或道路修建时即存在质量问题遗留而成，并最终揭示出有关职能部门权责混乱、个别领导漠视道路维护的社会效应的深层原因，使受众对事件的了解更加立体而清晰。

三、启示：开放促进改革

通过以上对粤港电视新闻的竞争态势分析和竞争格局扫描，我们至少可以得到三点启示：

（一）“与狼共舞”有利于“强身健体”

20世纪80年代到90年代，香港电视新闻从边境渗透到大军压境；90年代中期到21世纪之初，香港电视新闻从事实落地到合法落地，粤港电视新闻竞争从强弱悬殊到双方相持。进入21世纪后，随着中国加入WTO，广东在全国率先对外开放天空，成为唯一有境外电视频道公开落地的省份。与此同时，中央电视台频道的增多、各省卫视的风起云涌，携手广东电视开展收复失地的绝地反击。当前，广东电视新闻已逐渐在与境外电视新闻的竞争中占据上风。广州电视台的一位领导不无骄傲地说，十年前，香港电视新闻是老师，现在不是了，现在我们是同学。事实证明，“狼来了”并不可怕，广东电视在“与狼共舞”中得以“强身健体”。

诚然，目前与香港电视相比，广东电视媒体散乱的特点暴露无遗，不仅各级电视台之间互不协调，各自为政，连同属一个集团的不同频道，甚至同一频道的不同栏目都相互竞争，这种无序浪费了大量资源。广东电视媒体急需找到一种新的机制，在照顾好各方利益的基础上开展多种形式的合作，减少损耗，实现共赢。这方面南方广电传媒集团已经迈出了第一步，其旗下的广东卫视走高端、权威的路子，而南方卫视台则以平民化见长，一正一奇，形成犄角之势，双拳出击，取得不俗的战绩。

（二）加大开放力度才能促进新闻改革

在开放的天空下，广东电视新闻有了长足进步，如在发挥新闻舆论监督作用方面，广东电视台的《今日关注》、南方电视台的《今日一线》、广州电视台的《新闻日日睇》等比许多内地电视台做得更好。然而，面对重大新闻事件时，境内外媒体的竞争还是处于不对等的地位，这种不对等主要体现在香港与内地在新闻管制上的不对称。前者的报道只要符合法律内容几乎不受限制，当然有害的政治内容是要过滤的；而后者则受宣传纪律的约束，因此报道内容以及报道时效都受影响，尤其在重大突发事件发生时极为被动，人们称之为“对外开放的市场与对内捆绑的管理的矛盾”。

“电视新闻改革的方向就是新闻节目的动态化、实时化，新闻直播的常态化，而‘不可预知’正是电视新闻报道的有力支撑点，由它构成的连续报道和现场直播必将成为最重要的电视新闻节目形态。”可喜的是，近年来内地媒体被动的局面有了很大的改观。“非典”催生信息公开化，我们的政府和媒体开始懂得尊重公众的知情权。2007 年 6 月 24 日，全国人大常委会审议修改了《突发事件应对法草案》，删除了先前有关新闻媒体不得“违规擅自发布”突发性事件信息的规定，实为改善媒体生态环境的明智之举。尤其在 2008 年的四川地震灾难报道中，包括广东电视在内的内地媒体及时反应、快速出动，一点儿也不亚于境外电视。在资讯发达的时代，这样做更有利于树立政府宽容、自信、开放的良好形象。奥运之年做到这点有更加深远的意义，这也符合广东乃至全国再次思想大解放的要求。

（三）“请进来”是为了更好地“走出去”

竞争需要公平，开放需要对等，根据 WTO 的原则，粤港电视是要对等落地的。“请进来”的最终目标是为了“走出去”，2001 年 12 月 24 日，国家广播电影电视总局开始实施广播影视“走出去工程”，广东电视台也制定了“走出去战略”。近年来，广东电视珠江频道等内地电视台相继进入了香港有线电视网，中央电视台与亚洲电视达成合作协议，2007 年 12 月 31 日开始，CCTV－4 在“亚视”数码频道播放，这让香港观众能更直接地接收到国家政情及最新信息。我们应该清醒地看到：“走出去”尚在起步，“走进去”任重道远。面对逐渐滑坡的香港电视，曾经是学生的广东电视在自豪的同时，也应对老师表示尊敬，因为很多东西是从对手那里学来的。

第三节　电视娱乐节目

香港电视节目种类众多，电视剧集、电视新闻、电视娱乐节目均取得了长足的发展，综艺晚会、文娱专栏、游戏节目、电视剧集等节目类型成为其重要组成部分。[①]经过半个世纪的发展，电视综艺节目成为香港重要的文化景观，对香港政治、经济、文化诸方面的发展都产生了深远的影响。

香港电视综艺节目的兴起与发展，是多种因素共同作用的结果。香港电视业发轫于1957年，“丽的映声”于当年的成功首播开创了香港电视新纪元，而香港经济、政治、文化、社会诸方面不断进行的嬗变与转型，成为香港电视节目繁荣的根本原因。

在这50多年间，香港人口由200万激增到600多万，经济方式也由山寨式工业社会发展为世界金融贸易中心。政治上，尤其是“九七”后“一国两制”的顺利实行，形成了两种制度和意识形态在香港并存发展的局面。文化上，中国传统文化与西方现代文化在香港不断碰撞与交流，形成了多元主义发展的现状。这些是香港电视商业性与通俗性、娱乐性与休闲性、兼容性与多元性并存、发展的原因所在。

电视技术的不断进步，给香港电视提供了飞速发展的契机，从无线传播、有线传播，发展到后来的卫星传播，传播方式也经历了从大众化的“广播”向小众化、分众化的“窄播”转变的过程，电视受众的规模不断扩大。为了吸引受众，广播与电视在发展初期，就非常注重娱乐节目的制作。如“丽的”初期有个节目《明星访问》，就是一档比较粗糙但又有趣的娱乐谈话节目。在50年代末，香港商业电台的广播剧、娱乐节目和音乐节目就吸引了不少听众。[②]广播娱乐节目和电视娱乐节目早期的大胆尝试，为后来电视综艺节目的发展积累了很多经验教训。此外，香港电视媒体十分重视演艺人才的培养，早在1971年，“无线”与邵氏兄弟公司就开办艺员培训班，培养演艺人才，后来，许多学员成为香港重要的影视明星，此举措对香港电视发展影响深远。

可以看出，香港电视综艺节目是历史发展的必然结果，它们在发展过程中积累的经验也成了其他电视媒体学习的重要内容。本节笔者将从电视综艺节目的界定、综艺节目的类型、传播过程要素、娱乐手段以及缺点不足等诸方面，对香港的电视综艺节目进行全面的梳理和透视。

一、香港电视综艺节目的发展

香港电视综艺节目的发展，在50年间取得了长足的进步。节目形态从“丽的映声”的独幕话剧《明星访问》节目开始，逐渐推出了一系列精彩纷呈的节目，如《欢乐今宵》、《万千星辉贺台庆》、《笑星救地球》、《娱乐新闻眼》、《霑沾自喜三十年》、《残酷一叮》、《美男厨房》、《志云饭局》等。现在，它的节目形式包括综艺晚

---

① 李献文，何苏六．港澳台电视概观．北京：北京广播学院出版社，2004. 115

② 张振东，李春武．香港广播电视发展史．北京：中国广播电视出版社，1997. 20

会、文娱专栏、综艺游戏节目、益智博彩类节目、真人秀和谈话类节目等类型。这样，一个紧跟世界综艺潮流、凸显本土特色的电视综艺重镇在香港初步形成。

香港电视综艺节目的制作机制，也从最初的自我设计与传播，向与其他国家和地区同行合作制作的机制转变。香港把英国的《百万富翁》、以色列的《群雄夺宝》、台湾地区的《非常男女》、《我猜我猜我猜猜猜》等名牌栏目引进本地，活跃了荧屏，丰富了电视文化。此外，香港电视界也与内地同行进行了密切的合作。早在 1988 年，香港“亚视”与江苏电视台合办了名为“中国江苏电视艺术节”的大型综艺晚会。1993 年春节，香港“亚视”又与上海电视台、台湾“中视”联合制作了贺岁节目，取得了很好的效果。这样，香港电视综艺节目与其他媒体的合作逐步升级，形成了“引进来”与“走出去”相结合的制作机制。

香港电视综艺节目的发展，得益于形成了一支总数超过一万人、综合素质强、职业化程度很高的娱乐队伍。香港电视培养和造就了诸多的演艺明星，不管是有“五虎将”之称的黄日华、刘德华、梁朝伟、苗侨伟、汤镇业等男演员，还是翁美玲、陈秀珠、陈玉莲等女演员，或是许冠杰、罗文等歌坛巨星，他们都成了影视节目的骄子。他们大多能积极参加电视综艺节目，这就极大地推动了香港综艺节目的发展。此外，香港电视也培养了不少著名主持人，沈殿霞、曾志伟、何守信等人就是代表。同时，一些演艺明星也加入了主持人行列，如周慧敏、郑裕玲、吴君如、吴镇宇等人，主持人成为港台艺人多栖发展的鲜明注脚。

香港的电视媒体，从最初的“丽的映声”一家独霸，到后来的“丽的”、“无线”、“佳艺”三家称雄。发展至今，形成了“无线”、“亚视”、“香港电台电视部”、“卫星”、“凤凰”、“有线”、“传讯”、“华娱”等电视媒体竞争并存的局面，它们为香港电视综艺节目的发展提供了重要的平台。

二、香港电视综艺节目的界定

什么是香港电视综艺节目？这是个看似简单却又不容易回答的问题。一方面，当前香港的电视媒体众多，构成复杂。不仅有“无线”和“亚视”这样的本土媒体，还有许多落地香港的境外媒体，如星空卫视。而香港电视媒体播出的综艺节目，不仅有本土的综艺节目，如长盛不衰的《欢乐今宵》，又有从其他地区引进、播出的综艺节目，如台湾的综艺节目《齐天大圣》和《哈林国民学校》。此外，香港还不断对引进的综艺节目进行改造与重新包装，彰显香港电视文化特色，如引自英国的《百万富翁》、引自以色列的《群雄夺宝》等栏目。可以看出，香港电视综艺节目的构成比较复杂。

另一方面，从节目的文化属性来看，电视综艺节目与电视娱乐节目、电视综艺娱乐节目是三个相互联系又相互区别的概念。香港电视综艺节目具有明显的娱乐特色，是电视娱乐节目的重要组成部分，这是显而易见的。

因此，要对香港电视综艺节目进行研究，就必须在思考电视综艺节目和电视娱乐节目的基础上来进行，这样才能给出相对科学的界定。

（一）电视综艺节目溯源

“综艺”并不是“综合文艺”的简称，它是个舶来词，引自日文，而节目形态则源于美国广播与电视节目。

众所周知，广播的发展早于电视，电视节目的许多形式和内容都直接或者间接与广播文艺有着密切的联系，电视综艺节目也不例外。20世纪30年代，美国广播出现了滑稽节目。40年代以后，CBS挖掘了许多笑星发展起了电视滑稽节目，40年代后期综艺节目开始发展。①

1955年，美国NBC无线电台推出了一档新颖大胆的周末特别节目*Monitor*，该节目打破了当时以半个小时为播出时间单位进行专题播出的惯例，播出时间从周六早上8：00持续到周日凌晨00：00。节目包括流行音乐欣赏、访问减刑罪犯的谈话、明星访谈、赞美诗、书评、座谈会等许多内容。这档融新闻、演艺、音乐、访谈等内容为一体的节目一经推出便大获成功。之后，CBS和NBC将这一节目理念运用到电视节目制作中，电影、戏剧、魔术、口技、马戏、小品、音乐等内容竞相成为综艺节目的内容。后来，这一节目理念传至欧洲和日本，又从日本传到港台和中国大陆。1969年，“台视”播出了90分钟的《欢乐周末》，该节目综合歌曲、舞蹈、杂技、相声等表演形式，场面宏大，轰动一时。制作人晏光前和导播黄星海将该节目冠以“综艺”一词。而1967年开播并盛行于香港20余年的《欢乐今宵》栏目，就是对引进的“综艺节目”进行本土化改造的成功例子。经过长期发展，益智、抢答、歌舞、观众表演以及竞猜博彩等内容，成为电视综艺节目的基本板块。

可以看出，电视“综艺节目就编排方式看，是‘综艺’，就播出效果看，是‘娱乐’，就受众参与看，是‘游戏’，其实质是一样的”。② 因此，电视娱乐节目才是综艺节目的根本内核。

（二）电视娱乐节目的界定

就电视娱乐节目而言，很少有学者给出严格的界定，绝大多数的观点是比较简略的。有学者认为，“有表演、竞技、游戏成分的都可以称为电视娱乐节目”③，这个概念的模糊性显而易见。此外，值得一提的是徐舫州教授的观点，他在《电视节目类型学》一书中，给出了如下的界定：“电视娱乐节目是以电视为传播媒介，利用综合性的表达手段，将多种元素组合在某一种形式中，在某一时段强化电视的娱乐功能，

① 郭镇之．电视传播史．北京：北京师范大学出版社，2000. 171

② 张同道．时尚拼贴：解析中国电视栏目．合肥：安徽教育出版社，2000. 49

③ 刘大强．电视娱乐节目的文化探源．视听界，2004（1）

单纯地使观众身心放松，精神愉悦的电视节目类型。”[①] 在同一本书中，徐舫州教授又将电视娱乐节目严格分为娱乐谈话节目、综艺游戏节目、真人秀节目、娱乐资讯节目和益智博彩节目五种类型。但是，笔者以为，该定义与类型之间似乎缺乏严格的同一性，定义涵盖的节目类型也似乎不止这五种。笔者进而认为，这两种观点都有明显的描述性和宽泛性，更多的是对电视娱乐节目宏观上的抽象把握，缺乏对电视娱乐节目表现形式和构成元素的具体关注。

对电视娱乐节目进行界定，可以从传播学的角度进行思考。笔者以为，电视娱乐节目的制作和传播，高度依赖于一系列传播过程要素的存在，正是节目主持人、节目参与者、节目话题、节目板块与环节、节目情境、传播媒介与传播效果等传播过程要素，一起构建了电视娱乐节目的整个过程和节目形态。因此，笔者试着从传播学意义上给出“电视娱乐节目”的如下定义：

电视娱乐节目，是节目主持人就个人生活等软性话题，以表演、竞赛等方式，与节目参与者进行即时互动的一种现场类游戏节目，通过电视传播这种无深度的泛大众化节目起到愉悦观众和消遣宣泄的作用。

依据此定义，我们可以对所有的电视节目再一次进行划分。电视新闻、电视纪录片、电视文艺节目等，属于非娱乐节目，它们更多的是主流文化与精英文化的表现形式，教化和启蒙的色彩很明显。电视剧、电视广告、电视音乐节目、电视戏曲、电视舞蹈、电视评书等节目类型，则属于广义的娱乐节目，或者说是“具有娱乐性的电视节目”，它们是大众文化的重要组成部分。综艺游戏类节目、益智博彩类节目、真人秀类节目、综艺晚会和若干谈话节目都属于狭义的娱乐节目，即“电视娱乐节目”，因为它们的内容和表现形式都是以娱乐为主要特点的。当然，电视娱乐节目还可以按照节目组织形式的不同，分为综艺类和非综艺类两种。央视的《春节联欢晚会》、《同一首歌》，香港的《欢乐今宵》等栏目，属于典型的综艺娱乐节目。而央视的《艺术人生》、《幸运52》，香港的《鲁豫有约》、《百万富翁》等栏目，则属于典型的非综艺娱乐节目。

（三）香港电视综艺节目的定义

在对电视综艺节目和电视娱乐节目综合梳理的基础上，我们对香港电视综艺节目提出如下的研究性定义：

香港电视综艺节目，主要是指由香港本地电视台（包括香港电台电视部）策划制作，由香港工作人员出任导演、策划、监制、编剧、编导、主持人等主要角色，以香港的签约艺人或者本土人士为节目嘉宾，以香港观众为节目现场观众，主要讲广东话，经过香港电视媒体的统一制作包装，在香港本地电视台播出的综艺节目。广义上

① 徐舫州．电视节目类型学．杭州：浙江大学出版社，2006. 120

的香港电视综艺节目，包括综艺娱乐节目和非综艺娱乐节目。狭义上的香港电视综艺节目，就是指电视综艺娱乐节目。

我们看到的香港电视综艺节目，许多已经配上了普通话，制作的地点也不限于香港。这一定义，主要是针对纯粹引进和引进再加工的综艺节目。

就香港节目的整体而言，以流行音乐、歌舞为主要节目内容，以晚会和文娱专栏为主要形式，栏目构思新颖，互动性强，游戏和娱乐色彩突出。

三、香港电视综艺节目的类型

由于音乐，尤其是流行音乐与歌舞在香港的长盛不衰，而小品、杂技、相声等其他的曲艺形式相对缺乏，久而久之，形成了以歌舞为主导片面发展，其他娱乐形式缺乏的节目现状。如果要对香港综艺娱乐节目的种类进行具体的划分，可以将其划分为广义和狭义两大类。狭义的香港电视综艺节目，就是电视综艺娱乐节目，主要包括综艺晚会、综艺游戏类节目。广义的综艺节目，其实就是指电视娱乐节目，除了前述晚会和游戏类综艺娱乐节目，还应该包括益智博彩类节目、真人秀类节目、文娱专栏、谈话节目等非综艺性娱乐节目。就节目的来源来说，综艺晚会和文娱专栏是香港电视综艺节目本土实践的代表，在香港电视综艺节目中占有重要的地位。

（一）综艺晚会

综艺晚会是香港电视综艺节目发展史上的璀璨明珠，具有重要的影响。按照播出的时间频率，可以分为两种类型：一种是定期的、一般性综艺专栏节目，如“无线”的寿星节目《欢乐今宵》；另一种是节庆性特备节目，主要包括各类颁奖典礼、选美大赛、台庆庆典等。

1.《欢乐今宵》长盛不衰

在香港电视发展过程中，“无线”翡翠台的《欢乐今宵》栏目有20多年的历史，是众所周知的王牌栏目。

《欢乐今宵》开播于1967年11月，该栏目从一开始就走中下层路线，为新区和廉租屋居民提供简单而又生动的娱乐，请二、三流的歌手演唱，设计一些粤语的长篇话剧，通过演员和观众进行一些简单的游戏来派发各种奖品，这一风格适合了当时观众的经济文化需要，大获成功，也捧红了何守信、沈殿霞、谭炳文等人。

可以说，《欢乐今宵》是在不断创新中不断发展的。1968年，《欢乐今宵》离开摄影棚到元朗光华剧院，进行“无线”首次实地直播。同年中秋节，又进行首次户外演出。1979年在内地现场直播《羊城贺岁万家欢》。到了80年代，《欢乐今宵》又推陈出新。首先推出了民间神话传说剧集《封神榜》、《观世音》、《宝莲灯》、《黄大仙》等，还有家庭伦理剧《季节》。此外，还寓教于乐，推广介绍政府的各项活动，开大型晚会，如“反吸毒之夜”、“道路安全”、“居者有其屋”、“星光熠熠竞争辉”、“禁毒星辉显光华”等。

《欢乐今宵》从1967年播出至今，虽然1994年曾停播过一段时间，但是也播出了6 000多期，是香港电视史上的奇迹。而其本土色彩突出的创新性，成为其长期发展的重要法宝。

2. 特备节目魅力无穷

香港综艺晚会的另一种形式，就是在各类颁奖典礼、选美大赛、台庆庆典时举行的大型综艺晚会。

（1）选美、台庆活动如火如荼。

“无线”和“亚视”两大电视台，从20世纪70年代初开始在选美活动中逐鹿竞争。从1973年开始，“无线”举办“香港小姐竞选”大赛，1985年“亚视”也举办了“亚洲小姐”竞选活动，并在当年与“无线”打了一场选美的硬仗。

在这两个选美活动中，选手都要进行严格的训练和多轮的比赛，才艺、礼仪、外貌的展示都是重要内容。在比赛中，司仪与选手，选手之间的口才、智慧和外貌大比拼，成为很大的卖点。选手的服饰和化妆，都可能成为少女的新潮流。再加上布置讲究、舞台构思、节目形式及其表演的不断突破，选美活动就是一个大型综艺娱乐节目。

（2）公益活动宣传晚会、节庆晚会以及其他晚会。

关注社会公益活动的赈灾义演和慈善义演是香港电视界的一大特色。从20世纪50年代开始，香港广播界就开始为赈灾募捐，如定期举办济贫慈善点唱会。这一传统在香港电视界得到了传承和发扬。每逢香港或者内地发生重大灾情，香港电视界都会组织赈灾募捐义演活动，向社会奉献爱心。

1991年华东水灾和1994年华南水灾，“亚视”和“无线”都组织了赈灾专题晚会。在这些晚会上，众多演艺明星同台献艺，节目形式多样，募捐的赈灾款达数千万港币之巨。同时，节目通过转播，也获得了很好的收视率。

此外，香港其他电视媒体也重视慈善演出，如香港电台电视部制作的《慈善Top Top马拉松》节目，就是一档综艺表演性节目。

赈灾义演与慈善义演，不仅带给了观众精彩纷呈的节目，也显示了电视媒体的社会责任感，促进了社会风尚的净化与宏扬。

节庆晚会也是香港电视综艺节目的一大特色。以民间文化和民间风俗为关注对象的节庆晚会成为香港电视的又一收视热点。香港和内地合作举办了许多节庆晚会。1988年，“亚视”与广东电视台合办了“省港凤城闹元宵”、“农年风俗搜奇”。2000年，“亚视”与中央电视台等媒体在香港会议展览中心推出了“香江明月夜——中秋晚会”，演出时间达三个多小时，两岸四地的众多明星载歌载舞欢庆中秋。当然，每年春节的综艺晚会也是香港电视台精心布置的春节大餐。

除了节庆晚会，还有一些其他专题的综艺晚会，如1988年，江苏台与香港“无线”合作举办的“中国江苏电视艺术节”大型台庆综艺晚会。此外，华娱电视也和内地电视台联合举办了众多的专题综艺晚会。

（二）综艺游戏类节目

香港的电视综艺游戏类节目现在也很突出。参与的明星越来越多，奖品越送越多，玩得越来越暴露和出格。如《运财至叻星》、《六六无穷》、《最紧要脑力》、《广告大赢家》、《超级无敌掌门人》、《残酷一叮》等。

例如一期《超级无敌掌门人再战江湖》节目中，许多不文明、粗俗的过分损人的内容都搬上了台面，通过低级和粗俗来制造笑料。三位主持人的着装也很出位，以刺激观众的感官。这种游戏节目，有了奖金、金牌司仪和众多明星的参加，取得了不错的收视率。

图4－5 《超级无敌掌门人》被指游戏过火①

图4－6 《超级无敌掌门人》三位主持博出位②

（三）益智博彩类节目

香港电视综艺娱乐节目中，益智博彩类节目取得了不俗的成绩，这些节目主要是对一些引进节目进行改造的结果。

“亚视”引进了英国著名节目《百万富翁》，经过精心的包装设计，在2001年一炮走红，一举打败了宿敌“无线”。该节目的巨额奖金，以及参与者的积极互动，值得借鉴。不仅如此，“亚视”还推出了《各出其谋》、《群雄夺宝》等引进节目。而

① http：//ent. 163. com/08/0312/10/46R1MD6700032DGD. html

② http：//tupian. hudong. com/a0_ 82_ 25_ 01300000165476121411251974453_ jpg. html

“无线”也不甘失败，全力打造了《一笔 OUT 消》和《智在必得》两档益智节目与其抗衡。

这些益智博彩类节目设计新鲜，不仅有“场外求助”环节，有的节目还开设了“家庭游戏”环节，而参赛选手和智囊之间的讨价还价环节也很刺激和有趣，这些环节设置都很新颖。

（四）真人秀类节目

真人秀类节目是香港电视综艺娱乐节目中的一种。虽然选美节目显出了颓势，但是一些糅合了选美、歌唱、竞赛、游戏等环节的真人秀节目取得了成功。

“亚视”推出的《超级经理人——女优选拔赛》就是这样一档全新的成功节目。该节目由吴君如、吴镇宇两位主持充当女优们的超级经理人。参赛者要经过 12 周的训练和考验。其中，不但要唱歌、演戏、背台词，还要面对“空中飞人”、吞田鼠等高难度的挑战，胜出者就可以获得踏入演艺界的直接便捷途径。

（五）谈话类节目

谈话类节目不一定全部是娱乐节目。“丽的”初期有个节目叫《明星访问》，主持人代表观众提问，明星回答。在角落放两张沙发，虽然简单，但是有趣，这就是一档娱乐节目。现在，香港电视比较出名的谈话类节目有《鲁豫有约》和《锵锵三人行》，《鲁豫有约》根据嘉宾和谈话主题的不同，其娱乐性的有无和强弱也不尽相同，而《锵锵三人行》宣扬的是“不求深度，只求温度”的栏目理念，比较贴近西方“脱口秀”的节目，其娱乐性也是比较明显的。

（六）文娱专栏节目

香港的电视综艺娱乐节目中，文娱栏目特别出名，尤其是“音乐专栏”和“娱乐专栏”。

1. 香港电视“音乐专栏”内容丰富

香港电视的“音乐专栏”，既有新歌推介、劲歌金曲、外国 MTV 等传统意义上的音乐节目，也有许多的娱乐资讯类节目。这些节目不断推出新人新歌，经常报道歌星艺人的最新动态，满足追星族的好奇心和市俗性。

香港电视音乐栏目包括热门音乐栏目、当红音乐人的音乐特辑，以及“十大劲歌金曲颁奖典礼”等。

在香港，许冠杰、罗文、黄霑、梅艳芳等大牌艺人都举办过一些音乐专栏。在《许冠杰音乐特辑》中，这位香港当代流行音乐的鼻祖演唱了许多名曲。《罗文演唱会》也是盛况空前。在《霑沾自喜三十年》（1995 年）节目中，经常有许多演艺明星参加，对这位词坛泰斗表达敬意。在《群星拱照顾家辉》（1981 年）中，众多明星为“无线”著名音乐人组织了送别的音乐晚会。在每届“十大劲歌金曲颁奖典礼”上，群星闪耀，歌舞升平，令人流连忘返。

不仅有这些为明星量身定做的音乐专辑，一些针对新人的音乐专辑也不断推出。例如“亚视”举办的“亚洲歌唱比赛”、“未来偶像争霸战”、“亚太创作歌曲大赛”等栏目，都是普及和推广流行音乐，选拔音乐新人的重要平台。

2. 娱乐专栏，推陈出新

除了以音乐为主打的专栏，还出现了许多以娱乐圈报道为主的文娱专栏栏目，这些娱乐资讯栏目不断涌现。“无线”的《K－100》栏目，以“无线”为大本营，将影视制作和演员的专访等台前幕后的内容熔为一炉，使得观众和电视节目之间产生了更加直接和感性的联系与互动，该栏目办得有声有色。有线台的《娱乐热卖十点半》也是一档娱乐性资讯栏目，在介绍各个娱乐新闻和电视节目的同时，关注观众的意见，设立《娱乐大笪地》板块，供观众发表意见。“亚视”的《星光伴我行》和“无线”的《精叻自游72小时》栏目，是以介绍旅游资讯为主的文娱专栏，由明星和名司仪主持，播出后收视率一路攀升。“无线”的另一档栏目《香港松一松》是关注日常生活的资讯栏目，“孝顺”、“迷信”、“减肥”、“恋爱”等专题贴近市民生活，在廖伟雄、苑琼丹等搞笑能手的主持下，节目风格独特，深受观众喜爱。

四、香港电视综艺节目的传播过程要素分析

不论是学界还是业界，都习惯把电视综艺节目的本质属性定义为娱乐性。那么，什么娱乐是电视综艺节目的本质属性？通过对香港电视综艺节目传播过程要素的分析，我们会对其娱乐本性有更加深刻的认识。

根据传播学原理，结合综艺节目传播的过程，我们认为电视综艺娱乐节目的传播过程要素，大致分为七个部分，即节目主持人、节目参与者、节目话题、节目板块与环节、节目情境、传播媒介与传播效果。

1. 节目主持人

主持人的有无，以及主持人与播音员的区别，对电视综艺节目的影响很大。众所周知，我国早期电视播音与电视主持工作是融为一体的。80年代以后，“有的播音员对节目的参与程度更大，而且与初级的照本宣科的演播有了区别，于是‘主持人’这一称谓和职位，正可谓应运而生”①。可以看出，电视主持人的出现是采、编、播一体化的产物，他们也是电视综艺节目的重要传播要素。经过长期的发展，香港电视界出现了一些可圈可点的主持人，如沈殿霞、何守信、陈百祥、谭炳文等。此外，一些演艺明星也充当主持人，如汪明荃、周慧敏、郑裕玲、吴君如、吴镇宇等，这就保证了主持人和嘉宾资源。香港的电视综艺节目，基本都有主持人，有的还是一身多任的，他们与主持新闻节目的播音员存在着明显区别：后者语言庄重刻板、前者活泼生动；播音员是电视栏目的一个组成部分，要尽量减少个人色彩和影响，他们是官方、

---

① 张凤铸．中国电视文艺学．北京：北京广播学院出版社，1999. 516

媒体或者社会的代言人，但是节目主持人恰恰相反，他们个人发挥的空间大，“我的地盘我做主”。可以看出，个人化程度以及与媒体的关系很不一致。也可以说，主持人比播音员更能发挥个人的特长和影响力，因此也就更具有娱乐可能性。

2. **节目参与者**

娱乐节目的参与者主要是指嘉宾和观众。嘉宾可以分为单个嘉宾与多个嘉宾，观众可以分为现场观众与非现场观众。香港电视综艺节目中，明星嘉宾人数众多、知名度高，引人入胜，而且节目不仅与现场观众，还与非现场观众进行着积极的互动。在《百万富翁》中，有“Call 老友”和“临场贴士”环节，可以与场外观众以及现场观众进行互动，都是与观众进行即时互动的例子。这样的环节设置，有助于把观众从传统节目中抽象、模糊的形象中解脱出来，使其更加生动和具体。他们不仅是听众与观众，还是说话者与表演者，具有一定的“话语权”和传播的权利。

3. **节目话题**

一般来说，电视娱乐节目的话题可以分为普通话题和禁忌话题，后者主要包括政治禁忌和性禁忌等话题。香港电视综艺节目中，很少以政治话题为主的综艺节目，如台湾的《全民大闷锅》。但是，以性为话题的节目确实存在，如香港有线台的《欢乐性今宵》，就是一档成人生活类综艺栏目，表演低俗化，甚至全裸出场，使节目充斥着挑逗、刺激和低级趣味。但是，香港电视综艺节目的话题，还是以普通话题为主，这些话题具有以下特点：个人话题多于组织话题，具体性话题多于抽象话题，体力话题多于智力话题，日常趣味多于政治思考，流行快餐多于传统经典，等等。因此我们不难发现：感性的“软性”话题是香港电视综艺节目的主要话题，而以政治、宗教、理性和信仰类为主的、具有深度的“硬性”话题则很少。

4. **节目板块与环节**

香港电视综艺节目中，不论是载歌载舞的综艺晚会，还是新鲜刺激的益智博彩节目或者真人秀节目，其板块与环节主要都是通过表演、答题、模仿、竞猜等游戏方式来展开，这是娱乐节目的主体部分，其功能是帮助观众消遣和放松。这种以动为主，以身体展现为主的节目比《小莉看世界》、《城市小心眼》这样的电视新闻节目更有娱乐性。

5. **节目情境**

电视节目特定的时空场所，构成了传播的情境。就娱乐节目而言，现场的灯光、色彩、音响、道具、大屏幕都是个性的彰显，也使得节目的现场感凸现，同时也成了定义现场类节目的主要元素。香港电视综艺节目很少受到节目情境的限制，从电视台演播厅到外地直播，甚至可以选择餐厅作为节目的时空场所，如《志云饭局》。这样，综艺节目情境的不断改变和拓展，使其具有更大的包容性。

6. **传播媒介**

电视娱乐节目主要是主持人、嘉宾以及观众三者之间面对面、及时地交流和传播的活动，语言和人际传播是其最主要的形式。随着科技的快速发展，手机短信、电话和网络等形式已被越来越多的电视娱乐节目所采用，通过这些媒介，节目将非现场观众引进及时交流之中。香港电视综艺节目的高度互动性就是建立在传播媒介的基础上的，这种传受互动的节目比单向传播的节目具有更多的丰富性和挑战性，也就更具有娱乐性。

7. **传播效果**

美国学者赖特在1959年发表的《大众传播：功能的探讨》中，继承了拉斯韦尔的“三功能说”，把“娱乐”作为大众媒介的第四基本功能，提出了“四功能说”。[①]从那以后，大众媒介的“娱乐”功能便引起了人们的普遍关注。施拉姆把娱乐作为传播的一般社会功能，与政治功能和经济功能并列起来认识。[②]在电视娱乐节目中，它们主要以消遣和感性愉悦为诉求，在各种表演和游戏中，人们体会到了脱离现实重负的快乐和满足，在这种虚拟活动中体验宣泄快感和狂欢。可以看出，感性诉求比理性诉求更具有娱乐性。

通过传播过程要素的比较可以看出，香港电视综艺娱乐节目在传播的诸环节中，都表现出了娱乐的倾向，其娱乐程度比电视剧集和电视新闻都要高。

五、香港电视娱乐节目的娱乐手段

既然“娱乐”是综艺节目的本质属性，那它是如何实现这一本质属性的？这就取决于综艺节目的娱乐手段。当前，有学者将综艺节目的娱乐手段归纳为搞怪、猎奇和煽情三种。就香港电视娱乐节目而言，猎奇和搞怪也是节目重要的娱乐手段。此外，节目常变常新、新颖前卫、突出的互动性娱乐，也是香港娱乐节目的突出特点。

对香港综艺节目的娱乐手段，我们将进行如下的具体分析：

1. **娱乐手段之一：猎奇**

猎奇，是香港综艺娱乐节目的拿手好戏。在选美节目、文娱专栏和真人秀节目中，表现得最为突出。在“无线”的娱乐资讯栏目《K－100》中，把明星台前幕后的行为向观众进行了展示。此外，一些普通人也成了被猎奇的对象。1991年，“亚视”在选美活动中，偷拍下佳丽们“丑”的一面，并通过司仪和佳丽们的问答展现，究其原因。这一揭丑的手法就是为了满足受众的猎奇感。后来，选美活动中的揭丑现象愈演愈烈，令评论界议论纷纷，莫衷一是。此外，在真人秀节目《超级经理人——女优选拔赛》中，对选手参加节目期间的行为进行了全面的报道和揭示。除此之外，还有一些节目以迷信或者超自然现象为对象，大肆宣扬灵魂、鬼怪等观念，满足人们对灵异现象的好奇心。香港灵异节目《怪谈》，就经常用肃杀、诡异的演播

---

① 郭庆光．传播学教程．北京：中国人民大学出版社，1999. 113

② ［美］施拉姆．传播学教程．李启，周立方译．北京：新华出版社，1984. 33

室气氛渲染、法师的现场讲解以及外景拍摄的所谓灵异事实，来对一些所谓的灵异事件进行报道。

满足人的好奇心，尤其是对偶像、明星的好奇心，进而了解他们在舞台上和生活中的真实面貌，达到对其更深入的了解和崇拜，是综艺节目使用猎奇手法的原因和基础。从文化上说，这属于“迷文化”传统在电视文化中的具体表现。

2. 娱乐手段之二：搞怪

在东西方多种因素的影响下，香港形成了独特的文化景观：“香港文化是多种不同形态并存的文化，从本质上说，它属于一种过渡的文化，表层含有许多现代社会文化的内容，其深层文化仍然具有传统社会的典型特征。”① 由于中国传统文化的深层影响，香港综艺节目的娱乐手段是非常有度的，就是搞怪的手法和程度也相当有特色。载歌载舞和插科打诨使用得比较多，毫无顾忌的放肆狂欢在香港比较少。在2007年3月的《残酷一叮》一期节目中，小选手扮演天使翩翩起舞，她的稚嫩和清纯让全场寂静陶醉。但在这时，男主持却突然叫停，问小选手：“你这套赶苍蝇的技术从哪里来的?”听罢此言，全场观众掌声笑声响起一片。此外，《香港松一松》也是如此，三位搞怪高手廖伟雄、林敏骢、苑琼丹做主持，选择贴近百姓生活的事情为主题，再加上多位青春靓丽嘉宾的捧场，节目风趣幽默，令人捧腹。

3. 其他娱乐手段

在综艺节目中，猎奇、搞怪和煽情都是娱乐性很明显的手段。但是，还有一些其他的手段，也能增加节目的娱乐性。不断创新和增加节目互动性，就是香港综艺节目的两大重要的娱乐手段。

一般来说，综艺娱乐节目的运作有一个周期，据了解，国外的益智博彩类节目一般做九个月或者一年就要休息一轮。因此，没有创新，观众就会对陈陈相因的节目失去兴趣，形式和内容的不断创新也就成了综艺娱乐节目的突出特点，香港综艺肇始之初，就表现出了很强的创新性。香港“无线”的《欢乐今宵》之所以可以盛行20多年，其奥秘就在于不断创新：节目的演播场所从电视台演播厅到光华戏院，再到高档餐厅，而且还到内地合作拍摄节目，地域不断扩展；节目的内容也在不断创新，从先前的歌舞游戏，到后来的民间神话传说剧集的推出，以及配合当局的社会活动举办的大型综艺晚会。正是有了不断创新的节目形式和内容，《欢乐今宵》才创造了播出6 000多期的电视纪录。

此外，互动性是香港综艺娱乐节目的一大特点。现场观众和场外观众与选手嘉宾之间进行着高度互动，如《百万富翁》中的“Call老友”和“临场贴士”环节。一些节目也设置了家庭成员互动环节，如《群雄夺宝》中就设有“家庭游戏”的环节。这些互动性环节的设置，极大地增强了节目的娱乐性，与创新形成的节目新颖性一

① 许锡挥，李萍．粤港澳文化关系．广州：中山大学出版社，2000. 28

起，成为香港综艺娱乐节目重要的娱乐手段。

六、香港电视综艺娱乐节目的缺点与不足

香港电视综艺节目发展至今，不论是节目题材内容的选择与创作手法、技巧的运用，还是制作体制的建立，都取得了长足的进步和可喜的成绩，它们的综艺节目形式与内容也成为其他国家和地区电视媒体竞相引进与学习的对象。这些节目具有突出的娱乐价值和审美价值，这都是无可争辩的事实。有学者将香港综艺娱乐节目的特点归纳为以下四点：娱乐世俗化、娱乐特备化、娱乐资讯化和娱乐游戏化[①]。但是，作为一个在两种政治、经济和文化制度影响下逐渐发展起来的电视文化景观，香港综艺娱乐节目在思想价值等方面还存在一些显而易见的缺点，这些缺点突出地表现为“软色情”和“金钱至上”倾向突出，这对电视受众和电视发展的影响让人担忧。

1. 综艺节目中的“软色情”现象严重

香港电视文化中的色情现象表现比较突出。一些电视媒体的成人频道就播出类似的节目，如香港有线电视台自选 83 台、84 台就有大量的色情节目，色情节目得到堂而皇之的传播。上文提到的成人综艺生活类节目《欢乐性今宵》，就是赤裸裸的色情栏目。在综艺节目中，低级庸俗的色情内容也是存在的，但是表现的形式与方式有所不同。早在 1987 年香港“无线”主办的《国际花花女郎选美会》上，就因为主持人将节目与色情杂志的内容联系起来，而收到了香港广播电视管理局的“劝谕信”。现在，综艺节目中经常可以见到与身体、性感和生理本能相关的动作、语言和节目环节设计。可以看出，综艺节目中的色情内容不同于成人节目中的色情内容，它的表现是间接的、含蓄的，通过搞笑、猎奇和煽情等手法让人产生相关的联想，迎合观众的低级趣味。由于电视管理机构的约束，这种色情是一种“软色情”，但其影响值得关注。

2. 综艺节目中“金钱至上”的观念昭然若揭

香港电视综艺节目的另一个缺点，是宣扬了“金钱至上”的观念，促使及时行乐成为一种社会共识。由于历史和社会原因，功利和实用性成为香港社会普遍的价值观，“以现实情况为起点，强调方式手段的适己性，注重后果的功利与利益”[②] 成为其重要的特征。由于文化是社会生活的反映，香港电视综艺节目也就体现出了极强的功利色彩和金钱至上的味道。其中，《百万富翁》、《各出奇谋》、《群雄夺宝》、《智在必得》等游戏性栏目中，最高达 100 万美元的巨额奖金吊足了港人的胃口，吸引了诸多的参与者，也使这类节目成为名副其实的博彩节目。

---

① 钟大年．香港内地传媒比较．北京：北京广播学院出版社，2002. 86

② 许锡挥，李萍．粤港澳文化关系．广州：中山大学出版社，2000. 188

图 4－7　《百万富翁》及主持人陈启泰①

可以看出，娱乐化成为香港综艺节目的主要特点。其中，一些综艺节目中充斥的金钱味道与“软色情”内容，是处于资本主义制度环境下的电视媒介过度追求经济利益，坚持“唯收视率”观点，片面发展的结果，这一现象的改善和治理，有待于更加完善的政府监管和媒体从业人员更加全面的职业素养的培养。

七、电视综艺娱乐节目的基本特征

通过对香港电视综艺节目的上述分析与梳理，结合当前电视综艺节目的实际情况，我们进一步归纳出电视综艺娱乐节目的几个基本特征，力图对其进行更加深入的把握：

1. 个性化

电视综艺娱乐节目不仅使主持人获得了显示个性的机会，名人嘉宾和普通观众也都获得了通过电视展现自己的机会。此外，节目涉及很多个人的话题，传统节目整齐划一的教化色彩退居次要位置。个性化不仅是栏目特色，也是电视媒体的重要定位。凤凰卫视就很重视主持人包装和节目品牌的建设。我们甚至可以说，个性化是电视娱乐节目首要的突出特征。在一定程度上说，没有个人，就没有娱乐，也就没有综艺节目。

2. 感性化

综艺娱乐节目是释放感性的节目，这已经是所有节目的共通之处。我们可以把感性化具体为个人的、身体的、隐私的等方面。在电视综艺娱乐节目中，身体的解放表达和娱乐快感获得了临时的统一。不管是才艺展示，还是滑稽表演，搞怪、煽情和猎

① http：//ent. tom. com/2009－06－04/001F/19107279_ 02. html

奇都成为感性化的主要手段，从而与理性相对。当然，由于国情、政治、文化的不同，内地娱乐节目不管是话题的选择，还是内容的展示，道德的底线始终是不容越过的。由于香港与内地在文化和政治上的密切联系，香港电视综艺节目在感性表达上也与台湾等其他地区电视综艺节目的表现在手法和程度上区别明显。

3. 狂欢化

在个性化、感性化的基础上，电视娱乐节目形成了狂欢化的核心特征。狂欢化理论源自俄罗斯著名文艺家和哲学家巴赫金，我们用“狂欢”来表征这样的电视娱乐现象：在特定的节目情境中，个人从制度化、等级化的体制框架中解放出来，感性力量彰显而理性退居次席，“人们形成了一种新型的相互关系，通过具体感性的形式和半现实半游艺的形式表现出来，这种关系同非狂欢节生活中的强大的社会等级关系恰恰相反”①；许多观念和行为获得了新的表演机会与合理性；抽象模糊的“大众”在电视上有了自己的声音和形象，这是一种游戏的狂欢，是电子时代“新的狂欢节”，其核心精神是颠覆和重构。其实，不管是个性化还是感性化，都表现出了对传统制度性和文字奠基的理性传统的反动，是视觉文化的狂欢。

以上，是香港电视综艺节目的三大基本特征，也是所有电视综艺节目的共通特征。

纵观香港电视综艺节目整个发展历程，不论是节目的内容、形式，还是娱乐手段、娱乐程度，甚至基本特征，都具有鲜明的本土特色。作为与香港电视新闻、电视剧比肩而立的重要文化形态，它也成为香港电视文化的重要景观，并将进一步对香港电视媒体和整个社会的发展产生更大的影响。

具有代表性的娱乐节目有：

1.《欢乐今宵》

1967 年 11 月 20 日 21：30，“无线”开播的第二个晚上，“无线”的长寿节目《欢乐今宵》正式开始。之所以说是长寿节目，是因为它已有 20 多年的播出历史，而且从周一到周五，在翡翠台雷打不动地播出（除了 1976 年毛泽东逝世与 1990 年世界杯足球赛开幕的两个晚上停播外）。“可以说，《欢乐今宵》几乎等同于‘无线电视台’，是‘无线’的标志和象征。”《欢乐今宵》之所以长寿，存在多方面的原因：①自诞生以来，就走中下层路线。②自诞生以来，就敢于不断创新。1968 年，《欢乐今宵》离开摄影棚到元朗光华戏院进行实地直播。1968 年中秋节，《欢乐今宵》做户外《海上迎月》演出。1972 年前往新加坡，首次走出香港演出《新加坡之夜》。1979 年首次在内地现场直播《羊城贺岁万家欢》。《欢乐今宵》奠定了“香港精神”的基调，那就是先苦后甜，“work hard ，play hard”（努力工作，努力玩乐）的精神。单纯的娱乐，正是 80 年代经济起飞前后香港人最需要的调剂。所以，当后期《欢乐

① ［俄］巴赫金．陀思妥耶夫斯基诗学问题．白春仁，顾亚玲译．北京：三联书店，1988. 176

今宵》在收视竞赛上败下阵来，当它无法再以单纯的娱乐满足日渐富裕及挑剔的观众时，它的结束代表着香港社会进入了一个新阶段。①

图4-8　当年的《欢乐今宵》②

图4-9　汪明荃和夏雨在欣赏30年前他们参与的《羊城贺岁万家欢》③

2.《超级无敌掌门人》

香港一直是个高度竞争的现代社会。90年代初是人人富贵，各行各业皆好景。电视的综艺节目，90年代初段最红的是曾志伟主持的《超级无敌掌门人》，节目里的游戏参加者以糟蹋人和食物为乐，吃劲辣寿司、掷蛋糕、赢巨额奖金奖品。出镜的艺员被尽情揶揄、挖苦，甚至丑化。当时的“超级无敌掌门人”作为新一代综艺游戏节目，其内容的暴力性和虐待性（确曾有卫道观众投诉它意识不正，兼且浪费食物，恐有不良教育效果云云），正是高压城市的压抑及宣泄表现。相对于《欢乐今宵》时期生活简单、虽贫亦乐的观众，《超级无敌掌门人》面对的观众，是在富裕城市力争上游、为办公室政治疲于奔命、物质供应过剩、股市楼市旺盛、随时一朝富贵的香港人，游戏的简单、率真，自我放纵得甚至有些自轻自贱，这是节目成功的关键。

3.《残酷一叮》(Minutes to Fame)④

《残酷一叮》是香港电视广播有限公司综艺节目，总共三辑，2005年2月5日首播，每星期播放一次。第一及第二辑由李克勤及梁荣忠主持，并由第二辑起邀请1～2位香港歌手或香港演员任嘉宾评判，第三辑主持为杨千烨及森美，监制为钱国伟。它是以《美国偶像》（英国：Pop Idol/美国：American Idol）为蓝本改编的天才表演式歌唱比赛节目。节目口号为：“全城尽兴，残酷一叮!”（于《全球叮皇争霸战》中改为：“全球尽兴，残酷一叮!”）节目播出以来，收视率处于中上水平，2005年6月

① 尉迟秀．香港娱乐电视节目的发展轨迹．21世纪经济报道，2003-06-01，中国新闻传播学评论网站，http://www.zjol.com.cn/gb/node2/node26108/node27331/node30269/userobject15ai1389998.html

② http://www.rexian.tv/html/dianshijuxiazai/8688.html

③ http://bbs.ent.163.com/bbs/tvb/116007420.html

④ 资料来源：http://zh.wikipedia.org/w/index.php?title=%E6%AE%8B%E9%85%B7%E4%B8%80%E5%8F%AE&variant=zh-cn

4 日播出的第一辑决赛《叮皇争霸战》更创下 33 点的一周收视冠军纪录。部分参赛者因该节目而声名大噪，甚至投身娱乐圈。

《残酷一叮》从第二辑开始“走出香港”，到世界各地的华人社区，如广州、澳门、多伦多、台北、上海、伦敦、新加坡等地举行“试叮大会”，广招参赛者；又与中央电视台的《梦想中国》合作，为该节目选拔香港区参赛者。2006 年 5 月，《残酷一叮》于马来西亚举行比赛，名为《残酷一叮——马来西亚擂台战》，在当地各区举行初赛，总决赛于同年 7 月 22 日在吉隆坡举行，节目于“无线”旗下频道 TVB8 播放。节目第三辑于 2007 年 1 月 10 日起举行“试叮大会”招募参赛者，并于同年 3 月 31 日起播出。主持人则改由杨千嬅及森美担任，阮儿和钟禧文担任残酷姊妹。因节目取得成功，各电视台争相效仿，推出类似的表演节目，例如无线电视的《有招出招》、亚洲电视的《一举成名》、广东电视台的《歌 SING 魅影歌唱模仿大赛》等。广州南方电视台亦计划与无线电视合作，准备推出广州版本的《残酷一叮》，暂名“敢拼才会赢”。

4.《美女厨房》(Beautiful Cooking) ①

《美女厨房》是香港电视广播有限公司制作的一个烹饪游戏电视节目。口号为“美女厨房，食咗先讲”（美女厨房，吃了再说），每集邀请三位美女艺人进行厨艺比赛，亦邀请两位男艺人作为评判，第一辑推出时大受欢迎，最高收视率突破 40 点，打破了《超级无敌掌门人》创下的纪录，成为收视率最高的游戏节目。

《美女厨房》（第一辑）由郑中基、方力申及梁汉文主持。第一辑于 2006 年 5 月 28 日起逢星期日晚上 21：00 于翡翠台播出，共 19 集，另设助手谢珊珊、黄卓慧、谢兆韵、孙慧雪及陈文静。《美女厨房》（第二辑）于 2009 年 4 月 5 日至 10 月 11 日逢星期日晚上 21：00 ~ 22：00（后来在 2009 年 4 月 26 日之后改为逢星期日晚上 21：30 ~ 22：25）于翡翠台及高清翡翠台播出，共 26 集，另设助手刘俐、陈蕊蕊、王淑玲、丁乐锶、梁懿晴（晴晴）、王宝宝。

5.《东张西望》(Scoop) ②

《东张西望》是香港电视广播有限公司的一个娱乐新闻节目，逢星期一至五晚上 19：30 在翡翠台及高清翡翠台播出。节目从 2005 年起开播，代替先前的同类型娱乐新闻节目《娱乐大搜查》。中途曾因播放《百法百众》而暂停多月，之后于同年 10 月 31 日恢复播放。节目内容包括娱乐动态及艺人贴身追访等，而部分娱乐新闻内容片段会在翌日的《娱乐直播》中重播。

---

① 资料来源：http：//zh. wikipedia. org/w/index. php？ title = % E7% BE% 8E% E5% A5% B3% E5% 8E% A8% E6% 88% BF&variant = zh – cn

② 资料来源：http：//zh. wikipedia. org/w/index. php？ title = % E6% 9D% B1% E5% BC% B5% E8% A5% BF% E6% 9C% 9B&variant = zh – cn

2007 年 12 月 31 日起，节目改用16：9 技术制作，并于翡翠台及高清翡翠台同步播出。2009 年 3 月 30 日起，节目进行改革，以时事新闻为主，只有两成娱乐新闻，更突出其新闻资讯类定位。

6.《志云饭局》(Be My Guest)

这是一档香港无线生活台的收费电视节目，每星期六晚上 19：00～20：00 播映，当天晚上 23：00～00：00 重播。该节目由电视广播有限公司总经理陈志云主持，助手孙慧雪、黄卓慧，监制钱国伟。该节目非常有特色，在饭局中，一边吃饭一边访问，而节目每集都会访问各地名人（涵盖面较为广泛，既有刘德华、郑裕玲、陈慧琳、容祖儿等娱乐界明星，也有曾荫权、唐英年、周梁淑怡、叶刘淑仪等政界人物)，访问地点依据嘉宾的口味而定。该节目对曾荫权及黎智英的专访曾备受社会和传媒关注，多份香港主要报章都在“港闻”、“要闻”版面报道有关访问，娱乐节目能登上社会新闻的版面，在香港十分少见。

《志云饭局》的跨媒体传播也十分明显，每一期节目内容都会辑录 DVD 推出市场，文字版本则在《明报周刊》连载，且会定期结集成书。另外，春天实验剧团获无线电视授权，推出《志云饭局》舞台剧，2009 年 4 月 27 日至 29 日于尖沙咀香港文化中心举行，共演三场。叱咤 903 在晚上 20：30～23：00 作现场直播，雷霆 881 在凌晨 00：30～2：30 录音转播。这种发展思路明显地拓展了节目的影响。[1]

图 4－10 《志云饭局》是香港“无线”生活台的收费节目[2]

① 资料来源：http：//baike. baidu. com/view/1455699. html? fromTaglist

② http：//www. sznews. com/ent/content/2008－09/22/content_ 3267622. htm

第五章

香港电视剧

在香港电视节目中，电视剧可谓是最具吸引力也是最具辐射力的娱乐节目。由于香港社会存在着宽广深厚的叙事资源，小说、电视剧等叙事艺术在本港获得了普遍的流行。由于香港社会的殖民特性，作为一个中土社会西方化的标本，往往先行体验到其他地区（包括受到传统儒家文化影响的东南亚地区与国家）出现的社会心理与情绪，因而受到了香港以外的国家和地区的欢迎。如在中西文化之间激荡出独具魅力的家庭伦理剧，既有传统大家庭的恩怨纠缠，又有现代价值观的传播；再如成熟的电视剧类型——武侠电视剧，受益于武侠小说的叙事资源，成为香港电视节目中最具跨国性的剧种。可以说，香港电视剧自诞生以来，无论是资本来源、制作人才还是发行渠道，跨国性想象都一直内置于故事核心中，表现在电视剧内容的方方面面，这无疑成为香港电视剧最大的特征。

第一节　香港电视剧的生产体制和制作特点

英国作家约翰·埃利斯曾说，电视是一个国家和民族的私生活。这一点，对于香港电视剧来说，是最恰当不过的了。40 年来，香港电视剧以绝对世俗与对香港市民生活情趣的纯粹表达，成为香港社会各阶层的生活写真和欲望显影。每天茶余饭后收看港剧也成为香港市民在快节奏的都市生活中不可或缺的消遣方式。而作为华语文化圈中重要的大众文化形式，香港电视剧绝不止对香港人产生影响。自从 1981 年中央电视台播出第一部香港电视剧《霍元甲》开始，港剧就以其鲜明的地域特色和独特的艺术魅力使无数内地观众为之痴迷。数十年来，一大批经典港产剧，如《射雕英雄传》、《神雕侠侣》、《上海滩》、《金枝欲孽》、《大时代》、《义不容情》、《戏说乾隆》、《创世纪》等可以说影响了整整一代国人。正如某些学者所指出的那样，港剧是 20 世纪 80 年代中国内地民众最重要的文化消费之一，和它相伴的还有邓丽君的歌曲、琼瑶和金庸的小说、三毛的散文等。

追溯香港电视剧的发展历史，可以发现，从 1968 年香港无线电视台推出香港第一部电视剧《梦断情天》到今天的 40 多年间，香港电视剧的发展大体上经历了三个阶段：20 世纪 60 年代开始的以话剧舞台直播式的长剧为主的初始阶段，70 年代中期开始的以长篇电视剧为主的过渡阶段以及 20 世纪 90 年代以来以中篇电视剧为主的成熟阶段。在近半个世纪的发展过程中，香港电视剧逐渐形成了一套独特的生产体制及适合市民口味和适宜发挥电视艺术特长的电视剧制作道路，使香港成为除中国内地外世界最大的华语电视节目生产和出口基地。

图 5－1　经典港产剧《射雕英雄传》①

图 5－2　经典港产剧《戏说乾隆》②

香港电视剧的生产体制概括来说就是：台内自制、制播合一，也就是说，电视剧的制作和播出都是由电视机构自身来完成的，其各项运作都是在内部进行的。作为几十年来支撑香港电视剧发展的重要策略及生产核心，这种生产体制在今天依然具有研究和借鉴的价值。虽然最近十年来，香港增加了外购剧的播出数量，但是带有鲜明的“香港制造”印记的港产自制剧依然在当下的香港电视剧制播格局中占据着重要位置。

而与这种生产体制相适应的香港电视剧的制作特点则可以概括为：“集体创作、分工负责、流水作业。”有人将香港电视剧的生产过程称之为“福特式”流水作业，这不无道理，因为从某种角度来说，一部香港电视剧和一部汽车在商业价值上并无本质上的区别。也因此，一部香港电视剧的诞生，常常是集体创作的结果。从剧本构思到最后拍摄完成，每一道工序都有专门的人来负责实施，在这种流水线式的生产过程

① http：//www. xici. net/main. asp？ url =/b1004564/d83181498. htm
② http：//www. xici. net/b1004564/d83181498. htm

中，每个环节都更加细化，工作人员分工明确，各司其职。在这种情况下，全能性的人才不被推崇，而最看好的是其某项技能是否精通。以编剧为例，香港电视剧的编剧工作可细化到由专人写梗概、专人写场面、专人写对白、专人写感情等。从艺术的角度来说，这种工业化的生产制作特点是不符合传统的艺术创作规律的，因为从工业化的生产线上诞生的商品，其模式化、类型化不可避免。而“艺术作为意识形态和生产形态的突出特点就是生产者主体将自己独特的艺术个性和气质、艺术风格和语汇、艺术天才和情感符号‘物化’于作品中……艺术作品以不可重复性为标志”。这似乎是一种矛盾，但是，对于香港电视剧的生产来说，电视剧是艺术作品，更是文化商品，正如李欧梵先生所说：“香港文化的动力并不完全出自精英人士的提倡，而是像自由市场一样，自有其生产和消费的活动规律。”也正因为这样，“香港电视剧不标榜创造性和独特性，不在乎是否超越了别人或超越了自己，也不把创作视为实现心灵与精神自由的途径，在这里，电视剧的生产方式主要表现为根据市场的需要进行仿作和复制，从而使内容、样式和趣味都带有严重的模式化倾向”。很显然，这是香港电视剧的类型化形成的重要原因之一。从某种角度上说，一种类型的规则与其说是一套文本的成规与惯例，不如说是由制片人、观众等共享的一套系统。而这“一套系统”正是支撑着类型电视剧发展的基本原则。

但同时也应该看到，由香港电视剧的制作特点所决定的香港电视剧的类型化创作并不是和艺术创作相悖的，我国传统戏曲中的很多表现形式都是类型化的。“类型创作的最高追求应该是不仅创造了程式，同时也创造了个性，即在类型作品中其内部的基本元素都是相同的，而具体作品却给人以新奇感，类型的高度成熟就是电视剧的成熟。”

可以看到，几十年来，由这种流水作业的生产方式所形成的类型化程度较高的香港电视剧的创作模式，不但培养了一批电视剧的优秀创作者，诞生了一大批经典的港产剧集，而且在整个华语文化圈中培养了众多忠实的“港剧粉丝”。这或许是香港电视剧经久不衰的奥秘之一。

应该说，最近十年香港电视剧在走下坡路，虽然这十年左右香港也推出了若干部较有影响力的剧集，但是从整体来看，其发展状况已大不如前。原因当然有很多，既有来自大背景的政治、经济方面的变化，也有来自观众欣赏选择和接受口味等方面的变化，如亚洲金融危机的影响，内地电视剧的快速发展等，这自然也影响和改变着香港电视剧的制播方式，以利益最大化为目的的香港两大商业电视台——“无线”和“亚视”在电视剧的制播方式上逐渐采取了自制和外购并举，甚至以外购为主的策略，考察这种变化背后的个中原因，归纳起来主要有以下几点：

（1）电视剧是一种高投入高风险的行业，电视剧要拍得好，资金、人才的大量投入不可缺少，特别是在电视剧竞争激烈的情况下更是如此。20 世纪 90 年代末，亚洲金融危机也影响到了香港电视剧的发展，投资资本的迅速缩减，使得香港电视机构在资本运作方面发生了不小的困难，如香港电视剧制作的中坚——TVB 在经济不景气、成本压力加大的情况下，就不得不通过不断裁员、减少演员薪酬和压缩制作成本等措施来进行运作，这一方面使得香港电视剧人才向外流失严重，另一方面，压缩制作成本也不同程度地影响到自制电视剧的数量和质量，如此一来就形成了一种恶性循环，而唯一能对此进行弥补的就是通过对外购买电视剧来播出。

（2）香港电视剧制作主要阵地之一的“亚视”最近十年来高层变动频繁，制度不一，特别是在对待自制剧和外购剧的政策上不稳定。如 1998 年 7 月营运总裁吴征上台后开始对“亚视”进行改革，其中两项是减少开拍剧集，缩小开支和裁员。在吴征的政策下，“亚视”的五大戏剧组监制全部被解雇，本台艺员也被大量裁减。在电视剧配置方面，吴征的策略是三分之二的剧集依靠外购，三分之一由自负盈亏的制作公司承拍。但是这样的改革并没有持续多久，吴征之后，封小平、徐小明当政“亚视”，一切又如旧，自制剧重新得到重视，但是在经历吴征的政策变革之后其在香港电视剧制播格局中的地位已经受到了外购剧的冲击，两者的比例与以前相比在缩小。

（3）最近十年来，韩国、日本的电视剧大举进入内地，大大吸引了内地观众的眼球，同时内地也诞生了一大批优秀的电视剧作品，这在相当程度上削弱了香港电视剧在内地市场的影响力；再加上 1997 年内地有关港台电视剧不能出现在黄金档以及引进限制等政策的出台，令港剧很长一段时间在内地几乎丧失了竞争优势。如此一来，使得制播新剧压力更加增大，在被迫减少自制剧的情况下，“无线”和“亚视”纷纷以外购优秀剧目来填补本地电视剧的制播空挡。如内地的《还珠格格》、《雍正王朝》、《康熙王朝》、《铁齿铜牙纪晓岚》等电视剧被引进后都曾在香港地区获得了高收视率，这不但填补了港产剧的空挡，而且也为电视台增加了不少进账，这就在无形中改变了传统的港产自制剧和外购剧的比例。

（4）随着内地电视剧的崛起以及香港和内地影视界交流的加深，合拍成为香港又一新的电视剧制作模式。例如，为了更好地赢得内地市场，TVB 在 1997 年香港回归之后制定了“背靠祖国，放眼全球”的策略，除了将大量的电视剧外景搬到内地实景拍摄外，还与内地不少发行公司合作拍摄电视剧，如《血荐轩辕》、《大唐双龙传》等。而此后内地一系列政策的出台更加刺激了香港和内地在电视剧领域的合作：2004 年 10 月 27 日，香港与内地签订《更紧密经贸关系安排》（CEPA）的补充协议，进一步开放内地电视市场，允许香港的电视剧制作机构以“合拍”电视剧的形式进入内地市场。有别于以往的“协拍”模式，“合拍”剧集均可视为“国产剧集”在内地发行及播放，无须将剧集版权售予内地。2006 年 9 月 14 日，国家广播电影电视总局副局长赵实在介绍《国家“十一五”时期文化发展规划纲要》等方面情况答记者问时谈到，香港和内地在电视方面的合作有四点：一是内地和香港合拍的电视剧作为国产电视剧可以在内地直接播出；二是合拍剧的集数不再受限，过去是限制在 40 集，现在没有限制了，和国产电视剧的标准是相同的；三是有香港影视演员参加的国产电视剧的审查可以放到省一级广电部门；四是香港的有线电视网络的经营公司经过内地的管理部门批准，可以在广东试点，为网络发展提供技术服务。这些优惠政策的出台，使得香港和内地的合拍剧不断增多，如《争霸传奇》、《仙剑奇侠传》等，而2007年恰逢香港回归10周年，三部合拍剧《荣归》、《香港姐妹》和《岁月风云》也在内地陆续播出。

可见，最近十年来，"台内自制、制播合一"的香港电视剧的生产体制在不断发生着调整和变化。这种调整和变化，一方面是历史发展的必然要求，另一方面也是香港电视剧自身一贯以市场为原则的现实反映。但是不管怎样，作为极具香港文化特色的港产电视剧将依然会以"香港制造"的鲜明印记，在华语电视剧领域占有重要地位。

第二节　香港电视剧的主要类型

在几十年的发展过程中，香港电视剧形成了几种较为成熟的电视剧类型，主要有古装剧、警匪剧、商战剧和家庭伦理剧。当然，香港电视剧的类型绝不止这四种，但是，这四种类型构成了香港类型电视剧的主流和主体，它们的发展状况代表了香港电视剧的发展状况。

一、古装剧

在电视剧类型中，古装剧其实是一个比较庞大的类型，含义也比较宽泛，只要剧情是发生在古代社会的都可以称之为古装剧。香港电视剧中的古装剧主要包括武侠剧和历史剧。

（一）武侠剧

不论是作为香港电视剧类型的"元老"，还是作为极受观众欢迎的剧种，武侠剧始终是香港电视剧中独具特色的重要类型，在香港的电视剧发展乃至整个香港电视的发展历史上，武侠剧都曾创造了耀眼的辉煌。

要探究香港武侠剧的发展状况，就必须从香港电视的发展历史说起，因为香港武侠剧的发展是与整个香港电视的发展紧密相关的，甚至可以说，它在香港电视发展的每一个阶段都是绝对无法忽视的重要因素。

香港电视始于1957年。1957年12月，由英国丽的映声（香港）有限公司出资创办的丽的电视台首次播出了黑白电视节目，开创了香港电视的历史。1959年，出于发展的需要，丽的电视台分立出中文台和英文台播出。1982年，丽的电视台被富豪邱德根收购，改名为亚洲电视台，简称"亚视"（ATV）。1967年11月，香港电视有限公司（TVB）（简称“无线”）开始播出电视节目，并于1973年以彩色播出，开启了香港电视的多彩时代。1975年9月，香港第三家电视台——佳艺电视台（简称“佳视”）开播，香港电视进入了“三足鼎立”的激烈竞争时代，但是由于种种原因，“佳视”仅仅存在了三年就宣告倒闭，使得之后的很长一段时间，香港电视成为“亚视”和“无线”的天下。

而香港武侠电视剧就产生于香港电视诞生和竞争的对抗中。1967年开播的“无线”为了和“丽的”竞争，不但在播出时长上以每天22小时来加大播出力度，而且在节目种类上不断推陈出新，并于1968年推出了香港第一部本土长篇电视剧《梦断情天》，该剧不但受到了香港市民的极大欢迎，而且远销东南亚。正是看到了电视剧所拥有的巨大号召力，香港三家电视台纷纷投入资金制作电视剧以吸引更多的观众。一时间，电视剧成为香港电视节目的主流，一批广受香港市民欢迎的电视剧在此后的十年里相继诞生。或许是受到了香港武侠电影的影响，香港的武侠电视剧一进入观众的视野就大受欢迎，这其中，尤以金庸的武侠小说改编的电视剧影响最大。据不完全统计，从1975年“佳视”推出第一版的《射雕英雄传》开始，金庸先生的15部武侠小说被香港电视人反复改编拍摄，无论是相对数量还是绝对数量，都堪称世界之最。如《书剑恩仇录》两次，《射雕英雄传》三次，《神雕侠侣》两次，《倚天屠龙记》三次，《笑傲江湖》两次，《鹿鼎记》三次，《碧血剑》三次，《雪山飞狐》和《飞狐外传》的合并版三次，《天龙八部》两次，《连城诀》、《越女剑》和《侠客行》各一次。香港武侠剧除了改编自金庸先生的作品外，古龙先生的作品也大多被改编为电视剧，如《琥珀青龙》、《楚留香》、《天涯明月刀》、《陆小凤》、《九月鹰飞》、《绝代双骄》等。此外，梁羽生、陈青云等的武侠作品也多被改编成电视剧。

有位香港著名导演曾经说过，在香港电视演员圈中，几乎所有稍有名气的演员都曾拍摄过武侠剧。香港人对武侠剧的钟爱可见一斑。

在香港武侠剧的发展过程中，一些经典作品是绝对无法忽视的，正是这些经典武侠剧，为香港电视剧创造了一个又一个辉煌，并风靡华人世界几十年不衰，剧中的人物形象、经典场面以及主题歌曲、插曲等都构成了香港电视剧中最令人感怀与感动的历史记忆。

1975年，刚刚建台的“佳视”推出了根据金庸先生的武侠小说改编的同名武侠电视剧《射雕英雄传》，该剧一经推出就火爆整个香港，一时间成为香港人追捧的热剧。在剧中分别饰演郭靖与黄蓉的白彪与米雪也随着该剧主题曲歌词中的“好郭靖、俏黄蓉”唱到街知巷闻。据统计，《射雕英雄传》为“佳视”带来了一百多万的收视观众。应该说，在香港武侠电视剧的发展史上，第一版《射雕英雄传》的意义是具有开创性的，它不但让“佳视”一举打响了知名度，更重要的是让香港电视人发现了武侠电视剧这种独具华人文化特色的电视剧类型以及以金庸先生的武侠小说为代表的“武侠剧改编资源”。

由于《射雕英雄传》的巨大成功，“佳视”随后接连推出了几部由金庸小说改编的武侠剧：《神雕侠侣》、《碧血剑》、《雪山飞狐》和《鹿鼎记》。这些电视剧都取得了极好的收视率，使“佳视”的收视率和影响力不断攀升。

图 5-3　金庸小说改编的武侠剧[①]

在“佳视”投拍武侠剧成功的示范效应影响下，1976 年，“无线”紧跟其后首拍 60 集金庸武侠巨著《书剑恩仇录》，郑少秋、汪明筌、余安安分别饰演陈家洛、霍青桐和香香公主。这部“无线”最早期的金庸武侠剧在香港播映时收视率极高，虽然那时服装、武打设计都比较粗糙，但“王牌大姐”汪明荃扮演的霍青桐、余安安扮演的香香公主还是给观众留下了深刻的印象。

在香港武侠剧的发展历史上，1978 年由“无线”推出的《倚天屠龙记》是具有创新意义的一部武侠剧。这部电视剧通过电脑特技的使用，把武侠剧的表现效果推到了一个新的阶段，如张无忌受灭绝师太十成内力的一掌，“嘭”一声的效果声加上直飞数十尺外，把小说的细致描写充分影像化。1979 年根据古龙武侠小说改编的电视剧《楚留香》，同样受到了观众的热烈欢迎。《楚留香》是浪漫侠客与绝色美女传奇故事的武侠经典范本。郑少秋饰演的风流倜傥的侠客造型与赵雅芝饰演的那种操着吴侬软语，尽显柔情无限的苏州美女风范，似乎成了武侠传奇的最佳代言人。1982 年 4 月 18 日《楚留香》在台湾播出时，这部在香港电视台库存五年的旧戏，在台湾竟然

① http://www.dianshiju0.cn/playfilm.aspx? f_ id = 169208
http://hi.baidu.com/7chongying/album/item/872a9394e5574e30d21b70bc.html

创下了70%的高收视率。

进入80年代，香港的武侠剧进入到了一个新的发展阶段，香港历史上很多经典武侠剧都是在这一阶段推出的，如1982年的《天龙八部》、1983年的《射雕英雄传》、1983年的《神雕侠侣》、1984年的《鹿鼎记》、1986年的《杨家将》、1986年的《倚天屠龙记》、1987年的《书剑恩仇录》，以及一些重拍和新拍的剧目，如《侠客行》、《绝代双骄》、《笑傲江湖》、《孤城客》、《雪山飞狐》、《连城诀》、《侠客行》、《天涯明月刀》、《九月鹰飞》、《武侠帝女花》、《萍踪侠影录》等。同时，一大批深受观众喜爱的香港演员也随着这些武侠剧的成功推出而迅速成名。

1982年，"无线"集合强大阵容推出了《天龙八部》，并将其分为上、下两部，上部为《六脉神剑》，下部为《虚竹传奇》。剧中由汤镇业饰演段誉，梁家仁饰演乔峰，黄日华饰演虚竹，石修饰演慕容复，而其中黄杏秀一人分饰阿朱和钟灵两个角色。这部电视剧以忠实于原著的精髓气韵得到了观众的普遍认可，特别是深受一批"金庸迷"的推崇，一经播出便脍炙人口，其主题曲《两忘烟水里》与插曲《万水千山纵横》至今还在传唱。

1983年，"无线"在《天龙八部》成功的基础之上，又推出了由一批新人加入的60集的《射雕英雄传》，此剧在香港引起轰动，而剧中娇俏可人的黄蓉和憨厚朴实的郭靖形象，更是成为"金庸武侠剧"中的经典，至今仍被人们所钟爱。因为分别饰演了剧中的黄蓉和杨康，刚刚进入演艺界不久的翁美玲和苗侨伟迅速走红。有研究者说，这部电视剧在当时形成的轰动效应几乎没有任何武侠剧集能够与其媲美。而剧中由香港实力派唱将罗文和甄妮演唱的主题曲《铁血丹心》和插曲《一生有意义》、《世间始终你好》至今风靡不衰，成为卡拉OK曲库中的经典歌曲。

金庸说，自己的作品中他最喜欢的就是《鹿鼎记》，最喜欢的人物就是韦小宝。1984年，"无线"推出了由梁朝伟和刘德华分别饰演剧中的韦小宝与康熙的《鹿鼎记》，这部电视剧是两个人在"无线"合作的第一次也是最后一次，默契的搭档，出色的演技，使得两人在这部戏中珠联璧合，尤其是由梁朝伟饰演的韦小宝将金庸笔下刁钻聪明、风流成性而又疾恶如仇、有情有义的百变人物形象表现得淋漓尽致，堪称香港武侠剧中的人物经典，而韦小宝的性格也似乎影响到了梁朝伟以后的发展，在《侠客行》、《绝代双骄》中，韦小宝的性格多有延续，直到后来他转攻电影，其多方面的演技才得以充分发挥。

80年代，除"无线"不断推出根据金庸先生的武侠小说改编的武侠剧之外，"亚视"也推出了几部根据古龙小说改编的武侠剧，如《琥珀青龙》、《天涯明月刀》、《陆小凤》、《九月鹰飞》、《边城浪子》等，其中由万梓良饰演的陆小凤和刘松仁在《天涯明月刀》中饰演的傅红雪是这些作品中人物形象塑造得最为成功的。在由古龙先生的作品改编的武侠剧中，《天涯明月刀》被认为是较好的一部，整部戏基调沉郁冷峻，情节也很扑朔迷离，深得古龙原著气质。

90 年代，香港的武侠剧继续走翻拍经典之路，这一方面是由于以金庸、古龙先生的作品为代表的武侠小说在华人世界中影响实在太大，另一方面也跟香港电视人的电视剧观念有关，在他们看来，电视剧就是一种最为通俗的大众文化形式，只要观众喜欢看，只要有市场，那些经典作品就可以无限期地拍下去。

在 90 年代的经典武侠剧翻拍中，以 1995 年由"无线"推出的《神雕侠侣》最具有代表性，剧中扮演杨过的古天乐一炮走红，而饰演小龙女的李若彤也由先前的三线演员跻身一线演员行列。在这部电视剧中，深受新派武侠电影代表人物徐克风格影响的武打场面设计也为人称道，影像效果动感十足。

90 年代翻拍的经典武侠剧还有《鹿鼎记》、《天龙八部》、《笑傲江湖》、《雪山飞狐》等。除了根据金庸和古龙武侠小说改编的电视剧外，比较受欢迎的武侠剧还有 1990 年的被称为奇幻武侠的《蜀山奇侠》，1994 年根据传统章回小说改编的《七侠五义》，1997 年根据广东地区流传的民间故事改编而成的《苗翠花》等。

进入新世纪，由于观众喜好的变化以及电视剧的投资、场景、人员等原因，香港的武侠剧失去了昔日的辉煌地位，似乎归于平淡了。应该说，这种现象是正常的，它只是类型电视剧自身发展的不同阶段而已。新世纪的香港武侠剧在两个方面继续前行，一是继续乐此不疲地翻拍经典，如《倚天屠龙记》、《书剑恩仇录》等，二是积极探索其他样式的武侠剧，如香港无线电视台与内地合拍的带有魔幻色彩的武侠剧《大唐双龙传》。

武侠剧之所以能够在香港取得巨大成就，首先与香港的社会文化背景是分不开的。香港从 19 世纪 40 年代沦为英国的殖民地开始，就一直处在两种文化的包裹中，一种是殖民地色彩的文化，一种是浓烈的粤语文化。也正是如此，使得香港文化基本上是以一种二元的结构存在：在社会上层，是殖民的英语文化，但它如同一层油花，飘浮在文化的水面，没有真正沉淀到社会之中；而在社会底层，依然是民俗的、本土的、非精英的粤语文化。因此，在香港，本土的粤语文化作为市民文化的基础，始终是香港文化的主流。自 20 世纪 50 年代开始，大量的内地人口涌入香港，他们来自不同的地区，生活经历、文化背景各不相同，大多数以过客心态暂住香港，并凭借自己的一技之长在当时物质匮乏的香港谋得生存。外来人口的增多使得竞争加大，对于很多香港人，特别是一般市民来说，在香港生活的压力还是很大的，为了生存，他们要从事各种艰辛而忙碌的工作，因此，紧张的生活之外，寻找可以放松身心的消遣方式成为香港市民文化形成的一个重要因素。五六十年代，香港银幕上出现了以传统伦理道德为教化主题的粤语电影以及关德兴主演的系列武侠电影《黄飞鸿》，在这些电影中，片中的主人公面对种种困难，例如贫病交加、家破人亡、妻离子散，但仍能坚韧不拔，相互帮助，以亲情战胜困难，以友谊感化敌对，以传统德、仁、义道德战胜恶劣环境，这些影片与当时香港市民的心声产生了共鸣，一度成为他们的精神慰藉。与此同时，以金庸、梁羽生为代表的武侠小说作家开始陆续推出适应市民文化趣味的武侠小说，并通过报刊连载的方式长时间地获取香港市民的关注，这些武侠小说以浅显易懂的道德主题，善恶分明的人物角色，再加上不可思议的解决方式，一时间让观众摆脱了现实生活的困扰，在虚幻而又痛快淋漓的正义与邪恶的对抗中获得身心的放松和精神的享受。在这样的背景之下，极具商业眼光的香港电视人将“武侠世界”以电视剧的形式搬上了银屏，并通过独具特色的表现方式给香港市民创造了一个远离现实世界的“奇异江湖”。

当然，香港武侠剧的发展除了上述社会文化方面的原因之外，武侠剧本身的形式特点和叙事风格也是获得观众喜欢的重要原因。在形式上，武侠电视剧与早期报刊上连载的武侠小说具有某种共通性，它们都是采取分期或分集的形式，以长时间的对受众欣赏的培养来获得大量关注的聚集，从而产生集群效应，获得了极大的社会影响；在叙事上，武侠剧特别讲求情节悬念的铺设，并借鉴中国传统章回小说和中国传统的“说评书”的特点，故事层层推进，情节环环相扣，人物命运跌宕起伏，扣人心弦，在每集段落的设计上又大都能够做到三分钟一个小高潮，十分钟一个大高潮，因此具有很强的吸引力，再加上香港电视剧制作人以及香港电视剧演员对武侠精义的独到表现，使得香港武侠剧迅速成为香港市民文化中最具特色的文艺样式。

（二）历史剧

作为一种独特的艺术样式，历史剧自诞生以后，无论在东方还是西方，皆以其独具的斑斓色彩和深刻的艺术内涵而在艺术史上具有不可替代的地位，并产生了一大批彪炳史册的史剧作家和作品。历史剧在中国也经历了辉煌的发展历程。虽然由于种种缘由，中国的古典戏曲成熟较晚，但是历史传统的厚重和其他门类文学艺术的长期积淀，极好地滋养和孕育了戏剧历史剧的产生和发展。“历史作为文学叙事评价自身的唯一尺度，长期支配着中国文学叙事理论的发展，文学叙事只有不断证明自己的‘历史性’才有存在的‘合理性’。”这种“依史论文”的倾向在相当长的时期内支配着人们对传奇、戏曲和小说的看法与鉴赏。如《梧桐雨》抒写的是安史之乱前后唐玄宗与杨贵妃的生离死别，但也暗寓着剧作者对君主道德的政治批判态度；《长生殿》同样写李杨爱情，但在高度赞扬两人爱情坚贞的同时，理性地“把李杨爱情镶嵌在广阔的社会政治、国家兴衰的大幕布上”；《桃花扇》“借离合之情，写兴亡之感”，通过复社文人侯方域与青楼歌妓李香君的爱情悲欢，总结南明弘光王朝的兴亡教训；此外《汉宫秋》、《赵氏孤儿》、《浣纱记》等也都是历史剧中的佳作。正是戏剧、历史剧在我国文学艺术上的巨大影响，直接触发了后世影视历史剧的产生及其表现形态。中国电影的开山之作《定军山》（1905 年），便是有关历史题材的戏剧与电影的“联姻”，之后历史剧也逐渐进入电视剧的创作领域。从戏剧（舞台剧）、电影（银幕戏剧）到电视剧（荧屏戏剧），在这种大“戏剧”领域内，历史剧始终是一种重要的艺术形式。

如果说惯常意义上戏剧和电影还是作为仪式化表演的艺术，那么电视剧所具有的日常性、家常性和大众性，更是强有力地推动了电视历史剧进入大众日常生活之中，成为广大观众所喜闻乐见的通俗艺术。

20 世纪七八十年代的香港电视荧屏上，历史剧占据着相当重要的位置，这是因为：①在香港，电视自诞生以来就是以娱乐消遣为功能定位的，电视剧更是被视为一种最通俗化的大众文艺形式，而历史剧所提供的消遣历史的愉悦是其他题材所不能替代的。历史题材的电视剧，由于其回避了现实矛盾的直接表述，又可以通过历史与现实的映照来隐喻现实、沟通现实，从而具有独特的题材优势。②历史题材电视剧由于历史本身的陌生性和假定性为其艺术虚构提供了足够的自由度和想象空间，从而也就具有了某些艺术上的优势。

如果以对待历史的态度和艺术处理的手段作为划分依据的话，香港的历史剧主要可以分为两大类，即历史正说剧和戏说剧。

所谓历史正说剧也就是指其在艺术创作上强调忠于史实，尊重历史记载，并在依据史实的基础上进行合理的戏剧化虚构和艺术化表达，主要以“真人真事”作为叙事内容的主体，力图在历史的真实再现中获得审美愉悦和意义传达，整体风格比较严肃。从正说剧创作素材的来源考察，其主要人物和故事情节一般来自正史记载，而次要人物和细节则可能来自野史、笔记或凭空虚构。由于香港的社会结构和文化背景的混杂性，这一类的历史剧出现得不多，代表性的有 1984 年的《武则天》，1985 年“亚视”推出的轰动一时的大制作《秦始皇》、《成吉思汗》以及由一向以严谨态度对待历史的香港著名电视制作人李添胜所监制的《楚汉骄雄》等。由于受市场消费心理、文本接受机制和艺术创作规律等条件制约，特别是后现代主义文化的入侵，商业化、娱乐化、大众化的文化趋势在香港日益显著，再加上香港电视剧制作方以追求收视率和利益回报为主要目标，这样就使得较为严肃的历史正说剧作品趋于稀少，在整个历史剧的创作中只占很小的比例。

而相比之下，戏说剧则成为香港历史剧的主力军，大量的戏说剧让喜欢在电视剧中放松身心的香港人乐此不疲。历史戏说剧更强调历史剧作为一种艺术的大众娱乐属性，它不追求事必有据的严谨性和审美风格的严肃性，也不纠缠于所谓艺术真实，而主要以娱乐观众为目的，作品一般带有幽默诙谐、插科打诨的轻喜剧色彩。戏说剧既有历史的影子，又不乏野史穿插其中，但更多的是剧作者靠丰富的想象和自身的艺术积累而虚构出来的传奇故事，只要对某一时代和历史人物感兴趣，便随兴之所至，天马行空、古今中外、嬉笑怒骂，都可以敷衍杜撰。戏说剧中的故事完全成了子虚乌有的历史典故或文人笔记、艺人能事的产物，戏说剧虽然也以历史人物为叙事载体，但主要事件大多虚构，在情节建构上大规模编造，而所谓的历史人物实质上业已虚化，只成了镜花水月、雪泥鸿爪。

在香港的戏说剧中，摄于 1991 年的《戏说乾隆》是较有影响的一部。在这部戏中，乾隆皇帝被塑造成了一个既充满了平民趣味，又略带贵族风范的帝王形象。一个风流倜傥真龙天子，三个温柔端庄的民女，历史、武打、言情三味俱全，惊险、缠绵、搞笑层层牵连，使得这部戏一经推出就红遍整个香港并迅速波及内地，而这部戏的主角郑少秋、赵雅芝也因俊俏的扮相，默契的配合，一时间成为“荧屏情侣”的最佳搭档。在这部戏的热映下，《戏说慈禧》也很快推出。

由于戏说剧中的时代背景和空间背景基本上可以随意改写，所以这类剧的创作空间比较大，艺术发挥的自由度比较高，其中的人物和剧情完全可以用属于90年代的后现代甚至无厘头的方法进行设计，因此，此类剧呈现出更多现代化和香港化的特征。如根据唐朝的野史创作的戏说剧《醉打金枝》，就很能体现上述特征。该剧的剧情是：唐朝大将郭子仪之子郭暧（欧阳振华饰演）自小在民间长大，与精通诗文的李白（魏骏杰饰演）、开赌场的王大力（王罗饰演）、华佗后人华十八（王伟栋饰演）、铁嘴神算卜一卜（李子奇饰演）合成“长乐坊五虎”，五个人意气相投，风光一时。升平公主（关咏荷饰演）逃婚至长乐坊并与郭暧发生冲突，还阴差阳错地做了他的丫鬟。两人朝夕相处，日久生情，却被奉命寻找公主的郭子仪棒打鸳鸯，强行将两人分开。郭暧为与公主成婚，与回纥王子擂台比武，终成驸马。婚后，夫妻、婆媳矛盾迭起，郭暧一怒之下，醉打金枝，这一举动惹怒了皇上，为郭家招来杀身之祸，后来在“长乐坊五虎”的帮助下，郭家最终脱离险境，全剧以皆大欢喜告终。由此剧的剧情可以看出，所谓的历史仅仅只是构造喜剧冲突的外衣，剧中的情节设置、人物塑造等都充满了现代气息。如剧中将打麻将、吃狗肉、过年大减价的现代市井生活统统搬到了唐代，如此造成的间离效果更使得全剧妙趣横生。

比较受欢迎的戏说剧还有蔡少芬与马浚伟对戏的《洛神》，罗嘉良和佘诗曼合作的《昭君出塞》，古天乐与宣萱合作的《寻秦记》以及《四大才子》、《施公奇案》、《金玉满堂》、《洗冤录》和1999年的《杨贵妃》，2002年的《金枝欲孽》等。此外，偶像剧与戏说剧的融合，还产生出偶像历史剧，如由当红偶像明星出演的《至尊红颜》和《秦王李世民》等。

香港人喜好在电视剧中戏说历史，很大程度上跟他们对待电视剧的态度有关。“香港电视剧不是为教化而拍的，更不是为审美而拍的，也没有观众要求电视剧为他们提供‘生活的教科书’，或成为某些人追求精神自由的‘审美方式’。事实上，对他们来说，电视剧只是一种可供娱乐、消遣的商品，他们看电视剧，也仅仅是为了消磨时间，调剂生活，放松身心而已。”

二、警匪剧

警匪剧也是香港电视剧中比较重要的类型，警匪剧通常是指代表法律和秩序的正义力量（一般是警察）惩戒犯罪的电视剧样式。在香港，警匪剧有广义和狭义之分，广义的警匪剧还包括律师剧、侦探剧、黑帮剧等，而和犯罪分子作斗争的除了警察之外还有律师、探长、检察官甚至是廉政公署以及海关人员等，如《廉政英雄》、《壹号皇庭》等剧；狭义的警匪剧仅指警察和犯罪分子之间斗争的电视剧。

警匪剧依靠惊险的场面、离奇曲折的剧情吸引观众。在这类电视剧中，正义的力量和邪恶势力的反复较量、一环套一环的故事架构、悬念迭起的案情发展、充满动感的画面、性格鲜明的人物形象等都是引发观众对正义力量的敬仰，对聪明智慧的崇尚，对勇敢冒险精神的渴望的必备元素。

早期的香港警匪剧涉及了很多法律部门，如警察、飞虎队、保护证人组、ICAC、CID、海关等，可见香港此类电视剧的创作范围是很广泛的。另外，与香港警察多警种的情况相适应，香港警匪剧几乎囊括了香港警察职业的各个范畴，如电视剧《无敌先锋》——重案组，《警花出更》——配枪女警，《宠物情缘》——带犬巡警，《扫黄先锋》——扫黄组，《反黑先锋》——反黑组，《保护证人组》——保护证人组等。

香港的警匪剧受香港警匪片和好莱坞警匪片的影响，强调情节的悬念性和感观刺激，通过追逐打斗、爆炸枪战等激烈的场面来加强冲突性和观赏效果。而与内地的警匪剧相比，香港的警匪剧注入了更多诸如亲情、友情、爱情、仇情的因子，使矛盾冲突更加纷繁复杂，人物所面临的抉择和挑战也更艰难，但是无论这些矛盾冲突如何设置，有一点是不变的，那就是在这些剧中，香港警察更具有生活气息，更贴近生活实际，这点与内地的略带高大形象的警察不同。以 1996 年的《无敌先锋》为例，这部电视剧的梗概是：警察张大勇与女友高婕历经波折，终于结为夫妻，然而就在婚礼上，高婕被人投毒失去了记忆，有情人还是难成眷属。失去记忆的高婕离开了张大勇，之后通过吕展梅杀父骗保案、名厨被复仇者勒死案、姐夫与小姨子私通过失杀人案等错综复杂的案件，尤其是张大勇的弟弟被人暗害之后，曾经是张大勇新婚妻子的高婕还被人利用做了陷害张大勇的证人，就在最后一刻，高婕再次受伤，记忆恢复，真凶才得以伏法。有情人张大勇和高婕最终走到了一起，而张大勇的同事搭档李忠义也获得了甜美的爱情，全剧以大团圆结束。可以看到，这部警匪剧透过警察侦破一系列犯罪案件的过程，呈现出社会的人生百态，并让观众明白，其实有时候，警察也不是万能的，面对亲人遇害，警察也无力回天，警察也有七情六欲，也有脆弱和悲观的时候，虽然电视剧的结局还是正义战胜了邪恶，但是其中的滋味足以让人体味良久。

内地播出的第一部香港警匪剧是拍摄于 1983 年的《警花出更》，由郑裕玲、石修、欧阳佩珊、冯淬帆、廖伟雄、刘兆铭主演。该剧塑造了几个有勇有谋、智勇双全的香港女警形象，通过这部电视剧，内地观众第一次了解了香港警察（当时叫皇家香港警察）的生活和工作状况。而当时由梅艳芳演唱的主题曲《交出你的心》也曾经流行一时。20 世纪八九十年代，较为具有代表性的香港警匪剧除了上面提到的之外，还有《新扎师兄》、《盖世豪侠》、《刑事侦缉档案》系列、《皇家反千组》、《谈判专家》、《都市刑警》、《廉正追缉令》等。

图5－4　香港警匪剧《警花出更》和《刑事侦缉档案》系列[①]

90年代晚期，香港的警匪剧出现了与偶像剧和都市言情剧相融合的趋势，产生出新的样式，如带有都市言情色彩的警匪剧《陀枪师姐》等。而进入21世纪，各种高科技的引进，使香港警匪剧出现了新的特征，如《法证先锋》，这部犯罪与反犯罪的电视剧中充满了高科技，剧中运用了一些高科技如3D技术使画面更加逼真和绚丽。

近年来，由于香港社会治安持续稳定以及人们的欣赏趣味的转移，香港电视剧逐渐偏离警匪题材，而一些与之相类似但不再以善恶直接对垒的题材类型成了警匪剧的补充，如《烈火雄心》展现了消防员大无畏的牺牲和奉献精神；《妙手仁心》通过表现人生悲欢离合，展现医生无私奉献的精神；《天涯侠医》阐述了医病更要医人的观念，弘扬了爱心无国界的精神；而《冲上云霄》则讲述机场工作者的日常人生。这些电视剧采取了与警匪剧相类似的叙事方法，通过不同的故事告诉观众要有乐观向上的精神，要爱你的家人、朋友，爱你的工作，要带着良好心态去迎接生活给你的磨难和馈赠。

香港警匪剧通过对犯罪与反犯罪这种人类最极端的冲突之一的描写和表现，以充满人情世故的叙述方式和感观刺激的音画呈现，对于在日常生活中繁忙与劳神的观众来说，无疑起着一种放松身心、调节精神的作用，尤其是其中的恩怨情仇，善恶分明、好坏各有报应，最后是善良的好人得胜，正义最终战胜邪恶的大团圆结局，很能

① http：//www. dianying. com/jt/title/jhc1983
http：//www. barcool. com/Movie/2/9229/image_ 1. htm

迎合香港市民观众的欣赏口味，这或许是香港警匪剧一直深受香港观众欢迎的重要原因。

三、商战剧

香港是一个商业社会，而且是商业化较早也较成熟的社会。在快速发展的商品经济潮流中，香港人用香港精神创造着经济神话，同时也经历着其间无法回避的种种阵痛和艰难抉择。风云变幻的商场，是现代香港成长的摇篮，同时也是香港人勇敢拼搏，不断进取的战场。因此，反映香港人在商场上生存、创业、拼搏、竞争的商战剧，是香港电视剧当中较为独特的类型。它以富有的香港人特有的商业精神和价值体系成为香港社会经济生活的自我写真，同时也向外人展示着商品社会的香港形象。

商战剧的产生与发展，与香港社会经济发展是直接相关的。从 20 世纪七八十年代开始，香港社会政治环境相对稳定，经济获得了快速的发展，自由放任的低税经济政策，一方面激活了本地市场，另一方面也吸引了大量外资涌入，再加上全球经济复苏，这一切的利好条件促成了香港经济发展的神话。在很短的时间内，香港不仅成为世界金融中心，而且本地经济也趋向成熟，市民基本需要达到饱和，逐渐进入消费社会的前期阶段。经济上的迅速发展，使香港人的生活更加富足，赚钱的机会也越来越多，但是急速变迁的商业潮流，也让很多人体会到了“商场如战场”的残酷，对经济利益的追求深入到人们生活的方方面面，传统的道德观、价值观、人生态度以及人与人之间的关系等也在急剧商业化的社会中发生着或隐或现的变化，这些都成为香港商战题材的电视剧的表现内容。

与平民或小人物题材的文艺作品不同，香港商战剧中几乎都以富贵商贾为主人公，现实生活中他们一般只出现在电视新闻和杂志的报道中，因此，以他们为表现对象对于普通观众来说就具有了一定的距离感和神秘感。在商战剧中，这些可以操纵经济走向的人既有商界奇才、精英，也有野心勃勃的冒险家、投机者，他们有的沉迷于商海的钩心斗角，有的热衷于家族内部的争权夺利，有的结交官府牟取暴利，有的金屋藏娇夸富斗智，七情六欲无所不显。香港的商战剧“正是一方面将富豪们远离平民的豪宅华车的生活方式展示给观众，另一方面在金钱关系、恩怨情仇的纠葛中将他们的如同所有普通百姓一样的喜怒哀乐表现给观众看，在关于人情人性类似的生命体验中，观看者和被观看者的心理距离拉近了，观众获得了窥奇和补偿性双重的心理满足”。

这些关于富豪成长与财富积累的类型电视剧，在发展中逐渐形成了一些较为固定的艺术元素，比如大家族、兄弟反目、谋略比拼等。

大家族是商战剧绝对不可以缺少的元素之一。这种大家族一般都具有以下特点：第一，在香港社会有很高的地位，基本上可以说是香港富豪之类，拥有一家很大的上市公司，并且大部分的股份都掌握在大家族的手中；第二，这个家族的特点是有一个说话有分量的老头，有若干个子女（一般不少于三个），这些子女一般喜欢互相斗争。有时候为了增加噱头，会加入前妻或私生子，从而使得家族间的关系更为错综复杂。如1992年的《大时代》，1994年的《笑看风云》和2000年的《创世纪》等剧都出现了类似的元素。

兄弟反目是绝大多数商战剧的经典桥段，这种情节设计从《笑看风云》中的包文龙和潘朗清，到《天地男儿》中的徐永邦和徐家立，《天地豪情》中的程家雄和甘量宏，《创世纪》中的叶荣添和许文彪，再到《流金岁月》中的丁善本和钟守康、丁善行，兄弟反目似乎已经成为此类剧的不变剧情，并屡屡奏效，成为吸引观众的一个重要情节。其实，兄弟反目正体现出商业规则和经济利益对人际关系甚至是亲族关系的考量，除了应了所谓“商场无父子”的古训之外，金钱物质包裹下的人伦天常也变得不值一提，商业社会的思维逻辑和行为方式未必都是可圈可点的。或许这种既带有展示性又带有反思性的剧情设计，恰是商战剧最能启发观众思考的地方。

商战剧中当然少不了风云际会的商业竞争。运筹帷幄、决胜千里当属商之骄子的雄才大略，明修栈道、暗渡陈仓则属商战常规策略，而尔虞我诈、鸡鸣狗盗则为钻营之徒的惯常伎俩，如此等等无不在商战剧中得以淋漓尽致地展现。有人说，香港的商战剧是《孙子兵法》与《厚黑学》的现代影视版，此种说法虽显夸张，但不无道理，智慧与阴谋有时只差分毫。当然，商战剧所表达的主流思想都是积极的，是激励人们不断进取的，是提倡人们讲诚信、树信誉的，其中的尔虞我诈、钩心斗角等只是反衬主流的陪体。因此，商战剧最适合创业的人看，商战剧中总会塑造不怕困难，跌倒了勇敢爬起的角色，让要创业的人感受到创业的艰辛，传达一种永不言败的向上的精神。此外，商战剧大多是以“正义的惩罚”来结束一切的恩怨，这种宣扬美好光明，惩戒罪恶黑暗的结局是符合人们对生活、对未来的向往与追求的。如曾在央视热播的以百集长剧描绘了一个风云变幻的香港地产界的《创世纪》就是以这样的大结局来处理的。

经典的香港商战剧有1992年“无线”推出的《巨人》，此剧是TVB当年的台庆剧，亦是香港“无线”开播至今收视率最高的电视剧，由万梓良、张卫健、陈法蓉、陈玉莲、林俊贤主演。讲述一代商业才子的发家史的《巨人》获得了巨大成功，并且在某种程度上奠定了香港独特的商战剧的风格典型。此后，1992年的《大时代》、1994年的《笑看风云》、1996年的《天地男儿》、1998年的《天地豪情》、2000年的《创世纪》、2002年的《流金岁月》等都是脍炙人口的经典商战剧。而从未来发展来看，商战剧将依然是香港电视剧的重要类型，因为香港作为一个具有国际影响力的金融和贸易城市，持续繁荣的经济必将为商战剧带来源源不断的创作素材，只是，此类剧中的某些类型元素也将会随着时代的发展而发生变化。

四、家庭伦理剧

所谓家庭伦理剧主要是以家庭人物为中心，故事架构重在体现人情味与家庭伦理等方面，题材较为写实的电视剧。在家庭伦理剧中，其主人公既有小市民，也有名门望族，其故事呈现既有生活中的种种遭遇，也有多维感情的细腻描写，基调上或则以悲，或则以喜，但基本保持在以家庭为重心的天地中，展现人世间的喜怒哀乐、悲欢离合。

家庭伦理剧是最常见的香港电视剧类型，它在几十年的发展中，延伸出了多种风格样式，成为香港电视剧家族中相当庞大的一族。按照不同的标准，香港家庭伦理剧还可以划分出多种子类型，如按风格来划分，有喜剧、轻喜剧、悲剧等；按样式来划分，有社会写实剧、青春偶像剧、肥皂剧等；从剧中家庭的经济状况来划分，有表现草根阶层的，有表现中产阶层的以及表现大家豪门的。这些样式风格不同的子类型共同丰富着香港家庭伦理剧的群落，使这种较受观众欢迎的电视剧类型不断发展壮大。

以小市民家庭为表现对象的反映草根阶层生活的家庭伦理剧是此类电视剧中表现较为突出的。这些电视剧以或喜剧或写实的手法真实再现了香港下层人民的生活实况，以其原生态和对生活的贴近性，成为香港底层社会的多样写真。在这些电视剧中，其人物的语言就是街头语言的复本，生活场景是日常生活的复制，中心事件也是对生活事件戏剧化的处理。对于一般市民而言，此类电视剧就仿佛是街头生活通过现代科技作用在荧光屏上进行的再现和摹写。

正因为生活在社会的底层，所以对于这些小人物来说，就要奋斗，要进取，要向上攀爬，他们相信“勤奋必将有回报”，相信总有一天自己的梦想会实现。在这类反映草根人物的家庭伦理剧中我们经常可以看到白手起家，然后通过坚持不懈的努力而修成正果得到回报的故事。如电视剧《无业楼民》，剧中反映的是香港经济泡沫破裂后，一批中年失业人员共聚同一屋檐下，经过一系列的冲突之后，彼此打开心结，振作精神，艰苦创业，最终获得了事业上的成功。此类电视剧还有《庙街孖兄弟》、《人在边缘》等。在这些剧集中，故事主人公有些类似于欧洲早期的流浪汉小说中的流浪者的情形，故事主人公处于不高于常人甚至低于普通市民的地位。对于普通的香港市民来说，他们可以在此类故事中，多少获得一些对自我的优越体验，而这种体验对于一个生活在激烈竞争中，并且时时处于无助状态下的人来说，显得非常必要——它俨然一种心理治疗。这类电视剧还以其对生活的贴近性和还原性成为写实风格较为突出的剧种，如1995年开始播出，历时5年之久，长达700集的电视剧《真情》几乎成为香港市民生活的一部分。剧中塑造了好姨、猫屎等一批让人难忘的小人物，几年来，其收视率虽然时有下跌，但总的来讲还是十分理想的，是一部较为成功的家庭伦理剧。由于该剧时间跨度非常长，编剧的工作也成为一种现时工作，就是即写即拍即播出，经常能将一些近期的热门话题收入其中，与观众几乎达成一种现时的心理沟通，同时它也具有舆论的时效性，掌握了同步话语权，可以及时地与观众达成共识。如现实生活中观众过中秋，剧中的主人公也过中秋。于是细节的相似性在故事喜怒哀乐的行进间使观众感到“心有戚戚焉”，仿佛剧中人物代替自己生活，或者两者的生活本来就是同一的。无论故事中讲述困难或者成功，观众都会自觉地将之与自己的生活相联系，获得一种“生活本该如此”的心理体验。

从接受群体上来说，家庭伦理剧的主要观众群体是女性，因此，针对女性欣赏特点而打造的一些家庭伦理剧也多有好的收视成绩，如进入新世纪以来，“憨夫娇妻”式的家庭伦理剧的出现，既安抚了焦躁而压力大的香港女性，也吸引了一批年轻男性观众。《憨夫成龙》、《阿旺新传》、《同捞同煲》里面的男主人公几乎都是憨厚的男人，虽不聪明但是心地善良，这比起聪明睿智的商场精英领袖似乎更有吸引力。当然，这些电视剧所给予观众的依然是积极向上的精神动力，比如《憨夫成龙》的结局篇收视率高达 43 点，这正反映出香港社会在经历了亚洲金融危机的打击之后，需要重整旗鼓，抖擞精神，社会需要奇迹的出现，而“善良的傻子经过努力亦可以成功”的传奇对生活在底层的香港人来说就是最大的安慰。

反映大家豪门恩怨情仇的故事是家庭伦理剧的又一子类型，与主人公的社会地位和社会关系相适应，这类电视剧往往会和商战剧以及律师剧等融合在一起，当然，在这类剧中，商业手段和法律手段只是增加家庭成员之间的纠缠的叙事因子而非表现重点，其剧情中心在于家庭或家族成员之间的伦理纠葛。如电视剧《酒店风云》，一开始就强调父与子的矛盾，儿子间接导致父亲的死亡，父亲正好在生前委托一个高明的人来管教儿子，而这一次的对手，却是有亲戚关系的舅舅，这样的剧情设计，使得家庭危机与企业危机结合在一起，家庭危机影响企业危机，外人介入来收拾残局，外人假装仇人的身份来与兄弟几人交手，暗地里却是在帮助他们兄弟团结、成长，如此复杂的剧情增加了观众欣赏的趣味。而《笑看风云》一剧则通过父与子的争斗，突出表达“父子情”，儿子为了争取更大的社会认同，不惜伤害自己的父亲，而最终是父亲在法庭上“大义灭亲”指证儿子。可以看到，在这类剧中，无论是“正义”还是“邪恶”都充满矛盾，香港人的尴尬在家庭伦理剧中显现无遗，这或许是近百年来香港人漂泊无定的心结抒写。此类电视剧较为成功的还有拍摄于 1990 年的《我本善良》，此剧席卷了整个内地地区，捧红了温兆伦、邵美琪，也成功地把该剧推上了全球发行最卖座电视剧的行列。

介于上、下两种社会阶层之间的，则是社会的中产阶层。在香港，中产阶层是整个社会的中坚力量，他们的世界观、价值观以及生活方式很大程度上代表着香港模式。因此，可以说以中产阶层为反映对象的家庭伦理剧是最能代表香港色彩的电视剧类型。这类电视剧的主人公不是街头陋巷的普通市民，也不是出入豪宅的富贵人家，而主要是公务员、律师、医生之类受过高等教育、拥有令人羡慕的高薪职业和良好社会地位的专业人士，他们被称为社会的精英。当然，他们的工作和生活也是最富有

“小资情调”的，比如，这类电视剧的主人公多是居住在白领公寓，有一份受人尊敬的工作，工作之余常和朋友在情调优雅的酒吧、茶座消磨时光，也会在职业倦怠或感情受伤时选择留学国外或游历他国。由于此类剧的主人公对内在气质的要求较高，为此，香港电视人不惜改变惯有方式，捧出一批不以外貌漂亮著称的电视明星，专门营造智慧、知性的现代白领形象。如电视剧《壹号法庭》、《妙手仁心》、《侠骨仁心》等，俊男靓女不再是剧中主人公的标志，较高的智商、出色的工作能力等成为首要的表现内容。

当然，爱情是这类剧集最不可缺少的元素，除去为生活所困的压力外，对感情的追求就变得愈加重要，只是他们的爱情故事更多呈现的是浪漫与温情，如《宠物情缘》就讲述了一位警犬巡逻警与酒吧调酒师的曲折但浪漫的爱情故事。

在家庭伦理剧中，除了经济条件导致的地位阶层的不同外，围绕家庭的一个重要角色几乎成为所有家庭伦理剧当中不可或缺的形象，那就是母亲形象。对于家庭来说，母亲是理所当然的核心，因为她用情缘和血缘维系着家庭各个成员之间的关系，这在中国人的传统观念中是根深蒂固的。因此，在香港的家庭伦理剧中，不乏经典的母亲形象的塑造，如由香港明星汪明荃在《婚前婚后》一剧中塑造的母亲的形象。她婚后不久出了车祸，一直昏迷不醒地活了很多年，当她醒来的时候，孩子已经长大成人了，丈夫也爱上了别的人。女主人公似乎在醒来后生活在另一个世界中，之后不久，丈夫与她离婚，跟别的女人结婚。遭受如此命运的女主人公却始终没有绝望，在经过了不屈的努力后，一个又一个的奇迹在她身上出现。当然，这样的母亲形象是与当时香港的社会状况有着极大关联的。从当时香港社会的情况来看，经济疲软，政府也总在强调复苏，大众普遍存在期待奇迹出现的心理。剧中选择将奇迹发生在一个中年女性的身上，这对于普通观众更加具有观影的愉悦感。而作为一个新时代的女性，剧中女主人公既能理解丈夫的情感选择，也能顾全大局，为保持一个家庭的完整性而作出个人牺牲，这样带有牺牲色彩的母亲的形象因为传统文化的影响而更具象征性。

电视剧《庙街孖兄弟》则塑造了另外一种身处艰难选择的母亲形象，在此剧中，母亲找回了失散多年的儿子，希望补偿儿子，可是寻找回来的儿子与在家已经生活多年的儿子在生活习惯上有着巨大的差别而使得他们不能沟通。“庙街”是香港的一条老街，由于年月久远，自身形成了一个独特的社区文化和“生态圈”。与女主人公一直生活在一起的儿子接受过正常教育，现在已成为公务员，而与女主人公刚相认的儿子则是一介游民，在这条传统的老街上有一群发小，依靠结帮生活，是被社会抛弃的，但是又具有反抗精神的一个人。在这部剧中，母亲一角似乎已经上升成为沟通两种不同文化的桥梁的形象，一种是发达的现代文化，一种是传统的街区文化，两个儿子分别是这两种文化的产物，既是血脉相连又有观念上的根本差别，这样一方面造成了剧情的内在与外在的冲突，使母亲处于情感上的两难境地，另一方面又深刻地传达出香港社会长久埋藏的关于自身身份的尴尬与无奈。

总之，家庭伦理剧以最能体现香港人亲族观念和情感生活方式的叙事模式成为表达情义香港的最好范本。可以说，只要这个世界上还有家庭，还有伦理亲情，家庭伦理剧就还会不断上演，这一点，对于香港电视剧而言也是如此。

纵观香港电视剧的发展历程，几十年来，香港电视剧在不断发展壮大的过程中，逐渐形成了符合香港市民口味和适应香港文化市场的类型电视剧的创作模式，无论从哪个角度来看，香港电视剧在类型化的道路上所取得的成就都是有目共睹的，而对于生活在世界各地的华人而言，香港电视剧用类型化的剧情和类型化的人物强化着中华民族共同的文化因子，这无疑是值得赞颂的。展望未来，我们当然也有理由相信，具有创新精神和拼搏能量的香港电视剧人在新的世纪，一定会把香港电视剧这个“香港制造”的文化品牌打造得更加富有光彩。

附录：香港经典电视剧

1.《大侠霍元甲》，香港“亚视”1981 年拍摄，20 集。
2.《上海滩》，香港“无线”1980 年拍摄，25 集。
3.《射雕英雄传》，香港“无线”1983 年拍摄，59 集。
4.《十三妹》，香港“无线”1982 年出品，24 集。
5.《决战玄武门》，香港“无线”1984 年出品，20 集。
6.《再向虎山行》，香港“亚视”1985 年拍摄，40 集。
7.《大内群英》，香港“亚视”1980 年拍摄，57 集。
8.《京华春梦》，香港“无线”1980 年拍摄，25 集。
9.《火凤凰》，香港“无线”1981 年拍摄，20 集。
10.《鳄鱼潭》，香港“无线”1981 年拍摄，20 集。
11.《天龙八部》，香港“无线”1982 年拍摄，50 集。
12.《万水千山总是情》，香港“无线”1982 年拍摄，30 集。
13.《神雕侠侣》，香港“无线”1983 年出品，50 集，陈玉莲、刘德华主演。
14.《鹿鼎记》，香港“无线”1984 年出品，40 集。
15.《楚留香之蝙蝠传奇》，香港“无线”1984 年出品，10 集。
16.《新扎师兄》，香港“无线”1984 年出品，40 集。
17.《秦始皇》，香港“亚视”1985 年拍摄，63 集。
18.《陆小凤之凤舞九天》，香港“无线”1986 年拍摄，40 集。
19.《流氓大亨》，香港“无线”1986 年拍摄，30 集。
20.《戏说乾隆》，香港“无线”1990 年拍摄，42 集。
21.《绝代双骄》，香港“无线”1988 年拍摄，20 集。
22.《法网柔情》，香港“亚视”1988 年拍摄，20 集。

23. 《我本善良》，香港“无线”1990年拍摄，40集。
24. 《火玫瑰》，香港“无线”1992年拍摄，40集。
25. 《巨人》，香港“无线”1992年拍摄，30集。
26. 《大时代》，香港“无线”1992年拍摄，40集。
27. 《银狐》，香港“亚视”1993年台庆剧，30集。
28. 《射雕英雄传》，香港“无线”1994年拍摄，35集，朱茵版。
29. 《义不容情》，香港“无线”1989年拍摄，30集。
30. 《胜者为王》，香港“亚视”1993年拍摄，30集。
31. 《枪神》，香港“无线”1993年拍摄，20集。
32. 《笑看风云》，香港“无线”1994年拍摄，40集。
33. 《刑事侦缉档案I》，香港“无线”1995年拍摄，20集。
34. 《精武门》，香港“无线”1995年拍摄，30集。
35. 《我和春天有个约会》，香港“亚视”1998年拍摄，40集。
36. 《武则天》，香港“亚视”1984年出品，40集。
37. 《楚留香传奇》香港“无线”1979年、1985年出品，郑少秋版。
38. 《京华烟云》，香港“亚视”1987年拍摄，40集。
39. 《创世纪》，香港“无线”1999年出品，105集。
40. 《金枝欲孽》，香港“无线”2005年出品，30集。

第六章

澳门广播电视历史发展

澳门是一个资讯流通自由、传媒发展极具特色的地区。澳门的报业发展已有近两百年历史，现时拥有《澳门日报》等八家中文日报和《讯报》等六家中文周报、日报，总印数超过10万份，每天汇聚两岸四地以及世界各国相关政治经济、文教卫生、科技环保等方面的资讯。葡文报纸在澳门的历史比中文报纸历史更为久远，中国境内出版的第一份近代报纸就是1822年诞生在澳门的《蜜蜂华报》。现时澳门仍有《句号报》等三家葡文日报、一家葡文周报和一家英文日报。同时，每天还有数十种香港报章和杂志运销澳门，内地出版的部分报纸、杂志在澳门的一些报摊上也有出售。澳门居民还可以通过无线接收和有线传输收看或收听香港、内地的电视和电台节目。

而澳门本土广电传媒的发展虽然不如近邻香港发达，但也可用"麻雀虽小，五脏俱全"来概括。根据澳门特别行政区政府新闻局出版的《澳门年鉴》介绍，澳门的电子传媒机构包括两家广播电台、一家无线电视台、一家有线电视台和三家以澳门为基地、提供卫星电信电视广播服务的公司。它们的兴衰沉浮与澳门社会的发展、变迁盘根错节地交织在一起，其自身演变的轨迹也折射出时代变迁的印记和刻痕。

第一节　电台发展：跨越历史　烽烟留痕

追溯历史，澳门的广播业发端于20世纪初，历经时代沧桑，风雨变幻，陪伴着澳门这个边陲小城，至今已走过大半个世纪。电台是在澳门发展历史最长的电子媒介。其间，经历了约半个世纪在本地电子媒介中一枝独秀的发展历程，而后又见证了澳门电视业的起步发展和有线电视、卫星电视的相继兴起。澳门广播业在不断繁荣和日益激烈的媒介发展竞争中并没有走向低落，面对周边地区尤其是香港电视业蓬勃发展和本地电视业不景气的影响，在经营困境中仍不懈努力，坚持与时俱进，不断满足澳门受众的资讯需求，成为澳门电子传媒中的佼佼者。

一、独立发展

澳门的广播电台最早设立于20世纪二三十年代，据《澳门日报》1996年3月4日"新园地"版《澳门图说》资料，1924年澳门中央广播局开幕，马交石无线电台启用。而葡文资料显示，1933年8月26日澳门第一个电台广播站启播，由一群业余无线电爱好者发起负责，地点就设在现时位于新马路的邮电司顶楼。当时的呼号是CQN－MACAU，发射功率为一千瓦。每天21：00～23：00广播两小时，用葡萄牙语广播新闻和音乐，以播放唱片音乐为主，其余是当天澳门葡文日报《澳门之声报》的新闻。这个电台广播站正是澳门电台的前身。

历史上，澳门曾是我国最早、最繁荣的通商口岸之一。鸦片战争之后，清政府被迫割让香港，并增开广州、厦门等一批新的通商口岸。澳门的商港地位无疑被大大削弱，加上海上交通运输工具出现改革创新，香港的深水港逐渐代替澳门的浅水港成为新的航运中心，澳门国际商港的地位进而被取代。由于整体社会经济发展相对放缓，电台广播业的发展也难免出现困境。

1938 年 5 月，由于财政困难，CQN－MACAU 改组。改组后，由澳门政府透过邮政局作经济支持，呼号改为 CRY－9－MACAU，逢周一 21：00～22：30 广播。

1938 年 9 月 10 日，一个呼号为××9 的警察电台创立。台址设在得胜马路，只用葡语广播。

1941 年 5 月 28 日，澳门广播会成立，一个名为“澳门俱乐部”的电台随之取代业已存在的两个电台而开播，电台呼号仍为 CRY－9－MACAU。广播室仍设在新马路邮政局大厦三楼，每天 13：00～19：00 广播，稍后延长至 21：30，分别以葡语、英语和粤语广播新闻。

1962 年 2 月 17 日，澳门俱乐部电台改名为澳门无线电广播电台。

前期的澳门广播普及率有限，因为收音机对当时的很多底层澳门人家来说是一件“奢侈品”。据史料记载，在 20 世纪五六十年代，一部收音机卖一百几十元。加上使用每部收音机都要向政府（邮电局）领牌纳税，因此，并非低收入家庭可以拥有。所以，每当播放一些受欢迎的节目时，听众便到有收音机的人家门前聆听。

在管理体制上，由于最初的广播电台只是由一些业余无线电“发烧友”自行组设，所以其时行政上尚无对广播电台的管理。到了 1948 年，广播电台改由政府经营，明确由澳葡当局的新闻旅游处管理。1963 年，电台由澳葡政府接收，邮电署主办。直到 1980 年 1 月 27 日，才有了“澳门广播电台”的正式名称。当时，电台分两个频率广播，一个用葡文，另一个用广州话，每天播出 17 小时。

在澳门的电台发展史上，除了历史悠久的澳门电台之外，还有另一家私营广播电台，即创办于 20 世纪 50 年代的绿村电台。1952 年 3 月 6 日，前澳葡经济局局长罗保博士，在他的寓所俾利喇街绿村别墅，开办绿村电台。每天由上午 7 时到午夜 12 时用粤语和葡语广播。绿村电台是商业性质，接受广告。而且发射力强大，初时是一千瓦，后来增强至三千瓦。澳门、香港和珠江三角洲许多地区，都能收听到它的广播。据了解，绿村电台在开台后，以播放乐曲为主，亦有《空中小说》等流行节目。但最有特色的就是每天中午 12 时，播出一辑‘罗保博士作品（音乐）’。相信这亦为罗保博士开设绿村广播电台的主要原因。

1964 年，罗保博士逝世后，该台的主要股东是罗碧（罗保博士之子）和崔乐其。1966 年，该台改为全部以粤语广播，并开始承接广告。此时，该台已具半商业性质。

小说、长篇广播剧是那个年代最受欢迎的电台节目。“每到播放时间，街坊妇孺，便安坐家中收音机旁，耐心聆听，有时甚至将家务放下，暂时不做。”

蒋声、梁送风是绿村电台主持的顶梁柱。尤其是擅长口技的梁送风在其节目《空中剧场》中往往一人分饰多角，模仿男女老幼不同声音，幽默风趣的主持风格老幼咸宜。

1967 年夏，香港的“反英抗暴”行动风起云涌，在此影响下，该台曾被“绿村电台广播组”接管两年。澳门爱国同胞组织透过绿村电台，展开反英抗暴宣传，也算是做过一番爱国事业。

1969 年 6 月 25 日，“绿村电台广播组”解散并将该电台主权交回该台主要负责人崔乐其。此后，绿村电台改为纯商业电台，每天从早上 6：00 至午夜 0：00，共播音 18 个小时；主要为娱乐内容，包括粤曲、广播剧、点唱、赛狗消息等。由于该台“不谈政治”的宗旨，以及未能向政府申请得到新闻准照，故没有自编的新闻节目。只是在综合节目中，由广播员根据报纸的报道，加播一些居民感兴趣的社会新闻。此外，每晚深夜播送一次政府新闻司编发的新闻稿。该台每天还穿插播出几次共 3 小时的教会特约节目。由于其商业性质，经营主要靠广告费收入，还有教会的赞助。

到 20 世纪 80 年代，走过了半个世纪的澳门广播事业历经数度变化，不断发展壮大，已成为澳门地区独具规模的电子媒介。

二、并存竞争

1980 年，澳葡政府开始研究创立一个电视台。1983 年 1 月 1 日，按照政府相关法令，澳门广播电视公司正式成立，中文简称“澳广视”。至此，原澳门电台的中、葡文两个频道均纳入该公司的管理范畴，成为澳广视旗下的一个部门。

澳广视的成立意味着澳门进入了广播与电视同步发展、并存竞争的阶段，传媒生态开始转变。面对香港电视和本土电视的冲击，澳门广播业随之作出了积极应对，力求维持其稳定发展的趋势。

1985 年 12 月 1 日，澳门电台中文台开始改为全天 24 小时广播，并接受一定的广告。同年起除中波外，又增加短波广播。

“1990 年，澳门电台鸟枪换炮，从俾利喇街 157A 号旧址迁到了新址南光大厦，使用 AM900 千赫和 FM 立体声 100.7 兆赫播放，可覆盖珠江三角洲一带。”① 为了更好地适应节目制作和对外推广的需要，澳门电台下设节目部、新闻部和市场推广部三个业务部。针对电台人员的管理体制也十分严格，一般员工自上而下分部门主管、高级监察和主持人三个等级。部门主管和高级监察都负有监管职责，而节目主持人则要接受严格的挑选和录用程序，“一般分为训练期、观察期、试用期，不论全职还是兼职，都是一年签一次约”②。

澳门电台十分注重与听众之间的联系和互动。一方面，为积极适应受众口味的变化，每两年都会对节目作出一次相应的调整。它的节目制作以“关心澳门、服务大众”为宗旨，注重本土化，吸引了大批本地听众。综艺类的《通天行动派》、《奇趣

① 陈力丹．澳门的广播电台．见傅宁军．走进澳门．北京：中国社会科学出版社，1999. 114

② 陈力丹．澳门的广播电台．见傅宁军．走进澳门．北京：中国社会科学出版社，1999. 114

孖宝》和清谈类的《濠江茶馆》、《第一线电台》都是不少听众的心头好。另一方面，电台还经常组织各种社会活动，“例如每年与市政厅在喷水池前联合举办中秋节、圣诞节、除夕夜的综合晚会，举行‘对抗艾滋日’、‘与老同乐日’等活动”①。

图6－1　澳门电台所在地南光大厦②

这一时期，澳门另一个电台绿村电台也有所调整。主要是股权的更迭和变化。其先是于1994年被东方基金会收购，到1998年，绿村电台的八成股份被澳门旅游娱乐有限公司所收购拥有。

澳广视成立之后，电视的发展一直都不景气，常年处于亏蚀状态，入不敷出，难以维持。对电台而言，同样离不开社会经济环境的影响，当博彩业成为澳门社会单一的经济支柱，媒体的生存发展已然很难得到足够的支撑和保障。但与亏损日益严重的电视相比，电台的经营发展状况相对比较稳定。究其原因，离不开以下几个因素：

其一，节目是立台之本，有好的节目质量作保证，才能吸引听众。电台节目在编排时既有明确的听众目标，又同时考虑提高收听率，既符合市场细分的趋势，又注意拓宽基础，抓准小众和大众的共同兴趣，满足广大听众的共性需求，创造了更大的传播延伸空间。

其二，在本地电子传媒发展中，澳门的电台起步早，具有先发优势，发展又一直

① 陈力丹．澳门的广播电台．见傅宁军．走进澳门．北京：中国社会科学出版社，1999. 114

② http：//www. namkwong. com. mo/namkwong/intro/about_ us. html

保持连贯，使得澳门市民的收听传统得以很好地延续。长期下来，澳门市民已经习惯于从电台去了解本土的新闻、资讯。

其三，电台运营投入成本低、亏损风险小。相较于电视需要强大的人力和技术支撑，电台节目制作对技术依赖少，对人依赖多，节目质量更多时候是看 DJ 的口才与发挥。澳门的电台发展早、积淀深，历史上更不乏出众的节目主持，因此节目竞争一直不落下风。

其四，也是很重要的一点，在于电台能够紧紧抓住其声音传播的优势，如广播的伴随性、移动性等媒介功能，这些都是电视无法取代的特质，在节目设计时更有所对应，以声音之长，补画面之不足。这是维持其生存的先决条件。

综上所述，澳门电台在其发展的历程中，虽然同样面对困局，历经波折，但并没有像大多数地方的电台那样出现走下坡的局面。其发展的势头不但没有被后起的电视所取代，反而始终领先，步入媒介共存竞争的状态。而从另一个角度看，也许正是因为澳门电视的长期经营不善，发展不尽如人意，益发反衬出电台在本地的不俗业绩。

三、世纪飞跃

1999 年澳门回归之后，特区政府推行“澳人治澳”，整个社会政治开明、经济发展、文化繁荣，传媒发展获取了新的助推力。澳门电台亦迎来了发展的新契机。

顺应媒介技术快速发展的趋势，澳门电台首先在技术上不断锐意创新，推进电子技术数码化及互动网络化成为变革的主流方向。电台首先更新设备，由原来的模拟广播转换为数码广播，大大增加了广播的频段选择，提高了播音质量。同时，积极推进网上广播。网上广播兼具互动性及异步收听的方式，可让听众随心所欲地选择，亦令传播无远弗届。2000 年 12 月 13 日澳广视的官方网页开播，听众可以直接通过澳广视网页的专设频道收听澳门电台的节目，并可以通过网页论坛与节目主持实现沟通互动。

技术更新固然为电台的发展奠定了坚实的基础，不过，节目质量才是电台的立足之本。尤其是澳门回归后开放发展的社会大环境，对于澳门电台来说既是机遇，也是挑战。这种挑战来源于澳门整体传媒竞争的加剧。同为广播媒体的绿村电台自 2000 年 3 月 22 日重新开播后，主打赛马和赛狗方面的实用资讯。澳门自 20 世纪 60 年代大兴博彩业以来，已成为远近闻名的“东方赌城”。赛马、赛狗的博彩氛围骤起，更激发了澳门市民对这方面信息的阅听口味，虽然收听人群有限，但也颇具办台特色。澳广视、澳亚卫视等本土电视传媒则紧抓机遇，大举改革，对澳门电台形成压力。港台及内地的各家传媒节目也源源不断地向澳门输入“越境”节目，抢夺受众。传统的纸质传媒及新兴的网络新媒体都有不同程度的发展。这种强敌环伺的合围之势迫使澳门电台不得不积极面对和思索如何提高节目质量，开创具有特色的办台之路。

“本土化”过往一向是澳门电台的节目制作特色，回归后，这种特色得以保持延续。目前，澳门电台的中文新闻报道是全澳门所有媒介中水平最高的，新闻信息快捷、全面、丰富。该台的其他信息与娱乐节目也有一定水平，像《爱听新一天》、《潮人发热线》这些节目都轻松活泼、新奇有趣，在澳门市民当中相当受欢迎，估计全澳约有 60% 的人口在收听该台的节目。为了加强对节目质量的监控，澳门电台还建立起科学的收听调查分析体系，注重听众的收听反馈，将其作为电台节目取向的准绳。

电台在注重经济效益的同时，亦不忘作为“社会公器”所承担的公共服务责任，在社会中担当起沟通信息、监察时弊、娱乐教化的角色。其中最能体现公共服务特色的就是澳门电台的新闻直播“烽烟”节目《澳门讲场》。作为一档由市民打电话到电台与嘉宾讨论各类当下时政话题的 phone-in 节目，以粤语称其为“烽烟”，可谓音译、意译都惟妙惟肖。这不仅仅因为其敢言、善言，在节目中展开激烈的言论交锋，更重要的是，其恰恰是见证了回归祖国后的澳门公众关心社会发展、积极参与公共事务这一深刻转变的最好例子。

第二节　无线电视：举步维艰　缺少动力

与源起于 20 世纪 30 年代的澳门广播业相比，澳门电视的出现可谓姗姗来迟，足足晚了半个世纪。

1984 年之前，澳门一直没有本地的电视台。但因为毗邻珠海和香港，可以清晰地收看这两地的电视节目，因此拥有电视机的家庭几乎全部收看香港的电视节目，有的兼看广东的电视节目。尤其是香港电视业发展繁荣，具有先发优势，对咫尺之遥的澳门来说，可谓影响深远。20 世纪 60 年代香港无线电视成立之时，澳门人已可以同步收看，及至澳门电视诞生之时，香港的电视事业已经历了从 50 年代的起步阶段、60 年代的孕育阶段到七八十年代的迅速成长壮大阶段。长期以来，澳门人都喜欢收看香港电视的“越境”节目，可以说，收看香港电视已经成为一种根深蒂固的习惯。因此，讨论澳门电视业的发展，几乎无法回避香港电视对其产生的强大影响。

“香港电视之所以能够在短短十数年内发展成熟，首先得益于其社会蓬勃发展的经济基础，为电视业注入强大的广告收入来源；其次，是香港政府对媒介采取的不干预政策，令电视业享有自主的发展空间；同时，超过香港人口半数的香港新生代对电视本土化产生有力的支持，成为电视媒介的观众阶层；最后，从 70 年代开始，香港电视业就出现了激烈的竞争，激发出不少创新的节目，带来了生机活力。”①

与香港电视的发展相比，澳门电视一直处于弱势。澳广视成立之后，连年亏损，

---

① “行政院新闻局”. 变迁中的香港、澳门大众传播事业. 台北：“行政院新闻局”，1996

缺少广告收入来源，经济断粮，令其难以腾飞；管理上，机构属性不稳，领导班子更替频繁，自然影响其发展空间；受众方面，澳门观众对香港电视的收视惯性，培养了其对香港电视的高度依赖和认同感；而最根本的问题在于，澳门电视的节目质量一直不尽如人意，自办节目少，缺乏创新，对受众难有吸引力，自然难谈发展和超越。这种持续低迷的局面直到21世纪伊始才有所改善。有线、卫星的诞生和引进，对无线电视既是压力也是促进，澳门电视业多元竞争的格局正逐步形成，而重视本土化和区域化发展之策略，也得以展现良好的发展前景。

澳门电视的发展大致可分为三个阶段：1984 年至 1987 年是澳门电视的起步阶段；1988 年至 1998 年可称为澳门电视的转型发展阶段；1999 年澳门回归并迈入新世纪之后，澳门电视进入多元发展阶段。

一、80 年代的艰难起步

80 年代以前，澳门没有本土的电视机构。直到 1983 年 1 月 1 日，依据政府法令，澳门广播电视公司正式成立，简称“澳广视”，葡文缩写为 TDM，注册资本额为 1 500 万澳门元。澳广视的成立是澳门电视业发展的开端。

澳门广播电视公司成立之后，开始着手筹建澳门电视台，并于当年年底试制了电视节目《世界马车锦标赛》和首次电视转播了澳门华人领袖何贤先生的丧礼。

TELEDIFUSAO DE MACAU
澳门广播电视公司

图 6－2　澳广视第一版台标（1983—1989）

1984 年 5 月 13 日，澳门电视台正式开播。电视台刚刚创办时，设立有新闻部、节目制作部、工程部、行政部和国际联络部等部门。全台员工只有 100 人左右。由于缺乏人手、资金，当时只提供晚间节目，每天从傍晚 18：00 至凌晨 0：00 播出，每周播出电视节目 40 小时。当时播出的节目以进口电影为主，夹杂少量的电视系列片和新闻、娱乐节目，自制节目只占 30% 左右。节目质量不高，收视率也十分有限，唯一受到关注的是本土化的电视新闻节目，澳门人第一次可以从电视上看到自己身边事的报道。

开创伊始，节目的最大特色就是双语播出，譬如粤语节目要配葡文字幕，葡语节目则要配中文字幕，更有些演播室节目出现两个分别说中、葡语的节目主持人，你说两句，我说两句，轮流“坐庄”的电视画面。

除了注重满足本土观众的资讯需求外，澳广视还不断加强对外交流和合作。自1983年起，澳广视就成为“亚太广播联盟（ABU）”的成员，每年都派代表出席“亚广联”年会，与亚太地区其他成员开展广泛的业务交流。譬如连同香港明珠电视台转播《澳门格兰披治大赛车》；又借鉴、学习香港电视成功经验，推出澳门小姐选举大赛；还在葡萄牙广播电视公司播放自制纪录片《澳门建筑文物》，与广东电视台合作拍摄纪录片《帆船》，呈现出良好的发展态势。

然而，这一切似乎仍然不能掩盖其经营上的种种困难和挫折。其首先面临的困境就是电视台广告赢利不足。澳门地方狭小，经济单一，广告资源十分贫乏，加之香港电视毫无节制地长驱直入，更对广告市场形成分割之势。长期在广告市场上碌碌无为，更令澳门电视台的运营投入与支出间形成巨大的剪刀差。澳门电视台开办第一年就亏损3 500万澳门元。1986年全年支出5 310万澳门元，广告收入却只有200多万澳门元。

为了走出困境，澳广视开始寻求应对之策，最直接的办法就是扩大发射功率，吸引更多收视观众。首先是于1986年10月建成大炮台转播站，使电视信号的覆盖率由原来的30%提升到80%。其后，又更进一步，在1987年对外宣布拟将发射功率增强到330千瓦，以便让60公里之外的香港观众也可一览澳门的电视节目。

这一“挑战”姿态招致香港方面的强烈抗议，甚至触发了一场港英政府与澳葡政府的较量。“这年9月，香港政府政治顾问寇立夫到澳门，与澳门政府行政司法政务司的韦德霖会晤，讨论这个问题。经过几个回合的较量，处于劣势的澳葡政府终于败下阵来。1988年1月27日，接替韦德霖出任澳葡政府行政司法政务司的彭理乐在澳门立法会宣布：不再谋求加强澳门电视台的发射功率，这是澳门电视经历的第一次重大挫折。”[①] 如此重大的挫折甚至令澳门电视的发展在很长一段时间之内一蹶不振。

广告赢利贫乏，扩大发射功率的尝试又惨遭失败，无计可施的澳门政府唯有寻求外力资助。“1986年11月，澳门政府发言人邓礼儒就澳门广播电视公司政策发表讲话，称澳门政府计划将澳门广播电视公司的中文电台和电视台转让给私人财团经营，欢迎国际财团参与投标，但新闻节目仍由澳门政府主办。1987年9月16日，澳门总督文礼治和葡萄牙广播电视公司的代表签署了一份议定书，欲将澳门广播电视公司三成的股权卖给葡萄牙广播电视公司，其余29.64%的股份售予私人财团。但后来，葡萄牙广播电视公司担心经营后会面临长期亏损，最终取消了投资决定。”[②] 澳广视不得不继续孤独前行。

---

① 李献文，何苏六．港澳台电视概观．北京：北京广播学院出版社，2004.31

② 李献文，何苏六．港澳台电视概观．北京：北京广播学院出版社，2004.32

二、90 年代的无奈转制

澳广视自成立以来，根基终究脆弱，表面的繁荣下蕴藏着生存的危机。其一直处于“赔本赚吆喝”、亏损经营的状态。为摆脱困境，澳广视转制的计划几经努力终于浮出水面。

1988 年成为澳门电视业不可忽略的一个转折年。这年 1 月 22 日，澳门广播电视公司宣布转为有政府资金的不具名的有限公司，“注册资金为 5 000 万澳门元，共有 10 个股东。澳门政府暂时占 99.64% 的股份，其余 0.36% 分别由九个政府行政机构属下的基金承租。”[①] 5 月 1 日，公司名称随之改变，由澳门广播电视公司改名为澳门广播电视有限公司，简称仍然是“澳广视”。

之后，改制的步伐依然在继续。同年 8 月 26 日，澳门总督文礼治代表政府与四个财团签署了收购澳门广播电视有限公司 40.5% 股份的备忘录。

1989 年年初，澳门南光（集团）有限公司购得澳门广播电视有限公司 9% 的股权，该集团副总经理区志忠被任命为澳门广播电视有限公司行政委员会委员。至此，澳广视便完成了从公营性质到公私合营性质的转变，成为一家“有限公司”，但澳门政府仍拥有 50% 以上的股权。该公司总经理由梁国光担任，邓伟雄担任电视台台长，由何鸿燊任主席的澳广视董事局则对该公司的运转实施监管。

这次转制既是澳广视无奈之下的选择，也是困境之中的突破。转制不仅意味着产权关系的变更，也意味着经营方式的改变。新成立的澳广视开始推行一系列改进措施。首先是澳门经济事务司薛民信亲赴香港，和香港行政司曹广荣进行协商会谈，在加强电波发射问题上达成了共识，突破了澳门电视寻求发展的重要“瓶颈”。自此，澳门电视可以传输到香港岛南部、九龙尖沙咀及九龙西部一带地区，逐渐在香港收视市场扩大了影响。

除了扩大播出区域，澳门电视台还延长了播出时间。从 1989 年 7 月 1 日起，节目播出时间从早上 5：30 延续到凌晨 0：00。早上 5：30 至晚上 21：00 主要播出广东话节目，21：00 之后则是葡语节目的播出时段。为适应播出时段的调整，电视台专门打造了一档《澳门晨光》的早间节目，令澳门观众耳目一新。改革很快取得立竿见影的效果，根据数据统计，1989 年当年电视台的收入比前一年增加了三倍。

进入 20 世纪 90 年代，澳门电视台进一步提升新闻、文化、娱乐节目的制作水准。

1990 年 6 月 8 日，澳门电视台开始分频试播。9 月 17 日，葡语电视频道开始独立播映。中文台依旧使用 30 频道，每天播出 10 小时，周播出时长达到 67.5 小时，节目内容包括新闻类、综合信息类和教育类，以及外购的电视连续剧和纪录片，以满

---

① 李献文，何苏六. 港澳台电视概观. 北京：北京广播学院出版社，2004. 32

足不同收视阶层的需求。新闻节目依然是澳广视的主打戏，占到24%，包括《晨早新闻》、《澳视新闻》等日播类新闻，以及《CNN寰宇传真》、《澳视新闻档案》等周播类新闻综合节目。另外像《竞健群英》、《生活动感廊》等综合栏目在澳门居民中也拥有相当的知名度和稳定的收视率；体育报道、旅游览胜、烹饪技法等则是澳门居民喜爱的节目内容。

葡文台则使用32频道，每周播出37小时，高达78%的节目属于外购节目，21%是新闻，只有1%的节目是自己制作的。播放的节目除了新闻、足球赛事外，大部分时间转播葡萄牙国家电视台的节目。“据1991年10月的一份公众问卷调查，中文台的收视率为38%，葡文台的收视率则是62%。”①

在这一时期，澳门电视台在设备方面的投入亦大为加强。先是于1990年7月正式启用新的电视发射塔，使发射范围可覆盖香港1/3的地区。1991年8月，位于澳门俾利喇街157号的澳广视行政大楼落成启用。电视台广播和制作部门都集中在俾利喇街，一座18米高、共六层的多功能电视制作中心拔地而起。该中心共有五个录像大厅，其中一个综合节目的电视制作厅，面积为4 000平方英尺，极大地满足了节目制作和播出的需要。1996年，为改善及提高广播质量，澳门广播电视有限公司进行购买技术及电视发射部门新设备的国际招标，更新和增加了发射设备。

澳门电视台在对外交流合作方面，尤其是与地域比较接近的深圳、珠海、广州和上海等地的广播电视机构的交流与合作，也进一步得到加强。澳门广播电视有限公司经常派团参加内地广播电视界举办的一些大型活动，如上海电视节、广东国际广播音乐博览会、西南及中南省区电视宣传协作会等；澳广视还和中央电视台、上海电视台、广东电视台签订了节目交换协议书，双方互相输出优秀电视节目。

1994年正值澳门电视台成立10周年，这年中文电视台当年播出总时数达到2 842小时，比10年前有了不小的提升。而随着1995年年底澳门成立宇宙卫星通讯服务公司，澳门有线及卫星电视当时也开始加紧筹备，澳广视面临着巨大的竞争压力。压力之下，中文电视台全年播出的总时数大幅度增加到4 108小时，此后三年内，年播出总时数稳步增长到4 300多小时。

改革使澳广视获取了一些收益和回报，但仍不能从根本上扭转亏损经营的局面，资金问题成为制约澳广视发展的最大障碍。1995年9月，澳葡政府为改善澳广视长期亏损的状况，不得不采取了增拨股金、投入设备、拨地发展三项救急措施。不过，依然无法妙手回春。据统计，自90年代起澳广视每年都要亏蚀9 000万至1亿澳门元，这些亏损皆由股东承担。

---

① 李献文，何苏六．港澳台电视概观．北京：北京广播学院出版社，2004. 34

三、新世纪的机遇与挑战

1999 年起，澳门广播电视有限公司的事务都要听取中葡联合联络小组的意见。澳门回归后，股东有所变更，最重要的变化是何厚铧退出股份。澳门特别行政区政府取代澳葡政府成为澳广视的主要股东，持股超过半数，达到 50.5%，其余 49.5% 的股份则由私人股东持有。次年，澳广视亏蚀比以往有所减少。

澳门回归祖国，对澳广视来说既是机遇，又是挑战。澳门整体的传媒发展环境趋好，但是竞争却更为激烈，卫星电视、有线电视相继跻身于澳门的社会历史舞台，并迅速成长为不可忽视的新生力量，与澳广视一同构筑起澳门电视业的新格局。

图 6－3　澳广视现用台标

澳广视的经营一向不佳，回归之后似乎也无实质改变，这直接影响到其改革的举措。不过面对卫星和有线电视的双重夹逼，澳广视还是不得不积极应对挑战，作出改革和调整。

2000 年 12 月 20 日，澳广视借助于澳门电信公司的技术力量，开通网上广播，为网民提供 24 小时的粤语及普通话电视新闻，体现出与新媒体合作的趋势。

紧随其后，为适应澳门卫视陆续开播的多频道竞争形势，澳广视于 2001 年上半年开始研究使用卫星转播节目的可行性。澳广视行政总裁江濠生表示，如果计划可行，澳广视将投入资源，主要向中国内地及东南亚地区转播澳广视传送的以澳门为主题的各类节目，借此扩大澳门的影响力。扩大播出范围主要是为了增加澳广视的收视人数，提高澳广视对广告客商的吸引力，从而对解决澳广视财政问题有很大帮助。但是，碍于资金短缺，此计划迟迟没有启动。

内地是澳门回归后澳广视极力争取和开拓的一个市场，双方的交流合作亦得到进一步推进。2000 年 6 月，澳广视参加北京国际电视周，在展览上向全国同行推出了 15 集电视系列片《濠江新貌》及专题片《威武文明之师——驻澳部队》，成为电视周上一支令人瞩目的电视新军。另外，澳广视还在内地各省市巡回举办澳门电视节，包括广州、成都、深圳等地。这种合作举办的电视节既有助于开拓其在内地的收视市场，更起到了很好的桥梁作用，增进了双方的了解和互动。

除了开拓外围，“修炼内功” 也是澳广视一直关注的一个方面。首先是对原有节目的调整。《澳视晨彩》作为保留节目，节目时间增加，熔时事性、知识性、娱乐性于一炉。而另一档新闻杂志型节目《TDM 万花筒》的节目风格则不断趋向生活化，以适合澳门本土观众的口味。

2002 年年初以来，澳广视中文电视台又陆续推出一批颇有创意的新栏目，如主打风光旅游的《澳门游纵》和注重创业营商的《创业本能》。其他类型的自制节目如

《计算机新干线加料篇》、《竞健群英》、《亲亲宝贝》、《飞越文化街》、《宠爱天地》等。

澳广视的葡文频道过往是澳门电视一道奇特的风景线，这种特色在回归之后依然保留。不过保留却引起了波澜和纷争。因为在澳门以葡语为母语的人口仅占澳门总人口的3%左右，而为了办一个葡语频道，澳广视每年却必须耗费大量额外开支，主要用于从葡萄牙高薪聘请电视新闻记者、编辑和制作人员，以及维持频道的正常运转。

跨入21世纪之后，澳广视上下确实努力地谋求变革和发展，但是受制于诸多现实客观条件，经营业绩依然没有改观，勉强靠借钱度日，仅银行利息一项，就令澳广视的财政赤字难平。

根据澳门广播电视有限公司公布的财政情况，1999年度亏损9 000多万澳门元，2000年度亏损减少到8 050万澳门元，2001年度亏损再次有所下降，为7 300万澳门元（见下表）。虽然澳广视财政状况年年有所改善，但是亏损的局面并没有根本改变，而且这些亏损几乎都是由澳门电视台带来的。澳广视董事会主席何鸿燊和澳广视行政总裁江濠生都认为在如此连年亏损的财政状况下，股东每年的投入都用来填补亏蚀，日常营运只能勉强维持。

澳广视各年亏损状况表

年份	亏损金额（澳门元）
1985	3 500万
1989	2 000万
1991	超过1亿
1999	9 000多万
2000	8 050万
2001	7 300万
2003	6 100万
2005	5 600万
2006	5 900万

2002年10月，自成立以来将近20年都处于亏蚀状态的澳广视再次出现新的变动，继新韵和信诚达两个私人公司股东在两个多月前将合共34%的股份以无偿方式退给澳广视后，拥有15%股份的南光集团也决定以同一方式将股份退回澳广视，令澳广视变成全资由澳门政府持有。据澳广视高层指出，逾九成澳门人爱看香港电视节目，令澳广视收视率低，严重影响了其广告收益。

由此可见，澳广视在进入21世纪的调整发展阶段后，正在逐步形成新的、适应新世纪要求的价值取向。但是，作为一个辛苦支撑多年的老“困难户”，澳广视若想彻底扭亏为盈、轻装前进，势必还应该进行更适宜的政策调整，承受更多的竞争磨砺。

第三节　卫星与有线：多元竞争　格局转变

正如上节分析，20世纪八九十年代是澳门无线电视的“独角戏”时代，而到了世纪之交，顺应世界电视发展的大势，澳门的电视发展也孕育出新的突破和转变，卫星和有线电视相继加入，多元竞争的格局得以形成。

一、澳门卫星电视的发展

卫星电视因其具有覆盖面大，传输质量高，传输容量大，信息传送可以跨越时空、突破疆界等优点而深受各国、各地区电视机构的欢迎。香港、台湾以及内地自90年代起均大力推行卫星电视，相继进入“上星”时代。

两岸四地之中，澳门的电视发展水平最低，卫星电视的发展也稍显落后。虽然早在20世纪80年代末90年代初就在筹划之中，但直到回归祖国前夕，谋划多年的卫星电视才得以“上马”。

1. 宇宙卫视

根据政府发布第7/98/M号训令，澳门首家提供卫星电视服务的公司——宇宙卫星电视有限公司于1999年5月开播，信号覆盖范围北可至俄罗斯，南可到澳大利亚，东到日本、韩国，西及中东国家的泛亚太地区。试播之时，宇宙卫视包括旅游台、五星台、东亚台、五星财经台、澳亚台、卡通台和华人导视台七个频道。而根据《澳门年鉴》提供的资料，到2006年，其旗下频道改为东亚、卡通、国际商务共三个频道，每周播送总时数为504小时。这些旗下频道也是各具特色：旅游台的节目集观赏性、娱乐性和服务性于一身，像《澳卫信息港》、《开心2000》、《澳卫视中国之旅》等均深受观众喜爱，更兼其频道覆盖广泛，包括两岸四地在内，亚太地区约有1.5亿人收看该频道节目。五星台主打城市家庭，同时与国外多家电视机构保持密切合作，节目力推国际化路线，希望能占据中国内地市场和话语电视圈。亚洲台则善于利用两岸四地的人才、资源合作办台，节目内容丰富，涵盖电视剧、体育休闲、新闻资讯等。国际商务台，又名莲花卫视，则是专业化的商务资讯频道，采用中英文双语全日24小时连续播出，向海内外的贸易机构、商务人员提供实时的商务商情、金融信息、证券行情、经贸市场发展等商业信息。

2. 中华卫视

中华卫星电视（集团）股份有限公司是获澳门政府颁发经营牌照的第二家卫星

电视机构。2000 年年初，澳门特区政府对卫星电视经营采取全面开放政策，为打破宇宙卫视公司独家持牌的格局，批准澳门中华卫星电视（集团）股份有限公司成立。中华卫视的董事长吴立胜是澳门娱乐业的知名人物，成立之初宣称将投资 5 亿美元做六个中文卫视频道。

中华卫星电视（集团）股份有限公司的企业宗旨是：连接世界华人的文化；为“一国两制”做好最佳的服务，为祖国统一大业作出贡献；精办艺术精品；带给人们欢乐、幸福。因此，在节目方面，中华卫视主打娱乐类、综艺类和博彩类，同时也兼顾影视剧、新闻专题、教育类等节目的播出。通过亚洲三号卫星的传送，该台的节目可以覆盖欧美及亚太地区。

3. 澳亚卫视

近几年，澳亚卫视中文台发展迅猛，成为澳门地区极具竞争力的电视机构。它是澳亚卫视有限公司开设的卫星电视频道之一，持有澳门特别行政区政府批准、行政长官何厚铧先生亲自签署的卫星电视运营准照，总部设在中国澳门特别行政区。2004 年 3 月 15 日开播，通过亚洲二号卫星、鑫诺卫星发送，节目覆盖世界 60 多个国家和地区。

澳亚卫视中文台的受众定位是中国内地、澳门、香港、台湾以及东南亚华语地区，是一个以新闻资讯、娱乐、强档影视剧为主的综合频道。2006 年 6 月 1 日获准在广东省落地，成为在广东落地的第九个境外电视频道。目前，中国全境收视覆盖人群约 1.5 亿人，其中广东覆盖人群超过 5 600 万人，港澳台地区及东南亚境外累计覆盖人口约为 2 500 万人，具有较广泛的地面覆盖范围。

澳亚卫视建立了庞大的信息资讯网络，记者遍布世界各地，汇聚两岸四地的传媒精英，以敏锐的新闻触角和不断开拓进取的专业精神，坚持不懈地打造一个真正融合两岸四地的第一平台。它是目前澳门境内可与澳广视并驾齐驱的电视机构。

节目方面，澳亚卫视秉持公正、客观、轻松、快乐的经营理念，以“也文化、也资讯、也娱乐”为生产口号，经过数次调整改版，已经形成自身资讯化、娱乐化、区域化兼容的鲜明特色，并确立了新闻资讯档、娱乐档、影视剧档三大节目板块。新闻节目方面，2007 年澳亚卫视进行了全新改版，由台湾资深传媒人璩美凤领衔主播。澳亚卫视重磅打造了独具特色的四档（晨、午、晚、夜）新闻类栏目和新闻谈话类节目，其中像《澳亚六点半新闻》、《澳亚连线》以及《美凤看天下》等新闻资讯节目显现出较高的制作水准。娱乐节目方面的《澳门好好玩》、《生活点点通》等节目立足于澳门本土的文化旅游资源，着力打造具有澳门特色的节目，也受到观众广泛欢迎。精彩的节目使澳亚卫视的收视率持续上升。

图 6－4　澳亚卫视台标

从最初的宇宙卫视，到中华卫视，再到如今的澳亚卫视，澳门的卫星电视发展已超过 10 个年头。在过往电视发展业绩不佳的情况下，澳门政府一直希望通过卫星电视的跨界传播，加强澳门的对外宣传，提高其国际地位。尤其是 2009 年 1 月 8 日，在国家发改委公布《珠江三角洲地区改革发展规划纲要（2008—2020 年）》的背景之下，粤、港、澳的合作将进一步加强，这对于澳门卫星电视的发展无疑是一次难得的机遇，在两岸四地中可充分发挥吸引、融合和转换的作用，如澳亚卫视的《两岸民生》和《台湾新闻报道》，就是利用境外政策优势，间接传播两岸信息，从而在珠三角地区异军突起的成功例子。长远来看，“立足澳门、面向全国、服务广东的澳亚卫视应坚持新闻资讯和影视娱乐两翼齐飞的节目定位原则，在受众群上，应以中低端受众为主体，同时向高端延伸，力争三年内跻身成为境外电视第一集团。澳亚卫视的发展战略是先广东后全国及海外，通过联合发展品牌战略、人才战略和新媒体战略，争取在五年内成为强势境外媒体。在发展思路上，澳亚卫视应坚持以节目为根本，以品牌为主导，以强化管理、开放思维和价值创新来实现跨越式发展。迎接挑战，抓住机遇，充分利用境外媒体资源优势，做大做强，那么澳亚卫视一定会拥有美好的明天”①。

二、澳门有线电视的发展

有线电视真正进入大发展是在 20 世纪 70 年代后期卫星电视技术出现后开始的。

① 谭天．澳亚卫视发展战略与频道定位研究．澳亚卫视发展战略研讨会（珠海），2009－01－15

天上的卫星电视和地上的有线电视网相结合，才使有线电视得以迅猛发展。

它的出现，打破了无线电视一统天下的局面，而其带来的最直接的结果是，收视观众有了更多的频道选择，手持遥控器每天“奔驰”于数以十计的电视台。

中国内地于20世纪60年代初即开始研究有线电视技术系统，并很快取得成果，在全国部分地方开始推广应用。1990年4月18日，中国第一家省级有线电视湖南有线广播电视台开始试播。“调查显示，到20世纪末，全国已有60%的电视家庭通过各级有线电视台转播接收卫视节目，有38%的电视家庭通过自备卫星天线和微波传递方式接收卫视节目，有4%的电视家庭通过单位公用天线和卫星接收系统接收卫视节目。有线电视基本覆盖了我国内地所有电视家庭。”① “到2007年，中国已经成为世界第一大有线电视用户国。”②

澳门的有线电视直到2000年才出现，但发展并不缓慢，2003年时澳门有线网络的覆盖率已提升到40%，而近几年的发展更是有目共睹。

在澳门，专营有线收费电视的是澳门有线电视有限公司。1999年，经中葡联合联络小组批准，它与澳门政府签订了为期15年的专营合约。

澳门有线电视公司集中了中国内地、葡萄牙和中国澳门三方面的资金，注册资金5 000万澳门元。股东分别是：葡萄牙电讯集团、宇宙卫星通信服务有限公司和吴福集团有限公司。后来，澳广视亦加入，成为澳门有线电视的股东之一。

2000年7月，澳门有线电视股份有限公司正式启播，这标志着澳门电视广播已从无线电视发展到卫星电视和有线电视，澳门广播电视的多元化格局已经形成。澳门有线电视股份有限公司使用最新的数字技术来传送高质量的电视节目，共有47个电视频道，每天24小时播出。节目类型包括新闻、经济、体育、儿童、音乐、娱乐、电影和戏剧节目等，伴音则有广州话、普通话和英语多种。到2006年，已发展到共有65个频道，全天24小时播出，每周播送总时数为10 920小时。

澳门有线电视发展的最大障碍来自公共天线公司的冲击。在有线电视诞生之前，公共天线公司是澳门电视节目的长期供应者，可是政府却一直未赋予其合法地位。直至政府与澳门有线电视股份有限公司签订专营合约，这些公共天线公司依然存在，而它们对某些节目的转播行为直接侵犯了澳门有线电视股份有限公司的合法权益。于是，双方发生冲突，虽政府出面调停，但依然无法缓解矛盾，更造成了2005年公共天线公司的集体停播事件。这些冲突和矛盾的根源在于澳门广播电视法的漏洞，所以要保障澳门有线电视未来的健康发展，维持澳门电视业合理竞争的局面，澳门政府必须尽快做好相关法律的制定和明晰工作。

尽管澳门电视业始终滞后于香港、台湾，但是澳门回归祖国以后，电视业已经呈

---

① 岳冰青．澳门五星卫视突入内地市场．新财富，2001（3）

② 资料来源：2007年中国有线电视发展现状及趋势研究报告

现出前所未有的发展态势。现存的多家电视台都很注重节目的可视性和娱乐性，而新闻节目仍在各台保持着较高的收视率。立足特区、走本土化和国际化相结合的道路，是澳门电视业谋求长远发展的基本策略。

第七章

澳门广播电视管理

第一节 澳门的新闻政策和新闻事业管理制度

澳门是一个民主社会，讲究言论、出版自由和资讯传播自由，体现出来的是自由主义报业的制度特色，但由于历史上长期处于澳葡政府的新闻规制下，一些威权主义报业制度的遗风余俗依然保留至今。自由与威权的交织，形成了今天澳门特区政府极具特色的新闻事业管理制度。

澳门回归之前，一直处于葡萄牙殖民统治下，传媒制度和新闻政策不可避免地受到殖民母国葡萄牙的政制影响。葡萄牙自公元1134年建国，直至1974年民主革命爆发，在长达800多年的时间里，一直是欧洲大陆上历史最为悠久的威权政治的独裁国家。而随着1557年葡萄牙在澳门实施殖民统治，并将威权统治的政制原封不动地搬到澳门这个海外省，澳门也沦为一个彻头彻尾的威权政府，推行威权主义报业制度下的新闻事业。不过，高压管制下的新闻事业在1974—1977年的三年间意外获得自由呼吸的空间，由于"葡萄牙陷入内乱，澳门成为没有任何新闻或电影检查的社会，令不少香港人趋之若鹜地纷纷坐船到澳门观看色情片"①。这种自由的传媒环境，随着此后《葡萄牙共和国宪法》在澳门的实施得以延续，澳门最终转变为一个拥有自由报业制度的城市。

澳门现行的新闻政策是依照1976年4月2日通过，其后经过三度修改的《葡萄牙共和国宪法》中涉及新闻传播的相关法律条文所制定的。在《葡萄牙共和国宪法》的保障下，澳门公民享有信息使用、表达自由、信息自由、出版自由、广播权、答辩权和政治反驳权等基本权利。这些自由包括有权以语言文字、图像或任何媒介，自由表达及传播其思想，并具有报道权、采访权及信息接受权，且不得遭受妨碍与歧视。新闻工作者有根据法律规定接近信息来源之权利、获得保护其职业独立性与职业上之保密之权利以及选举编辑委员会之权利；创办报章及任何刊物，也无须事先经行政部门许可、担保或资格审查。因此，澳门并不存在任何由政府执行的新闻检查制度，也不干涉非官方新闻机构的运作和经营。不过，为了防范媒体的过度自由化，澳门政府近年来还是通过了一些法令对新闻事业进行必要的管理和辅导。比如在法令中明文禁止新闻记者在新闻报道时对个人作人身攻击与诽谤，侵犯他人隐私权；又比如提出要通过"新闻工作者通则"和成立新闻评议会，学习西方构建新闻评议制度，对新闻事业实施评议等。

而目前，澳门政府内唯一的新闻管理机构，是隶属于澳门政府传播旅游暨文化事务政务司下面的澳门政府新闻局。澳门政府新闻局，原为新闻旅游处的一部分，后独

---

① "行政院新闻局". 变迁中的香港、澳门大众传播事业. 台北："行政院新闻局"，1996

立为新闻处，再提升为厅级机构。1984 年 10 月 1 日，新闻厅改名为新闻署。回归前，其名称是澳门政府新闻司，而回归后，现在的正式名称是澳门政府新闻局。

新闻局属局级机关，直接隶属于行政长官，由一名局长领导及一名副局长辅助，人员编制共设 62 人。按照其行政架构，下设新闻厅、研究暨刊物处及行政暨财政组三个部门，新闻厅为一个从事信息辅助、文件处理及辅助等工作的附属单位。

按照筹设的目标，新闻局作为政府内部的传媒关系顾问，其长远目标在于协助政府各部门建立有效的新闻发布机制，加强与传媒及公众的联系和沟通，提高施政透明度。而目前的短期目标则是向各部门提供策划、统筹和执行公关、新闻发布工作的专业协助和意见。为实现以上目标，新闻局需要履行七大职能，包括：

一是为政府制订推介、宣传方案及开展策略性的传媒关系工作。与各司长与办公室保持定期联系，共同就范畴内的年度施政方针和具体工作项目制订推广、宣传方案；就突发事件制订危机处理计划；加入跨部门小组，就推广及宣传工作提供专业意见。

二是协助包括纸质传媒和视听传媒在内的所有澳门媒体进行新闻报道工作。协助记者采访、回应查询、协调跨部门大型活动的传媒安排及消息发放均为新闻局的工作范畴。

三是作为政府与新闻传媒之间的沟通桥梁，确保政府与传媒的联系。

四是研究及制定传媒政策的纲领，并确保其执行及监察。

五是通过电子剪报等形式收集舆情，供各政府部门参考。

六是作为一个资讯广播系统（IBS），通过其官方网站向传媒发布政府信息和政府活动图片，以供各家传媒参考。

七是制作《澳门年鉴》和《澳门杂志》两本刊物，向外界介绍澳门社会的最新发展情况。

除此七大职能之外，澳门政府还负有为澳门大众传播机构（包括报纸、杂志、电台、电视）及新闻工作人员（包括记者、编辑）进行注册登记和换发记者证，向参加培训课程、研讨会或在职进修的澳门新闻工作者提供津贴等职能。

澳门政府新闻局的工作职能事无巨细，对内需要处理好政府、传媒之间的协调关系，对外要搞好澳门的形象宣传工作，更兼身处澳门特殊的传媒生态环境之下，按照新闻局局长陈志平的说法，这个角色很难扮演。

为何难以扮演，原因如下：

其一，澳门政府新闻局的权力有限。从上所列的职能界定可知，新闻局的职能更多体现为促进、协调的软性面向，而非指挥、督管的硬性面向。因此，其权力地位根本无法与内地类似的新闻管理机构，譬如宣传部、广电局相提并论。在澳门这样一个推行西方新闻自由的民主社会中，新闻局更准确地定位为并非一个可以对传媒实施直接指挥和督管命令的权力部门，而是一个对“澳门新闻事业提供各类支持与服务，为澳门政府对新闻界做公关工作，并对海外作有利于澳门之宣传的政府机构”①。这样的定位使其在新闻管理的实际操作中往往力不从心，“新闻局没有对媒体发布行政指令的权力，只有在发布官方资讯、记者采访安排等方面向政府和传媒提供协助的义务”②。至于传媒登什么和不登什么，往往是由传媒机构的老板决定，新闻局无从干预。

其二，澳门虽小，却是个集纳世界信息的“宽频”地带，譬如在广播电视接收方面，除了本地电视台，有线电视网络以及卫星转播设备的铺设，使澳门市民可以方便收看来自邻近地区、祖国大陆以及全球各地的电视节目。在这样一种信息高度密集、开放的环境里，各类信息斑驳纷呈，无遮无拦，政府的一举一动皆处于社会传媒的放大镜之下。新闻局作为特区政府的公关机构，如何做好与媒体之间的友好沟通，扩大民众的知情权，树立政府在民众中的真实形象，亦非易事。

不过，在澳门回归后的几年时间之内，新闻局还是比较完满地履行了自己的职责，为澳门社会营造了一个相对平稳的舆论环境。其中，跟媒体有效沟通和为媒体提供服务一直是澳门新闻局的工作重心。为此，新闻局专设两个网站，一个面向媒体，把政府各个部门每天发生的新闻，包括照片和文字选编起来，供媒体选用；另一个则面向政府，把各媒体报道澳门的当日新闻集纳到一起，供政府各部门参阅。这两个“新闻中转站”犹如新闻局的左膀右臂，很好地实现了政府与媒体之间的资讯双向交流。“陈局长把这些做法称为软销，即不动声色推销政府各项政策的重要性和紧迫性，不动声色借媒体督促政府各部门的工作。”③ 2003 年“非典”期间，为了达到资讯的有效公开，新闻局方面积极配合传媒的报道工作。每天晚上定时召开一次新闻发布会，公布当天的“非典”疫情；并为了确保信息的准确到位，专门安排人员负责每晚给各机构记者手机发送短信，提醒他们去新闻局网页上查阅有关信息。

第二节　澳门广播电视的管理法规

世界各国存在不同的广播电视制度。根据索慕兰教授的论点，世界各国的广播电视制度可划分为国营电视制度、商营电视制度以及公商合营制度。但无论是“国营”、“商营”还是“公商合营”，广电媒体作为社会上的一种特殊行业，都要受到相应的政策指引和法规管制，以确保其在大众传媒市场中的有效运作与公平竞争。当然，因为社会制度和市场体系的差异，世界各国的广电政策法规在细则制定、规管尺度等方面存在显著差别。澳门历经澳葡政府和特区政府两任政权的管辖时段，在广电

① 曾坤．新闻局这角色．人民日报（海外版），2003－07－04

② 曾坤．新闻局这角色．人民日报（海外版），2003－07－04

③ 曾坤．新闻局这角色．人民日报（海外版），2003－07－04

政策法规的制定上存在逐渐修订演变的过程，也体现出因应本地区广播电视事业发展的政策法规特色。

澳门因其地理位置特殊，尤其是作为东西方文化交流中心的历史身份，使其资讯流通一向流畅，新闻事业的起步甚早。但是与新闻事业的发展步伐不协调，澳门相关新闻政策法规的制定则显得相当滞后。直到 1990 年，当时的澳葡政府才颁布《出版法》，作为规范澳门新闻出版事业，管理从事新闻、出版活动企业的法律。其主要精神体现新闻传播界自由表达的思想，允许资讯流通及这些权利不受任何形式的检查、存放、担保或预先承认资格等方面的限制。但该法颁布后，社会各界对于该法规中若干牵涉滥用出版自由罪对出版机构构成的限制，以及当中有些条文有偏袒政府高官之嫌，质疑声一直不断，证明法规仍存漏洞和不妥之处。另外，《出版法》中本来规定在该法颁布 180 天内公布“新闻工作者通则”，然而自该法颁行的数年之内，澳门并未有任何法律形式的“新闻工作者通则”出现，显示出政府在法规的修订和执行方面的漫不经心。广播电视事业相应法规的颁布与《出版法》的颁布时期相当，1989 年 9 月 4 日，澳葡政府正式颁行《视听广播法》，澳门的广电传媒方进入有法可依的阶段。

一、《视听广播法》

鉴于澳门的视听广播向来均在并无法例管制的情况下经营，《视听广播法》的颁行，其目的并不在于干涉澳门视听传媒自由运作、舆论自由的传统，而在于“订定进入及经营该事业的有关制度、赋予政府适当的规例以促进其发展，以及严格管制本地区频谱的不同频道”①，并就视听传媒的资讯传播、使用频段、节目编排、广告播放、经营制度等方面作出规范，以确保本地区视听传媒的自由和有责任感。

《视听广播法》开宗明义地提出广播业之宗旨在于：

一是尊重现有道德文化价值，为培养市民形成良好道德观作出贡献。

二是为保证市民信息获取作出贡献，确保市民无障及无歧视的信息及信息权。

三是为促进社会及文化进步以及市民对政治、公民及社会的关注作出贡献。

因此，电视广播被视为一项“对市民极为重要的公共电讯服务”②。运作中务须“确保信息的公正性、多样性、严谨性及客观，以便对公共权力维持其独立性”③，并鼓励意见比较，让视听广播成为市民多元意见交汇的资讯平台，构建意见的自由市场。

澳门地域狭窄，大气中难以容纳过多的无线电视广播频道，如果对广播频道不加

① 资料来源：1989 年 9 月 4 日第 8/89/M 号法令

② 资料来源：1989 年 9 月 4 日第 8/89/M 号法令

③ 资料来源：1989 年 9 月 4 日第 8/89/M 号法令

限制，必然导致境内境外的广播频道互相干扰。因此依据电波频率稀少和公有的理论原则，《视听广播法》第二条明确规定“无线电频谱系属本地区公权范围”①，电视、广播的设立和经营都须在政府所规定的频段内进行：电视为分米波（超短波），广播为百米波（中波）和米波（短波）。

任何社会的资讯传播都不可能是绝对自由的，必须接受社会公众的监督和评议。仿照香港设立广管局的做法，澳门设立广播委员会对视听广播业进行监督，而按照《视听广播法》的规定，广播委员会“由总督委任的七名成员组成”②，包括三名公认有声望的人士、两名广播专营公司及经营者代表以及新闻界委任的两名记者。这些委员任期三年，在任内必须肩负起多项职能，包括“1. 主动或经总督、立法会主席或三名立法议员要求，对所有与其职权有关的问题发表意见；2. 重视广播专营公司及经营者在新闻、节目及广告方面的活动……9. 就发展有质素的电视及电台所需的工作提出建议并开展工作”③ 等。

《视听广播法》对于澳门视听广播业的准入制度亦有明确规限。而且，电视广播和电台广播在准入制度上存在显著差异。

按照法规中第十二至十四条的规定，“电视广播为一项公共服务，它可以透过批给合约，交由主办事处设在澳门，且在信誉、技术、财力上有保障的公司法人经营。电视广播业之批给一般是以竞投方式进行，并须在政府公报上刊登。但当有充分适当理由时，批给也可以直接洽谈方式为之。批给应有确定的期限，对承批之事业，不得再进行分批”④。

而电台广播业则受发牌制度管制，按照第三十二至三十四条的明文规定：“经营人只有在领取牌照后，方得从事电台广播业。为经营电台广播业而发出的牌照，事前竞选须进行竞投，但有重大理由及适当解释时，也可直接洽谈。牌照由总督以批示方式批给，并在政府公报上刊登。对竞投者，发牌人有权以公共利益为由而拒绝发牌。电台广播业可由任何主办事处设在澳门并在声誉、技术、财力上有保障的法人经营。申请经营电台广播业牌照，须交付法定的资料。牌照时效为五年，经持有人申请，可以同等期限续期。”⑤

业务经营方面，《视听广播法》倡导信息传播及节目安排之自由权，但同时亦详细列出了节目可能遭到禁播的诸种特殊情况，要求广电传媒在节目制播中加强“自我审查”，体现出权利与义务一致的管制原则。

广告播放是现代传媒经营收入的主要来源，但也成为传媒规管中最难管制的敏感

---

① 资料来源：1989 年 9 月 4 日第 8/89/M 号法令

② 资料来源：1989 年 9 月 4 日第 8/89/M 号法令

③ 资料来源：1989 年 9 月 4 日第 8/89/M 号法令

④ 资料来源：1989 年 9 月 4 日第 8/89/M 号法令

⑤ 资料来源：1989 年 9 月 4 日第 8/89/M 号法令

地带。1989年颁布的澳门《广告活动法》具体规范了在媒体上被禁止、允许及受管制的广告的条款。而《视听广播法》也拟定了广告播放的具体细则：

一是广播机构所播放之广告内容应为适当的、可辨别的及真确的。

二是所有广告应透过确定之指示指明，以及所有赞助或具宣传性质之节目，应在其开始及完毕时加入该性质之明确指示。

三是广告之播放，不得超出每台每日播放时间的20%。

除上述规定外，对酒精类饮品、烟草及幸运博彩类广告的播放，都加上了有条件限制条款，确保广告播放的内容健康。

另外，根据《视听广播法》的相应规定，澳门的视听广播媒体还应依法行使广播权和答复权。

《视听广播法》已经推行20年，其间，除在澳门政权交接之际，对应《基本法》的相关条款，对法律中第五十九条第一款和第六十条第一款的广播权部分作出相应修改之外，其他部分均未作出调整，一直沿用至今。

总括而言，《视听广播法》的出台明晰了澳门视听广播业规管的法律框架和政策指引，其中细目条款更就视听传媒的资讯传播、使用频段、节目编排、广告播放、经营制度等方面作出相应规范，一来确保了境内视听媒体的传播自由权，二来也明确了传媒作为“社会公器”所应履行的义务和责任。

世界各国广播电视的政策、法规制定，均是该地区广播电视思想、制度、功能的具体呈现，也间接折射出该地区的政治文化体制和传媒生态。过往，澳门政府一贯对本地的电视媒体采取大力扶持的政策，政策的最大特点便是批给专营权，保证电视传播经营者在澳门的独家经管，避免市场竞争，保障经营者的利益。此特色在《视听广播法》中亦得到体现。但是，近年资讯全球化、市场开放的世界潮流席卷全球，20世纪末澳门又因应科技汇流的趋势推出有线电视和卫星电视两种新型电视服务形式，澳门当地传媒生态相较以往已发生变化。面对转变，澳门政府在原有政策的基础上，引进竞争机制，逐步开放电视传播市场，望能促进澳门电视传播之健康发展。但由于市场发展缺少法律保障，《视听广播法》中关于无线电视传播的专营权问题一直争议不断，而法规对于新兴电视广播形式也一直未作规范，以致引发公共天线与有线电视之间的冲突事件。这些方面都凸显出广播电视管制政策的缺失和相关法律的漏洞。下文将分别针对澳门现有的三类电视传播形式，继续分析政府的相关政策法规及其影响。

二、无线电视传播的专营制度

早在20世纪50年代末，澳门的近邻香港就开始了电视传播。进入80年代，更迎来了商营电视的黄金时代。但商营电视对于当时的澳门而言根本是奢想。1982年，澳葡政府因应辖区内资讯传播的需求，决定建立一个电视台，并于当年10月4日颁布了第56/82/M号法令，成立了澳门广播电视公司（简称“澳广视”），该法令规定澳广视为具有公共权利的法人，受澳门总督的监管，行政上独立，财政上全部由政府出资。

澳广视成立之初，政府给予许多政策支持，并在法令政策上予以最大保障。政府除颁布第91/84/M号法令豁免澳广视的税款及手续费外，还根据第53/86/M号法令拨款3 220万澳门元填补澳广视的财政赤字，使其机构及财政情况趋于正常化。但政府的政策和资助并未能挽回澳广视在经营上的颓势，1988年，政府颁布第7/88/M号法令决定解散澳广视，并对其下员工作出安置。为了保留澳门唯一的电视台，澳葡政府与私人财团签署了合作协议，将澳广视49.5%的股份（即5 000万澳门元）售予包括澳门旅游娱乐有限公司、南光集团在内的五家私人财团，成立澳门广播电视有限公司。澳葡政府出于政治上的考虑，仍掌握着50.5%的股份，是新成立公司的大股东。1990年，根据原来的合作协议，政府在第84/GM/90号批示中，以批给专营权的方式，与澳广视签订了为期15年的专营合约。

“专营权”似乎并未成为澳广视的“救心速效丸”，公司的亏损依然持续。面对亏损，私人股东往往资不抵债，作为大股东的澳门政府只能充当“冤大头”，几乎是凭一己之力来支撑摇摇欲坠的澳广视。

回归之后，由于澳广视专营权的期限尚未届满，特区政府仍沿用以往澳葡政府的政策，没有对澳广视采取新的措施。终于在2002年8月的股东大会上，澳广视行政总裁江濠生透露澳广视的财政枯竭已到了无法支付员工当月工资的地步。经协商后，三家私人股东决定将所持的49.5%股份无偿退还澳广视，并出资900万澳门元确保澳广视的短期运作，而特区政府将会暂时承担日后的经营成本，澳广视变相由政府全资拥有，这种状态一直延续至今。

由此观之，为维持澳门本土的电视传播，前任澳葡政府和现任特区政府不可谓不劳心劳力，只可惜澳广视自诞生之日起对政府的依赖就未曾中断过，有索求，无产出，彻底成为一个“扶不起的阿斗”。当然，这是多种因素合力作用的结果，但依然有值得深思和反省之处，尤其是澳门政府的相关政策、法令、措施颇有值得商酌之处。按照政府的第84/GM/90号批示，澳门的“视听广播属本地区独家经营的公共服务，它的经营是根据特许制度为之”①，依此将无线电视传播的专营权授予澳广视。问题在于此政策规定表面上是保障专营媒介机构的最大权益，实际上却无益于其发展。独家经营使澳广视的发展从来缺少竞争对手，自身不足又缺乏外在的发展推动力，直接导致其新陈代谢的内生机制被破坏殆尽，最终积重难返。此外，澳门政府素有资助传播媒体的传统，难免给人通过资金杠杆操控传媒的假象，虽然澳广视的运作一直未受政府影响，但像目前澳广视这样由专营变相成为公营的状况毕竟是不正常

① 资料来源：1989年9月4日第8/89/M号法令

的，也不利于广播电视传媒业的发展。因此，未来政策法令中如何更好地规范专营合约的法规问题，或者制订出更为妥善有效的方案，彻底解决澳广视的问题，成为特区政府的重要课题。

三、有线电视传播的专营制度

1999 年，澳葡政府公布《收费电视地面服务特许合同》，同样采用批给专营权的方式，与澳门有线电视服务公司签订专营合约，其专营范围包括提供全澳卫星电视转播服务及收费电视服务。

如上所述，政府给予专营权的原意，是批给有线电视投资者在澳门的独家经营权，以确保其投资能获取一定的利润回报。然而，在这份专营合约签订之前，澳门已有八家公共天线公司，这些天线公司是因应社会发展之需而产生的，存在已逾三十载。它们透过公共天线网络传送信号，向市民转播电视节目，虽然频道有限，但大都收费低廉，所提供的服务早已遍及澳门的千家万户。长期以来，澳门政府并没有对天线公司发放正式的电讯牌照，也未对其作出具体规范，但这些天线公司是合法注册的公司，并按期缴纳各种税项。

然而，有线电视专营合约的出台，却导致有线电视专营权与天线公司运作之间发生冲突，原因在于：一方面，专营合约规定政府不得在 15 年合约期内再发出有线电讯牌照给其他公司，导致已有的八家公共天线公司无法申领有线电视传播的牌照，一下子变成非法经营；而另一方面，由于有线电视所提供的部分频道天线公司也有转播，但天线公司的收费大大低于有线电视服务公司的收费，这样直接影响了有线电视对市场的占有率，其专营权益受到损害。此外，还存在天线公司对视像信号的版权认识不清等附带问题。

澳门的电视传播立法工作长期滞后，有关法律存在灰色地带，公共天线公司的身份地位一直未能明晰；而回归之前澳葡政府在签订有线电视专营合约时，并未通盘考虑澳门电视传播市场的实际情况以及未来发展趋势，与有线电视服务公司之间长达 15 年的专营合约实则是一个行政错误。这个错误引发澳门有线电视传播市场既有专营又有竞争的混乱局面。一方面，公共天线公司不断向政府争取合法身份；另一方面，有线电视服务公司则不断向政府施加压力，要求政府遵守合约，保障其专营权。与此同时，双方也开始尝试协商，寻求合作的机会。

面对难题，澳门政府承诺加快立法的步伐，以便厘清有线专营服务与公共天线公司之间的界线。同时，政府也鼓励有线电视服务公司与公共天线公司进行磋商，并表示不会在现阶段以行政手段介入双方的商业协商行为，以便为协商留下空间。澳门电信主管部门对传播受版权保护的电视节目的天线公司作出口头劝阻，而海关则加强了对盗用未经授权的视像信号的违法行为的监管和检控。

四、卫星电视传播的准照制度

澳门政府对卫星电视经营的监管是采取发放准照制度，这种制度与无线电视或有线电视的专营制度有所区别。原因在于卫星电视的传播领域并不局限于澳门本土，政府十分希望卫星电视能以澳门为基地，加强澳门的对外宣传，提高澳门的国际地位。因此，政府全面开放卫星电视服务市场，基本上只要申请者符合法律规定，善用澳门频谱，保证播放内容符合规定，都可以获发准照。目前，共有三家卫星电视公司在澳门注册，它们分别是宇宙卫星电视有限公司、中华卫星电视集团股份有限公司及澳亚卫视有限公司，三个准照的期限均为15年。

根据第3/98/M号法令规定，申请准照的公司必须是总部及主要行政管理机构均设在澳门的电信企业；而准照持有人必须为其所设立的卫星电视广播电信系统领取牌照，并按系统的用途及复杂程度，缴纳10万～100万澳门元的费用：每播送一个节目须缴纳10万澳门元，另外每年还须缴纳相当于毛收入3%的年度税。后来政府又将年度税由毛收入的3%降低至1.5%。

在各经营准照中明确规定：经营人必须遵守适用于澳门的国际法规及广播信号覆盖范围内国家或地区的法律，以及遵守澳门现行的法律及准照的规定及条件。当频道或节目有变动时，以及与第三者签订合同转播自己的节目时，必须提前以书面形式通知主管当局，有关经营业务的监察由电信当局负责，而节目内容的监察则由新闻局负责。至于节目内容，规定必须切合收视公众的社会、政治及文化价值，除此之外，只对成年人节目作出限制规定。比较特殊的是，准照内特别规定经营人应优先与葡萄牙及中华人民共和国的制作商订立转播、购买或供应节目的协议。

在香港的法规中，政府为保护无线电视和有线电视，对卫星电视的传播制定了若干较苛刻的条件，例如在初期规定卫星电视不得播出粤语节目，不得向香港居民收取订户费用，以及广告收入不得以香港电视广告市场为主等。与之相比较，澳门的法规中对这些均无限制，并且在一开始就允许卫星电视提供收费服务。由此可见，澳门政府对卫星电视秉承积极支持的开放制度，目的是希望透过引进卫星电视这一先进的传播手段，建立一个立足中国澳门，面向中国内地及东南亚，延伸至世界范围的资讯平台，从而起到广泛宣传、推广澳门形象的作用。

无线、有线、卫星电视是目前澳门电视传播市场上最为主要的三种电视服务形式。为了更好地推动它们的发展，澳门政府在政策指引及立法规范方面做了许多积极而有益的工作。但即便如此，立法工作依然存在一些灰色地带和漏洞缺失，并引发了不少争议，其中就包括2005年的“公共天线公司集体停播事件”。

五、公共天线公司集体停播事件

2005年9月2日，澳门不少市民家中的电视屏幕上都是一片“雪花”，没有电视可看。原因为何？直接诱因是供应电视频道的公共天线公司集体停止播映。而天线公司之所以停播节目，皆因过往澳门绝大多数电视节目都是由天线公司所提供的收费电视，这些节目包括本地、邻近地区甚至国际卫星转播的节目。公共天线公司在澳门经营三十载，为数十万澳门居民提供资讯，但是由于这些公司长期未能得到澳门政府所颁发的经营牌照，因此，根据国际惯例，转播境内外的卫星节目属于侵权行为。鉴于此，澳门特区政府要求有关天线公司停止这类侵权行为。但是，政府的举动引发公共天线公司强烈不满，遂以此泄愤。在停播行动中，澳广视、凤凰卫视等不在“停播令”之列的频道也遭一并停播，这直接影响到澳门居民接收本地及国际资讯。事件发生后，澳门行政长官何厚铧迅速发表声明，呼吁各方保持克制，冷静解决电视广播版权问题。后来在各方敦促下，在事件发生20小时之后，公共天线公司恢复对澳广视等频道的转播。

停播风波一石激起千层浪，社会各界对公共天线公司大加讨伐，更有评论家给公共天线公司列出“五宗罪”，认为其行径纯属无理取闹。不过，依笔者的看法，在这起停播事件中，公共天线公司以数十万户澳门居民的电视信息接收权来要挟政府向其发出经营牌照诉求固然有其不妥当之处，但是，细究之下，也并非“无理取闹”。公共天线公司早于有线电视诞生，并在长达30多年的时间内为澳门市民提供多元资讯，贡献良多。可澳门政府却一直未对其“明媒正娶”，发予经营牌照。直至有线电视出现，澳门政府与有线电视公司签订专营合约，公共天线公司从此缺乏合法身份。因此，笔者认为澳门政府长期漠视公共天线公司申请合法牌照的基本诉求，在公共天线与有线电视之间抱持模糊态度，正是停播事件发生的导火索。停播事件中，澳门政府务需负上部分行政责任。管辖有线电视传播市场的政府部门电讯办在过往一直不作为，至今仍未执行第67/2000号行政长官批示中赋予其“就电讯及信息科技领域的发展及未来的制度和规范进行研究并透过采取相关措施，协助政府行使监督的职权并协助其制定和执行有关政策”[①] 的职责，草拟有关卫星电视转播、有线广播电视方面的法规草案，致使澳门特区在这方面的立法严重滞后，更使澳门特区在调整有关卫星传播及有线电视方面的行政操作中，缺乏法源依据，形成该领域的反法治阴影。

公共天线公司与有线电视公司专营权之间的矛盾冲突，是一个长期遗留的历史问题，牵涉各方利益，关系错综复杂。必须设法寻求一个既能尊重和遵守有关卫星电视知识产权的法律及国际惯例，又能维护全澳市民对外部信息的接收权，并能照顾公共天线公司30多年来为市民提供娱乐信息的传统习惯及经营的最佳方案。对此，部分有识之士提出两种解决方案：一是由特区政府出资向有线电视公司赎回专营权，进而分享给各家公共天线公司使用；二是特区政府主导公共天线业者与有线电视公司洽商，设法让各家公共天线公司将现时掌握的客户资源折为股本，入股有线电视公司，

---

① 永逸．停播事件恶劣暴露相关领域立法滞后．新华澳报（华澳人语），2005-09-03

共同经营。笔者以为，要改变现状，政府必须在现有的法律框架上，将法规进一步地完善，明确有关电视频道版权的规定，以保障公平竞争的市场环境，划清有线电视公司与公共天线公司的经营范围，并制定出具体可行的市场监管制度，在有法可依的基础上，根据有线电视网络的共同特点，寻求有线电视与公共天线之间的最佳合作方式，以达到“双赢”效果。

澳门政府制定广播传媒管制政策和法规主要出于“资源匮乏论”及“巨大影响论”的双向考虑。澳门地域面积小，大气中不能容纳过多的无线电广播频道，如果对广播频道不加限制，必然导致境内外广播频道互相干扰，专营方式是为了让持牌机构能获得足够的利润以继续提供优质的资讯服务。在监管上，随着世界潮流趋向自由化，引入有线电视和卫星电视，以利用它们的对外传播提高澳门的国际影响力。从这个方面而言，澳门的政策法规在宏观方向上有值得肯定之处。但在法规细则的制定上则考虑不详，诸多范畴存在漏洞，同时，也未能跟进社会的变化适时作出调整，导致社会各界的争议和不满。

从长远来看，澳门政府应该重新制定修缮澳门的政策法规，为澳门电视传播业未来美好的发展前景提供保障。

第三节　案例分析：澳广视的体制变迁

上述两节，我们着眼于宏观层面的政府管制，从传媒管理机构和传媒政策法规两个角度勾勒了澳门政府对于视听广播业的管理概貌。这一节中，我们将聚焦于澳门的广电传媒机构，剖析这些微观个体的所有制和经营机制，以便更好地审视和研究澳门广播电视体制类型的未来走向。

广播电视机构的体制类型主要有国有国营、国有公营、社会公营、私有私营、公私合营五种模式。

（1）“国有国营”意指传媒机构为国家所拥有、领导与经营，是政府进行意识形态操控和政令宣传的工具，这种模式的广电机构在“中国及东南亚国家”十分普遍。

（2）“国有公营”的广电传媒其资产也为国家所有，但在业务上具备独立运作权，以服务公众和社会为宗旨，政府依法只享有规范和监督权。BBC 即此类代表。

（3）“社会公营”的传媒由社会各界或公众团体所经办，经费来源于视听收费和各界资助，独立地进行业务活动和经营管理。

（4）“私有私营”对应于私人独资、合资或组成股份公司经营的广播电视企业。资产为私人所有，在法制范围内按市场规律实行商业化经营，通过广告收入获取赢利为其根本目的。这种模式的广电机构在美国很流行。

（5）“公私合营”的广播电视机构由国家和私人合资或合办。“合资”是指共同出资组成股份公司经营管理；“合办”则是由国家兴建并经营广播电视设备，私方租赁这些设备制作并播送节目。但不论合资或合办，国家皆为合作双方间的主导者。

上述各种体制类型，都是植根于各国特定的社会制度，在各国广电事业发展过程中逐步形成的，因而都具有其存在理由，也各有利弊。

澳广视是澳门唯一的无线广播电视机构，同时亦身为澳门广播电视业的龙头，自80年代初设立以来，至今已20余年，其间发展数度面临危机，甚至濒临倒闭，其经营机制和机构性质也多次发生重大变更。它风雨飘摇的20余年发展历程，折射出的正是澳门传媒生态的转变以及澳门政治社会的变迁。时至今日，澳广视虽屹立不倒，但其角色定位、传媒性质在数度转变之后却依然模糊不清、争议不断，其与澳门政府之间的纠缠也时时为舆论所诟病。倘若体制问题无法得到彻底解决，澳广视的发展将不得不打上一个问号。未来，它是成为“政府电视”，抑或“公营电视”，还是“商业电视”呢？下面，我们将对澳广视20余年间发生的体制转变史作一简单梳理，并试图管中窥豹，厘清澳门政府与传媒之间的因缘关系，为澳广视未来转向提供参考。

一、体制转变：从公营到公私合营再到公营

澳广视的体制转变大致经历三个时期：

1. 澳葡政府的国有公营时代

20世纪80年代之前，澳门没有自己的本土电视，市民的资讯获取大多依赖香港的无线和亚视。而无线和亚视是香港本土的电视机构，主要面向香港观众，节目并不能完全满足澳门市民的收视需要。与此同时，澳葡政府也缺乏一个政令宣传的电视机构。为扭转这种局面，澳门政府于1982年10月4日颁布宪报，决定成立一家公营电视台，以改变多年来澳门人只能收看香港电视的历史。该法令规定，撤销业已存在的澳门电台，由政府出资，组建“澳门广播电视公司”，统辖政府属下的澳门电台和电视台。随着上述法令在1983年1月1日正式实施，澳门广播电视公司正式成立，简称“澳广视”，葡文缩写为TDM，注册资本额为1 500万澳门元。作为政府出资供养的公共企业，澳广视接受澳葡政府辖下的社会事务政务司的监督。1984年，澳广视负责筹建的澳门电视台正式开播。电视台的电视栏目从创办初期就承担了公营电视所应具备的促进官民沟通的职能，一方面向市民宣传和解释政府施行政策，另一方面则传达民众心声，向政府提出批评和建设意见，在政府与市民之间搭建沟通的桥梁。澳广视发展初期，由于得到澳葡政府的鼎力支持，曾推出一系列发展大计，试图一展拳脚，可无奈澳门电视信号覆盖面仅限本地，地区广告市场又十分狭窄，因此经营并不乐观，连年亏损。

这一阶段，澳广视的不少节目都带有明显的官方色彩，显露出作为澳葡政府“喉舌”的职能。

2. 回归前后的公私合营时代

自1984年创建开始的几年，澳广视的亏损就连年不断。无奈之下，政府只能通

过注入资金勉力维持，但长此以往，仍是力不从心。1986 年 11 月，澳门政府发言人邓礼儒就澳门广播电视公司政策发表讲话，称政府计划将澳门广播电视公司的中文电台和电视台转让给私人财团经营，欢迎国际财团参与投标，不过新闻部分的节目制作则仍由政府所把持。这次讲话显示出澳葡政府在澳广视经营态度上的悄然变化——企图把澳广视的经营体制由“国有公营”转变为“公私合营”。“公私合营”的优势在于：一方面，国家可以通过控股权或业务合同对广播电视的运作进行调控制约，譬如对节目类型、层次作协调平衡，对节目内容、道德倾向、艺术质量进行监督；另一方面，由于公司实行自主经营，也能注重受众需求，节目制作努力贴近受众，以争取较高的视听率和市场占有率，并获取经济回报。而澳广视作为“公私合营”的转变一旦完成，澳葡政府既可以借助国际财团的注资减轻独立支撑澳广视的财政负担，同时也可以通过对新闻节目制作的把持，继续保持澳广视作为政府“喉舌”的作用，一举两得。1987 年 9 月 16 日，澳门总督文礼治和葡萄牙广播电视公司的代表签署了一份议定书，欲将澳门广播电视公司三成的股权卖给葡萄牙广播电视公司，其余 29.64% 的股份售予私人财团。可惜的是，葡萄牙广播电视公司担心经营后会面临长期亏损，最终取消了投资决定。不过，澳葡政府一直未放弃与私人资方的合作计划，并最终在 1988 年年初实现了目标。这年 1 月 22 日，澳门广播电视公司转为由政府注资的不具名的有限公司，注册资金为 5 000 万澳门元，旗下共有 10 个股东。澳门政府作为大股东暂时占 99.64% 的股份，其余 0.36% 分别由 10 个政府行政机构属下的基金承租。这 10 个机构是：邮电司、经济司、工商业发展辅导基金、官印局、社会工作司、体育总会、旅游司、储金司、文化学会、公务员退休基金会。澳广视组织机构最高为董事局，下设行政委员会和执行委员会，负责管理财务、工程、新闻、节目制作等部门。澳门政府派一名代表负责监督行政委员会和执行委员会。同年 5 月 1 日，澳门广播电视公司改名为澳门广播电视有限公司，简称仍然是“澳广视”。

这次转变，澳广视作为大股东虽然仍持有绝对控股权，所引入的股东也是政府属下机构，但从公共企业转制为不具名有限公司，毕竟意味着从“国有公营”到“公私合营”的悄然转变。

更彻底的转制在 1988 年 8 月 26 日完成，澳门总督文礼治代表政府与四个财团签署了收购澳门广播电视有限公司 40.5% 股份的备忘录。这四个财团中，澳门旅游娱乐有限公司占股 16%，香港亚洲电视集团有限公司占股 11%，金巨国际集团占股 11%，日本航空公司及千代田贸易公司占股 2.5%。而到 1985 年年初，有中资背景的澳门南光（集团）有限公司也购得澳广视 9% 的股权。短短几个月间，澳葡政府与五大财团合作完成了澳广视的股权重置，澳葡政府拥有澳广视 50.5% 的股份，仍持有绝对控股权，另外 49.5% 的股份为五大财团所持有。至此，澳广视真正实现了“公私合营”。经营体制的转变也引领了电视台在业务上的变革。

1995 年 12 月 30 日，澳广视将资本额增加到 2 亿澳门元。增资后，各股东的持股比例是：澳门政府占 50.5%，澳门旅游娱乐有限公司占 19.5%，澳门南光（集团）有限公司占 15%，何厚铧占 15%。不过，资本额的增加并未带来利好消息，私人股东的投资见入不见出，大多打了水漂儿。

澳门回归后，特区政府为了保持澳门现行机制的稳定性，依法接收了澳葡政府所持有的澳广视 50.5% 的股份，其余股份分别为信诚达公司、新韵公司及南光（集团）有限公司所持有。

公私合营时期的澳广视，政府虽然试图通过引进私人资本，改善澳广视的经营和运作，但是无奈这 10 多年间，整个澳门的经济大环境持续低迷，间接造成了传媒生态环境恶化，澳广视的广告市场开拓步伐缓慢，私人资本企图通过入股澳广视赚取广告费的意愿只能成为黄粱一梦。而事实上，澳葡政府在公私合营的监控上也存在明显漏洞，私人股东数度变更不说，不少私人股东更是问题丛生，根本负担不起股东应尽之责。这些私人股东不仅负担不起本应承担的债务亏损补贴额，更发生过由私人股东掌权的“小阳春”时期，来自香港的影视界名人梁某利用澳广视设备资源制作电视片集转手图利的丑闻。可见缺乏有效监管的公私合营时期，真正的“冤大头”是政府自己。

3. 特区政府的国有公营时代

进入 21 世纪之后，澳广视的经营运作仍未见好转，更兼有线电视和卫星电视的竞争，四面楚歌之下境况越发艰难。到 2002 年 8 月财政情况更是降到冰点，职工面临领不到工资的困境，直至特区政府出面资助，才渡过此次经济危机。更为雪上加霜的是，当年 10 月，先是两个私人股东信诚达公司及新韵公司以业务繁忙，未能兼顾澳广视的业务为由宣布退股，以价值 6 900 多万澳门元的股份（34.5%）抵偿他们 5 000 多万澳门元的应承担亏损债务，并无偿地将股份归还澳广视。紧接着，不出半个月，南光集团决定效法新韵及信诚达公司，无条件地将手上所持的 15% 股份赠予澳广视。三个私人股东将股份赠予澳广视后，澳广视股份变成政府持有 50.5%，澳广视本身持有 49.5%。虽然澳广视仍属私营公司，但实质上已变为政府控股及管理全数股份。

此后，澳广视试图再度融资私人资本，更曾邀请过港澳财团加盟，包括香港亚洲电视邱氏家族及澳门的私人企业家，但对方皆因澳广视负债累累而打退堂鼓。而据香港传媒报道：“华懋集团主席龚如心曾与澳门广播电视一位执行董事（私人股东）签订转让股份协议，同意作价一亿四千二百万元购入该私人股东持有澳广视股权中 51% 的股份，并支付人民币三千万元订金，龚稍后发现澳广视存有多个未能解决的商业和法律问题，按协议条款提出索回订金不遂，遂入禀高院追讨订金连利息。”①

无奈之下，澳广视唯有靠一己之力支撑这个只赔不赚的“公共机构”。2004 年，

---

① 立言. 连年亏蚀已成包袱　前路茫茫难觅出处. 讯报（莲峰隽语），2006-03-25

澳广视主办公营广播机构国际年会，何厚铧又在公共场合明确指出澳广视为澳门市民提供公营广播服务，种种迹象皆显示，无论从自身地位还是政府期许，澳广视都被认为是公共广播电视机构。

2005年，澳广视将所持有的49%的股份以9 900万澳门元售予澳门特区政府，使特区政府拥有了澳广视99.8%的股份。而澳广视其余0.2%的股份，则由其他政府机构所拥有。澳门特区政府实质上已是全资拥有澳广视，也就是说，澳广视已成为澳门特区政府的官方电视广播机构，澳广视重回“国有公营”时代。不过这次股权变更，却引发了一番法律争议。

二、股权变更引发的法律争议

澳广视于2005年进行的股权变动，从某种程度上增强了澳门特区政府拨资填补澳广视亏损的正当性。

倘若事件追溯至2002年，当年澳广视的三个私人股东信诚达、新韵及南光放弃其对澳广视所拥有的股权之后，尽管澳门特区政府只持有澳广视50.5%的股份，却是全额拨资填补澳广视的亏损，这种做法难免会令人私下质疑其正当性。严格来说，这与特区政府的财政制度是有抵触的，甚至可被视为不符规则的行径，并使澳门特区政府的依法施政、依法行政的形象蒙上阴影。

如今，特区政府收购了私人股东退股后澳广视被迫自持的部分股份，这就使特区政府全额承担澳广视亏损具有正当性。但又形成了新的触法、违约事实，因为澳广视这样的股份结构，完全抵触了前澳葡政府与澳广视于1990年7月25日签署的澳广视专营合约相关法例。按照法令规定，澳广视的股权分配合理比例应为：澳门政府占股50.5%，私人股东占股49.5%，私人股东每家占股不能超过19.5%。而2005年的这次股权变更使特区政府对澳广视持股已远非规定界限中的50.5%，而是实质上的100%。在此情况下，就将在客观上造成澳门特区政府行政违法，或是澳门特区政府违反专营合约，从某种程度上损害澳门特区和特区政府的法治形象，并引发舆论各界的普遍争议。

三、未来走向：国营、公营还是私营

当然，与股权变更引发的法律争议相比较，更为值得关注的是澳广视的未来走向。澳广视自被特区政府完全接手后，财政状况有所改善，但每年亏损仍在继续。如何扭亏为盈，实现飞跃，将很大程度上取决于澳广视未来的机构性质及其角色定位。

国有国营、国有公营、社会公营、私人私营以及公私合营这五种体制模式其实不分伯仲，各有利弊，关键是一个适用问题。澳广视20余年间经历了从国有公营到公私合营再回到国有公营的体制转变之路，但是体制的转变均未能转化为效益的提升，那是否就此认定这两种体制均不适合澳广视呢？对于这种推断，笔者不敢苟同。传媒机构的生存发展除了受限于自身的体制优劣外，还取决于其周遭的传媒生态和社会政治环境，是内外合力作用的结果。因此，对于澳广视未来的发展，除了政府应推行政策改善传媒生态环境及促进澳门社会经济发展之外，选择一种适合当下传媒生态的经营运作体制亦具重要意义。

澳广视的行政总裁江濠生曾指出，未来澳广视的发展方向，可考虑以下两个方向：一是以公营方式经营；二是引入新的投资者再发展。另有分析者则认为，澳广视应放手一搏，全由私人私营，走商业电视之路，死马当活马医。

本来，按照新闻自由和政府不直接经营媒体的理论，彻底私有化确是澳广视的理想运作模式，也符合澳门所推行的自由主义的新闻体制。然而，理想往往难与现实挂钩，澳门的广电传媒市场一向缺乏市场竞争，根源在于澳门的经济结构单一，广告市场狭窄，仅有的广告资源根本无法支持传媒的市场化运作。而澳广视之前的发展历史也证明，倘若没有了政府这个大股东的支撑，澳广视早就到了山穷水尽的地步。因而倘是纯由私人经营，澳广视的运作恐怕是难以维持。况且，也没有哪家私人企业甘愿承担如此巨大的风险。

相较而言，就目前澳门政府以及澳广视的一系列举措来看，公营是双方达成的一条可行性道路。原因有二：一是无论是从政府信息运作、城市形象宣传还是市民资讯需要等多方面考虑，澳门都需要有一家公共广播电视机构；二是依澳广视目前的经营状况，唯有依靠政府的财政支助和资源供给，方可继续发展。

倘若确定走公营之路，先要解决两个问题：

其一，管理机构的形式问题。在推行一国两制的澳门，如果是由政府出面直接经营电视台和电台，极有可能会在外界引起不必要的误会和猜疑，认为政府当局可能有通过把握传媒机构的经济命脉操控其舆论导向，把电视机构变为“一言堂”的嫌疑。为了避免这些误会和猜疑，最好还是“仿效台湾地区的中央社或公共电视台的模式，澳广视的费用由特区政府预算册内支出，但特区政府不介入也不派人管理，而是命名社会人士及专业人士为董事会成员，并由专业人士进行行政及经营管理”①。

其二，公共电视的职能界定问题。大众传播媒介需要行使传递信息、宣传教育、文化聚散、提供服务和娱乐等基本功能。公营电视和政府电视在基本功能上既有重合也有相异之处。一般而言，政府电视更偏向政令宣传，而公营电视则更注重服务公众。过往，澳广视虽然是“国有公营”的传媒机构，但是在功能行使上似乎更注重对政府政策的宣传和解释，实质行使的是政府电视的功能。未来，澳广视必须把握好政府电视和公营电视之间的职能区别，更好地发挥文化、教育、信息、社群服务以至高质素娱乐的功能。

---

① 永逸．澳广视不能倒，但需彻底改革．新华澳报（华澳人语），2002－10－11

第八章

澳门广播电视运营

第一节　虚假繁荣的澳门广播电视

弹丸之地的澳门，人口虽然只有40多万，但地区之内的广播电视业却呈现出一片"繁荣"境况：电视方面除了免费电视台澳广视的中、葡文台之外，还有澳亚卫视、莲花卫视、旅游卫视等卫星电视台以及有线电视台；电台数量虽不及电视，但也有澳门电台和绿村电台两家并存。倘若计算人均电视台、电台拥有量的话，澳门与近邻香港相比一点不落下风，即便放在亚洲地区之内亦是名列前茅。这种"繁华盛世"甚至一度让外界产生在澳门经营电台、电视台前途无量的感觉。

那么澳门是否真如外界所揣测的那样是经营广播电视的风水宝地，前（钱）途无量呢？非也。倘若实际情况并非如外界所想，澳门广播电视美丽面纱下的真实面目又究竟如何？

以下两则澳门报章上的消息或许可令大家对其真实的经营状况略知一二：一是有报纸社论指出，澳门有线电视对于非法安装天线接收器问题已失去耐心。该公司负责人表示，如果问题无法尽快解决，不排除停播的可能，因为没有股东愿意继续亏钱。作者呼吁特区政府尽快解决问题，以维护法律的尊严和特区的国际形象。二是澳门两名民选立法议员就澳广视的财政和管理问题向政府提出书面质询，指澳广视连年亏损，业已成为澳门其中一个老大难问题，希望政府能拿出勇气，有序地卸下这个拖累特区财政的大包袱。不少人也认为政府要下决心将澳广视的问题摆上议事日程，采取不同的方案，以免政府库房长期负担这个每年亏蚀几千万的公共企业。

透过以上两则消息可知，澳门广播电视业所谓的繁荣盛世其实只是表面上的。在澳门搞广播电视不仅没钱赚，还往往入不敷出，资不抵债。这种亏蚀状况自澳门广播电视业诞生以来，就一直未曾好转，无论是私人资本还是澳门政府都为此背上了沉重的包袱。下面，笔者将详细分析一下澳广视和澳门有线电视这两个澳门主要电视机构历年的经营状况，为大家算一算这笔澳门广播电视的亏损账。

澳广视旗下的电视台于1984年正式开播。未料出师不捷，开办第一年就亏损3 500万澳门元。此后更是连年亏损，一直入不敷出，收入远远低于电视台运转的开销费用，只占每年支出的15%左右。1986年全年支出5 310万澳门元，广告收入只有200多万澳门元，支出与收入的巨大差额可见一斑。而到1991年，澳广视亏损竟超过1亿澳门元，而大部分亏损均由股东承担。从20世纪80年代中期到90年代中期的十数年间，亏损成了澳广视的标签。在此期间，澳门政府及澳广视管理层对其不离不弃，并数度推行改革，包括引入私人资本、增加发射设备、改进节目等一系列举措，可澳广视依然未见好转。澳广视一直借钱度日，仅银行利息一项，就令澳广视的财政赤字难平。1999年回归之后，澳门特区政府依然保持澳葡政府的政策延续性，对澳广视给予支持，而澳广视的经营状况较之以往有所好转：1999年亏损9 000多万澳门元；2000 年亏损减少到 8 050 万澳门元；2001 年亏损再次有所下降，为 7 300 万澳门元；2002 年澳广视的亏损幅度较 2001 年又下降 7%，仅为 6 800 万澳门元。虽然 6 800 万仍是个巨额数字，但是相较 90 年代的年均亏损 1 亿多，已有不少改进。不过，账面亏损数额的下降却依然无法掩盖澳广视惨淡经营的境况。当年 8 月，澳广视一度陷入财政崩溃，经费仅够当月开支，公司决策层紧急召开股东大会商讨对策。会后有领导层透露，澳广视长年负债累累，而公司私人股东应支未支的摊还亏损达 6 000 多万，加上逾 7 000 万债务，总体财政压力超过 1.5 亿。此次财务危机在澳门政府和股东的通力合作下最终化险为夷，但私人股东最后还是决定与积重难返的澳广视分道扬镳。信诚达、新韵以及南光公司相继退股，澳门政府不得不一力承担这个烂摊子。到 2005 年，澳广视实质上已成为澳门政府全资拥有的电视机构，澳门政府依例每年向其拨款，补贴其运营，当年的业绩报告显示，澳广视收入 3 300 万，亏损 5 600 万。2006 年，澳门特区政府向澳广视拨款 6 500 万，加上公司其他收入，总收入约 10 100 万，扣除 9 500 万的开支，澳广视在当年的账面上有接近 600 万的盈余。但是若考虑到总收入中包括 6 500 万的政府津贴，澳广视实际仍处于亏损状态，亏蚀约 5 900 万。澳广视依旧延续着自开播以来未有赢利的尴尬状况。

澳门有线电视的起步比澳门无线电视的起步慢了整整 15 年，但是整体的经营状况却和澳广视殊无二致，仍是亏字当头。由于澳门相应政策法规中对于公共天线与有线电视的纠纷状况一直未有明文规定，导致所谓天线服务及“SMATV”服务的供货商的不法竞争持续上升，这些供货商利用监管实体的被动性继续大力加强提供电视频道，做到如真正的有线电视信号发放公司一样，使澳门有线电视享有的专营权价值被实质贬低，限制了澳门有线电视股份公司的业务增长及市场渗透率，使澳门有线在运营上一直未能打开局面。2003 年，澳门有线电视股份公司亏损高达 2 460 万；2004 年亏损为 1 970 万；2005 年，该公司虽然在营运收入上有 28% 的可观增长，但是亏损依旧高达 1 578 万。

上文对于澳广视以及澳门有线电视股份公司经营状况的分析，已经显现出这两家电视机构在资金上的捉襟见肘以及运营上的度日维艰。虽然它们只是澳门广播电视业中的个别代表，但唯其代表，也得以成为澳门广播电视业发展滞缓、积贫积弱现状的缩影写照，我们大可窥一斑而知全豹。

澳门的广播业自 20 世纪 30 年代诞生至今已有 70 余载，电视起步虽晚，但也有超过 20 年的发展历史。可为何澳门视听广播业的发展却一直如此缓慢，甚至停滞不前呢？又是怎样的因素造成了澳门视听广播业的发展现状？以下几节，笔者将从宏观、中观、微观三个向度去解读个中缘由。

第二节　澳门社会发展对广播电视业的影响

广播电视业的形成和发展不可能是一个独立封闭的自生型现象，促使其形成的因素繁复多样，而影响其发展的变项更是千头万绪。政治、经济、社会等条件、因素都会对其形成和发展产生综合作用，而这些条件、因素集合起来便形成了广播电视业的宏观外在环境。

一、政治环境：制度性缺陷，政策不力

政治环境泛指一个国家的社会制度，政府的方针、政策，政治事件以及国家制定的有关法律、法规等。其中，制度和政策是最为重要的两个因素，制度是根本，政策是体现，两者会对企业的生产经营活动产生重要影响。

"制度在社会中起着更为根本性的作用，它是决定长期经济绩效的根本因素。"① 美国著名制度经济学家道格拉斯·C. 诺斯认为，"制度正是通过安排和确立产权，产生出有效率的组织，对个人的经济活动造成一种激励效应，根据对交易费用大小的权衡使私人收益接近社会收益，通过改变交换与生产的成本来影响经济绩效。而无效的制度刚好相反，导致大量的'搭便车'行为的出现，从而扼杀了经济成长的因素。就此而言，澳门广播电视业的绩效低下、经营不善很大程度上归因于制度不力"②。

自 1557 年始，葡萄牙人便在澳门定居，其后更是在澳推行殖民统治，其政治、文化都对澳门形成强力辐射。因此，澳门的制度建构无疑受到葡国政权的直接影响。16、17 世纪的殖民帝国葡萄牙推行的是封建官僚集权政治。17 世纪，欧洲大陆发生了一次重大的经济危机，危机中的葡萄牙政府为了维持巨额的王室费用和军费开销，通过出卖经济的特许权和转让垄断权作为取得国内收入的主要来源——以产权换收入。这种制度的效应往往是饮鸩止渴，不利于长期发展，因为那些被转让的产权使地区性、行业性的垄断变成合法，抑制了创新，降低了效率；并且由于需要一种完备的代理机构对这种用产权换收入的体制实行监控，因此产生了庞大的官僚机构，这个官僚机构不仅会吸走一部分收入，而且也成了政治机构中的一股顽固势力。制度不力的葡萄牙政府很快走向衰落。

极为不幸的是，伴随着殖民扩张，葡萄牙的制度和产权模式被移植到身为其殖民地的澳门。澳门广播电视业中一直推行的"专营权制度"几乎就是 17 世纪葡萄牙政府"产权换收入"制度的翻版。澳门政府将专营权赋予澳广视和澳门有线电视广播公司，本意在于为澳门无线广播和有线广播电视的发展铺平道路，保驾护航。但实践

---

① 道格拉斯·C. 诺斯. 新制度经济学（中译本）. 上海：上海财经大学出版社，1998. 248

② 王海港. 澳门落后的根本原因：制度问题. 中山大学学报（社科版），1999（2）

证明，这种“专营权制度”不仅无益于澳门广播电视业的发展，还产生了严重的“温室效应”：一方面，专营权破坏了原生态的开放竞争环境，长期缺乏竞争不仅使澳广视的免疫机能下降，更使其节目缺少改进动力，质量持续下降，新陈代谢的内生机制也被破坏殆尽，以致香港、内地电视大举进军时，澳门电视显得不堪一击；另一方面，专营权所牵涉的权力批让问题、股东收益分配问题，导致广电机构管理者与政府官员之间关系过密，机构内部滋生腐败，管理效率低下。

澳门政府还因为长期推行对传媒进行补助的政策，常常为世人所诟病。资助传媒的政策始自20世纪90年代初，鉴于当时大多数澳门印刷传媒的经营状况，前澳门总督韦奇立便开始效法欧洲一些社会主义国家，对澳门的所有报纸实行现金补助制度，每家报馆每月补贴12 000～15 000澳门元不等，以保持澳门报纸的多元性。政权交接后不久，澳门特区行政长官何厚铧表示，印刷传媒补助制度不但要保留下去，还计划将补助范围扩大至澳门记者随行前往外地访问澳门特区行政长官或者中国政府中央领导人的外访活动。而电视方面，自澳广视成立以来，澳门政府实质上就是其大股东，每年投入大量资金维持其生存经营。

对于这种政策的推行，正反意见的争辩未曾停息。一些正面意见认为，在传媒经营普遍不利的情况之下，财政资助可以保有本土媒体的存在，从而保持传媒意见的多元性；而一些负面意见认为，传媒资助政策只会直接影响到传媒运作的独立性，意见不仅难以保证多元，相反更有可能沦为政治势力的“一言堂”。笔者认为，澳门素来是一个讲求自由的市场经济社会，其广播电视业也一向是自由运作的产业实体，传媒是否能生存下去，应交由自由市场去决定，政府在与传媒的二元关系之中，其作用范围仅限于监督和引导，一旦资本进入，传媒自身的独立性就极易遭到干扰，长远来看，也有损于自由市场的公正法则。

总括而言，澳门在广播电视业发展方面存在着制度性缺陷，政策不力，无法给予广播电视发展足够的制度支持。

二、经济环境：发展单一化，市场狭窄

所谓经济环境是指国民经济发展的总状况，主要指地区内、国内、国际经济形势及经济发展趋势。一般而言，宏观经济对媒介产业发展的影响有绝对和相对之分。绝对影响是指一个国家或地区媒介产业的发展最终决定于所在国家或地区的经济发展状况；相对影响则是指相关产业对媒介产业发展的支持程度。总而言之，广电产业的发展离不开良好的经济发展基础和整体经济环境。但是持续低迷的澳门经济却未能给予广播电视业的发展以足够支持。

1. 经济发展持续低迷，影响信息流通

纵观澳门的经济发展史，除了开埠后的约100年依靠葡萄牙的海上霸权和在一定程度的特惠条件下进行垄断的转口贸易而得以蓬勃发展外，澳门经济在17世纪中叶

以后的大部分时间里都陷于衰落、贫困和相对落后的境地。几百年来，澳门本身始终未产生出发展正常产业的激励机制，20 世纪六七十年代出口加工业的短暂辉煌在很大程度上是香港生产要素输入的结果。此后，澳门经济便一蹶不振，陷入持续性低迷，直到回归后，随着中央政策的支持和赌权的开放才逐步复苏，但发展步伐相较邻埠香港以及近年迅猛发展的内地经济仍是显得缓慢和滞后。这种经济上的持续低迷事实上已然影响到了广播电视业的发展。媒介产业是一项信息产业，信息流通为其发展根本，信息流通越频繁，可供媒体挖掘和报道的资源就越多；反之，信息流通越贫瘠，媒体的生存空间就越狭窄。而信息流通的频率和数量则很大程度上取决于地区经济的发展状况，一个经济产业发展旺盛的地区，无论是在内向性信息还是外向性信息的需求上，都远远超过一个产业发展相对滞后的地区。澳门经济的整体发展状况不尽如人意，内部产业发展困境重重，对外贸易亦难见起色，这种状态下，经济发展犹如一潭死水，又谈何信息流通和媒介发展？

2. 经济产业结构单一，收入差距过大

博彩业向来是澳门经济发展中的重要支柱。澳门回归后，澳门确立了“以博彩旅游业为龙头，以服务业为主体，其他行业协调发展”的产业结构定位，旅游博彩业得以进一步发展。“据统计，澳门博彩收益由 2000 年的 158 亿元增加到 2005 年的 458 亿元，收益的年增长率从 1999 年的 -10%，到回归后分别为 2000 年的 12.9%，2001 年的 15.2%，2002 年的 18.1%，2003 年的 33.5%，2004 年的 43%，2005 年的 83%，呈逐年加速增长的态势。博彩税收由 2000 年的 56 亿元增加至 2005 年（1～11 月）的 159 亿元。博彩业在本地生产总值中的比重更是从 1999 年的 26.9% 上升至目前的 40% 以上，财政经常性收入的 75% 以上依靠博彩业，预计其份额还有不断上升的趋势。无论是从所占产业比例还是从对财政收入贡献的双向角度观照，澳门博彩业已成为澳门经济命脉的支柱产业，澳门经济对澳门博彩业的依赖也进一步增强。”①

随着博彩业在澳门产业发展中的一家独大，“澳门居民的收入也迅速出现分化，贫富差距拉大。统计数据显示，澳门 1999—2003 年的 GDP 年均增长率为 7.5%，而同期人均月收入水平则由 4 920 元下降到 4 801 元，下降了 0.5%；而且不同行业间收入差距逐步拉大，博彩业从业人员收入普遍较高，如 2005 年第三季博彩业的平均工资收入达 10 800 元/月，而同期澳门总体平均收入水平为 5 843 元/月，制造业仅为 3 134 元/月。据澳门工会联合总会的一项调查显示，2005 年仍有约六成居民属于中低收入人士”②。

① 林珊. 回归后澳门经济的回顾与发展. 亚太经济，2006（6）
② 林珊. 回归后澳门经济的回顾与发展. 亚太经济，2006（6）

图 8-1 澳门葡京赌场[1]

澳门这种经济发展态势实质上存在着畸形发展的隐忧：一方面，政府将大部分资金、精力投注到博彩旅游业中，产业结构单一化，势必造成其他产业发展的式微。曾是澳门重要支柱产业之一的制造业，产值占 GDP 的比重已由 1999 年的 9.4% 持续下降到 2005 年的 5%，媒介产业也不可避免地会受到牵连。另一方面，各行业收入差距过大，尤其是博彩业高收入的引诱，必然驱使人才纷纷投奔博彩业。澳门本来就是一个人力资源稀缺的地区，人力过度集中于赌博行业，更使其他产业无人可用。有调查显示，澳门的年轻族群越来越倾向于高中毕业后投身赌博行业，获取一份不错的高收入工作。相较而言，媒体行业工作辛苦、收入不高，自然不会成为澳门民众的首选。

3. 本地广告市场狭窄

市场化环境下，广告是传媒赖以生存发展的支柱。一个地区广告市场的成熟与否有赖于两个判断标准：资金雄厚的产业客户群和数量庞大的收视群体。这两者之间同时存在着紧密的逻辑联系：收视群体越大，则广告客户越愿意为电视台的广告买单；反之，广告客户越多，投放广告额越多，则越有利于电视台的资金积累，节目水平也会相应较高，较能吸引收视群体。澳门人口只有区区 40 多万，收视基数本来很小，更兼很多观众被外地电视频道所分流，实际收看澳门电视的收视群体就更少了，所以很多广告商考虑到广告投放的实际效果，往往不愿在澳门的广电传媒上投放广告。此外，澳门近年经济结构渐趋单一化，除了博彩业一家独大之外，其他行业的发展持续

① http://www.dgtrip.com/Static/INFO/NEWS/lyxw/5257_3.htm

低迷，甚至出现负增长。这种畸形发展的经济状况导致市场上拥有资金投放广告的产业客户群迅速减少，本地广告市场狭窄的特点显露无遗。

三、社会环境：澳门市民政治参与意识的薄弱

社会环境指一个国家和地区的民族特征、文化传统、价值观、宗教信仰、社会结构、教育水平、人口变动趋势及治安等情况。

澳门地方狭小，根据最新的人口统计调查显示，全澳只有40多万人口，人口组成主要包括华人（95%）、葡人（3%）、土生葡人（0.05%）以及小部分东南亚国家侨民。虽然澳门人口的来源构成呈现出多元化的特点，但是华人在此占绝大多数，且这些华人多为在澳门定居数年的本土人士，因此之间联系较为密切。很多时候，单单凭借人际传播或者群体传播，人们便可以完成信息的流通，而无须借助报纸、电视等大众传播媒介。

澳门回归之后，整体社会治安良好，为传媒发展提供了一个和谐稳定的环境。不过在此之前，传媒的发展却受到澳门治安严重失控的牵连，很多澳门新闻工作者更是因此遭受人身安全的威胁。其中最具代表性的是1998年发生的一起伤人事件，“当年9月8日凌晨，10名澳门当地记者、香港驻澳门特派记者和3名澳门警察，在新桥区采访及调查一宗怀疑纵火烧车案时，突然被黑帮分子预先放置在现场的一个遥控炸弹炸伤，记者们不是被炸至血流披面，就是炸至手臂折断，或者耳垂被碎片削去，此事件的发生令所有在澳记者都纷纷自我审查，对有关黑帮领袖的报道都三缄其口，严重影响了澳门的新闻自由”①。

在市民价值观方面，澳门居民的忧患意识和政治参与意识相对薄弱。由于存在博彩业，澳门居民可以在较低的文化素质和产业科技水平上享有较高的收入和生活水平，从而淡化了澳门居民对自己落后产业的忧患意识，降低了澳门社会发展科技、改革制度的积极性。与邻埠香港相比，澳门居民的政治参与意识也显得不足，虽然这种政治参与度在回归后有所提高。“澳门人常被称为温顺的族群，对自我生活极易满足，而缺乏政治参与的热情和动力。调查显示，在1976年澳门的首次选举中，有78.04%的选民投票，但是在1992年的选举，选民下降到只有59.25%。这种政治冷漠尤其表现在澳门父母辈的群体身上，一项学者调查指出，大部分的澳门父母辈被访者（64.3%）都表现出政治冷感，这些父母辈还反对儿女参与政治活动。”② 政治参与意识淡薄预示着市民对社会政治事务的关注减少，这种政治生态并不利于本地广电传媒的发展。

---

① “行政院新闻局”．变迁中的香港、澳门大众传播事业．台北：“行政院新闻局”，1996

② 林赖胜．澳门的社会发展与变迁．见余振．双城记——港澳的政治、经济及社会发展．澳门：澳门社会科学学会，1998

第三节　内外交困下的艰难生存

澳门广播电视的弱势，很大程度上归因于香港广播电视的强势。港澳两地一衣带水，同宗同源，又曾同处于殖民统治的政治生态下，两地居民在语言、饮食、文化以至价值观等方面都具有很大共通性。这种以语言为基础的地缘文化接近性，使得香港的电台、电视台可以畅通无阻地频频向邻近澳门“暗送秋波”，而澳门的本土居民也是乐此不疲地一概接纳，从而形成香港传媒文化的强势辐射。

澳门市民对香港传媒的依赖早已有之，无论是过往的粤语长片还是如今的新闻资讯、综艺栏目，香港的电视制作始终是澳门市民的“心头最爱”，调查显示，尽管澳门市民最常使用电视传媒，不过，澳广视并非其中首选。综合而言，无论是在新闻节目还是在娱乐节目的竞争上，澳门本土的龙头老大澳广视都不敌“过江龙”翡翠台和本港台。这种独特现象的形成，笔者将其归因于两个因素：其一，观众对于香港电视强大的收视惯性；其二，节目质素优劣权衡下的必然选择。这种高度的传媒依赖，使澳门成为一个比香港新界北区更依赖香港市区的卫星城市。

不仅是香港电视对澳门造成辐射影响，近年来，内地、台湾电视的潜在渗透也已越发显现。在澳门，市民只要缴纳极其低廉的月费，通过本地的有线电视网络或社区共同天线系统，便可以享有收看收听到至少 34 个电台、电视频道，包括广东话、闽南话、国语（普通话）、英语、葡萄牙语广播节目的权利。而广大市民似乎也乐于接受外来电视文化的熏陶，在闽南裔新移民聚居的澳门北区，居民收看台湾各卫星电视台的直播卫星节目蔚为成风，晚上 9 点过后进入北区，到处都是在看台湾节目的商户和家庭，仿如一个小台湾。

内地电视节目近年也凭借制作精良的优势逐渐深入澳门民心。尤其是靠近澳门的广东地区，与澳门同属粤语方言区，其粤语风味的节目对澳门人天生具有亲和力，而近年来粤澳两地经济往来密切所引发的信息需求，更为广东电视的长驱直入创造了条件。

事实上，澳门广电传媒的“弱势”表现，除了归因于外部媒体的巨大压力之外，也受限于自身发展的诸多不利因素。

一、专业人才缺乏，创意低下

媒体产业是一种劳动力高度密集的产业，这项产业与其他劳动力密集的产业一样需要大量人力投入，一档电视新闻、一套电视剧集或一部电视纪录片，从拍摄、制作到播出等阶段，其所动用的人力资源更甚于其他产业。同时，媒体产业又是一项凝聚高度创意的文化产业，其所制造的产品——每则新闻、每首 MTV 或每部剧集——都是独具创意巧思的新产品，而创意又偏偏来源于思维开阔的人才。媒介的发展需要人，更需要有创意思维的人才，人才是媒体产业发展的产业核心和成败关键。但是，放眼澳门的广播电视业，既没有贮备充足的人力资源，也缺乏创意无限的专业人士，两手空空之下，发展上不免步履蹒跚，甚至停滞不前。

那为何没人才、缺人才呢？细究之下，深层原因有三：

第一，缺乏人才培养的专业教育体系。大多数媒体发达的国家，都有一套成熟的媒体人才培养体系。以媒体产业最为发达的美国为例，为了支撑庞大的媒介产业，全美有几百所高校设置有新闻传播专业，每年源源不断地向全国大小媒介输送专业人才。而中国内地近年来传媒产业之所以飞跃发展，也很大程度上得益于各高校新闻传播专业的人才辈出。澳门高等教育的发展起步较慢，起初的高校鉴于办学条件并无开设相关新闻传播的课程。所以，20 世纪 90 年代之前，澳门广播电视从业人员多从本土社会招聘或依赖于外来引进。邻近的香港始自 20 世纪 60 年代起就有正规的新闻与传播学的培训教育，香港高校亦曾为澳门社会提供高等教育的机会，只可惜由于两地教育学制存有区别，澳门学生多选择前往台湾升学，所以澳门一直缺少本土培训的传媒专业工作者。20 世纪 90 年代之后，澳门广播电视业有了一定的发展，较之以前更需要专业人才，针对需要，澳门高校才陆续兴办传媒专业，不过高校教学资源和师资力量十分紧缺，此类专业的办学规模难以扩大，每年给澳门广电传媒输送的人才也只是杯水车薪。

第二，缺乏人才成长的良好环境。博彩业一直是澳门经济发展的支柱产业。随着 2001 年澳门赌权的开放，旅游博彩业得到迅猛发展，行业薪酬与福利都有大幅提升，金钱指引之下，其他行业的人员纷纷流向旅游博彩业，造成其他行业的人力资源不足，传媒也受到牵连影响，行业内人员流失非常严重。澳门特殊的政治、经济条件和社会生态造成澳门年青一代越发缺乏竞争意识和忧患意识，由于博彩业人力需求旺盛，所以澳门的青年族群根本无失业之虑，一个高中毕业的青年学生在澳门赌场之内从事荷官工作，轻而易举便可获取每月高达三万的月薪报酬。这份收益回报要比在传媒行业内“捱更抵夜、扑生扑死”来得轻松逍遥，事实也证明，传媒行业的工作报酬在澳门并不见高，要远远低于博彩业。务实心态之下，不少澳门的青年学生高中一毕业便早早投身博彩业，再无心升学上进，连接受高等教育都不愿意，更遑论投身传媒行业工作。大环境驱使之下，传媒行业出现人才断层也是理所当然。而对于那些身在传媒的从业人员来说，他们中的不少人也是身在曹营心在汉，无心恋战，传媒只是他们仕途的“跳跳板”，他日一旦机会成熟，便会“跃上枝头变凤凰”。根据在澳门广播电视机构的调研发现，电视机构内部人员流动现象十分严重，尤其是电视新闻部里面的一些年轻记者和年轻主播流动更为频繁，原因在于澳门传媒市场狭窄，经过几年辛苦打拼，他们往往能在业界树立威望和在社会赢取足够知名度，因而即便是得到广播机构内部的升职承诺，他们大多也会义无反顾地选择跳槽。而流失的人员大多前往澳门政府机构就职，薪高粮足，工作轻松体面，福利待遇远远胜过媒体。如澳广视的前任电视新闻总编陈致平在离开电视台之后正是选择到澳门的政府部门新闻局出任局长。

其实，传媒工作本来就是一份充满艰险的辛苦工，即便是收入还算不错的内地传媒行业，这份工作依然意味着巨大的付出和风险。而一直以来，不少传媒工作者之所以在这个行业能长此以往地坚守下去，很大程度上归因于他们自我的新闻专业理念以及艰苦付出之后的职业满足感。不过，在澳门，专业理念和职业满足感都往往很难感受到。不少在澳门电视广播机构工作的内地同行告诉笔者，从内地硝烟弥漫的新闻战场转战澳门传媒后，感到巨大的心理落差。这种心理落差是由两方面造成的：一方面，新闻竞争在澳门无从谈起，传媒圈内波澜不惊，难泛涟漪。缺乏竞争便缺乏动力，人变得懒惰，虽然依旧敬业，但是新闻激情已荡然无存。另一方面，社会对于传媒行业的认可在内地和澳门也是差别很大。在内地，记者出去新闻采访，往往是民众拥戴、官员重视，充满了巨大的职业满足感和成就感。在澳门，社会民众对于新闻传媒行业认可度很低，记者们根本无法像在内地一样足不出户便可享用社会各界的新闻线索资源，很多时候必须外出寻找线索。而在外工作，社会公众对于记者采访也大多反应冷淡，所以新闻从业者很难获取职业满足感。澳门整个社会大环境对于传媒行业的冷落，使大多数传媒人士心灰意冷，成长和传承都无从谈起。

第三，缺乏人才引进的高效机制。为了弥补澳门本土传媒人才匮乏的缺口，很多时候澳门的广播电视机构只能靠引进外来人才来解决问题。因而，在澳门不少电视台的工作间之内，往往可以看到来自两岸四地的新闻从业者共处一室的境况。台湾以及内地都是专业人才的主要输出地，尤其是近年来内地不少新闻从业者更是南下澳门工作。澳门传媒行业的工薪虽然在澳门当地并不见高，但月均五六千的薪酬放在内地，仍是一笔不菲的收入，对于不少内地工作的新闻从业者依然充满诱惑力，因此不少内地的新闻从业者以至一些刚刚大学毕业的新闻专业学生都纷纷踏上南下之路。澳门传媒行业的迫切需求得到内地人士的积极回应，并能借助外力推动本土传媒业的发展，这本来对于澳门广播电视业界是件好事。但是这种人才引进战略由于难以得到政策保障，以及受制于烦琐的引进手续，往往好事难成。有电视机构的管理人员向笔者大吐苦水："我们往往会在内地相中一些人才，对方也答应过来工作，但是引进的过程往往非常烦琐，劳工证一办就是半年以上，等劳工证办好，对方也早就找到了新东家，不再愿意过来。"[①] 这种现象在澳门非常普遍，人才引进的渠道不畅成为澳门传媒界人才引进的最大障碍。迫于众所周知的原因，曾作为殖民辖区的澳门，与内地的往来自古就有一层屏障。即便是回归之后，身为特区的澳门在人员的交流往来上依旧不是畅通无阻的。这两年，港澳自由行逐步开放，但也仅限于一般游客的自由往来，对于来澳工作的人员，澳门政府依然要通过繁复的验证程序和批复手续对他们反复进行身

① 资料来源：笔者于 2007 年 4 月 13 日与澳亚卫视行政人员访谈整理笔录

份核实。手续步骤的繁杂只能造成时间的耽搁和拖延，引进人才战略的正常步调受到影响，甚至导致已有人才流失。

二、节目质素低下，难如民意

澳门广播电视业发展至今，最大的问题是节目质素低下，类型单一，根本无法在激烈的收视市场争夺受众眼球。美国传播学者皮卡特认为，从市场的面向看，媒体之所以独特，在于它具有一种双重产品市场的特性，也就是说媒体企业制造一项产品，却以两种截然不同的商品与服务形态出现在市场上，第一个市场即直接受众，他们直接购买媒体企业所制造的商品，如书籍通过销售，有线电视经由付费等形式；第二个市场则为广告市场：阅听众在近用或消费媒体娱乐形式或节目内容之际，媒体企业可以将这种近用或消费形态，重新包装成第二层可再销售的产品，如收视率或收听率，以有价的形式销售给广告者。这种二次销售的媒介赢利逻辑套用到广播电视身上，即广播电视必须先提供优质的广播电视节目吸纳各方观众，再根据收视率的高低向广告商寻求广告资助。二次销售的先后顺序当然不能倒置，优质的节目产品是广播电视机构能否最终赢利的重要基石。但是，澳门的广播电视业在赢利方面一直疲软，这很大程度上归因于其无法满足受众需求，提供适合市民口味的优质节目。

在澳门，澳门电台历史悠久，向来拥趸者众，更兼节目坚持走本土化路线，因而在澳门市民中收听率非常稳定。相较而言，电视的表现则相当差劲，除了澳广视每晚的七点档新闻，其他节目大多观者寥寥。观众不买账，不是因为澳门市民不看电视，而是因为本地电视实在乏善可陈，无奈之下只好越过澳门的电视频道去搜寻香港电视和海外节目。澳门电视面临如此处境，不怪别人，只怪自己在电视节目上的拙劣表现：

1. 节目制作形显粗糙

当今的电视节目要想打开市场，不仅需要内容方面耐人寻味，更需精美的制作和光鲜的包装。“酒香不怕巷子深”的时代早已远去，时下的电视观众越发挑剔，见多识广，他们看节目既要故事感人、情节曲折，亦要形式多样、画面出奇。在多样化的选择之下，一般的粗制滥造根本难以进入他们法眼。为适应这股受众需求转变的潮流，华语媒体圈的各地区媒体纷纷应时而动。香港、台湾的电视机构内部均配备了精良的拍摄制作团队，内地不少电视台更是把打造精品栏目作为第一要务，加强节目制作和包装。君不见流行在电视荧屏上的各种综艺娱乐节目五花八门，出奇出新，令人目不暇接，即便是向来讲求客观真实的一些新闻类节目，也开始走资讯娱乐化的道路，将新闻包装得更好看、更好玩。但是澳门电视业界对于这股潮流转变不知是毫无察觉还是无动于衷，大多数节目仍处于“粗放式”经营，样式呆板、包装陈旧，沉闷乏味，时时给人以“恍如隔世”的观感。以观众收视较多的电视新闻节目为例，台湾、香港的电视传媒早已把新闻节目玩得出彩，记者出镜、现场连线、字幕包装、滚动图表，诸多招式推陈出新，但是这诸多招式在澳门的电视新闻节目中却往往难觅踪影，可见澳门电视业界在对节目的包装制作上功夫未到。

2. 电视娱乐性缺失

半个多世纪之前，美国传播学者拉斯韦尔和赖特提出大众传播媒介的四大功能，包括环境监测、协调社会、传递遗产以及提供娱乐。进入20世纪90年代，裹挟世界范围内商业主义及消费主义的风潮，大众媒介的娱乐功能越发突出，讲究新奇和动感的电视媒介更是成为娱乐化的领头羊。1989年，美国《洛杉矶时报》预测，20世纪90年代，电视节目有两大主流，其一仍然是剧集，其二则是娱乐与资讯结合的节目。这种预测后来成为现实，在整个90年代，精彩纷呈的电视剧集和搞笑多样的综艺娱乐节目一直是世界人民收看电视的最佳选择，各国电视台也大多投入重金去努力经营好这两块回报丰硕的后花园。可惜的是，澳门电视业界依旧落后于人，时至今日，剧集和娱乐节目的制作还是处于低水平。追溯历史，澳门的电视史上也有过自己的电视剧佳作，最早在1988年，澳门电视台便与珠海电视台合作拍摄了一部公安题材的电视连续剧《天网》；1993年，澳门蔡氏兄弟影视公司与中央电视台合作摄制了都市爱情剧《错爱》。这些剧集推出之后在澳门市民中都反响不错。只可惜，整个90年代，澳门的电视剧制作都是零敲碎打，缺乏策划和连续性，难以形成规模。澳门本土中西文化交融，是电视剧编剧取材的富矿，但是历年来澳门自产自制的电视剧集却是寥寥无几，充斥电视屏幕的多是从外引进的一些二三流过气的港台剧集。

虽然濒临香港，澳门却没有在香港盛行的“狗仔队”现象。这一度让澳门传媒界人士颇以为傲，因为它是澳门传媒界自律性强的体现。不过，从另一方面看，却也从侧面反映出澳门本土缺乏娱乐明星，仅有的一些本土明星如李嘉欣、方中信等人也于早年便移居香港发展事业。由于缺乏明星，澳门的娱乐新闻根本无料可炒，而一些需要以明星作为卖点的综艺节目也无以为继。再加上澳门本土电视传媒本就薄弱的制作力量，澳门的娱乐类节目跟澳门电视剧一样长期得不到发展。澳门市民只能通过香港或台湾的一些节目满足自身的娱乐化需求。

3. 电视文化品位不足

澳门是个文化多元的社会，中葡文化的交融，传统与现代的碰撞，无论是古老的大三巴、妈祖阁，还是现代的观光塔、葡京赌场，都成为这座城市独特的文化注脚。唯一可惜的是，这些独特的城市文化往往只停留于显示而无法通过电视媒介和艺术表现得以跃升和延伸，电视缺乏文化品位可见一斑。近年来，澳门政府大力推行会展业，包括音乐、戏剧、绘画、建筑在内的各种文化展览纷纷落地澳门，但是澳门的电视台既没有对这些文化展览本身给予足够关注，亦未能充分利用这些难得的文化资源推出相当水准的文化栏目或文化纪录片。澳门悠久的文化非但未被澳门的电视媒介传承发扬，反倒迷失在电视荧屏的声光影像中。

图 8－2　澳门观光塔[①]

澳门电视这种种拙劣表现的形成实非偶然，背后深藏诸多原因。首先，如上文所述，缺乏人才是澳门电视节目发展的最大瓶颈，节目的奇思妙想全靠人类智慧，节目制作中缺少了“人”这个最核心部件，节目质素低下也就可以预见；其次，资金不足导致制作设备落后。电视媒介是一种很讲求科技投入的传播媒介，澳门广播电视的发展向来缺少资金，资金不足势必影响设备的投入和更新，也最终会影响到节目的拍摄和制作。

三、机构更迭频繁，运营混乱

管理机构更迭频繁是澳门广播电视业的一个特点。以历史最悠久的澳门广播电台为例，1933 年 8 月开播的澳门广播电台，最初由无线电业余爱好者所兴办。1937 年因故停办，此后于 1938 年 5 月恢复，但多次改变呼号。到 1948 年，广播电台归澳葡当局经营，从而成为官方电台，隶属新闻旅游处。1962 年，又改为邮电署负责主办，直到 1980 年 1 月 27 日，才有了“澳门广播电台”的正式名称。而到了 1982 年 10 月，澳门电台又归属新成立的澳门广播电视公司，成为其旗下机构。澳广视的发展同样也是一波三折。自 1984 年建立以来，它经历了从公营到公私合营再到公营的体制变迁，由此牵涉的股东变更，使原有的管理机构数度推倒重来，以致机构内部的电视员工经常有这样的感慨：今朝不知他朝事。频繁的机构更替对于澳广视的管理运营并无好处，不同的管理机构在管理体制、方针、政策上都会存在极大差异，因而导致机构内部由上而下都在忙于适应，管理运营上缺乏延续性和有效性。主要表现在：

① http：//gdyini. com/xianlu/order. asp？ id =46

1. **角色定位不明晰**

澳广视初设时定位为公营电视台，某种程度上是作为澳葡政府控制社会舆论的工具。以前澳广视的组成模式、运作方式以及管理方式，都着重于政府行为的需要，同信息市场的需要脱节，节目无法赢取收视率和吸引广告商，亏损严重，仅靠政府资助勉力维持。此后，澳葡政府发现这个公营机构开销惊人，给政府财政造成严重负担，为了甩脱包袱，政府着力引入私人资本，澳广视由公营电视转为公私合营的股份公司，这种转变事实上曾给澳广视带来积极影响：私人股东出于赢利需要，全力推进节目改革，适应市场受众的需求。但是，由于政府依旧占据多数股份，所以澳广视在编辑营运的策略上不时受到政府约制，未能走完全商业化的商营电视道路。这种公私兼有的混合角色身份，使澳广视在运营中始终定位模糊，政府机构与市场主体的身份博弈成为这段时期其发展的主要矛盾。回归后，私人股份纷纷撤资，澳广视虽然在股份构成上依旧是公私合营，但事实上已经重新成为政府全资的公营机构，身份再次发生重大转变。面临又一次身份转变的澳广视，如果不能迅速地根据身份转变作出明确定位，那其未来的发展并不容乐观。

2. **运营策略不合理**

无论是一个机构还是一家企业，倘若运营策略存在失误或者不合理之处，都肯定无法达到理想的结果。澳广视的管理机构一直缺乏运营上的适时而动、运筹帷幄，运营策略不合理导致澳广视的发展步履蹒跚。这种运营上的不合理起码有两处表现：

首先是葡文频道的设置保留。澳广视的广播模式一直存在争议。澳门一直是个华洋共治、双轨并行的社会，这种特色延伸至澳广视的广播模式上，自设立起它便拥有中文以及葡文两个频道。这种安排本无可厚非，毕竟澳门社会里面的葡裔人士亦有了解信息的需求。但是，众所周知，葡裔人士在澳门居民当中只占3%，而华籍居民则占95%以上，可见华籍人士的信息需求远远超过葡裔人士，澳广视在资源运用上对于华籍人士应有所偏重。可是，在实际运营中，澳广视却本末倒置，将其主要资源投放在葡文电视台方面，形成典型的“为少数人服务”的广播模式。据说，有时为了满足人数不多的葡裔“足球迷”的口味，竟不惜花费巨款租用昂贵的卫星线路来转播葡国的足球比赛。这种运营策略如果是放在葡萄牙殖民统治的特定语境下仍有可原谅之处的话，那么，澳广视在澳门回归之后依然保留中葡文频道并行的运营策略就很值得商榷。随着中国在澳门恢复行使主权，葡裔居民只会越来越少。据资料显示，1999年12月20日已经有大批里斯本葡人返回葡国本土，令本来还有12 000多人的这个族群，只剩下7 000人左右。更有学者预测，日后除了极少数研究澳门历史的学者专家和企图移民巴西的澳门居民之外，在庞大的经济利益引诱下，绝大多数的本地葡籍华人甚至土生葡人都会舍葡文而去学英文的。与此同时，许多土生葡人也会由于不懂中文而陆续移民巴西、安哥拉、几内亚、佛得角群岛等仍然以葡文为官方语文的地区工作和定居。在葡语人口愈来愈少之下，这些葡文印刷传媒必然会日渐衰落，甚至最后销声匿迹。这种大环境之下，澳广视依旧保留葡文频道的做法显得不合时宜。退一步来说，即使是为了彰显澳门的“国际城市”特色，及体现“照顾葡裔人士利益，欢迎葡裔人士继续留在澳门特区服务”的精神，而让他们能继续收听、收看到葡文的电台广播、电视广播节目，有线电视所转播的葡国电视新闻台及绿村电台所广播的葡语和葡国音乐节目，已基本上能够满足他们的这些要求。

其次是足球转播的损耗。港澳两地兴玩“赌波”，澳广视以为在球迷身上有利可图，于是大搞足球转播。购买体育赛事的转播权是一笔巨额开销，要拿到各类体育赛事的转播权少则十几亿，多则几十亿，足球是世界第一大运动，转播费用在各项赛事当中更是位居前列。澳广视经常彻夜转播欧洲杯和葡萄牙本土的足球赛事，转播费必然是天文数字，光这一项每年就占据澳广视节目开销的绝大多数。但是，这种足球战略似乎并未为澳广视赢来巨大回报，皆因澳广视在赛事转播的广告经营上一塌糊涂，足球转播只是噱头，电视媒介真正需要的是能通过足球转播把吸引过来的观众注意力卖给广告商，从中获取巨利。不过，澳广视似乎并不知晓其中赚钱的生意经，最明显的体现是，赛事转播中场休息时也不见有广告插播。这样，原本可转嫁给广告商的足球转播费用，只能由澳广视独立支撑，资金损耗无疑非常巨大。

3. 管理官僚色彩浓，人浮于事

澳广视最初是由澳葡政府所设，因此很多上层管理者都由澳葡政府自政府内部委派。这些委派过来的政府人员不识传媒运作的基本规律，反倒把官场运作的不良习气带到机构内部，以致澳广视在管理上官僚味浓，人浮于事。譬如行政总裁与财务总监“情同手足”；又譬如高层人员的薪酬福利待遇标准的制定根本无规可循，很多时候是任由大权独揽的行政总裁任意妄为，一人说了算，而无任何监管和制约；再譬如缺乏合理的定金标准和工资激励机制，薪酬待遇同工作表现不挂钩，更多时候体现的是论资排辈而不是按工索酬。

四、电波覆盖狭窄，影响向外扩张

电视媒介的一大特点是传播无远弗界，电波可以通过发射设备跨越国界，辐射全世界。但是澳门的广播电视受制于狭窄的电波覆盖面，一直难以跨境越界。这种现状的形成受内因影响，但更多是外力所为。

历史上，澳门电视人曾经为扩大澳门电视的电波覆盖面有过数度努力。这种努力最早出现在20世纪80年代中期。1987年，澳门电视台突然宣布，计划将发射功率增强到330千瓦，覆盖到邻近的香港。该举措目的有二：一是希望借以让60千米之外的香港观众比较容易地收看到澳门的电视节目，扩大澳门电视影响力；二是在此时段之内，香港电视禁播香烟广告，澳广视刚好乘虚而入，抢夺利润丰厚的香港香烟广告市场。这一“挑战”姿态很快遭到香港政府的强烈反对，并以失败告终，这是澳门电视经历的第一次重大挫折。此后，在1989年1月20日，澳门经济事务司薛民信及财务司李伟健到香港与香港行政司曹广荣再度讨论了电波发射问题，并最终就澳门电视台加强发射电波的问题达成一致，澳门电视得以跨境传输到香港。1997 年，澳广视再度更新了电视发射设备，电视发射机总数达到七台。不过，澳门扩大发射功率的举措又再度遇到阻碍。因为澳广视某些节目太过色情，连本地宗教、教育团体也反对，香港和内地的电视监管部门更是认为这些节目有伤风化，污染本地居民的视听，纷纷提出强烈异议。无奈之下，为免伤及澳门与香港、内地的睦邻关系，澳广视加强发射的事宜被再次搁置。

长远来看，电波发射的限制无疑不利于澳门电视的发展。对于一个地区狭窄、人口有限的地区来说，开拓外地市场是行之有效的发展策略。香港和内地都是潜力无限的受众收视市场，倘若澳门电视的电波发射可以入此两地，那么，对广告市场的大力开发必能起到立竿见影的效果。

第四节　澳门广播电视未来发展的应对之策

一、政策松绑，营造开放竞争环境

澳门是一个民主社会，倡导言论、出版和资讯传播的自由，推行的是西方的自由主义报业体系。但是，由于其历史上受到葡萄牙政府的统辖而长期实行威权主义的报业制度，因此“自由”并不充分，监管和规制依然枷锁重重，“专营权制度”和“资助媒体”政策更常遭受诟病。纵观世界各国，一般推行自由主义报业体系的国家，政府皆不会直接介入媒体运作，而是充分保证政策的弹性和活力，构建充分竞争的市场体系，通过汰弱留强的市场法则促进媒介的竞争和发展，此为自由主义媒介制度的精髓核心。但是，澳门政府在相关电视媒介的政策上则有违这种精神：“专营权制度”意味着媒介市场内排除自由竞争，由一家独大；“资助媒体”政策则直接干预了媒体在市场之内的独立运作。虽然澳门政府一再强调“专营权制度”和“资助媒体”政策均是在现实条件下为保障电视媒介的生存发展而量身定做。可实际效果和主观愿望却不甚相符，专营权不仅破坏了自由化的市场运作体系，还导致“意见多元化市场”的缺失。“资助媒体”的政策养成了澳门电视媒介的长期依赖性，同时，还间接影响了媒体的独立化运作。虽然这种影响还未完全显现，但其潜在效应已然发酵。

要改变澳门电视媒介目前这种死气沉沉的窘况，恢复电视机构自身的生机和活力，一个有效的解决方案就是：政策松绑。澳门政府应该当机立断，改革“专营权制度”和废止“资助媒体”政策，遵循市场化的运行法则，引入开放的竞争机制，以竞争促改革，以竞争引发展。中国内地近几年电视媒介的火爆，很大程度上是因为在新闻改革的带动下，市场机制的导入使媒介间的竞争趋向白热化。良好的竞争氛围之下，无论是电视机构自身还是整个中国电视业界都得到了质的提升。比照内地经验，澳门开放的自由市场其实更有利于引入媒介市场的竞争机制。目前，澳门的电视媒介市场虽然也存在本土电视与香港、内地电视的碰撞，但是这种交锋的程度却并不激烈，无法迸发改革的外推力。而本土电视机构之间的竞争更无从谈起，澳广视自恃带有"官方色彩"的特殊身份，有政府资助和撑腰，不求有功但求无过，从根本上亦缺乏改革的内推力。因此，澳门的电视媒介只有投身市场竞争的大潮，通过合理充分的竞争，促进机构改革和节目改进，才能得到进一步发展。

二、设备更新，打造精品广电栏目

电视是一种科技与文化高度结合的现代化传播媒介。倘若没有强大的设备投入和技术支持，电视屏幕上那些声色俱佳、动感十足的电视节目根本难以呈现。但是澳门电视媒介的设备、技术显然无法跟上科技发展的步伐，电视机构内部配备的摄录、制作以至播出设备都十分落后，不少还是香港八九十年代淘汰的二手设备。而澳广视作为澳门本土最大的电视机构，却屈身于一栋仅有三层楼高的建筑物之内，工作、制播空间都十分狭窄。更令人担心的是，不少电视转播发射设备都已过了保修年限，属于超龄服役。澳门政府也意识到这方面的问题，持续投入资金更新设备，不过发射效果依旧不甚理想，覆盖率极低，转播质量极差，收视质量连澳门本地区也谈不上一个"好"字，更遑论邻近地区，如广东省和香港等地。技术设备是电视媒介发展的重要基石，澳门电视媒介要想在未来的竞争发展中站稳脚跟，必须加大资金投入力度，更新设备，从转播、摄录到制作的所有设备都需要彻头彻尾地重新武装。另外，还需要派遣技术人员赴台湾、香港等地接受培训、学习取经，为设备使用和维修储备充足人才。

由于摄制设备落后，澳门的电视节目往往给受众以恍如隔世的感觉：色彩单调、声音呆板、画面粗糙。而创作人才的缺乏，则使电视内容方面的表现也乏善可陈，节目大多形式单一、内容老套。因此，很多时候电视台只能外购异地的电视节目来搭台救场，维持收视率。但是，外地电视节目存在文化差异的问题，往往不能适合本土观众的口味，电视台只能是吃力不讨好。要改变这种现状，澳门电视媒介在节目制作上必须坚持本土化策略，打造属于澳门本土受众的精品栏目。之前，澳门也曾有一些具备本土特色的电视节目，譬如每年一度的澳门小姐大赛，曾经火爆的澳门格林披治汽车大奖赛等，但这些节目最终都因包装不够和缺乏宣传而走向衰落或收视率下跌，令人惋惜。现今的电视媒介在竞争的氛围中纷纷意识到拳头栏目、精品节目的重要性，精品相当于品牌，可以迅速提升媒介在受众心目中的认可度。澳门电视业界亦需要紧跟形势，确立这种精品策略，在新闻、综艺、文化等多个节目领域都应该打造一到两个具有品牌效应的精品节目，通过这些精品的积聚效应吸引电视受众和广告客户。对于澳门的广播电视从业人员来说，如何借助澳门东西交融的独特文化资源，发掘具备澳门文化特色的广播电视题材，并加以精心打造，是亟须面对和解决的一个课题。有学者提出建议，澳门既已确定博彩旅游业为未来经济发展之龙头，可透过电视宣传推介的节目内容至少包括娱乐、会展、文艺等多个领域，澳广视要争取或探讨至少令珠三角和台湾观众可以收看有关电视节目的计划，争取吸引游客到澳娱乐、旅游或作其他消费。这种建议不失为澳门电视节目制作的一个可行方向，把澳门电视节目与澳门的经济发展战略相结合，既有利于提升澳门的对外影响力，亦有利于吸引足够的广告客户，一举两得。

三、机构整顿，引入创新激励机制

澳门电视机构的管理混乱，早已不是一朝一夕的事，典型代表就是澳广视。澳广视自1984年开办至今已有20多年，机构管理始终处于动荡不安的状态，管理层更迭频繁，公司治理一直未形成一套有效的管理规范，管理混乱，漏洞百出，甚至出现过高层以权谋私的丑闻。而更大的问题在于，管理无序导致机构运作不畅，摄、制、播之间无法有效衔接，导致电视节目的制作与播出受到影响。因此，澳广视必须在明确产权归属的情况之下，尽快完善公司治理机构，制定切实可行的管理规程，并在机构内部坚决推行。笔者在此提出几条改进之策：①完善公司治理架构，精简机构，减少层次，提高效益，增强机构宏观调控能力。②优化资源配置，完善频道机构，扩大频道自主权，增强频道活力，提高频道竞争力，使频道成为市场竞争的主体。③明确部门责任，强调各部门之间的分工合作，引入电视节目质量评测机制，加强对节目制作流程的监管。④引进创新激励机制，对优秀节目进行奖励，对优秀创意人员给予晋升，以激发机构内部的创造动力。⑤改革公司的财务管理部门，优化财务监管体系，保证财务管理的公开透明，在资金运转和薪酬制定上则应该更趋科学化和合理性。

四、把握机遇，拥抱媒介汇流时代

美国传媒学者托马斯·鲍德温（Thomas F. Baldwin）1996年在其著作《大汇流：整合媒介、信息与传媒》中预言："21世纪网络信息时代发展的趋势是包括电视、报刊、电影、广播、网络的传播媒介与包括新闻、影视音乐制作、游戏在内的信息源的大汇流与合作，最终统一于全方位的宽带信息网络服务，形成能够充分满足人们多方位信息需求的大传媒。"① 面对这个"媒介汇流"的新纪元，澳门的电视媒介更需把握机遇，积极作出回应。纵观世界传媒，目前"媒介汇流"的趋势表现主要集中于媒介集团这种形式，譬如美国在线/时代华纳（AOL/Time Warner）、沃尔特·迪斯尼（Walt Disney）、贝塔斯曼（Bertelsmann）、维亚康姆（Viacom）都是横跨广播、电视、报业、出版等多个媒介领域，进行多元化经营的大型媒介集团。鉴于澳门现实的

① Thomas F. Baldwin, D. Stevens McVoy, Charles Steinfield. *Convergence: Integrating Media, Information & Communication.* Sage Publications, 1996.

媒介环境和过往的经营业绩，让澳门广播电视的机构马上组建跨媒介多元化经营的大型媒介集团似乎并不现实，不过，与本地的报业和网络媒介实现某些业务上的合作和开发则具备一定的可操作性与现实意义。澳门报业的发展相对澳门的广播电视发展要更为成熟，两者完全可以通过合作协议的形式加强采编业务的交流，实现部分信息资源的共享，开拓报道面。而网络媒介无可置疑是21世纪最具发展潜力的媒介形态，它容量大、速度快，优点突出，尤其能满足时下年轻人的需求。澳门大学1998年的《澳门青少年与传播媒介》调查报告显示，在澳门青少年经常接触的传播媒介排名当中，网络超过电台、杂志等媒介位列第四位，大学男女生每周接触国际互联网的比例分别高达74%和71%，中学男女生则分别占50%和39%。可以推断的是，随着这10余年间网络在全球范围内的飞跃发展，这个比例肯定远远超过当年的统计数字，以至于有人将当前青少年的生活比喻成网络化生活。面对来势凶猛的网络大潮，澳门电视媒介应该认清形势，积极谋求与网络媒介的合作发展。一方面，网络可以为电视提供丰富的节目素材；另一方面，电视也可以利用网络这个传输渠道，把自己制作的电视节目通过网上直播或者视频下载等多种形式向数量庞大的网民推销，扩大受众群。这种合作对于受制于电波覆盖率的澳门电视来说无疑是争取受众的一个可行策略。长远来说，一旦机会成熟，澳门电视媒介也可联合其他媒介形式组成大型的媒介集团，推行多元化经营，实现持久赢利。

五、立足本土，跨越边界谋求合作

澳门广播电视业在未来要有所发展，长远来说，必须紧紧握住"本土化"和"区域化"这两把利剑。所谓"本土化"就是以本土受众为主要服务对象，打造令受众喜闻乐见的本土化广电节目。过往，由于本土电视节目制作不能令人满意，澳门观众都倾向于收看相较精彩的香港电视节目。这种状况跟20世纪90年代广东电视的发展颇有相似之处，当年广东省居民通过自接天线收看香港电视，而省内电视由于在节目制作上难与香港一较高下，所以长期生活在香港电视的阴霾中，抑郁而不得志。直到21世纪来临，广东电视业界转变思路，积极谋求对策，并迅速确立了节目制作本土化的发展战略，通过打造本土化的民生新闻和本土特色的电视短剧，把已然外流的广东电视观众重新聚拢。广东电视也凭借这股本土化浪潮得以"咸鱼翻身"，重新占领广东电视的收视市场。就这个角度而言，广东电视的经验完全可以为澳门电视所借鉴，坚决打造本土化的节目应是抗御外敌的最佳武器。其实，澳广视的《七点新闻》即本土化制作的一个范本，收视数据也显示澳门观众对这档本土化栏目十分钟爱。不过，在澳门的广播电视节目当中，类似《七点新闻》的本土化节目毕竟是凤毛麟角。因此，对于澳门电视业的发展而言，当务之急在于将"本土化"战略从个别节目的推行实施提升到整个业界持久发展的根本之策，唯有如此，大展宏图才指日可待。

"本土化"之外，"区域化"也是澳门广播电视未来的发展之略。澳门广播电视发展不得不面临的一个现实困境是：澳门人口有限，商业规模不大，受众群体和广告客户都难以达到一个理想指数，媒介运作往往受此制约而难以发挥其规模经济的优势。在此困境之下，“区域化”可解燃眉之急。所谓“区域化”即发展不仅立足本地，而且由本地向四面扩散，在更大的区域范围内谋求合作，获取利益。按照香港中文大学陈韬文教授的说法，一个大中华媒介圈正在逐步形成，区域内两岸四地的媒介互动正逐渐加强。这无疑是澳门电视实施“区域化”发展战略的一个有利前提，尤其是“中国市场像一个资金的黑洞，吸力无穷，其媒介市场具有的诱惑力更是难以抵御”①。如何利用好这块风水宝地，是澳门电视业界值得深思的一个课题。推行“区域化”，首先要“上星”和“落地”。通过卫星转播和积极向内地城市申请落地权实现节目的对外输出，使澳门的电视节目打破地域及受众人数的局限，获取更多的收视群体，这无论是对于开拓广告收入还是提升对外影响力都有好处。除此之外，区域化的互动，还包括媒介工作经验交流、人力资源流动、资讯互换、异地采访、合办节目、学员培训等层面。

“本土化”和“区域化”并不存在矛盾冲突，反倒有互助互利之效。“本土化”为“区域化”之本，本土化节目唯有制作出色，才可在区域化的外扩中一展拳脚。而“区域化”又能为“本土化”助力，区域之内的深化合作和互动交流，可以为本土化的节目制作提供更多的经验和养分。因此，“区域化”和“本土化”犹如澳门广播电视发展的左右拳头，两者配合，相得益彰，才能打出漂亮的组合拳。

① 陈韬文．中国媒介市场的想象与大中华媒介的互动．传媒透视，2002（1）

第九章

澳门广播电视节目

澳门广播电视节目的制作水准实属一般，长久以来都难如人意。相较来说，电台节目的制作水准更高。皆因澳门广播发展的历史悠久，积淀深厚，电台所需的资金和人力投入更少，可在节目制作上有更多保障。电视节目则因为受到资金、设备以及人才等各方面的限制，以及外来节目的猛烈冲击，发展一直迟缓，节目制作水平低下，实难与澳门作为国际性城市的地位相称。不过近年来，澳门电视业界加大资金投入和人才引进，电视节目的制作取得了长足的进步。澳门广播电视制作整体状况的落后和差距，并不能掩盖其中的亮点和特色。电台节目中，一档烽烟节目《澳门讲场》深受澳门市民欢迎，是社会各界参政议政、沟通协调的重要渠道。而澳门的电视新闻向来主打本土牌，紧贴社会，亲近民众，是广大市民了解资讯的重要窗口。

图9－1　电台节目《澳门讲场》展现公共空间[①]

第一节　《澳门讲场》：全民参与的公共空间

在民主社会，言论自由和新闻自由是不可缺少的基本元素。如何保证社会公众意见表达的管道畅通，形成一个观点自由的市场，是民主能否得以顺利推行的必要前提。德国批判学家哈贝马斯认为大众传媒在此其中可发挥重要作用，通过展现其公共领域的特质，发挥令公众议事论事、参政议政的功能。在澳门，扮演此角色的是一档叫《澳门讲场》的电台节目，这个逢周一到周五直播的烽烟（phone－in）节目，是深受澳门公众喜爱的公共言论空间。

“公共领域是允许市民自由发表和交流意见，以达成共识和公众舆论的地方。它向公众开放，所有社会成员都享有平等的权利和机会，在这块地方自由讨论有关公共利益的任何事务。”[②] 18世纪，布尔乔亚聚集的咖啡店或文艺沙龙是哈贝马斯心中

① http：//www. tdm. com. mo/c_ radio/macautalk/

② 肖小穗．传媒批评——揭开公开中立的面纱．哈尔滨：黑龙江人民出版社，2002. 79

“公共领域”的理想雏形，可以充分发挥公民社会制衡政府的作用。到自由报业时期，作为舆论组织者和民意传达者的报业依然延续了这种作用，并促使资产阶级公共领域进入其黄金时代。不过，“报业自十九世纪后期进入大量产制的商业化时期，原有作为公共领域提供自由多元时政论评的功能却逐渐腐蚀”①，大众传媒日益沦为政经势力操控的工具，民意无法通过传媒正常释放，更不可能得到理性讨论。哈贝马斯因此认为公共领域有被“再封建化”的趋势。在这种趋势之下，《澳门讲场》依然能够保持其“公共领域”的本色实属难得。那么，它是如何建构起这一多元、平等、理性的公共领域的？又是通过怎样的节目环节设置和话语策略使这个公共话语空间得以持续运转呢？

有学者认为：“理想的公共空间必须具备几项条件：首先，公共空间必须公开及自由，公众有公平的机会参与讨论，并能畅所欲言。其次，信息的收集及发放必须完整及客观，能正确地知会大众。这个公共空间要独立于政权及市场之外，它需要摆脱政治及经济力量的操控。再者，公共空间必须提供辩论场地，而大家进行的沟通及辩论又必须是理性及具批判性的。换言之，在量方面要全民投入，在质方面要理性深刻。”② 事实上，《澳门讲场》对于“公共领域”的角色扮演正是依循此道。

一、话语主体的多元化

如果缺乏多元化的话语主体，便无法实现多元意见的表达和交流，更遑论理性化的讨论和沟通。《澳门讲场》从取名开始便高举“多元化话语主体”的鲜明旗帜。首先，“讲场”意谓“言语说话的场所”，此为其表层含义；同时，粤语发音中，“讲场”与“广场”同音，因此，“讲场”又谓“广场”，意指“人多的场合和开放的空间”。这样，“澳门讲场”便是双重含义的叠合，指称此节目是一个可以让众多澳门市民汇聚集合、发言讨论的开放性谈话空间。除了节目名称，节目直播过程中定时穿插的“广泛参与，多角度思考，理性讨论”的宣传语也在不断地标榜节目本身欢迎社会各界的广泛参与，促进话语主体的多元化。而主持人更是通过电波不断发送这样的呼号：“节目热线已经开通，两条热线分别是28346688和28346699，欢迎听众给电话我们，就社会民生问题发表看法，议事论事。”这种开放式姿态强调每个人都有发言的自由和机会，只要拨打热线便可获取意见表达和参与公共事务讨论的权利，并无任何性别、阶级的限制。

栏目名称、宣传标语以及热线呼号都获得了听众的热烈回应，事实上，在《澳门讲场》中除了踊跃拨打热线的广大澳门听众外，参与公众讨论的还包括电台主持、

① 张锦华．从公共领域理论及多元化报导观点探讨我国选举新闻报导——以1978年、1981年、1984年选举新闻中的统独议题为例．新闻学研究，1997（55）：183～202

② 苏钥机，李月莲．新闻网站、公共空间与民主社会．二十一世纪，2001（63）：28～35

特邀评论员以及特邀嘉宾。

1. **节目主持**

《澳门讲场》的固定主持是余建栋、黄伟国以及刘宝婵三人，两男一女，每天两人配搭或三人组合上节目。他们在节目当中主要承担三个身份角色：其一，话题提供者。每天讨论开场之前，主持都会先诵读各大报章当天的新闻头条和新闻评论，并从中筛选出当日可以深入探讨的一到两个焦点议题，供听众展开议论。当然，话题提供并不等同于强硬的议程设置，主持只具有引导权而无法决定听众的选择权。例如，2007 年 5 月 10 日的节目中，主持为听众提供的议题是“停电事件”，但听众对此事件似无兴趣，拨打热线所说话题均与“停电”无关。其二，组织者。主持需要组织协调参与群体的谈话，既要保证话语交锋的热烈，又要防止偏离理性轨道。其三，话语主体。三位主持亦可亲自参与讨论之中，不过发言皆是个人看法且甚为精简，以避免因特殊身份对听众所造成的“认知暴力”。

2. **特邀评论员**

特邀评论员既非政府官员亦非底层民众，所扮演的更多是一种“公共知识分子”的角色，因此看法观点多可超脱于阶级族群的限制，客观独到。首先，他们与普通听众殊无二异，也是公众讨论的参与者、发言者。其次，某些情况下，他们还会充当意见领袖。一些听众受制于自身的文化修养，在一些观点的表达上往往语焉不详或言说不清。相较而言，特邀评论员在知识储备和文化资本上都更具优势，因此能迅速把握这些听众论说的要旨，并通过严谨的逻辑表述和言语描绘将听众观点进行转述和发挥。

3. **特邀嘉宾**

自开办以来，《澳门讲场》邀请的嘉宾已过百数。2004 年的统计数据显示，当年特邀嘉宾的总人数达到 37，参与人次则为 43。嘉宾来自 10 个政府部门，13 个不同的公司、组织以及团体。职业身份除政府官员、机关代表外，还有律师代表、高校学者及街区工作人员等，显现出多样性和广泛的代表性。这些嘉宾总体而言有两个特性：首先，他们特殊的职业身份往往对应特定的讨论议题。像 2004 年 6 月 1 日关于泛珠三角的讨论就邀请了经济学会的成员刘本立，而当年 7 月 7 日的节目则邀请了历史学会的陈树荣和历史文物关注协会的蔡田田两位专业人士，就“文物保护”的议题参与讨论。节目组之所以如此安排嘉宾，目的显而易见：专业性强的议题需要具备专业背景的人士参与讨论，推动讨论议程趋向深化和理性。其次，数据显示，嘉宾安排虽然呈现出多元化的选择，但是 2004 年来自政府机构的嘉宾占到总数的 43.5%，表明《澳门讲场》十分注意官民沟通，上情下达，下情上传。在特邀评论员郑国强看来，这是“用声音、用电波架起政府与公众之间的桥梁”①。

① 童言，符树柏．搭建民主建言之空间——访《澳门讲场》电台客席主持人郑国强．澳门月刊，2007（3）

4. 热线听众

这是一群隐匿的“声音公众”，他们的“出／呈现”主要是通过他们的“声音”。虽隐匿却不虚幻，节目进程当中时时能感受到他们的真实存在。在呈现方式上，除了他们声调、音高各异的发声，还有两种“显身”策略：其一，主持人一般会在节目开端的议题陈述后说“稍后，我们也持续欢迎观众针对这个问题表达你们的意见”，以刻意提醒这类“公众”的存在。其二，指出来电者姓名。例如主持在接通热线前会说“现在接听来自林先生的电话”、“我们看看王小姐的看法”，姓氏就是人类的重要身份表征，指出姓氏亦可显示出这是一位真实存在的公众。而听众在热线当中亦会无意间显示自己的一些身份特点，譬如以下言语：“我是属于中产阶级的”、“我们这些内地移民”。阶层、族群的明示同样是人类划界的标准，即便这种分类和划界是相对模糊的。这种既隐又显、若隐若现的身份特征却更利于热线听众意见的表达，因为只出声不出镜，没有完全“显身”的烦恼和负担，发言更大胆、开放。

综合而言，电台主持、评论员、特邀嘉宾以及热线听众分别转喻传媒工作者、政治精英、各界代表及普罗大众，显现出《澳门讲场》在话语主体设置上多元化的特性。

二、公共议题的多样化

有学者指出，一些谈话类节目无法充分展现公共领域的特质，讨论的公共议题不够多元，议题选择过于单一、狭隘，而即便是对同类议题的讨论也未能呈现多面性，不够深入理性，往往局限于二元对立的框架，有明显的窄化倾向。不过，就《澳门讲场》而言，公共议题的多元化一直是它的优势和特点。如上文所述，在此节目当中，主持和热线听众共同享有议题设置权，不过议题最终能否进入公众讨论的管道则完全取决于“大众”。换言之，主持即便设置了议题，但倘若得不到多数听众的认可和关注，此议题也会被搁置。同理，某些热线听众在节目当中提出的议题如果无法获取其他多数的足够支持度，也会在这个公共话语空间短暂现声之后迅速消音。

表 9－1 的统计数据显示，2003—2005 年《澳门讲场》的来电个数分别达到 2 436 个、2 322 个及 2 213 个，基本水平线都维持在 2 000 个以上，数量可观，证明《澳门讲场》收听率稳定、听众参与程度高。而在来电类别一栏，三年之中，2003 年最多，多达 185 类，2005 年最少，但也有 114 类，超过 100 类，充分显示不仅参与讨论的人多，涉及的议论话题也相当多。

表 9－1　2003—2005 年《澳门讲场》来电统计

年份	2003	2004	2005
来电总个数	2 436	2 322	2 213
来电类别数	185	124	114

（数据来源于《澳门讲场》内部统计）

表 9－2 到表 9－4 则是 2003—2005 年各年份热线来电的详细统计，数据显示出两个特点：一是热线来电的类别比例与社会公众关注热点相吻合。从 2003 年到 2005 年，交通、医疗、教育、巴士服务以及警察警务这几大类别的来电数始终位列前十，说明了听众对这些议题的持续关注，而这些议题是近年澳门市民最为关注的热点，与澳门社会民生息息相关，因此成为公共议题进入公众讨论之列。这也很好体现了节目对日常生活的呼应和社会现实的扣连。譬如，连续三年位居第一的交通类事项就是最好的说明，澳门地方狭窄，交通不畅，泊车不便，出行早已成为滋扰市民的头号难题，因此，澳门市民纷纷致电《澳门讲场》，希望通过广泛讨论，商讨对策，排忧解难。二是热线来电对特殊事件的关注。2003 年，关于非典型肺炎的来电数占到总来电数的 7.96%，位列第二。到 2005 年，东亚运动会的议题则以 3.52% 的比例在排行榜中位列第六。“非典”和“东亚运动会”均是特定时间、场合下发生的特殊事件，与交通、教育等与市民日常生活密切相关的议题有异，但它们依然能挤进排行榜的前十位，说明《澳门讲场》的听众对于焦点事件始终保持高度敏感，并力促其进入公共讨论的论域。

表 9－2　2003 年《澳门讲场》来电统计

类别	交通	非典型肺炎	垃圾、卫生	医疗	教育	警察警务	旅游	石油气储存	狗	巴士服务
个数	462	194	145	129	107	65	56	56	49	47
百分比（%）	18.97	7.96	5.95	5.29	4.39	2.67	2.30	2.30	2.01	1.93

（数据来源于《澳门讲场》内部统计）

表 9－3　2004 年《澳门讲场》来电统计

类别	交通	人力资源薪酬	医疗	垃圾、卫生	教育	巴士服务	民署	警察警务	关闸设施秩序	的士业服务
个数	491	155	126	107	104	92	62	60	60	56
百分比（%）	21.25	6.68	5.43	4.61	4.48	3.96	2.67	2.58	2.57	2.40

（数据来源于《澳门讲场》内部统计）

表 9-4　2005 年《澳门讲场》来电统计

类别	交通	教育	选举	民署	人力资源薪酬	东亚运动会	医疗	巴士服务	垃圾、卫生	警察警务
个数	412	153	148	94	86	78	62	56	55	54
百分比（%）	21.15	6.91	6.69	4.25	3.89	3.52	2.80	2.53	2.49	2.44

（数据来源于《澳门讲场》内部统计）

三、理性沟通与表达："五一游行鸣枪事件"的讨论

对于一个公共领域而言，空间、人员以及话题是必要条件而非充分条件，更为关键的是如何在三者具备的基础上组织好谈话和辩论，而且此过程只有足够自由、理性和公开，才可达致公共领域"沟通理性"的理想境界。

2007 年 5 月 1 日，澳门一些团体为表达诉求上街游行，游行过程中却与警方发生冲突，并引发警方鸣枪示威，流弹不慎导致市民受伤，被迫送院治疗。一次普通的街头游行却引发警民冲突，并被媒介定义为"五一游行鸣枪事件"，事件本身疑团重重，警方鸣枪的真实原因为何？受伤市民伤情如何？此次事件对澳门的未来又有何影响？诸多疑问令澳门社会各界、公众团体纷纷卷入本次事件的大讨论之中，《澳门讲场》这个言论开放的公共空间更成为市民意见表达的重要场所。面对汹涌而至的热线电话和意见表达，《澳门讲场》又是如何充分发挥其公共论坛的角色和功能，组织好这场全民大讨论的呢？笔者认为，它起码动用了三种可行的话语策略：

1. 多角度还原事件真相

公共讨论的基础在于客观公正的事件真相，如果事件呈现本身都支离破碎、不成体系，讨论根本无法有效展开。

为了做到客观公正，《澳门讲场》并不充当事件的直接叙述者，而是巧妙地移花接木借用其他媒介的新闻报道，来完成对"五一游行鸣枪事件"的转述。2007 年 5 月 2 日，节目伊始，主持人先诵读《澳门日报》、《市民日报》这两份报纸的新闻头条报道：《游行爆冲突》和《开枪镇压示威，市民中流弹》，以描述五一当天发生的事件真相。诵读多家而非一家报道，实是节目主持有意为之，背后考虑在于，各家媒体的新闻采制在隐秘的意识形态机理推导下往往框限出不同的媒介真实，而非社会现实，在这种情况下，集纳多家媒介的报道，则可以最大限度地客观还原事件"多面立体"的形态，从而有利于公众作出更合理的判断。这也应合了学者 Thompson 的论述："当代大众媒体特质应是提供能见度（visibility），对于公共事务的讨论，媒体虽

不能真正提供人际对话空间，却能够借由报导使事件的能见度大幅提高。”①

对于事件的再现与还原，听众则起到了无意识的间接推动作用。听众拨打热线进入节目，多是表达对事件的意见看法，但言语中也不时会穿插对事件细节的描述。譬如，5月2日刘小姐的电话内容：“……当时殡仪馆是拉下闸的，冲击不了的，我在场的，……一个阿婆踩到鞋跟跌倒，……开枪后激起民愤，群众才丢塑料瓶，天桥上有几个自己人（警方）在场……”；还有5月3日关先生的谈话：“……当日3点15分到20分之间送到山顶医院，急诊只是止血和实时照X光，大约5点钟，X光片出来后证明里面是金属物体……”这两段表述分别对应五一游行当天的现场状况和事件中伤者送院后的医治过程，为这两位热线听众亲眼所见和亲耳所听。这些听众主观视角下的细节描述，为事件的还原提供了更丰富和完备的细枝末节。

2. 构建意见的自由市场

“媒体对民主政治的贡献在于提供‘多元’的公共论坛——尤其应检视原有之‘理性、自由、公开’的原则是否仅符合主流霸权者的观点，应注意弱势团体的观点呈现”②，也即容许多种观点的并存，构建“意见的自由市场”。不同的社会群体对社会事件具有不同的认知与理论，作为公共论坛的《澳门讲场》显然为这些多元的意见表达预留了足够的容纳空间。节目直播过程当中，不断回放“不同的观点互相尊重，不同的意见互相交流”和“广泛参与，多角度思考，理性讨论”的宣传标语，展现出节目制作者对广大听众的主动示好和呼号。而充满了诉求意愿的热线听众对于传媒的欢迎表态当然是欣然接受。“五一游行鸣枪事件”发生之后，广大市民迅速在《澳门讲场》中作出响应。根据笔者统计，在5月2日至5月3日这两天共计195分钟的节目时长之内，共有多达33位听众参与到事件讨论中，意见纷繁多样。一些听众对于警方的鸣枪行为提出强烈质疑：“……警方处理的手法及开枪是不合理的……假如警员开枪，流弹会反弹到天桥打中人，后果不堪设想。”（2007/5/2，叩应听众邓先生）“开枪的警员会不会鲁莽了一些，受到了上级的指使呢？”（2007/5/2，叩应听众罗先生1）但亦有人对警员鸣枪表示理解：“我觉得在当时环境之中，在混乱的情况之下，一个有良心责任的警员发现有妇孺跌倒，会出现一定危险，根据他自己对现场情况作出判断，其行为本身无可厚非。”（2007/5/2，叩应听众罗先生2）还有听众强烈谴责事件当中某些别有用心的背后操纵者：“分明有些人借游行搞事……他们拿些竹打人都是很危险的。”（2007/5/2，叩应听众刘小姐）事件中政府官员的响应也引起争议：“李从政议员这样说话令人非常愤怒……讲话怎么可以这样武断？”

① 张锦华．从公共领域理论及多元化报导观点探讨我国选举新闻报导——以1978年、1981年、1984年选举新闻中的统独议题为例．新闻学研究，1997（55）：183～202

② 张锦华．从公共领域理论及多元化报导观点探讨我国选举新闻报导——以1978年、1981年、1984年选举新闻中的统独议题为例．新闻学研究，1997（55）：183～202

(2007/5/2，叩应听众苛先生）两天的持续讨论当中，热线听众发表的意见态度有10种之多，观点表达牵涉对事件各方表现的评价、事件发生原因的探讨、事件未来走向判断等多个层面，形成了多元化意见的交流和碰撞，真正成为一个多方参与、百家争鸣的公共论坛。

表9－5 叩应听众关于"五一游行鸣枪事件"意见态度的统计表

关于事件的意见态度	发表人次
谴责事件中别有用心的背后操纵者	5
质疑警方鸣枪行为的正当性	9
对警员鸣枪行为表示赞同	4
质疑部分议员在游行中的态度及责任行使	5
质疑政府官员的事后响应	2
谴责游行队伍缺乏理性	5
批判事件中传媒的态度响应	2
质疑政府对于游行事件的防护、处理机制	1
中立，认为事件中警民双方都有责任	1
反思游行事件背后的深层原因	5

3. 沟通、批判与理性论辩

哈贝马斯认为，"公共领域的形成与人类的理性活动有关"[①]。因此，在公共领域当中的论辩，首先应确立讨论的前提，并以"公共理性"为基础，论证过程中每位与谈人则应展现出反思与批判精神，并且不断观照他人的立场，以便建立沟通的管道。《澳门讲场》的制作者通过两种手段保障论辩当中的"沟通理性"。

其一，疏导情绪化的语态表达。拨打热线的听众身份地位、性别年龄、知识修为、性格心态都存在巨大差异，这些差异直接导致他们在电台中的意见表达语态各异。有学者曾将谈话节目的谈话观众分为情绪公众、抗议/附和公众、提问公众、理性批判公众四类，其中的情绪公众在发言时往往具有以下三个特点：一是未针对议题发言；二是涉及人身攻击；三是发言时情绪激动。《澳门讲场》亦存在这类情绪公众，以下即其中一些例子："有一万人，开大眼说大话，当市民是盲的吗？"（2007/5/2，叩应听众李小姐）"我就质疑警方开枪的警员是不是失控了，我觉得他好像徐

① Habermans, Jurgen. *The Theroy of Communicative Action* (vol. 1, Thomas McCarthy, trans.). Boston: Beacon, 1984.

步高。”（2007/5/2，叩应听众谭小姐）李小姐的话言辞激烈，是歇斯底里的情绪控诉，而谭小姐的言谈则在客观真相未明之前，主观描黑警员形象，有人身攻击的倾向。面对这类带着明显情绪性宣泄因子的谈话，节目主持和特邀评论员都抱着疏导的心态，通过不断的刺激性响应，过滤掉谈话中情感宣泄的层色，向更有建设性的理性表述回归。5月2日，一位谭先生来电，谈话中情绪激动，声音高亢：“800个差佬对2 400个弱势社会（成员），一个差佬对三个，要不要搞到开枪开炮啊……四五十岁的老太婆都搞不定，那几十万的澳门市民靠你们怎么保护啊，开枪开炮啊，影响很坏很坏。”这段谈话多为情感宣泄，言辞组织啰唆反复，矛头直指事件当事者之一的澳门警方。为了遏制这位听众难以操控的激动心态，主持人不断通过譬如“如何修补?”“所以我问你如何修补啊?”的类似提问转移其情感焦点，唤询其深层次的理性思考。听众谭先生最后还指出，此次游行“有些小事化大，不是动乱搞成动乱，会影响澳门”，主持人则适时地接过话题，提倡“调转头我们应该大事化小，一人行一步”。灵活的应对有效地熄灭了非理性的情绪烈焰。

其二，引领谈话进入理性沟通与批判的轨道。公共领域的作用不单在于为社会各界提供一方各抒己见的言说空间，还在于能够通过公开理性的谈论探讨，寻找出问题的深层原因和解决方案，促进公共议题的解决和改善。因此，对于问题的讨论绝对不应停留于“断言”或是“反对”，而应更深入提出知识的批判以及后设理论的讨论说明。热线听众总是踊跃地在《澳门讲场》当中发表看法，不过表达就往往流于片面，含混不清。这个时候，主持、嘉宾适时出场，他们的理解力、表达力都更胜一筹，言辞精辟，而类似“苦口婆心到头来被枪声惊醒，谁是输家？澳门。游行演变成骚乱，谁是输家？澳门”的点评则既华丽优美又独到深刻。除此之外，问句也是主持们的常态表达：“警方显示了硬实力，但是软实力又如何呢？社会构建和谐梦被枪声打碎，如何看这个输家，如何重新振作?”（2007/5/2，主持）“此一事件有什么深刻的教训和澳门今后如何走呢?”（2007/5/3，主持）这一个个问号传达给听众的暗示则是，讨论不应简单表达和宣泄，而应该围绕实质，讲求理性。在此循循善诱之下，热线听众的讨论也逐渐由对当事双方的谩骂指责转变成反思事件背后的深层原因和探讨应对事件的解决方案以及澳门未来的走向问题。这种走向可以从5月2日到5月3日意见表达的态势分布中窥探出来。5月2日正是“五一游行鸣枪事件”发生后的次日，听众急于表达情绪，发言少见理性，而多为激烈的谴责。到5月3日，谴责开始“降温”，听众趋于冷静，开始思考和探讨涉及政府施政、政府相关游行的预警防护机制、澳门未来发展空间等深层次问题。当然，这种转变的幕后推手正是节目主持及制作者。

四、结语

通过上文的分析，我们看到了《澳门讲场》作为一个公共领域的建构和运转过程，包括通过设置多元化的话语主体和选择多元化的公共议题为这个言论公共空间搭建舞台，又通过三种不同的话语策略来保证其出演成功，使论辩的过程公开、平等、多元和理性。而作为公共领域，《澳门讲场》的意义则在于对澳门民主的贡献。

过往，澳门人被称作“沉默的一群”，参政议政热度低，民主言论氛围差。这种失语局面的造成，除却澳门人政治参与意识较薄弱的主观因素，很大程度上归咎于回归前葡澳殖民政府严密的媒介监管以及由此引致的对言论空间的压迫。回归后，特区政府推行“澳人治澳”，言论自由的风气和民主氛围逐步形成，澳门人开始出声和发言。正是在此背景之下，《澳门讲场》作为公共领域的特质得以淋漓展现，不仅为澳门大众提供表达意见的管道，还搭建起政府与市民双向沟通的桥梁，不断推进澳门公共事务的改进，体现出媒介参与民主建构的功能。这个节目的成功无疑对于民主社会当中的所有媒介都有借鉴意义。

第二节　本土化的电视新闻制作

在澳门的电视节目当中，新闻是观众们最喜闻乐见的节目类型。20 世纪 90 年代，新闻及资讯节目占到澳广视每年播出总时数的 30% 以上，从早到晚都有自制的新闻节目播出，《澳视新闻》更能在竞争激烈的收视市场一直占据七点档收视榜的榜首位置。进入 21 世纪以来，澳门的电视新闻节目依然是澳门市民了解外界资讯和动态的重要窗口，其制作也逐步形成了自身的一些特色与风格。

一、制作人员：两岸四地的智慧交锋

每天，在澳门各家电视台采编工作室最繁忙的工作时段，在嘈杂的工作声响当中，总是夹杂着粤语、普通话、闽南语甚至英语，这几乎成为澳门电视界最奇特的一道风景线。之所以有不同的语言在碰撞和交锋，是因为澳门电视新闻采编团队的人员来自两岸四地和海外，包括澳门本土、内地、香港、台湾甚至海外的马来西亚。这些来自各地的新闻从业者带来了不同的专业理念和采编手法，对澳门本土电视新闻制作的改进和完善起到了重要的推动作用。

为什么澳门电视新闻的采编团队是一支由不同地区人员组成的混编队伍呢？这大多归因于澳门本地新闻教育力量的薄弱和相对开放的人才引进机制。一方面，澳门新闻教育力量的薄弱是不争的事实，整个澳门只有澳门大学设有与新闻传播专业相关的传播系，而师资和设备也十分有限，每年招生数量因而受到极大限制。因此，不少有志于新闻行业的年轻学子不得不先负笈到香港、台湾以及内地的高校求学，毕业后再折返澳门本土传媒从业。不同的求学经历形塑了他们相异的工作特色和风格。据澳门资深传媒人的介绍，自内地新闻院校毕业的学生一般都较具文学功底，而毕业于香港、台湾新闻院校的学生则擅长实务操作及人际交往。另一方面，开放的人才引进机

制为外来人才引进提供了便利，尤其是近年澳门广播电视的发展加快，对人才的需求日见旺盛，鉴于本土人才的缺乏，只能向香港、内地、台湾等地招揽人才。像澳亚卫视就曾不惜重金从台湾招揽了风云人物璩美凤担任新闻总监兼主播，其他主持人也大多是从海外归来的高学历人才。

两岸四地的工作人员汇聚在一起工作，最大的好处在于可以各施所长，相互借鉴，互补不足。香港、台湾、内地三地文化背景存异，电视发展情况不同，新闻制作的特点区别颇大。内地是政治挂帅，台湾以娱乐先行，香港则更注重商业和实用，三者都对澳门本土的电视新闻制作产生过辐射和影响。不过相形之下，缘于语言和地域的接近性，香港电视新闻制作业对澳门的影响最大。仔细观看澳门的电视新闻，不难发现其在节目风格和制作包装上处处体现出香港电视新闻制作的风格痕迹。

二、内容编排：本土化与区域化

在澳门，收看晚间七点档的《澳视新闻》是不少市民日常生活中的习惯行为。此前澳门大学主持的一项电视收视调查显示："澳门市民最常看香港无线翡翠台和澳广视的新闻，并且比较相信澳门传媒关于澳门本地新闻的报道。"①《澳视新闻》之所以能够渗透进普罗大众的日常生活，恰恰在于其在内容编排上所体现出来的浓厚的本土化特色，使之成为澳门市民了解澳门本地的重要窗口。

笔者试以2007年4月12日当天的《澳视新闻》来分析一下这档新闻的内容编排特色，见表9－6。

表9－6 《澳视新闻》2007年4月12日新闻编排列表

顺序号	新闻内容
1	温家宝到日本国会发表演讲
2	温家宝与安倍举行经济双边会议
3	温家宝到公园晨运
4	何厚铧和马来西亚总理会面
5	何厚铧继续马来西亚访问行程（出境报道）
6	欧文龙案廉政公署将案件移送检察院（口述）
7	第四次中国—东盟检察院会议闭幕
8	第四次中国—东盟总检察长最后会议
9	青州即将兴建近千个社屋单位

① 林玉凤．媒介使用与社会建构——澳门传媒与社会变迁关系初探．澳门研究，2003（18）：122

（续上表）

顺序号	新闻内容
10	治安警打击非法旅馆
11	议员指高官涉贪时应停职避嫌
12	意见指取消机器试可助考巴士牌
13	全民清洁日活动周日举行
14	纪念五四活动推青年慈善心
15	一批内地工人指被克扣工资
16	私家车十六浦疑失控撞断交通灯
17	阿盖达承认发动连环爆炸弹袭击
18	乌克兰：总理要求提前举行总统选举
19	美国：参议院通过干细胞研究法案
20	哈尔滨：黑龙江中毒事件证实人为
21	沈阳：老龙口体育馆进行爆破拆除
22	利物浦 AC 米兰晋级欧洲冠军联赛四强
23	澳门：皇朝蓝白：蒙地卡罗为 3：1
24	财经股市行情
25	天气报告

一般而言，《澳视新闻》按照本地—国际—全中国—体育—财经股市行情—天气报告的组合模式进行当天新闻的组合编排。这档以澳门本土居民为主要收视群体的新闻日播类栏目，尤其关注当天发生的与本地政经、民生密切相关的事件、人物，因此当天澳门最重要的本土新闻往往作为头条安设在栏目开端。头条过后，便由本土逐步过渡到全中国、国际，最后才是相对休闲的体育新闻、天气报告等栏目环节。此种编排模式充分体现出新闻编排上的接近性原则。对照 2007 年 4 月 12 日的《澳视新闻》，可以找寻与此相对应的编排规律，当日栏目新闻基本是按照这种模式编排的，唯一例外的是，当日头条并不似往日般以澳门本土新闻作主打，而是以一组三条温家宝访日的新闻作为开端。这种变化的原因在于，澳门自回归成为中国辖下的特别行政区之后，社会各界对于中国新闻的关注度也越发提高，尤其是一些重大的政经新闻其实也与澳门本身息息相关。温家宝出访日本是中国的一次重大政治外交，也是当月世界关注的新闻焦点，而鉴于中日历史上的特殊关系，每一个华夏子孙都对中日关系未来的发展态势极为关注，澳门的市民百姓当然也在此之列。因此，这种新闻编排体现了新

闻的重要性原则。三条访日外交的新闻之后，第4条到第16条共13条新闻都是关于澳门本土当日所发事件的新闻报道，占当日23条新闻总数的56.5%，超过一半之多，足见这档新闻栏目的“本土化”。而澳门本地新闻中内容层面关涉政治、经济、民生等范畴，非常广泛。为更好地分析栏目中澳门本地新闻的内容偏向，我们抽取了2007年6月6日至2007年6月12日《澳视新闻》中关于澳门本地新闻的内容部分进行分析，发现如下（见表9－7）：

表9－7　《澳视新闻》澳门本地新闻分类统计

报道主题	报道则数	百分比（%）
地方政治类新闻	2	2.4
地方行政类新闻	19	23.2
经济新闻	21	25.6
文教新闻	4	4.9
社会/警政/司法新闻	16	19.5
生活类新闻	7	8.5
社团人情味新闻	7	8.5
体育新闻	2	2.4
其他新闻	4	4.9

2007年6月6日至2007年6月12日，《澳视新闻》共报道了82则有关澳门本地的新闻。笔者将这些新闻按其主题类目进行分类，划分为地方政治、地方行政、经济、文教、社会/警政/司法、生活、社团人情味、体育以及其他九大类别。分类统计显示，地方经济类和地方行政类的新闻所占比率最高，分别达到25.6%、23.2%，社会/警政/司法类的新闻也比较多，占19.5%。此后，依次是生活类新闻（8.5%）、社团人情味新闻（8.5%）、文教新闻（4.9%）、其他新闻（4.9%），所占比率最少的是地方政治类新闻，为2.4%。地方行政类新闻主要包括公务建设、交通、社会福利、地政、民政、户政、财政、劳资纠纷/劳工政策等方面。地方行政类新闻虽指涉政府的施政层面，但政府施政的目的恰在于改善澳门发展环境，令澳门本土居民受惠，因此这类新闻实则与民生息息相关。其中，劳工问题是关注的重中之重，像《三常会讨论新劳工法》、《劳工法修订政府持开放态度》、《市民冀立例强迫雇主为雇员供款》都把矛头对准近年来澳门颇受关注的外劳问题。地方经济类新闻主要指涉金融、工商企业信息、土地开发及失业信息等，所占权重较大的原因在于随着回归后澳门经济出现好转，经济方面的信息流通日增，媒介在内容选择上的经济取向亦越发

明显。尤其是博彩、会展业等支柱行业的相关资讯更是受到电视媒介的追捧。像2007年6月8日《澳视新闻》就将有关博彩业的两条新闻《何鸿燊指自由行对赌场影响不大》和《永利放缓在澳发展计划》作为当日头条推出，未来这种趋势将会持续。澳亚卫视的一个新闻记者就表示，“随着博彩、会展业成为澳门今后经济发展的主导，媒体对这方面信息的关注将会更多”①。社会/警政/司法新闻包括犯罪、意外、灾祸、社会运动/抗争四个方面。澳门回归前黑帮纵横、治安混乱，因而犯罪治安新闻过往一直是澳门新闻界普遍关注的焦点。澳门大学的一项关于传媒与社会变迁的调查就显示：“澳门市民出于对本土治安情况的担忧，对治安新闻的关注度相当高，在五类调查之列的类别新闻中排列第一。”② 不过，近年澳门治安整顿治理卓见成效，新闻界对于治安新闻的关注力度也呈下降趋势。犯罪新闻的报道比重下降，意外灾祸类新闻却成为栏目中的常客，显示出《澳视新闻》的民生化趋向。“民生化”还体现在其对生活类新闻及社团人情味等软新闻的关注上。这两类新闻所占比重合计达到17%。采用学者及新闻界在实务上对新闻常采用的分类，将新闻简单分为硬性新闻和软性新闻两大类，即上述的地方政治类、地方行政类、经济、文教列为硬性新闻，而社会/警政/司法、生活类、社团人情味以及体育归为软性新闻，则它的统计次数显示硬性新闻有46则，占56.1%，软性新闻有32则，占39.0%，其他类别占4.9%，硬性新闻较软性新闻多出17.1%（见表9－8）。

表9－8　《澳视新闻》新闻主题分布

新闻主题	则数	百分比（%）
硬性新闻	46	56.1
软性新闻	32	39
其他	4	4.9

综合以上分析，澳视新闻是一档本土气息浓厚的新闻栏目，主要将报道焦点汇聚于澳门本土发生的新闻事件，满足澳门本土受众的资讯需求。

① 资料来源：笔者2007年4月13日在澳亚卫视的调研访谈

② 林玉凤．媒介使用与社会建构——澳门传媒与社会变迁关系初探．澳门研究，2003（18）：123

图 9-2　澳亚卫视的《澳亚新闻》[1]

相较于《澳视新闻》的本土化，另一档受澳门观众关注的新闻日播类栏目《澳亚新闻》则体现出区域化的特色。这档栏目是澳亚卫视在 2007 年重磅打造的一档综合性新闻栏目。该栏目当时由著名台湾资深传媒人璩美凤担纲主持，以她敏锐的新闻触角、犀利的言辞以及丰富的采访经验，观照中国内地、澳门、香港、台湾两岸四地的时政、经济、文化、体育等各方面的资讯，是焦点华语新闻的大集汇和连接世界的资讯桥梁。这种栏目定位是澳亚卫视办台宗旨的具体体现。《澳视新闻》的编排策略往往是先本地再全中国、国际，本地新闻无论是在排列顺序还是数量比重上都占先。而“区域化”的《澳亚新闻》对本土新闻却无特殊照顾，编排上完全按照事件的重要程度来确定新闻之间的先后排列，在此基础上再把相关地域的新闻按同类集纳的原则组合编排。笔者试以 2007 年 9 月 19 日的《澳亚新闻》作分析（见表 9-9）。

表 9-9　《澳亚新闻》2007 年 9 月 19 日新闻编排列表

顺序号	报道区域	新闻标题
1	联合国	新任联大主席强调优先解决五大问题
2	联合国	潘基文拒绝台湾入联申请
3	美国	国务院网站刊登反对“台湾入联”谈话中文版
4	中国台湾	评估“入联”失败后打“国际官司”方案
5	中国香港	CEPA 补充协议将于明年 1 月 1 日生效
6	中国香港	曾俊华：内地服务业向香港更加开放
7	中国香港	商务部将下放 CEPA 审批权
8	中国香港	号召市民乘坐公车，响应世界无车日

① http：//www. mastv. cc/cn/index. asp

(续上表)

顺序号	报道区域	新闻标题
9	中国台湾	马民调见涨　谢标榜治水有功
10	中国台湾	谢长廷讲民生欲盖党内之争
11	中国澳门	单电车铲车底，司机重伤死亡
12	中国澳门	海关查获两起走私案
13	中国澳门	英国电报局对澳门3G市场有信心
14	中国澳门	固网专营权2011届满，适时与政府磋商
15	中国澳门	街总建议优化公安，划临时泊车位
16	美国	联储减息应对次贷危机，美股急升
17	中国香港	美国减息，恒指创新高
18	美国	学生质问参议员　遭校警电枪“侍候”
19	比利时	另类卖“国”　Ebey 撤销拍卖
20	秘鲁	陨石坠地　怪味气体令人不适
21	中国内地	“韦帕”来袭　京穗航班受影响　今夜将进江苏
22	中国内地	“鸟巢”金属模型首发　精致细腻极具收藏价值

由表9－9所列清晰可见《澳亚新闻》的编排策略，按美国、中国台湾、中国香港、中国澳门、中国内地等区域作为划分标准，把相关新闻组合集纳起来。譬如从第5到第8条新闻都是中国香港的新闻，接下去的第9到第10条新闻则是中国台湾的新闻，而第11到第15条新闻则是中国澳门的新闻。这种按地区的集纳编排使观众可以在短短半个小时之内纵览世界各地的新闻资讯，信息量大。而两岸四地则是这档新闻所着力关注的地域焦点，在新闻当中所占比重亦最大。不过，对比《澳视新闻》，澳门本土的新闻并不是此档新闻关注的重中之重。这种差异体现在两个方面：一方面从新闻所处位置来看，澳门本土新闻并不是每天新闻头条的常规选择，由于节目定位由本土延伸扩大至区域以至全球，因此头条的选择面扩宽，澳门之外其他地域的新闻只要足够重大，同样可以成为当日头条，像2007年9月19日《澳亚新闻》的头条就是一条关注联合国的报道。另一方面，相较《澳视新闻》，报道澳门的新闻所占比重锐减。《澳视新闻》中澳门本土的新闻往往占到80%以上，而《澳亚新闻》由于报道区域较为广泛，对外部关注多，对内部的报道就会相应缩减。“区域化”的《澳亚新闻》是对“本土化”的《澳视新闻》的一种有力补充，为澳门本土的电视观众打开了一扇张望世界的窗口，而且凭借其在两岸四地报道方面的资源优势，也可更好地促进两岸四地之间的信息沟通。

三、新闻栏目的记者型主播

在中国内地，一档日播类电视栏目往往需要配备庞大的制作团队，记者、摄像、编辑、制作、主持等多工种分工合作，共同完成每日栏目的制播任务。相较而言，澳门电视的新闻制作团队可用“袖珍”形容，其间虽然也讲究分工，但界限并不泾渭分明，很多时候团队成员还需一人分饰多角。最明显的体现便是栏目并不设专职的主播，而是由该栏目的采访记者轮流兼职出任。这种特色的形成很大程度上出于两个方面的考量：从客观方面而言，澳门电视人才缺乏，在从业人员有限的情况下，现有人员必须一人出任两角甚至多角才可补人手之不足，力保新闻制播的正常完成。而从主观方面看，这是澳门电视适应现代电视技术发展的一种主动调整，现代电视发展强调从业者的一专多能，需精通采、编、播等各项工作。各工种间虽有区别，但越发呈现出融合，“记者型主持”与“主持型记者”成为一种新的发展趋势。在这方面，香港电视走在前列，无线和亚视两大电视机构很早就提倡新闻主播应该走向一线采访。师承香港的澳门电视正是深受此影响，澳广视的《澳视新闻》不独设主播，而采取栏目记者轮值兼任主播的制度，澳亚卫视的一众主播则经常坐镇采访一线，作现场连线报道。记者出任主持在仪态、着装和播音方面可能不如专职主播专业，但在对新闻的把握和解读上却更胜一筹。笔者在对澳广视的调研中，与《澳视新闻》的新闻记者曾就此议题展开访谈，一些记者表示，“起初他们也不适应主播工作，包括如何着装、如何微笑和如何适应镜头都是极大挑战，他们唯有抓紧工作空隙到演播室进行演练，最后终于胜任主播工作，而且经历了一些新闻的一线采访，使他们在播报时更为自信和流畅”①。不过，每天既要采访又要主持，使他们的工作压力陡增。不少人因为能够走上前台出镜播报而出名，在经历一段时间的新闻工作之后，如若出现转职的机会，都往往会转任政府公职。

图9－3　2007年澳门电视台记者采访外交部驻澳门特区特派员万永祥②

① 资料来源：笔者2007年4月13日在澳广视的调研访谈

② http：//www. fmcoprc. gov. mo/chn/gsxwfb/t307589. htm

四、电视新闻评论：摸索中的发展路径

图 9-4 《美凤看天下》是主打“观点”的评论栏目[①]

过往，澳门电视新闻给人的直观感觉是“四平八稳”，多是平铺直叙的日常新闻汇总，而少有对新闻的深度阐释和独到见解。这种电视现象似乎与澳门自由流通的信息环境极不相称。不过，最近澳门电视人开始意识到自身不足，推出一系列电视新闻评论类栏目，力争把新闻做“深”和做“足”。其中推出的两档新闻评论类栏目令人印象深刻，一个是澳广视的《风火台》、一个是澳亚卫视的《美凤看天下》。时评栏目《风火台》借引自“烽火台”，意指关注社会焦点、热点，并对新闻事件进行观点评析。节目背景设置独具韵味，三折式屏风背景板上描摹了黄黑底色的澳门大炮台，中央是一套黑色的古典圆桌圆凳，颇有几分古时煮酒论天下的意境。节目由一位主持加两位嘉宾构成评论方阵，观点犀利、深刻。节目环节设置简单，主要由两部分连接组成，第一部分是针对上期评论话题的观众回应的评述，第二部分则是由最近澳门本土的一些焦点新闻事件或普遍关注的社会民生话题引申出去，展开观点交锋和个人评述。譬如 2007 年 4 月 10 日的一期《风火台》节目，由叶国华主持，邀请了方念湘和林玉凤两位评论嘉宾。节目伊始，先是对上期节目关注的新闻焦点“塔石广场规划方案”发表观众回应。其后，便就澳门日益凸显的房价问题展开讨论，由房价暴升的社会问题，引申到公屋和经屋的合理性、政府房地产政策、投资移民等子议题，体现出嘉宾主持对社会表层现象的深层次思考，同时也引发电视观众的反思和回应。更为可贵的是，《风火台》的嘉宾言论大胆，往往敢于对政府施政的诸多层面大胆抨击和批评，一改澳门电视新闻制作的保守之风。与《风火台》类似，《美凤看天下》也是主打“观点”的评论栏目，栏目名称以主持璩美凤的名字打头，看中的正是当家主持璩美凤本身所具备的名人效应。栏目除关注澳门本土的焦点新闻事件外，还关注台海关系、台湾大选、内地改革等两岸四地的新闻议题，与澳亚卫视本身的办台宗旨相契合。

纵观而言，澳门的电视新闻评论节目尚处于起步阶段，在栏目质量上还有待改善。但是这些节目的出现已显现出澳门电视新闻顺应时势，主动调适的改革之风。

---

① http：//www.th-tv.com/channel_ kind/shownews.aspx？id=1402

五、澳门电视新闻制作存在的问题

当然，澳门电视新闻的制播同样存在一些不足之处。

其一，现场出镜报道的缺失。与香港、台湾、内地硝烟四起的传媒竞争战场相异，澳门本土的传媒竞争相对平静。整个澳门，只有澳广视和澳亚卫视两家电视台会派记者出外采访，这种状况直接导致采访记者缺乏冲劲和应有的精神面貌，以至于记者在现场采访为省心省力，极少出镜作现场报道。现代新闻制作讲究"在地"效应，放眼两岸四地，除了澳门，香港、台湾以及内地都十分强调记者出镜报道。因此，澳门电视新闻制作缺乏现场出镜报道，不仅意味着专业报道水准的不足，也意味着新闻专业理念的缺失。所幸的是，澳门电视人已经意识到这方面的不足，近期以来，澳亚卫视在一些特大事件，譬如奥运火炬传递和汶川大地震当中，都派出记者进行现场连线和直播报道。

其二，新闻制作水准相对低下。澳门电视新闻制作深受香港电视影响，电视新闻版面设计简单，画面色彩对比清晰，但在节目版头、字幕板、动画图表的制作上显然难如人意，往往给人以陈旧呆板的感觉。另外，在画面镜头的剪接方面有时也显得不够专业，画面跳帧现象时有发生，一些画面编排杂乱无章。要提升这方面的水准，除了要大力吸收先进地区的制作经验之外，最为关键的是要尽快培养自己的后期制作团队。

澳门电视发展的历史并不久远，一向给人以基础薄弱和发展滞后的印象。不过，21 世纪以来澳门电视的发展令人刮目相看，尤其是新闻节目制作方面不时有"亮点"出现。放眼未来，随着澳门经济的持续发展以及电视技术水平的不断跃升，澳门电视的发展一定会有更美好的明天。

附：澳门广播电视机构的日常节目播出表

澳亚卫视节目表

节目名称	播出时间	节目内容
清清早茶	7：00—7：30	早间资讯读报类节目。风格清新，简明扼要
午间一刻	12：30—12：45	午间新闻时事类节目。通过现场直播的方式报道最新发生的新闻大事件，剖析政坛风云，把握世界动脉
澳亚新闻	18：30—19：00	以敏锐的新闻触角、犀利的言语，透析两岸四地的时政、经济、文化、体育等各方面的资讯，是焦点华语新闻的大汇聚、连接世界的资讯桥梁

（续上表）

节目名称	播出时间	节目内容
澳亚连线	23：00—23：30	节目通过澳亚卫视设在马来西亚、中国北京、中国台北、中国香港和世界各大洲的记者站，与澳门新闻总部演播室联机，及时、准确地报道中国两岸四地、东盟和世界最新的新闻事件，连线澳亚卫视海内外的评论员，对当天发生的突发事件进行讨论，深入讨论事件的真相和内幕，为观众提供更多的信息，是沟通中国、沟通东盟、沟通世界的资讯传播平台
幸福鉴定团	22：00—23：00	以热门劲爆的言语，直逼现代最现实、最敏感的家庭、感情等两性话题。每期邀请娱乐圈当红明星针对真实个案，鉴定也罢，大胆剖析也罢，给越来越迷茫的现代人指出一条幸福的小路
澳门好好玩	周六、日 21：00—22：00	一档既介绍澳门的风土人情，又给观众在澳门旅游消费提供参考的节目。节目活泼流畅，通过节目主持串联，带领观众走遍澳门有趣景点，搜索新奇怪异店铺，遍尝澳门本土美食，挖掘澳门风情背后的故事
生活点点通	17：30—18：30	服务知识类节目
澳门本事	周末 （时段不详）	以深度挖掘世界遗产背后的文化底蕴为基础，重新解读澳门400年历史传承的源流变迁。节目以鲜为人知的故事和第一手画面，配以权威的话语，观察澳门这400年历史的纵深感，叙述多元文化与现代文明交融的成就感，揭示澳门这座活力之都的魅力和神秘
澳亚强档剧场	19：00—22：00	一档电视剧场节目，播出日剧、韩剧、台剧、内地剧等世界各地精彩影视剧。每天连续播出三集，充分体现电视文化的休闲娱乐性
澳亚影院	9：00—11：30	精心挑选中国内地、香港、澳门、台湾以及外国百部优秀影片和经典大片

澳门电台周一至周五节目表

节目名称	播出时间	节目简介
乐府晨声	6：00—6：30	—
爱听新一天	6：30—8：00	以学生及上班一族为主要对象，带出各类生活信息，让听众可以轻松上路
详尽新闻、澳门讲场	8：00—10：00	—
元气直播室	10：00—14：00	以办公室人士为主要对象，炮制有关生活、消闲、娱乐全方位的杂志式节目

（续上表）

节目名称	播出时间	节目简介
旧生会	14：00—16：00	与听众分享澳门旧日民生民风，与听众重温经典怀旧歌曲
潮人发热线	16：00—18：00	杂志式综合互动、紧跟潮流信息的年轻人节目
详尽新闻、纵横天下	18：00—19：00	—
HAPPY TOGETHER	19：00—20：00	—
夜之节奏	20：00—22：00	—
蓝白红三步曲	22：00—24：00	音乐类节目，周二至周四每晚一个音乐主题
五星 CLUB	0：00—2：00	科技、文化、生活类节目
共待黎明	2：00—6：00	—

澳门电台周末节目表

节目名称	播出时间	节目内容
纯美周会	星期六 9：00—11：00	纤体、瘦身、美容
发现心大陆	星期六 23：00—星期日 2：00	透过多元化的互动模式，为各位城市人带来一点点积极和鼓励，可网上点唱留言
体高一线	星期日午间详尽新闻后至 14：00	体育类节目，报道本澳的体育活动
无你咁好戏	星期日 16：00—18：00	—
空中同乐会	星期六 19：00（终止时间不详）	音乐节目，节目主持与听众分享对流行音乐的感受
子猫外语	星期日 21：00（终止时间不详）	以播放外语歌曲为主导，每周报道日本细碟榜走势，为听众推介优质外语新歌
宠量级萎乐	星期日 16：00—18：00	在节目中大谈宠物情缘
年青人周报	星期六 9：00（终止时间不详）	介绍年青一代潮流信息
周末放任	星期日 17：00—19：00	—

澳门绿村电台节目表

节目名称	播出时间	节目内容
安德鲁论马	星期三、五、六 12：00（终止时间不详）	分析澳门马匹的表现，讲解各马匹近期状态、赛事花絮、马评人访问情报等，以及香港赛马预测

（续上表）

节目名称	播出时间	节目内容
澳门赛马晨操	星期一至五 10：45 （终止时间不详）	专业评马
玄学天地	星期二、三 20：00—22：00	一个为听众计划人生提供多一点参考的节目
无拘无束	星期一至五 0：00—1：00	听众致电热线倾谈的节目，内容以谈论爱情为主，并会邀请个别故事主人公现身说法
澳门赛马大势分析	星期一至五 18：30 （终止时间不详）	提供赛事最新信息，马圈名人专访，分析马匹战前形势，提供各场花絮精选
澳门逸园赛狗大势分析	星期一、四、六、日 12：00 （终止时间不详）	从专业角度分析当日赛事最新形势
乐芬 Fun	星期六、日 0：00—1：00	深夜清谈类节目

第十章

台湾广播电视历史发展

台湾广播电视繁荣的现状掩盖不住一段复杂曲折的历史，一段虽不漫长但很精彩的故事。台湾广播事业始于日治台湾总督府时期，其目的是有效推行日本的殖民统治。台湾广播电视一开始就与政治紧密地结合在一起，这也贯穿于后来的“频率冻结”时期以及地下电台发展过程中。而今天，台湾广播电视业在努力突出政治重围后，却又意想不到地落入到商业陷阱中。

第一节　日据时期的殖民特色

为了庆祝日本在台湾殖民统治30周年，在台湾更好地推行殖民统治和奴化教育，日治台湾总督于1925年在台北总督府旧厅设立了一座输出电力仅为一千瓦的广播机，并且进行了试验性广播。但是由于当时收音机数量非常有限，而且收听效果较差，这次实验广播在10天后就夭折了。这是台湾广播事业的发端，一个带有屈辱色彩的发端。

三年后，日治台湾总督在台北成立了“板桥无线放送所”，开始用日语播放各种广播节目。由于此时拥有收音机的台湾居民开始增多，大概有7 600多户，收音机的收听效果也得到了明显的改善，这次实验性广播获得了成功并且持续下来。从此，台湾广播事业开始持续地发展，到1931年，日本在台湾的殖民政府成立了“台湾放送协会”，随后相继开办“台北放送局”、“台南放送局”、“台中放送局”，后来又在嘉义、民雄、屏东、中坜、北屯以及花莲港等地增设了放送台，拥有收音机的台湾家庭增加到数万户。日本政府利用这些广播机构和广播节目进行战时动员，服务于殖民统治。

台湾广播事业一开始就存在着明显的错位，虽然是科技的进步，但一直被殖民统治者控制，是主权沦丧的结果和体现。日本对台湾广播事业的控制终结于1945年8月15日，当日本天皇通过广播宣布投降后，台湾各地放送局获得独立，开始用国语和闽南语播放国内外时事和中华民国国歌，等待国民党当局接管，台湾广播发展史上的日本控制时期结束。

概括地说，日本人在台湾大力发展广播事业的目的在于推行奴化教育，为其殖民统治服务，在此期间台湾广播事业被打上了深深的殖民烙印。

第二节　“频率冻结”时期的“中广”独大

日本投降后，国民党当局接管了台湾广播业。台湾广播业以及后来的电视业由此进入一个新的历史时期，这个时期被称为“频率冻结”时期，特征是国民党当局控制下的有限竞争，而国民党当局支持的企业如“中国广播公司”（简称“中广”或

"BBC"）则获得了"红顶商人"般的垄断地位与特权。

"中广"的前身是1928年成立于南京丁家桥的"中央广播电台"，后来于1936年1月改名为"中央广播事业管理处"。日本侵占东北之后，"中广"积极配合抗日战争，在广播节目上进行了调整，停播了音乐节目，同时增加"特种报告"来揭发日本的侵略阴谋及其在中国的种种暴行。即使后来被迫退守重庆，该电台也坚持播音，日军飞机的不断轰炸也无法让"中广"的电波停止，因此被日军称为"炸不死的重庆之蛙"。1941年12月，当时的国民党主席林森通过"中广"播读对日、德、意三国的宣战文稿。1945年8月10日，"中广"又以最快的速度报道日本投降及抗战胜利的消息。客观地说，"中广"在抗日战争期间起到了比较重要的作用，介绍了中国军民抗击日本侵略者的情况，振奋了军队士气，帮助争取了国际援助。抗日战争胜利之后，"中广"回迁南京，进入迁往台湾之前的第一个全盛时期。在这一时期，"中广"在全国各地增设分台，共有电台40座、发射机74部，总发射电力达410千瓦，在当时中国的广播事业中占据翘首。1949年，"中央广播事业管理处"迁到台湾，同年改名为"中国广播公司"，从此在政府支持下进入了一个全新的鼎盛时期。

1959—1992年，台湾当局利用政治权力控制了台湾的广播业和电视业，"冻结"无线电频率，停止增设民间私营的电台和电视台。受益于这一政策，"中广"作为公营电台在缺乏竞争对手的情况下，在台湾拥有绝对优势。1965年，"中广"开始进入企业化经营，以广告收入自力更生。1968年7月，"中广"成立台湾第一家调频广播电台，立体调频广播也同时开放，台湾进入了调频广播时期。1994年8月，"中广"音乐网开始采用数字化电脑播出系统，1998年，"中广"各频率节目陆续用卫星传送到全台各地。

在电视尚未普及之前的广播黄金时期，几乎家家户户每天都必听"中广"的节目。那时逛街购物，由于每家店都在收听"中广"的节目，你可以在逛街的同时把一个节目完整地听下来，可见当时"中广"节目收听率之高、听众之广泛。"中广"也参与了早期台湾电视业的开创，可以说，"中广"与台湾广播电视发展史紧密交织在一起。

鼎盛过后，"中广"从2005年开始进入了一个新的发展阶段。为配合"党政军"退出广电媒体的"立法"①，国民党于2005年12月将"中广"控股公司的股权转让给荣丽投资股份有限公司，从此正式退出"中广"的经营；"中广"从党营文化事业转变为纯民间经营的媒体，并相继停办了对大陆和海外的广播。

---

① 根据台湾《广播电视法》、《有线广播电视法》和《卫星广播电视法》："政府、政党不得直接或间接投资民营广电事业"，"党务、政务人员及选任公职人员"以及"政府、政党捐赠成立的财团法人和受托人"同样不得投资广电事业。政府、政党投资的广电媒体必须在新法实施后的两年内出脱持股，目前经营广电媒体的政治人物也应在半年内辞去在广电媒体的相关职务。

在1998年以前，“中广”还有对海外广播的部分。“中广”的前身——“中央广播事业管理处”在迁台之前就负责国际广播，当时主要针对日本听众。1965—1997年，“中广”受台湾当局委托负责海外广播节目，播音语言有英、法、日、朝、越和阿拉伯语等，还有普通话和粤、潮、客、闽等几种方言，以及蒙语、藏语、维吾尔语三种少数民族语言。

“中广”于1998年结束了对外广播业务，由财团法人“中央广播电台”继续进行海外广播工作。“中广”近年另行开辟了“中广海外广播网”，与全球各地的华语电台建立姐妹台合作关系，将“中广”的新闻与部分节目，通过卫星和网络传输的方式，提供给美国、加拿大等地的中文电台播出。“中广”还向一些国家提供交换节目，主要介绍中国人文科学、艺术、音乐、戏剧、社会、生活习惯等。

图10－1　“中广”总部[1]

目前，“中广”的发展遇到了一定困难。就大的背景来讲，台湾整体经济不景气。频率“解冻”之后，新增电台、有线电视和网络等媒体数量激增，分食有限的市场，而“中广”对此反应较慢、应对乏力。台湾内部政权的变动也给“中广”的发展带来了一定的阻力。面对困境，“中广”不得不进行机构重组和人员精简，员工人数从鼎盛时期的1 000多人缩减到目前的270多人。

目前，“中广”有六个无线广播频率：新闻网、音乐网、流行网、台北AM747（客家频道）、宝岛网、乡亲网。除了无线广播部分外，听众通过数字接收机还可以收听到六套“中广”数字广播节目，包括古典网、热门网、大爱网，以及在无线广播中也可以同步收听的“中广”流行网、音乐网和新闻网节目（见表10－1）。

表10－1　“中广”无线频率介绍

频率名称	特点介绍
新闻网	台湾历史最悠久、影响力最大的新闻专业频率。内容以新闻信息节目为主，以新闻话题类节目为辅。节目大多以现场直播、双向沟通的方式进行，追求新闻信息之外的深度探讨

① http：//baike. soso. com/v7318962. htm

（续上表）

频率名称	特点介绍
音乐网（i radio）	台湾首创的音乐广播频率，听众群以20~45岁的“年轻成人”为主。起初音乐网借助自动化电脑播出系统，全天候播放音乐，不设主持人，后来增设各类主持人。在节目设置上，白天和晚上呈现两种不同风格，以满足听众在不同时段的不同心情
流行网	“中广”成立的第一个调频广播网，节目以流行歌曲、娱乐综艺节目为主，听众分布广泛。以强大的主持人阵容为特色，其中包括畅销书作家、流行唱片歌手、成功企业家、模特等
宝岛网	起初称“中广农业调频台”，后逐渐扩大了听众群体。以闽南语为主、普通话为辅，针对30岁以上听众群体。节目除了新闻外，生活、健康、就业、休闲旅游、投资理财、科技新知和戏剧等无所不包。风格诚恳亲切，关怀本土
乡亲网	以闽南语综艺节目为主，搭配民俗、宗教和心理咨询等节目，重视广播的社教功能，风格平和，富有乡土风味
台北AM747（客家频道）	以服务客家乡亲为主，关心客家同胞的生活与文化，强调“乡亲，土亲，人更亲”，节目内容包括新闻报道、生活咨询、亲子教育、家庭婚姻、民情风俗、法律常识、养生保健等，内容丰富，表现活泼，深受客家乡亲欢迎。目前除客家语节目外，再增加了部分闽南语、英语、日语等节目，以扩大听众群体

从1928年成立至今，“中广”走过了80余年的历程。无论是在大陆时对抗战宣传的贡献，还是“频率冻结”时期独占鳌头、政党更替后的发展困境，“中广”都是一面特殊的镜子，折射出时代风貌，反映了台湾广播业发展的每一个重要步伐。了解“中广”的历史与现状，有助于我们更好地理解台湾广播发展史。

第三节　地下电台的勃兴与边缘化

在台湾媒体的“频率冻结”时期，广播电视媒体的发展受到很大限制。“解冻”之后，广播、电视、报纸等大众媒体急剧发展，地下电台也在这个时期出现和蔓延开来。地下电台指的是没有合法营业执照、违法播出节目的电台。地下电台在国外也有，但台湾的地下电台与政治紧密相关。

地下电台没有合法身份，通常设备简陋，位处偏僻山区，特别是台南地区，播出时间往往也不固定，还经常被台湾当局有关部门封台，但地下电台还是拥有一定数量的听众。就节目内容来讲，主要分为两大类：一类是药品广告以及闽南语歌曲等，另一类则是各类新闻，特别是侧重于政治新闻和本地新闻。地下电台节目内容往往与平民百姓的日常生活相关，而且涉及政治的节目内容大胆泼辣，有异于主流电台的内容、观点，所以也能吸引部分听众。比如说在当时的正规电台中，听众发表自己的意见和言论的机会很少，而地下电台则大办“call-in”节目，直接播放主持人与听众的谈话过程，受到了很多听众的追捧。地下电台之所以集中在台南地区，就在于这个地区经济水平相对落后，人们听广播多过看电视，而且这个地区的渔民本来就有收听区域广播的习惯，所以地下电台很容易就在这一带发展起来。

目前，在3.6万平方千米的台湾岛内，共有大大小小的地下电台170多家。而与此形成对比的是，经过台湾“行政院新闻局”核准的合法电台，也不过140余家。地下电台与合法电台频率相互“盖台”，给听众选台带来了不少麻烦。地下电台在20世纪80年代台湾社会转型中，被当时还处于体制外的民进党等力量用来传播政治言论和思想。[①] 1999年前后，台湾地下电台顶峰时期数量高达217家。[②]

其实地下电台并不是台湾独有的现象，但是台湾地下电台的特殊之处在于电台经常发动民众直接从事抗争，与当时的国民党当局发生冲突并造成暴力事件。台湾政治大学新闻系教授冯建三曾将1994—1995年以来，围绕地下电台而产生的执政党、在野党和舆论的反应作了一个总结（如表10-2所示）。

表10-2　地下电台反体制行动（1994.2.22—1995.2.6）[③]

日期	地下电台反体制行动	执政党行动/抄台理由	在野党反应	舆论
1994.2.22	数百辆计程车听“台湾之声”，到“财政部”抗议保险费问题	3月11日台北“地检署”侦察许荣棋等四人	没有	稍不利
1994.4.12	3月以来，陆续有新地下电台开播，共四台	“新闻局”罚款或警告	没有	—
1994.4.21	“台湾之声”电召数百辆计程车包围国民党党部	台北“地检署”抄“台湾之声”，指多家电台遭其电波干扰，煽惑他人犯罪。第一次抄台。“司法”单位主导	民进党“立委”周伯伦开记者会表示将删“中广”预算/党部及“立院”党团强烈谴责	稍有利

① 参见：朱孝锋．台湾地下电台策划动乱．世界新闻报，http：//gb.cri.cn/2201/2006/06/19/1745@1096146.htm

② 陈敬然．历经多次取缔　台湾地下电台为何如此猖獗．中国新闻传播学评论（CJR），http：//www.zjol.com.cn/05cjr/system/2006/06/22/007695823.shtml，2006-06-22

③ 冯建三．异议媒体的停滞与流变之初探：从政论杂志到地下电台．台湾社会研究季刊，1995（20）：193，http：//www3.nccu.edu.tw/～jsfeng/8.doc

（续上表）

日期	地下电台反体制行动	执政党行动/抄台理由	在野党反应	舆论
1994. 5. 14	（因“4·12”事件）（未见特别行动）	台北“地检署”公诉许荣棋等五人	没有	—
1994. 7. 22	（因许荣棋传唤不至）（未见特别行动）	警方逮捕许氏归案	陈水扁、颜锦福与周伯伦保释许氏/“立委”党团谴责	稍利/稍不利
1994. 7. 30	（大陆与台湾主管两岸事务官员本日开始于台北会谈）地下电台数目已经增加至14家	“新闻局”抄全国14家地下电台/非法播音，维持广电秩序、法律尊严、合法业者权益。第二次抄台，“新闻局”第一次主导	民进党开记者会抨击，并表示若再封杀将自办电台/北市“议会”党团谴责/北县县长扬言警力将不配合/多位“立委”促全面开放频道并在过渡期准地下电台合法化。新党肯定依法查办	稍利/稍不利
1994. 8. 1	地下电台业者抗议取缔，在“新闻局”前与警方暴发流血冲突	谴责暴力，表示强力取缔到底	民进党：人民有抵抗权，但应避免以暴易暴。若国民党继续垄断则地下电台不断。新党：抄台不妥，但8月2日赵少康指陈水扁保许荣棋应负责	不利
1994. 8. 2	“独立放送”等六家电台成立“民间电台联合会”，表示将集中联播及抄一台换一台	—	—	—
1994. 8. 3	（“新闻局”抄台科员张台安遇袭，但日后查与抄台无关）	促严惩暴徒，持续抄台。8月4日连战表示“抄台不竟全功，不得停止”	谴责暴力并抗议国民党以此抹黑民进党/8月6日邀“新闻局”局长与业者座谈/民进党与新党指国民党垄断电波是问题根源	不利

（续上表）

日期	地下电台反体制行动	执政党行动/抄台理由	在野党反应	舆论
1994. 8. 31	（板桥“地检署”指“台湾之声”与“群众之声”播音内容涉嫌煽动他人犯罪及侮辱公署罪，率千余警力取缔之）	同前/国民党有“立委”要求更严格取缔，否则冻结警政预算。第三次抄台，“司法”单位主导	民进党表示应发还器材且须一个月内善意回应，否则自办电台/尤清为9月3日之北县政府电台口试，试图给“新闻局”好印象，故表谅解，并疏通群众	纯报道
1994. 11. 4	持续未经申请而使用电波	“新闻局”发函要求16家电台七天内停止播音，否则抄台（后未抄）	“中央”党部11月11日举行座谈（21家参加）：民间电台非民进党附庸/广电源重分配/谴拟抄台并将遏止/速组电台联盟，护言论空间	—
1994. 12. 22	全民计程车司机被杀，在德惠街设灵堂公祭。涉嫌煽惑德惠街事件。曾经开播的地下电台数量最多已到50个。确实资料显示每天均定时播音的电台数为25个	第四次抄台，“新闻局”与“司法”单位联合指挥。重申“不竟全功，绝不中止”	警方反应过度，陈师孟到现场，各报指责。陈水扁指政策应合理，但若当局取缔，北市会配合。新党11月20日表示支持“新闻局”开放政策，该党电台即日起全部停播	一面倒，不利
1994. 12. 30	“行政院”副院长徐立德约集“调查局”局长、“国家安全局”局长、“新闻局”正副局长、“交通部”部长、“法务部”副次长，宣示元旦后全面抄台决心	—	—	—
1995. 1. 3	官方指涉嫌聚众纠事	抄“宝岛新声”，“新闻局”与“司法”单位联合指挥。第五次抄台	陈水扁指应让地下电台合法，但支持警方依法办事	报道/不利

（续上表）

日期	地下电台反体制行动	执政党行动/抄台理由	在野党反应	舆论
1995. 1. 6	官方指非法播音	抄“宝岛新声”及“新思维”。“新闻局”与“司法”单位联合指挥。第六次抄台	民进党不满/指应开放所有频道、公布审议标准。新党指“新思维”与其无关	报道
1995. 1. 10	“宝岛新声”集众1 500人到“立法院”，抗议客家文化遭漠视	“行政院”秘书长表示会将意见上转院长连战。第七次抄台	民进党“立委”叶菊兰、彭百显等表示将要求“新闻局”解释	无/淡化
1995. 1. 9	—	—	民进党“国代”郑宝清、“立委”李进勇指“新闻局”取缔电台为违宪，要求“监察院”弹劾胡志强	报道
1995. 1. 11	“新思维”不开门，“宝岛新声”开门，均被抄。后者损失较重	“新闻局”主导抄台，并投书“中时”回应，表示连日抄台合情合法。第八次抄台	未见媒体报道	报道比昨日多
1995. 1. 12	台中与高雄六家电台被抄	“新闻局”主导，指其非法使用电波，未申请搜索票。第九次抄台	民进党高市“议会”党团指违宪违法	更多报道
1995. 1. 14	再抄“新思维”、“大台北电台”（未播音被抄）	“新闻局”主导，理由不详。第十次抄台	未见反应	未报道/报道
1995. 1. 16	“真理之声”与“番薯台”等八家电台再被抄（未播音被抄）	“新闻局”主导，指其违法播音。第十一次抄台	—	扩大报道
1995. 1. 21	嘉义“台湾之声”与高雄“番薯之声”等四家电台再被抄	“新闻局”主导。第十二次抄台	民进党“立委”蔡同荣、朱星羽至现场，报载朱星羽跪地声援三小时未获回应	报道

（续上表）

日期	地下电台反体制行动	执政党行动/抄台理由	在野党反应	舆论
1995. 1. 23	许荣棋等人开始在美国华盛顿绝食抗议	—	—	无报道
1995. 2. 6	台北的“宝岛新声”、“真理”、“太平洋”、“基层之声”、“朝代”、“群众”、“台中日望春风”、嘉义“台湾之声”及高雄“番薯之声”等于10：00～11：00联播抗议	“台湾当局”言辞上仍表示将取缔，唯前述电台仍有多台连线于周一至周六12：00～13：00联播改造媒体的对谈节目，至2月18日仍然播音不断	电子通信网络持续出现关于在美国的台湾人的抗议活动新闻及美国若干公益电台的近况报道	无报道

过去，台湾地下电台的发展与政治紧密联系在一起。“如今，台湾的地下电台大多数已经完全涉入法律边缘的法则，投入商业运作的机制，因为多元化并不必然等于自由竞争的正当性，亦即商业竞争并不等于多元化的对应。台湾的地下电台多半只能靠节目广告化、卖药或其他‘副业’游走于法律边缘，因此，也经常遭到事业主管机关的取缔，其中来自于非法药品广告为主要项目，由于此类药品广告的利润极高，地下电台必然会以此为其谋生工具，这也是为何地下电台在台湾失去政治舞台后，还得以苟延的原因。”① 总的来说，台湾地下电台的发展经历了萌芽期、发展期、成熟期、衰退期、延伸期和转型期（如表10－3所示）。

表10－3　台湾地下电台阶段性发展②

时间	阶段	发展状态
1991年以前	萌芽期	FM89.5－95.1频道（吴乐天）以“打游击”方式广播——说书主题：廖添丁
1991—1994年	发展期	地下电台规模化。“全民电台”（张俊宏）、“台湾之声”（许荣棋）、“南台湾之声”（黄昭辉）、“宝岛新声”（林美娜）、“TNT炸弹电台”、“绿色和平电台”（吴清棋）

① 参见：陈清河．广播媒介生态与产业．台北：亚太图书出版社，2005.192

② 参见：陈清河．广播媒介生态与产业．台北：亚太图书出版社，2005.191

（续上表）

时间	阶段	发展状态
1994—1996 年	成熟期	1. 地下电台突破媒体垄断，发表政治言论，成为异议媒体 2. 1994 年 7 月 31 日起，“行政院新闻局”联合电信总局以及各地警察机关同步查扣地下电台 3. 1993—1996 年，广播频道开放
1996—2000 年	衰退期	1. 1996 年 2 月 5 日，《电信法》修正第五十八条第一项拟定设立电信警察 2. 1996—2000 年，《电信法》修正地下电台违法刑责，成立净空专案
2001—2003 年	延伸期	1. 2001 年，“交通部”筹组非法广播电台联合取缔小组 2. 地下电台业者通过管道，使“监察院”与“立法院”皆对目的事业主管机关提出程序上的意见
2004 年至今	转型期	2004 年 6 月，台湾当局拟开放 181 个频道使地下电台合法化；2004 年 8 月，更提出如何使地下电台以“限时限区播音”方式辅导合法化的意见，并公布广播频道重整政策

第四节　电视三巨头的兴衰与群雄并起

台湾只有 3.6 万平方千米，人口也仅 2 300 多万，却拥有上百家有线和无线电视公司。当然，一开始台湾电视业并不是这样“群雄混战”的局面，而是由“台视”、“中视”和“华视”三大巨头把持。

“台视”（台湾电视公司）、“中视”（“中国电视公司”）、“华视”（中华电视公司）分别于 1962 年、1969 年和 1971 年开播，这一时期台湾政治稳定、经济繁荣，电视业处在一个非常有利于自身发展的环境中。同时由于“频率冻结”政策，这三家电视机构缺乏足够的竞争对手，处于一种优势垄断地位，所以三家电视台的利润都极为丰厚。“据统计，这三家电视台的广告收入，1991 年为 175 亿新台币，1992 年跃为 217.4 亿新台币。到 1993 年因获利甚巨而成为众矢之的，为社会各界所诟病。”①

① 转引自：夏倩芳．台湾电视：从垄断走向竞争．新闻与传播研究，1995（3）：62

图 10－2 **“台视”** logo

10－3 **“华视”** logo

图 10－4 **“中视”** logo

这一局面在进入 20 世纪 90 年代后得到了改变，台湾“新闻局”从 1994 年 1 月开始同意开放无线电视频道。1997 年，民间全民电视公司（简称“民视”）成为台湾第一家民营性质的无线电视台，这是台湾无线电视进入新的竞争时期的开始。同年，公共电视（简称“公视”）开播，“中视”、“华视”、“台视”三台鼎立台湾的局面从此不复存在。与此同时，“第四台”也开始公开化与合法化，并发展为有线电视。所谓“第四台”，不是指某一个而是指某一类频道。在台湾只有“中视”、“华视”、“台视”三台的时期，有商家将线路铺到观众家里播放录影带、外国电视节目等各类节目，是当时台湾观众除了“三台”之外的第四个选择，所以将这类电视服务俗称“第四台”。在“频率解冻”后，“第四台”相继成为正规合法的有线电视台。

图 10－5 **“民视”** logo

图 10－6 **“公视”** logo

1993 年，台湾《有线广播电视法》和《有线电视系统申请须知》相继公布实施，受理了 229 件有线电视筹设的申请，最终有 156 家获得批准，1994 年由此成为台湾电视业发展的一个关键年代，这是台湾地区电视业进入激烈竞争的“战国时代”的开始，从此台湾观众可以收看更多的电视频道，有些区域甚至可以看到近 100 个频道。

随后，“台湾有线电视普及率迅速提高。据台湾‘资讯工业策进会’调查，台湾有线电视普及率高达 81%，高于美国与加拿大的 67%、德国的 56%、日本的 14%、香港的 29%，不仅是亚洲最高，也名列世界前茅。有线电视的收视率有逐渐超越无线电视的趋势。目前，台湾收看有线电视的观众数量还不如收看无线电视的观众多，但收视观众比例持续上升，已超过 40%，而且总收视点数已远远领先无线电视台”①。

在“民视”、“公视”成立以及大量有线频道出现后，台湾的电视市场已经非常拥挤。台湾每年的电视收入在 600 亿新台币左右，在这个市场上竞争的却有上百个电视频道，24 小时的新闻频道也有十几个之多，这使得台湾电视媒体生存竞赛的热度和难度都非常高，淘汰速度很快。而“台视”、“中视”、“华视”这三家“频率冻结”时期的巨头，在最初并没有意识到问题的严重性，没有对后起的竞争对手给予足够的重视，更没有采取有效的措施积极应对。到了 1999 年，台湾电视业的竞争格局发生了逆转。三大台不再占据优势地位，每年营业收入开始衰退 20% 以上。与此同时，东森、TVBS、“八大”等民营电视公司迅速崛起，瓜分了很大的市场份额。

图 10-7　东森 logo

图 10-8　“八大” logo

前身为友联全线公司的东森电视台（Eastern Television）成立于 1991 年，最早以录像带供给和“第四台”播送为主要节目内容，1997 年 9 月底更名“东森电视台”，并在 2002 年 9 月收购了超视电视台。东森电视台在频道专业化上发展得比较成熟，总共经营八个有线电视频道：东森新闻、东森新闻 S 台、东森洋片、东森戏剧、东森综合、东森 YOYO、东森电影以及超视、数码的加值频道，此外还有东森美洲卫视、东森亚洲卫视、东森欧洲卫视三个海外频道，而东森购物频道更是台湾电视购物频道成功的典范。

八大电视股份有限公司（Gala Television Corp，GTV）成立于 1997 年，是台湾本土第一个卫星电视台，共有 GTV 第 1 台、GTV 综合台、GTV 戏剧台和 GTV 娱乐 K

① 参见：佚名. 台湾媒体发展概况. 中国网，http://www.china.com.cn/overseas/zhuanti/txt/2006-11/28/content_7420344.htm，2006-11-28

台，在台湾全省的有线电视普及率为100%。

台湾TVBS成立于1993年9月28日，最大的股东分别为香港电视广播有限公司（TVB）和台湾年代影视集团（RTA）。因此，TVBS兼容了两地的特色，既有香港式的营运模式和制作技术，又有台湾本土的文化资源与主持人才。TVBS－NEWS新闻台有工作人员400名，在全台湾共有85组采访记者，新闻据点遍及全球各地。

第十一章

台湾广播电视管理

第一节　法规管理的演变

如果按照广播电视管理体制的变化来划分，台湾广播媒介的发展大抵经历了频率初步均衡释出—冻结民营申设—仓促全面释出这三个阶段。

“第一阶段（1949—1959 年），为频率‘初步均衡释出’阶段。为在台湾站住脚跟，国民党当局大力发展资本主义市场经济，另一方面逐步释出电台频率。在短短10 年内，台湾先后有 27 家各种党营、军营、警营、公营和民营电台复播或设立，其中，民营约占一半，广播生态初步形成多元化发展的特性。

“第二阶段（1959—1992 年），为‘冻结民营申设’阶段。1958 年‘8·23’炮战后，台湾当局于 1959 年以电波干扰问题严重为由，函令主管机关停止民营电台的申设，冻结民管广播发展。1968 年，主管机关虽释出调频广播频率，但仍不准民营申设，一些频率拨给了公营电台。1976 年，台湾公布《广播电视法》，将广播纳入‘特许事业’进行管理，强调对广电媒介及宣传内容的控制，民营也不例外。从 50 年代末到 90 年代初，在‘厚公营，薄民营’、‘重当局宣传，轻公共利益’的政策下，台湾民营广播申设冻结长达 34 年之久，因而间接促成广播市场的封闭，直接减缓了广播媒介的发展。

“第三阶段（ 1992 年至今），为‘仓促全面释出’阶段。1987 年，台湾地区解严后，国民党当局积极推行民主化、自由化、经济化和国际化的方针，社会因而对传播媒介的需求急剧上升。在‘广电媒介遭到垄断’的指责下，1992 年 3 月，主管机关仓促宣布频率释出，准许各种电台的申设。次年底，借政治选举的契机，地下电台频频冒出。两年多来，随着 6 个梯次计 170 个以上大、中、小功率电台频率的逐步全面开放，使弹丸之地台湾的广播生态骤变，电台总数将突破 200 家大关，其密度恐怕创下了世界之最。”①

为了巩固在台湾的统治，国民党执政时期对大众传播媒介实行了严格控制。1951 年，台湾国民党当局开始实行“报禁”，1959 年进而“冻结”广播频率，暂停新电台的申办。到 1988 年解禁之前，台湾仅有 31 家报纸、33 家电台，而且电台大多数掌握在“党政军”机构手中，尤以国民党经营的中国广播公司一家独大。电视台则是“台视”、“中视”和“华视”三家巨头垄断。1997 年，台湾第一家纯民营的无线电视台——民间全民电视台开播，打破了台湾电视 20 多年来三台鼎立的局面。

国民党台湾当局对传媒的控制，一是通过“法规约束”，二是通过“辅导管理”。台湾广播电视界必须遵守的有关法规主要有：《广播电视法及施行细则》、《广播电视

① 参见：张远林．台湾广播随笔．声屏世界，1997（6）：47

事业负责人及从业人员管理规则》、《新闻记者法》，非常时期有关新闻传播的法令以及民法、刑法中的有关条文。①

台湾于2003年12月24日修订《无线广播电视法》、《有线电视法》、《卫星电视法》，要求“党政军”的股份退出广电媒体。② 2005年，台湾地区“立法院”通过了《“通讯传播委员会”（NCC）组织法》，第二年，台湾“通讯传播委员会”挂牌成立。“通讯传播委员会”综合了以前的台湾“交通部电信总局”及“行政院新闻局”规管的职能，致力于按照客观、中立、专业的立场和原则，统筹监管信息、传播、通信市场。

台湾“广电三法”规定：

政府、政党、其捐助成立之财团法人及其受托人不得直接、间接投资民营广播、电视事业。

除法律另有规定外，政府、政党不得捐助成立民营广播、电视事业。

本法修正施行前，政府、政党、其捐助成立之财团法人及其受托人有不符前二项所定情形之一者，应自本法修正施行之日起二年内改正。

主管机关应自本法修正施行之日起六个月内，就不符第四项规定之政府、政府投资之事业、政府捐助成立之财团法人，制定其持有民营广播、电视事业股份之处理方式，并送立法院审查通过后施行。

“广电三法”同时规定：

政党党务工作人员、政务人员及选任公职人员不得投资广播、电视事业；其配偶、二等血亲、直系姻亲投资同一广播、电视事业者，其持有之股份，合计不得逾该事业已发行股份总数百分之一。

本法修正施行前，广播、电视事业有不符合前项情形者，应自本法修正施行之日起二年内改正。

政府、政党、政党党务工作人员及选任公职人员不得担任广播、电视事业之发起人、董事、监察人及经理人。

本法修正施行前，广播、电视事业有不符合前项情形者，应自本法修正施行之日起六个月内解除其职务。

根据这些相关法律条文的规定，台湾“党政军”势力必须退出电台和电视台的经营管理。“为了退出政治势力，导引出两大新方向：一者将使电视台转换为纯民间经营之私有化形式（privatization），此在工商社会中早已形成共识；然而该法条之后颁布例外规定，则留下一个伏笔，朝向不同发展，也就是呼应一九九七年通过之

① 参见：夏倩芳．台湾电视：从垄断走向竞争．新闻与传播研究，1995（3）：62

② 资料来源：台湾“广电三法”修正案

《公共电视法》之经营，扩大非商业性事业的营运。”①

此后出台了一系列与电视业有关的法规：2000 年的《传播政策白皮书》、2001 年的《无线电视公共化政策》、2002 年的《台视、华视“一公一民”评估及执行方案》、2004 年的《电视公共化政策》及《公股处理条例总说明》、2005 年的《无线电视事业公股处理条例草案说贴》。这一系列法规的推出将“党政军”势力退出电视业走向公共化推进了实质阶段，决定将中华电视台与公共电视台结合，成立公共广播电视集团，而政府持股低于 50% 的台湾电视公司，则将政府持股拍卖后再投入公共电视基金。②

第二节　对公共电视的管理

1998 年 7 月 1 日，财团法人公共电视文化事业基金会正式成立，公共电视台（RTS，简称“公视”）开播，从 1980 年台湾当时的“行政院”院长孙运睿提议成立公共电视台，到公共电视台实际成立，经过了 18 年的时间。公共电视台立台的理念是制作和播出多元优质节目；促进公民社会发展；深植本土文化内涵和拓展国际文化交流。其节目主要围绕以下主题：

（1）真心关爱儿童的成长。

（2）尊重各族群的需求。

（3）关怀弱势团体与文化。

（4）呈现表演艺术的生命力。

（5）重视台湾生态环保。

（6）记录台湾社会变迁及人文风貌。

（7）亲近民众的生活。

（8）展现文学之美。

（9）掌握社会脉动、开拓国际视野。

根据《公共电视法》，“公视”基金会第一年得到的台湾当局的捐赠为 12 亿新台币，自筹款为 3 亿新台币。此后，台湾当局捐赠的金额逐年递减 10%，到第六年以后应为第一年台湾当局编列预算金额的 50%。为避免过于依赖台湾当局捐赠，增加“公视”在财务上的独立性，“公视”还可以由公私机构或企业团体提供经费，赞助播出时段或节目。这种“企业赞助”不同于一般广告赞助，受限于电视台的基本规范，不得促销特定商品或服务，不与节目题材有任何关联或暗示，不参与任何节目制播过程等，因此能够独立自主，避免伴随经费而来的干预。同时，“公视”也会接受

---

① 程宗明. 台湾电视制度公共化之展望. http://www.rthk.org.hk/mediadigest/20051215_76_120723.html

② 参见：程宗明. 台湾电视制度公共化之展望. http://www.rthk.org.hk/mediadigest/20051215_76_120723.html

个人捐赠，并通过销售节目等来开辟各类财源。

表 11－1　2005 年公共电视台收入情况①

资金来源	百分比（%）
政府资助	58.52
企业捐赠	10.32
贩卖收入	6.83
租金收入	7.72
代制节目收入	6.69
个人捐赠	1.06
其他	8.86

公共电视台的组织架构如下图所示。

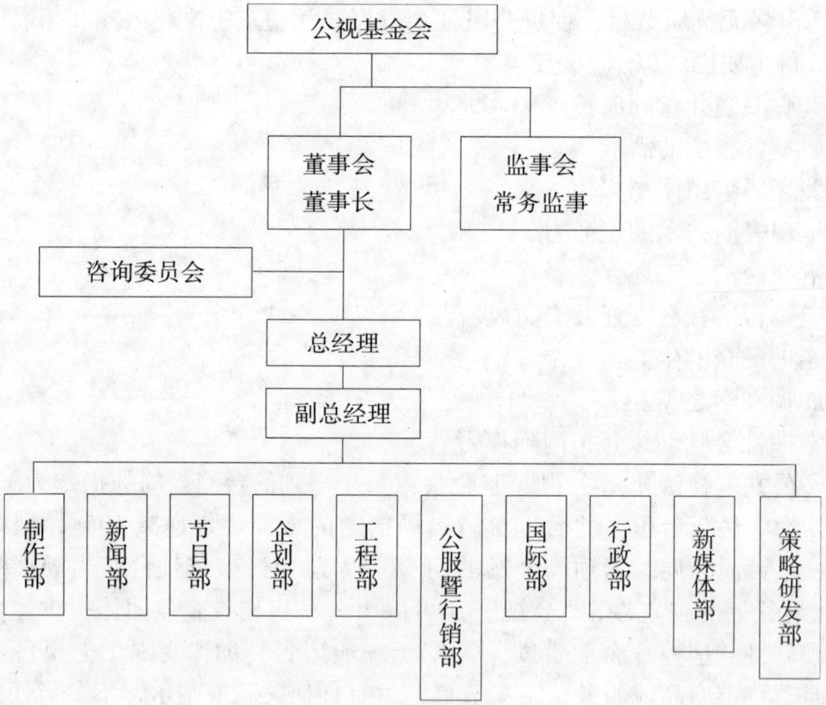

公共电视台组织架构②

① 参见：翁秀琪．台湾公共电视的经验分享．http：//www.rthk.org.hk/mediadigest/20060614_76_121005.html

② 资料来源：台湾公共电视台网站，http：//www.pts.org.tw/～web01/PTS/about_pts－5.htm

公共电视台由一个独立的董事会来进行管理，根据《公共电视法》，这个董事会由11～15名董事组成，他们由“行政院”院长提名。董事会的成员代表着不同的性别、族群和社会利益团体。按照规定，属于同一政党的董事不得超过总数的1/4。董事会成员任期为三年，在此期间不得参加任何与政党有关的活动。“公视”的董事长和总经理必须面对“立法院”的询问，以保证年度预算的有效运用和权力机构的有效管理。

2006年1月3日，台湾“立法院”通过了《无线电视事业公股处理条例》。根据这一条例，2006年4月1日，中华电视公司（CTS，简称“华视”）也改组为一个公共广播电视台，它与“公视”一起，组成了台湾的公共广播电视集团（TBS）。同样根据《无线电视事业公股处理条例》，客家电视台（Hakka TV）、原住民电视台和宏观电视台（MS TV）等都并入台湾公共广播电视集团。

第三节　广播电视管理制度

2001年11月12日，继祖国大陆11日加入WTO之后，台湾地区也加入了WTO，台湾广播电视管理制度在WTO框架协议下不断完善。在管理依据方面，由过去的相关法律转向专门立法；在管理机构方面，由过去的党管、军警监管转向行政监管；在管理理念方面，由过去的侧重维护政治宣传转向平衡各方利益、促进产业发展。

台湾广播电视管理制度的管理对象既有无线广播电视经营者、有线广播电视系统经营者、直播卫星广播电视服务经营者，也包括节目供应者、有线电视频道供应者以及从业人员。管理范围涉及准入、节目、广告以及发展基金、用户权利、紧急应变等方面。台湾对广播电视准入实行许可制度，对广告实行审查制度，对广播电视用户实行权利保障制度等，它还实行紧急应变指定转播制度，为了维护公共安全和社会公益，在遇有自然灾害、紧急事故时，主管机关可通知广播电视业者停止播送节目，或者指定转播特定的节目和信息。自然灾害、紧急事故消除后，主管机关应立即通知广播电视业者恢复原状，继续播送其节目。

台湾对广播电视节目实行分类分级管理制度，分为新闻及政令宣导、教育文化、公共服务和大众娱乐四类节目。新闻节目指新闻报道、分析及实况转播。政令宣导节目指有关当局措施与成果的介绍事项。“新闻局”可指定各公营、民营电台、电视台联合或分别播送这类节目，要求其内容应客观、公正、确实、完整，不得有广告性质。教育文化节目以弘扬中华文化、推广社会教育、辅助学校教学、启发儿童智能为目的。公共服务节目包括气象报告、时刻报告、紧急通告、公共安全及其他社会服务等事项，以义务播送为原则。大众娱乐节目包括歌唱、音乐、戏剧、小说、故事、笑话、猜谜、舞蹈、技艺、综艺及其他以娱乐为内容的表演等，应以阐扬伦理、民主、科学及富有教育意义的内容为准。台湾对电视节目实行分级管理，将电视节目分为限制、辅导、保护、普遍四级，在不同的时段播出。

（1）限制级：未满18岁不宜观赏，应锁码播送，用户需经特殊解码程序方能收看，主要包括：①描述赌博、吸毒、贩毒、抢劫、绑架、杀人或其他犯罪行为细节、自杀过程细节；②有恐怖、血腥、残暴、变态等情节，表现方式强烈，但一般成年人尚可接受；③以动作、影像、语言、文字、对白、声音表现淫秽情态或强烈性暗示，但一般成年人尚可接受。

（2）辅导级：未满12岁儿童不宜观赏，12岁以上未满18岁的少年需父母或师长辅导观赏。

（3）保护级：未满6岁儿童不宜观赏，6岁以上未满12岁的儿童需由父母、师长或成年亲友陪伴观赏。

（4）普遍级：一般观众皆可观赏。

台湾在不到4万平方千米的土地上容纳了电台、电视台各100多套节目，之所以能够进行较为有效的管理，要得益于较为完整的广播电视管理制度，决定它的因素有：科技进步是动力，民主政治是关键，市场经济是基础，多元文化是旗帜。然而，在市场竞争和商业利益的压力下，台湾广播电视也很难走出资本、权力、媚俗的怪圈。[1] 从难以监管的地下电台到电视新闻娱乐化、娱乐节目低俗化，各种媒体“乱象”也表明台湾广播电视制度面临诸多挑战，监管机构工作也不尽如人意。

第四节　NCC 管理机构

NCC是台湾“通讯传播委员会”（National Communication Commission）的简称，负责台湾电信传播事业的监管工作，于2006年3月1日正式挂牌。首届委员共九名，政治大学法律系教授苏永钦被选为主任委员，石世豪与刘宗德担任副主委。

为了维护委员独立超然的立场，建立专业公正、严于律己的形象，NCC通过了“委员行为自律规范”。该自律规范包括：

委员于任职期间，不得参加政党活动，不得担任政党或相关团体之专任或兼任职务。

任职期间应辞去所有通讯传播事业相关的专、兼职务，持有通讯传播事业之股票或有价证券者，要结清转让或交付信托。

委员亦不得接受任何政党、通讯传播事业相关人员或团体之邀宴、馈赠，包括酬劳、礼品、花篮等。

关于发言方面，政党或业者与委员会晤时，要指派专人负责记录，并通知政府单

① 参见：涂昌波．台湾地区广播电视管理制度简析．中国有线电视，2005（23）：47～80

位。所掌管事务有关的言行，不得有偏颇特定政党或通讯传播事业；也不可以透露个案处理的情形。

除去NCC会议中提出协同意见书或不同意见书外，不得对外恶意批评NCC的决议。

该“自律规范”是根据所谓“NCC基本法”所制订，不具任何强制效力，如果委员行为违反相关规定与“自律准则”，会“依法”处理，但是不违反现行“法令”者，也只能寄于舆论规范。

NCC成立的目的在于建立一个整合的主管机构，能不受政治过度干预，中立地行使职权。希望能够促进产业发展，使台湾成为全球最具活力及竞争力的市场之一。普及数字网络，强化资讯社会，提升台湾人民的生活品质。保护通信传播消费者权益，兼顾弱势群体权益，促使社会能富含人文关怀。提升通信传播资源使用效率，并维持公平、多元、普遍的通信传播服务市场。同时提升国际化的水准，善尽地球村一员之义务。①

NCC相关特性如下：

(1) 合一性：应将现有传播、通信及资讯业务统一为受一个主管机关领导，以因应科技汇流及节省行政沟通协调成本，提升管理效率。

(2) 依法独立性：政治的干预可以视作一种监督，社会系统不可能完全独立，在此所谓的“独立原则”是指减少过度的政治介入。委员会决定，在理性公平且有安全保障的环境下运作，另依上述独立设计理论予以巧妙设计。

(3) 超然性：独立委员会的委员应与相关业者无利益关系，同一党派之委员人数应有比例限制。

(4) 反独裁性：委员会应有任期制，委员会的会议决议应是在每个委员自由的意思表示下，通过公平、合理之会议程序，任何委员不受亦不能去强迫任一委员之意思决定。

(5) 适当监督性：传播、通信及资讯被视为影响民生深远的公用事业，若以委员会为管理机关，为确保其效率，仍宜有适当之监督设计。

(6) 效率性：NCC宜仿美国独立机关采“政制裁决”及“管理行政”两个层级。前者重在周延、合理、公平裁量，故宜由委员会来进行；而后者重在效率推动，宜由首长制行政体系来进行。②

---

① 参见：黄金益．通讯传播监管体制．台湾：黎明文化事业股份有限公司，2006

② 黄金益．通讯传播监管体制．台湾：黎明文化事业股份有限公司，2006. 209 ~ 211

表 11－2　NCC 传播、通信及资讯三领域之管理功能①

三个领域	说明
传播	1. 提供一个独立超然的主管机关，有利于台湾媒体改造 2. 希望以此为基础，逐渐将台湾的媒体报道拉回真实、中立、客观、超然的基准上。均衡言论自由与公共利益，促进台湾多元价值文化的社会发展 3. 不传播低俗、色情、暴力等有违社会良俗及法律禁止等内容，能获得更适当有效的管理以提升整体社会发展 4. 通过统一的机关，减少机关的沟通成本，提高行政效率 5. 通过独立超然的机关，核实分配传播资源，能公平合理、照顾弱势群体的合理使用权
通信	1. 通过独立超然的机关，解决“交通部”为“中华电信”最大股东之球员兼裁判的问题 2. 以此基础有利于技术及监理应依法及公共利益而超然中立之要求 3. 若通信涉及私密及社会安全，主管机关应适当“去政治化” 4. 透过独立超然的机关，核实分配通信资源，能更为公平合理，均衡顾及多元利益
资讯	1. 因应科技汇流，借由整合主管机关可将资讯原属传播部分纳入传播管理，原属通信纳入通信管理 2. 因应科技汇流，用同一主管机关掌理同一体系之业务，避免权责不清，可提升效率 3. 同一主管机关，有利于推动数位资讯化的社会发展

NCC 成立的初衷是好的，但成立之后，处境并不如意，2007 年 4 月台湾“行政院”的一份调查报告就曾列出 NCC“十大罪状”。而 NCC 则以台湾“行政院”的“六大失职”回击——迟迟不派任 NCC 九位一级主管，不装修 NCC 新大楼，不同意增补 NCC 短缺人力，径自撤销 NCC 对“中广”的行政处分，将大陆节目管制、有线电视基金业务违法处理权交给“新闻局”，NCC 2006 年上缴 72 亿新台币而“行政院”却只给 3 亿业务费。可见 NCC 的目的和职责要得到实现和发挥，还有很长的一段路要走。

① 黄金益．通讯传播监管体制．台湾：黎明文化事业股份有限公司，2006. 210

第十二章

台湾广播电视运营

第一节 类型电台与多元族群议题

1993年，台湾进入广播频率“解冻”年代，台湾当局分1～10个梯次逐步向民间开放广播频率，并成立了“广播电台审议委员会”，以“健全广播事业”、“均衡区域发展”、“避免垄断经营”、“符合地方需求”、“民营优先”为原则，接受各方开设新电台的申请。等到频率分10个梯次“解冻”完成后，台湾各地新增电台151家。①

台湾频率“解冻”后，除了少数播放范围为全台地区的大功率电台（如“中广流行网”）仍走综合型电台路线外，大部分电台纷纷采用类型电台、专业电台、社区公益电台等经营方式，本土化、地方性、社区化更成为不少电台努力的目标，节目定位、策略设计、节目风格等向多元化发展。

“类型化电台（Radio Format），又被译为格式化、个性化、风格化电台。就是针对特定地域、特定的人口学特征、听众的信息爱好，编排播出内容定位、风格特征专一的节目，以广播频率为单位而不是以节目为单位树立频率的整体形象，让听众想听什么内容，就打开什么频率，而不必在频率之间跳动寻找自己喜爱的节目。从广播市场化的发展历程来看，类型化是媒体时代细分市场、细分受众的结果，这一改革思路将使频率更为小型化、精干化。它与专业化的区别在于，专业化以节目内容为出发点对市场进行区分，而类型化则以听众人群为出发点对市场进行细分，按照类型人群的需求、收听时间、接受方式进行多频率的交叉覆盖。自20世纪60年代开始至今，一些发达国家的电台已经在类型化之路上进行了一定的探索，有了比较成熟的经营理念和具体做法。在美国，最早出现的类型化电台是音乐台，当前的主要电台类型有新闻台（News）、谈话台（Talk）、体育台（Sports）、音乐台（Music）、民族台（Ethnic）等几个大类。在我国台湾，类型化新闻台自20世纪70年代起引入，至今也已经有了较长时期的成熟运作，新闻、体育、音乐、交通、儿童、宗教等类型电台划分清晰、针对性强，以人的价值观念和生活形态作区隔成为相对固定的受众群，是当前台湾广播发展的主导趋势。”②

就广播发展的大趋势而言，是从“大一统”的全国性或者整个地区的电台开始，但在电视的剧烈冲击下，广播开始寻求新的生存形态，走向了地方化和专业化，开始转向更细化的具有针对性的节目，现今各广播频率走向了比专业化更为彻底的窄播形态——类型化电台。类型化电台强调的是差异性，差异化已成为传媒业竞争的关键要素，不同电台必须具备不同的特色和定位。即使同为音乐台也会细分到非常小的类

① 参见：陈清河．广播媒介生态与产业．台北：亚太图书出版社，2005

② 谷靖．类型化电台在中国的发展．中国广播调查网，http://www.bpes.com.cn/dywk/view.asp?id=23，2007－05－29

型，美国广播界在类型化的道路上发展得相当成熟，光是音乐频率就有数十种，表12-1列出了常见的十几种音乐频率。

表12-1 美国音乐电台类型

音乐频率	频率定位
老式摇滚	专门播放五六十年代摇滚乐黄金时代的老式歌曲，主要听众在35岁以上。怀旧、回忆是此类电台节目的特色。古典摇滚是在1986年从摇滚（AOR）分离出来的形式。在年龄为25~54岁听众中有将近77%的收听率，在工作时间收听中也是排名前15位的类型节目。此类节目适合所有消费市场。在大学生中，古典摇滚也有相当高的收听率
路途类型（OTR）	在所有的广播类型中，这是最为综合性的，即力图适应行车路中的每一个人。这类节目主要是普通的音乐节目，不论其风格，只要好听都可播出，以适应路途上形形色色的人
成人流行曲（AC）	调幅广播中普遍的音乐类型。目标听众群基本上是成年女性，年龄在25~54岁，此类型节目的听众最广泛，音乐轻柔、放松，解说有一定文采，不用俚语、俗语，不像摇滚乐那般紧张
专辑摇滚	专门播放经典摇滚、老式摇滚，也播放最新摇滚专辑
当代流行金曲电台	专门播放销售最好的流行音乐，听众主要是12~34岁的年轻人。约20年前，当代Hit广播就分为两种模式，其中一种是当代流行Hit广播，闻名的TOP40一直保持着在许多市场上的受欢迎度
城市流行曲和非洲美国人类型	此类型过去称为民族灵歌、布鲁斯或/和黑人音乐类型。主要关注黑人文化、音乐、社会、政治问题，此类节目还包括Hip-Hop和Rap音乐，听众多为16~28岁的非洲美国人、西班牙人、亚洲人和白人
爵士电台	专门播放各种类型的爵士乐
轻松音乐	主要是轻柔、舒缓的音乐，类似背景音乐，极少语言解说
古曲音乐	听众多为30~55岁的中年人，受过良好教育，职业良好
乡村音乐	各种类型的乡村音乐节目。各年龄段的人都喜欢收听
节奏CHR	当代节奏Hit广播一开始出现就占有美国相当大的市场，并不断扩展。此类节目现在已有很多形式。目前节奏CHR广播已是市场主力军，在过去四年中收听情况也在不断地上升。当代节奏Hit广播也是唯一平等对待黑人听众、西班牙听众和其他种族听众的广播。其收听群体在美国收听群中是年龄最小的群体（平均年龄25岁）
Hot AC	这种类型广播是当代成人音乐广播和当代Pop Hit广播相结合的产物。强节奏的当代成人音乐广播的主要收听群体是女性，其中有70%多的人年龄在25~54岁，而且都是高收入者

（续上表）

音乐频率	频率定位
墨西哥地方音乐	相当多的墨西哥地方音乐广播集中在得克萨斯州和加利福尼亚之间的地区。尽管这只是美国的一小片地区，但墨西哥地方音乐广播是西班牙语广播里最受欢迎的，并且是在排名前15位广播中唯一拥有自己地域的广播。墨西哥地方音乐广播也正向菲尼克斯、芝加哥、丹佛、达拉斯和休斯敦地区扩散。墨西哥地方音乐广播的听众移居到哪儿广播就会跟随到哪儿。现在，威奇托、堪萨斯州和突尼斯都有墨西哥地方音乐广播
另类摇滚音乐广播	另类摇滚音乐广播和现代摇滚广播的听众特点都差不多（听众结构和平均年龄），特别是很多听众都是很有个性的群体。当这两种类型的广播竞争时，都是平分秋色的。另类摇滚音乐广播在国内的主要地区都很风靡
当代基督教音乐	当代基督教音乐类型化电台近些年发展较快。此类型电台的听众情况跟当代成人音乐电台是有所不同的：它的听众群绝大多数都是女性，其中多数都是25～54岁受过高等教育并有高收入的（不同于AC的是，它没有较高的办公室收听率）。当代基督教音乐类型化电台在地区的普及较戏剧化：节目收听情况最好的地方是北方平原地区和整个南方地区

类型化电台淡化了每个单独的节目，突出和强调的是整个频率的面貌。听众不需要节目表，打开收音机就随时可以收听到喜欢的节目内容。和传统电台相比，类型化电台更加符合听众收听习惯，更尊重传播规律。对听众而言，这种播出模式容易记住电台特色，了解电台节目内容，从而养成稳定的收听习惯；在电台方面，听众收听时间加长，形成了较高的忠诚度，能够提高和稳定收听率。

台湾电台的类型化发展当然没有美国成熟完备，但也已经细化到了相当的程度。如神农电台专门为农民而设，大众电台针对上班族和妇女，远景社区电台专门讨论社区公益，中广客家频道、宝岛客家电台与新客家广播电台以客家人为目标听众，兰屿之声和太鲁阁电台以原住民为目标听众，中声广播电台是宗教台，台湾区渔业电台针对渔民，警察电台则以警察为目标听众。同样是播放音乐却分为古典音乐台（台北爱乐电台）、流行音乐台（如中广流行网、台北之声、大众KISS电台等），还有专门播放当代音乐、爵士乐的电台等。

经营古典音乐的台北爱乐电台，在台北地区有广大的听众群。为了进一步把古典音乐推广到中台湾和南台湾地区，2001年年底，台北爱乐电台在没能申请到新频率的情况下与台中好家庭电台开展联播合作。每天晚间18：00至第二天清晨6：00共12小时，由好家庭电台联播精选的台北爱乐电台的几档节目，实现了让古典音乐南下的目的。这家深受欢迎的古典音乐电台以“小而美”的经营策略，强调“来自古典，进入生活，少说话，多听音乐”而成功争取到听众。大众广播公司KISS（Kaohsiung Interactive Super Station）则是另一种定位，开播于1995年情人节的KISS

RADIO 力图做“一个充满青春活力，创造流行的空中乐园”。KISS 以“当代流行音乐类型电台”（Contemporary Hits Radio）为市场定位，该电台主要针对 15 ~ 39 岁听众群体，尤其是上班族及学生群体，以时下最流行、最热门的音乐为主，适时穿插各种资讯以满足主要收听对象的诉求，在南台湾地区的收听率和市场占有率都非常高。1996 年 10 月开播的飞碟电台，拥有陈文茜、周玉蔻、赵少康、陶晶莹等一批台湾大牌主持人。成立不到一年时间，就夺得大台北地区收听率冠军，而后又从台湾北部向南扩展，直指全台湾收听率第一的目标。作为一个商业化经营的综合性电台，该台的定位是“最好听的音乐、最流行的资讯”。

在台湾，除了类型化电台的主流发展，办给弱势族群的电台也独具特色。出于多种历史原因，原住民和客家族群在台湾政治、经济和文化等领域相对弱势，并逐渐丧失了媒介话语权。为了解决这一问题，近年来台湾专门针对客家族群和原住民的电台也有了相应的发展。1987 年，台湾频率“解冻”后，在广播电视节目制作上废除以国语为主的规定，包括客家语在内的方言节目正式进入“解冻期”。1994 年，台湾第一家客语电台——“宝岛客家电台”设立，这是台湾第一家全天 24 小时用客语播音的广播电台，但在当时尚属没有合法执照的地下电台。1993 年广播频率开放之后，客家电台在数量上有了一定的增加，各地陆续出现少数几家客家电台，包括宝岛客家电台、新客家电台、苗栗客家文化电台、大汉之音、地球村（全球通）电台和高屏溪原住民与客语电台。客家电台的成立与台湾客家意识的抬头和客家族群的权益推动等社会运动有着密切关系，每一家客家电台在成立时其宗旨大多为“延续客家母语”、“发扬客家文化”、“推动客家意识”等。各客家电台的听众多为年龄偏高的客家人，虽然忠诚度很高，但这一人群并不是广告商所青睐的对象，所以很多客家电台在经营上都面临着或多或少的困难。林佩君在对客家电台的经营管理研究中指出，客家电台所面对的经营环境有以下几点特色：①

（1）客家意识抬头，制造客语传播有利环境。

（2）客家电台的听众群年纪较长、忠诚度高。

（3）客家电台面临激烈的市场竞争，包括广播同业竞逐听众市场，以及其他客语媒体（如电视）带来的异质竞争。

（4）客语广播不受广告商青睐，客家电台需以其他营收来维持营运。

（5）客语广播人才不足，节目品质难以提升。

总的来说，客家电台能够帮助客家人获得主流社会的认同，发出客家人自己的声音，提升客语的地位，促成台湾社会的多元化发展和扩大媒介的功能，延续和传承客家文化。

除了客家族群外，台湾另一个重要的族群就是原住民。早期因为受到《广播电

---

① 转引自：陈清河．广播媒介生态与产业．台北：亚太图书出版社，2005. 142

视法》语言比例的限制，面向原住民和客家族群等特定族群的广电节目播出机会比较少。后来虽然解除了语言的限制，但因为特定族群的目标受众往往很少并且购买力不强，而不受广告商重视，原住民在台湾广播电视媒体中的地位尤其偏弱。台湾目前200家左右电台当中，主要是兰屿的"兰屿之声"与花莲的"太鲁阁电台"以服务原住民为主，还有一些电台以开辟时段或节目的方式，提供原住民节目。这些电台或节目可以增进社会对原住民群体的了解，给予原住民群体更多的话语权，并传承其固有文化，同时培养原住民传播人才，提高他们的媒介素养，促进原住民群体与其他群体的沟通和交流。

第二节　案例分析：东森购物频道的摇钱效应

电视购物频道在海外已有20多年的发展历史，美国、欧洲各国、韩国、日本、中国台湾的电视购物频道已成为最受观众欢迎、收视率最高的电视频道。"根据中时电子报民调中心针对台湾1 037位民众所做的电话调查结果显示，台湾地区有超过三分之一（36.3%）的民众，每周都有收看电视购物节目的习惯，其中4.3%的民众，每周收看电视购物节目的时间高达三个小时以上；更引人注意的是，受访民众中有近两成（17.8%）曾经买过电视购物频道所贩售的商品，相对于36.3%的收视比例，统计结果显示，几乎每个收看电视购物节目的民众当中就有一个成为电视购物节目的客户。"①

一、从赔本赚吆喝到最赚钱的金母鸡②

1992年，台湾首家电视购物频道——无线快买电视购物频道诞生。1999年，东森媒体集团进入电视购物市场，东森引进美国购物台现场直播的方式，除有主持人现场示范商品功能，以模特展示方式营造购物情境外，还直接在电视屏幕打出销售量来强化消费者的购买欲。除东森集团外，富邦集团MOMO台也正式加入电视购物产业行列，而另一同时拥有有线电视频道的中信集团亦有意并购经营规模较小但已先占市场的电视购物频道——富跃电视购物台。③

东森购物频道是台湾电视购物频道中的霸主，在进入市场后的第一年，东森购物频道的年度营业额即达到了5亿新台币，到2002年，营业额更增加至72亿新台币。面对如此快速的成长，东森集团再接再厉，在2003年与2004年分别增辟东森购物二

---

① 陈炳宏，许敬柔．台湾电视购物频道产业之市场进入障碍与竞争策略分析．http：//media.people.com.cn/GB/22114/70684/70687/5115315.html

② 参见：easydm．浅谈东森购物．http：//easydm.bokee.com/2331752.html.，2005－07－20

③ 参见：easydm．浅谈东森购物．http：//easydm.bokee.com/2331752.html.，2005－07－20

台与东森购物三台，2005年再增加两个购物频道，目前东森集团总共拥有五个购物频道（如表12－2所示）。

表12－2　东森购物五个频道简况

频道名称	开办时间	主要销售产品
东森购物一台	1999年	以综合商品为主
东森购物二台	2003年	以女性消费为主
东森购物三台	2004年	以旅游商品为主
东森热购频道	2004年	以热销产品为主
东森购物五台	2005年	以家具消费为主

东森购物频道曾创下1小时销售250辆本田轿车、500台笔记本电脑、5 000组泰国游的惊人纪录。2002年4月13日，东森购物频道在一场电视特卖会上贩卖喜美HONDA CRV汽车，从晚上21：00开卖，短短90分钟内就卖出99辆，消费者下单的电话不断涌进东森购物台。2003年，SARS肆虐，让许多消费者足不出户，不仅如此，台湾经济长期欲振乏力，这使许多企业陷入发展瓶颈。华硕虽然是台湾笔记本电脑两大品牌之一，但在营销方面处于弱势，于是此时开始了新的营销尝试。2003年4月底，华硕的笔记本电脑首度出现在东森购物频道，结果一小时不到就将150台电脑全部卖光，当场创造700多万新台币业绩。华硕乘胜追击，累计到6月初，上东森购物台的时间总共九档（每档30分钟至1小时），竟然卖出了1 800台左右，而且是售价平均为5万新台币的高价机型。

尽管供货商抢着把商品拿到东森购物频道去卖，营业额不断增加，但在初期供货商和东森购物频道的利润并不高。因为售价要比外面低，又要附送赠品，客户信用卡12期无息付款的利息支出也是由供货商和东森各自负担一半，东森购物台的资本额为3.5亿新台币，加上集团的支持，营运初期砸了不少资金，也赔了不少钱，到2001年总共赔掉6亿多新台币。然而，这些亏损并没有让东森购物台打退堂鼓，初期的策略本来就是以扩大客户规模为主，造成市场影响力之后，再追求获利。从1999年8月推出以来，东森购物频道改变了国内购物频道的状态，也逐渐成为东森媒体集团最赚钱的“金母鸡”。“东森购物台第一年营收五亿元，没有获利；2000年营收二十亿元，赚了一亿六千万元，并因此首度进入《天下杂志》500大服务业排行榜，名列275。在整体服务业营收成长呈现首度负成长11.7%时，以340%的成长速度排名第二；2003年，在电视购物、型录、广播等多重配合下，东森购物整体业绩再度拉高，年营业额约为180亿新台币；2004年，营业额约为350亿新台币；2005年，更是设立450亿的营业额目标。东森购物台现有5个频道、会员250万，营收5

年，成长近60倍，日营收高达1亿元，周末高达1.5亿。”①（如图12－1所示）

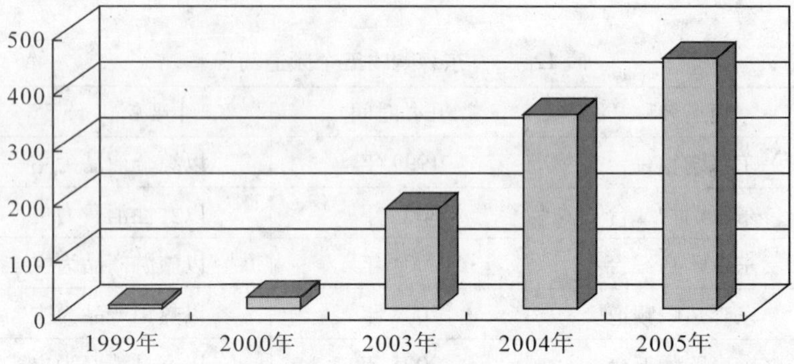

图12－1　东森购物台1999—2005年营收状况（单位：亿）②

二、精心研究受众、科学编排节目

东森购物台为什么能取得如此巨大的成功？这与它精心研究受众、科学编排节目分不开。台湾消费市场看似饱和，但其实百货公司与购物商场大都集中在五大城市，广大乡镇消费者却处于“有钱无处可花”的境地。当时，东森购物电视频道看准这些消费者，特别是30～45岁的女性购物需求与消费能力，开始开发这块无人触及的空白市场。此外，人们的生活方式正在发生改变，由于工作时间的限制，越来越多的人选择在家购物，如型录邮购、网络购物，以节省交通时间与提货的精力。为了强化消费者对电视购物的信心，东森购物频道以“免费送货到府”、“10天鉴赏期与免费退换货”的承诺给消费者以信心，在10天的免费鉴赏期间，如果消费者对商品不满意，可以直接去电退货，东森会派指定的物流公司上门取货，消费者并不需要负担任何物流费用。

东森购物频道还会根据不同时段收视群体的收视习惯，将节目分成不同时段销售不同商品。白天女性观众多，就贩卖保养化妆品、珠宝首饰或服饰等女性商品；到了晚上19：00～23：00的黄金时段，因为收视群扩大至夫妻或全家，就专卖3G用品、家电或家具等单价较高的主力商品，一方面符合家庭共同收视的习惯，另一方面也可供观众与家人共同决定。根据商品的特性与价位，规划出每个商品所需的时间长短。高单价或功能复杂的商品，如大家电等，就需要较长的时间解说与实际操作展示；至

① 王彩平，池建新，李洁．从东森得易购说起——对国内电视购物频道发展的思考．http：//academic.mediachina.net/academic_xsjd_view.jsp？id＝4796

② 王彩平，池建新，李洁．从东森得易购说起——对国内电视购物频道发展的思考．http：//academic.mediachina.net/academic_xsjd_view.jsp？id＝4796

于单价低或功能简单的商品，如衣服、袜子，可能只要 30 分钟就能更换其他商品上场。东西卖得好不好，和挑选产品的眼光有很大的关系，为了解决这个问题，东森购物频道内部有个“审议会”，成员来自各部门，只有全数成员通过，产品才能引入购物频道。接下来，产品选定后，从开发到上节目，总共要花三星期的时间。比较东森购物频道和其他购物频道的不同，别的购物频道卖的产品多半有地区性限制，只有单一品牌，而且价格便宜，但是毛利很高；东森卖的产品是以全国观众为对象，产品项目多达一万多项，平均价位较高，但是在折扣优惠下，每项产品的毛利就比较低了。[①]

三、东森购物运营流程

作为台湾首家以企业经营模式运作的电视购物产业，东森购物在金融、物流、商品质量及售后服务上都能让消费者放心。开台运营以来，一直奉行“四好、一快、一轻松”的顾客导向理念，即商品好、节目好、价格好、服务好，送货快，付款轻松。其运营流程大致可分为前期和后期两部分。

1. 前期

产品搜集——东森有 2 000 多名购物员，依据频道不同及产品线来分组，每个商品采购员都有营业目标设定，包括年度营业额目标、季营业额目标、月营业额目标、上节目每分钟营业额目标等。

前期包装——商品采购人员需先将搜集来的商品进行前期包装，方能提交上档提案，供审议会审议。

审议会议——频道内部有商品审议会，成员来自各部门，包装好的商品提交审议会后，审议会成员全数通过，才能引进频道。

进入排程——审议会通过的商品排入录像排程。按时间先后进行电视直播。一般来说，产品选定后，从开发到上节目，共要花三星期作业时间。

开发包装——进入录像排程后，商品采购员和厂商对商品进行全面包装和开发并提出初步宣传方案，必要时主持人、导播及导播助理也会出谋划策。

制播会议——直播前四天举行制播会议，导播、助理导播、主持人、商品采购人员和厂商参加，导播提出厂商需准备的展售布置物，包括现场所需商品、立旗、海报、字卡等，视商品包装丰富性，要求厂商提供更完整的附加赠品等。

直播准备——直播前三天，商品采购员和厂商会根据导播及主持人要求及时做好直播前各项准备工作。主持人有时也参与，熟悉商品性能。

电视直播——直播的重要营业指标是：该单档营业额和该档分钟贡献额。商品上档时间由现场订购情况决定。分钟营业额超过 3 500 元可获得较长播出时段。优秀主

---

① 参见：easydm. 浅谈东森购物 . http：//easydm. bokee. com/2331752. html，2005 - 07 - 20

持人可让销售成绩呈倍数增长。

2. **后期**

观看直播——由于东森购物台的节目广告大多为24小时现场直播，观众可随时看到商品的销售情况及库存，因此容易形成争相购买的销售氛围。

电话订购——观众在观看节目过程中选中某款产品，只需按照屏幕上的热线电话连线东森购物台的客户服务部，就可直接订购所需产品。

客服中心——客户服务部负责客户接待、咨询和定购。电话是主要的对外接收信息端，接线员阵容庞大，不仅很专业地说服观众，还主动关心客户产品满意度和何时用完等小细节，促进客户购买意愿。

七天送货——东森购物承诺七天上门配送。大件商品由厂商直接寄送，体积小的商品则进到东森仓库，由东森负责寄送。

10天退货——送货后，客户有10天免费鉴赏期，其间若对商品不满意，可直接去电退货，东森会派指定物流公司取货，客户不负担任何物流费用。

付费结算——东森购物台主要的收款工具是信用卡，其特色是提供12期无息分期付款，这也是吸引客户下单的一个重要原因。

四、购物频道主持人

由于多是现场直播，驾驭现场气氛的主持人就成了销售成功与否的关键因素，优秀的主持人可以让销售成绩呈倍数增长。台湾目前的当红主持人利菁就曾有过骄人的销售成绩：卖出近10万套塑身内衣，在85分钟之内卖出700多台笔记本电脑，80分钟卖出380颗一克拉钻石，65分钟卖出265台休旅车，60分钟卖出250台房车……也正因为如此，她被东森电视台誉为“镇台之宝”，也是台湾深获消费者信任的销售女皇。

东森购物有40位专职主持人，每个主持人上台两小时，但前后必须再工作四小时，前两小时与导播讨论促销方式，后两小时则针对产品销售情况撰写报告。东森购物有严明的奖惩机制，商品销售成绩好，即刻为制播团队、主持人、商品采购人员发放奖金。业绩不好也会立刻采取措施，如只要四次卖不好，主持人就会被换掉等。

五、进军大陆市场

台湾电视购物产业已有10多年历史，发展比较成熟。大陆电视购物市场商机无限，台湾三大业者东森、富邦momo与ViVaTV都积极登陆。一方面，由于台湾厂商缺乏与大陆媒体合作的经验，直接谈判合作较为困难；另一方面，大陆媒体也希望借用台湾电视购物的成功经验。因此，双方都保持积极合作的意向，并开始商谈合作模式。

第三节　案例分析：台湾综艺主持人家族

激烈的电视竞争使台湾综艺节目的主持环境发生了很大变化，从以前当红主持人的单打独斗已经发展到目前主持人“家族”的集体作战。台湾综艺节目主持有四大家族：“小燕家族”、“宪宪家族”、“伟忠帮”和“石头家族”。台湾主持人的“家族化”现象，对我国大陆主持界的发展有一定借鉴作用。

一、四大“家族”割据

四大“家族”中，“小燕家族”的形成是无心之举，“宪宪家族”则是吴宗宪有意培植起来的，这两个“家族”之间时有纷争发生。“伟忠帮”的象征意义更多，更多时候是置身“家族”矛盾之外。“石头家族”近几年崛起，开始与前面三大“家族”相提并论。这四大“家族”各具特色，是台湾主持界非常有意思的现象。

1. “小燕家族”——无心插柳，顺势而成

“小燕家族”在台湾主持界形成最早，组织也很紧密。领军人物张小燕（见图 12－2），人称“小燕姐”。她从童星起家，后投身主持界，从《综艺一百》、《连环泡》、《超级星期天》到《小燕有约》，一直深受台湾观众喜爱。

图 12－2　台湾综艺天后张小燕①

“小燕家族”的形成是无心插柳之举。当时以日本小室哲哉为首的“小室家族”横扫台湾，对日本情况相当了解的黄子佼无意中的一句“我是小燕家族的一员”，提出了“小燕家族”的概念。当时张小燕正在积极栽培一些有潜力的主持新秀，也就顺势默认了“小燕家族”的存在。“小燕家族”旗下有众多优秀的节目主持人：曾宝仪（阿宝）、陶晶莹（陶子）、庾澄庆（哈林）、“日本通”黄子佼（佼佼）、“新好男人”卜学亮（阿亮）和路嘉怡等都各具特色。“小燕家族”曾经主持《超级星期天》、《娱乐新闻》和《小燕 WINDOW》等综艺节目。张小燕的《百万小学堂》、庾澄庆的《百万大歌星》、陶晶莹的《超级星光大道》等都是颇受观众欢

① http：//ent. sina. com. cn/y/p/2008－06－01/20202044423. shtml

迎和好评的节目，并在各自领域保持着独特的优势。

2. **“宪宪家族”——有心栽花，刻意培植**

“宪宪家族”是领军人物吴宗宪（见图 12－3）精心策划出来的。从当年的街头小贩到今天的综艺天王，吴宗宪是一个让人又爱又恨的争议人物，风头最劲时，曾同时主持《周日八点档》、《我猜我猜我猜猜猜》、《综艺最爱宪》（前身为《综艺旗舰》）、《天才 GO GO GO》、《天堂与地狱》等多档综艺节目。吴宗宪成名后就大张旗鼓地组建了“宪宪家族”，在全盛时期有许杰辉、康康、NONO、郁芳、谢金燕、小马、比莉等十几名艺人与他签约。“宪宪家族”主持的主要节目有《综艺最爱宪》、《我猜我猜我猜猜猜》、《周日八点档》和 *Jacky Show* 等，收视率都相当不俗。为了迎合观众口味、追求高收视率，“宪宪家族”在主持节目时多以本土化的趣味为主，并以辛辣口味为重点，吴宗宪也被称为“本土天王”。“宪宪家族”在制作节目时经常使用大量淫秽粗俗的语言，主持人在镜头前也时常有不文雅的举止，引发众多观众的抗议。

图 12－3　吴宗宪（右）及家族成员康康[①]

3. **“伟忠帮”——象征意义更多**

“伟忠帮”的出现是因台湾艺人大小 S 姐妹（见图 12－4）而引起的，而非节目制作人王伟忠的本意。有一回记者问她们对演艺圈内家族林立有什么看法时，她们开玩笑地说：“我们都是‘伟忠帮’！”自此以后，凡是王伟忠旗下的艺人就一律被贴上“伟忠帮”的标签，但其象征意义远远大于实际意义，很少卷入主持人“家族”纷争。[②]

王伟忠旗下的艺人多受年轻人欢迎：大小 S 姐妹（ASOS）、阿雅、黑人、夏于乔、大炳等在主持界有各自的发展空间。王伟忠旗下的艺人大都多元化发展，最为引人注目的当数大小 S、阿雅和黑人陈建州。大小 S 主持的《娱乐百分百》很受年轻人欢迎。小 S

图 12－4　大 S（右）、小 S 姐妹[③]

① http：//ent. qq. com/a/20051118/000121. htm

② 参见：欧默言，付伟. 台湾主持界的“三大家族”. 环球时报，2001－07－03

③ http：//www. 5ijk. net/show. aspx？page＝8&id＝231748&cid＝1428

靠主持《康熙来了》节目成为台湾新生代女主持中人气最旺的一位。姐姐大S出演过《流星花园》、《战神》等多部偶像剧，保持人气不坠。阿雅靠"锉冰舞"红遍两岸四地，后与吴宗宪一起主持颇受欢迎的《我猜我猜我猜猜猜》。陈建州原本是台湾著名的篮球运动员，2000年正式加入"伟忠帮"，主持《综艺康康COME》、《我爱黑涩会》等当红综艺节目。"伟忠帮"很少参与到争斗中，本来名气不算太响，但近几年大小S姐妹和阿雅等人的蹿红，让"伟忠帮"气势大涨，风头越来越劲。

4. "石头家族"——后起的家族势力

"石头家族"的族长是许效舜，族员有蔡康永（见图12－5）、马世莉、白云、于婕、洪都拉斯、马国毕、林亭纾等人。原先在台湾主持界只有三大家族的说法，这几年才开始给予"石头家族"第四大家族的称号。形成虽晚，但石头家族的力量不可小觑。家族中最为大陆观众熟悉的是蔡康永，他凭借《康熙来了》而成为台湾最受欢迎的男主持之一。许效舜本人则主持有《无敌星期六》、《欢乐向前冲》、《欢喜就好》、《全能综艺王》、《恋爱OK棒》等多档节目，搞笑功夫一流，属于主持界大哥级的人物。

图12－5　台湾主持人蔡康永[①]

四大家族当中，当属"小燕家族"和"宪宪家族"之间的争斗最为激烈。张小燕是老牌"综艺天后"，吴宗宪是新崛起的"综艺天王"。两人携各自的家族成员在台湾电视界拼收视率，抢夺地盘。据说为了压制吴宗宪不断上涨的行情，张小燕曾禁止"自己人"张惠妹上吴宗宪的节目。为此吴宗宪公开抨击张小燕"用媒体老大的角色欺负人"。两大家族新仇加旧根，战火愈演愈烈。[②]家族纷争是主持人家族化的一个负面作用，当然不值得我们提倡，但主持人家族化的现象对台湾主持界的发展也有不少促进作用。

二、主持人家族化的意义

从张小燕顺势形成家族到吴宗宪精心谋划家族，主持人"家族"是台湾电视界不容忽视的力量和独有现象，这种激烈的主持人"家族"竞争对于台湾电视界和观众而言又有什么意义呢？

---

① 欧默言，付伟．台湾主持界的"三大家族"．环球时报，2001－07－03

② 参见：欧默言，付伟．台湾主持界的"三大家族"．环球时报，2001－07－03

1. **有利于新人成长**

总体上来说，主持人家族化是一种良性竞争，使新人有了更多的主持机会，并能得到前辈主持人的指导和帮助。张小燕在台湾电视界相当受尊敬，除了在演戏、主持方面成就斐然外，也因为她提携了不少新人。如台湾“华视”的《超级星期天》节目，由张小燕带领“子弟兵”佼佼、阿亮等主持。为了以行动支持“子弟兵”，张小燕和制作单位谈的合作方式是与佼佼、阿亮配套领酬，自己并没有收取高额报酬。

当“子弟兵”佼佼事业陷入低潮，没有什么节目主持时，张小燕特意投资500万成立了“华之艺”传播制作公司，为“日本通”佼佼开办了一个新的哈日综艺节目*Jet Mall*。张小燕认为年轻人低潮时要和他们多聊聊，不要管太多，只掌握大原则，工作遇到瓶颈就要转型。

据说在台湾没有人不知道“小燕家族”的，仿佛只要是家族成员，就会被人认为很有实力。2000年，台湾评选出十大综艺节目主持人，“小燕家族”的成员就有八位，可见她在培养人才方面的成就，现在“小燕家族”已经成了台湾电视界的一块金字招牌。台湾艺人任贤齐曾经表示：“我在演艺圈最大的目标就是小燕姐，我希望自己能像她一样，不只独善其身，也能继续传承，让演艺圈永远有优秀的艺人，而且生生不息。”①

2. **发挥集团效益**

吴宗宪的一番话吐露了他成立“宪宪家族”的用意，他说自己不当综艺界大哥的话，可能第二个崛起当大哥的就是他的徒弟。的确，家族式的集团主持比个人的单独主持有着更大的威力，可以在电视界占领更多的地盘。吴宗宪本人经常同时主持五六档节目，且大多收视率居前，但是他个人能力再强，精力也是有限的。当他成立了“宪宪家族”后，可以率领“子弟兵”垄断很多综艺节目的经纪与制作，并从他们的收入中抽取提成。如康康与吴宗宪解约后，吴宗宪每月的抽成就要少约100万新台币。

那么，这些艺人为什么愿意与吴宗宪签约并让他抽成？原因是目前吴宗宪在台湾电视界的势力如日中天，与很多节目制作人都关系紧密，如果成为“宪宪家族”成员，吴宗宪就会给他们安排工作机会，从而有更多的主持空间。因此，很多艺人都愿意与吴宗宪的公司签约，投身“宪宪家族”。

3. **给观众提供丰富选择**

四大主持人家族形成了不同的风格，给观众提供了更多的选择。“小燕家族”的成员特色鲜明：庾澄庆的顽童形象、卜学亮的“新好男人”形象都很受欢迎；佼佼是有名的“日本通”；阿宝清新可人；陶晶莹聪明伶俐，连获两次“金钟奖”，被视为小燕姐的接班人。整个“小燕家族”形象比较好，主持比较有格调。“宪宪家族”

---

① 管双成．张小燕：似曾相识“燕”归来．东方早报，2003－12－22

打本土牌，这个以吴宗宪为首的家族绯闻不断，在主持上说话比较大胆，注重宝岛本地特色，应变能力非常强，主持不落俗套，总能给人带来新奇感。而“伟忠帮”的艺人则多才多艺，不论是演戏、唱歌还是主持都获得了很大的发展，因此“伟忠帮”的主持人特别受年轻人的喜爱。

不同家族的主持人具有不同的风格，不论你是喜欢比较有格调的，还是喜欢粗俗有趣的，或者是喜欢时尚类型的，都能找到自己喜欢的主持人和节目。即使在同一个家族中，每个成员在家族统一的风格下又各有特色，这样就能确保观众不厌倦。

“华视”《快乐星期天》的制作人黄裕升表示：“台湾节目制作走向分众市场，在不同家族的特性区隔下，主持的节目也较能提供收视群众多样选择。”“中视”《我猜我猜我猜猜猜》的制作人詹仁雄也表示：“主持界家族产生，能培养多种不同类型的主持人，观众需要多元的新鲜感，家族培育正好能符合不同观众需求。”他们两人都认为，家族林立是一种良性的竞争，并且是培育新人的温床，而观众市场取向，在未来分众会越来越明显，三大家族都会有各自的观众市场。①

目前，我国大陆主持界还停留在主持人个人发展、单兵作战的阶段。由于两岸的情况不同，将来大陆也未必一定要形成主持人“家族”，但台湾主持人“家族”中这种风格多元化、提携新人和注重团结的精神还是很值得我们学习的。

① 翁瑞迪. 台湾综艺主持界三大家族鼎立. http://mol.mcu.edu.tw/show.php?nid=22270，2003-12-26

第十三章

台湾电视新闻与纪录片

第一节　电视新闻节目的激烈争夺

图 13－1　独家新闻造假事件另一主角——亮枪呛大哥的周政保（中）落网①

2007 年 3 月 26 日晚间，TVBS 无线卫星电视台播出一则独家报道：黑道小弟周政保（如图 13－1 所示）持枪对着角头老大刘瑞荣“呛声”，并在镜头前展示各式火力强大的武器，之后其他新闻台相继播出这段画面。但更令人惊讶的是，这一重大独家新闻事后被发现是一则假新闻。3 月 28 日，TVBS 承认造假。随后“通讯传播委员会”（NCC）副主委石世豪指出，TVBS 涉及违反《卫星广播电视法》第十七条（节目内容不得违反法律强制或禁止规定、妨害儿童或青少年身心健康、妨害公共秩序或善良风俗），将对 TVBS 的行为作出“最严厉处分”。

这一黑社会假新闻事件不过是台湾新闻恶性竞争现象的冰山一角。充斥台湾电视屏幕的新闻很多都是些感官刺激性的低俗新闻，如首富郭台铭是如何周旋于香港女明星刘嘉玲和台湾名模林志玲之间的；马英九酒醉时流露出来的媚态；前“总统”夫人吴淑珍及女婿赵建铭的奢华生活；周杰伦、蔡依林、大小 S 等人恋爱、分手、结婚、怀孕、买豪宅、掉头发等鸡零狗碎的新闻。一对情侣在街头吵架，能引来数家电视台的卫星转播车进行现场直播。总之，越是“好看”且刺激到耸人听闻的新闻，记者的状态越是兴奋，经常拿着麦克风亲自下场模拟演出，语调高亢，不遗余力地夸张渲染。

造成这种状况的深层原因在于台湾电视业的发展过于繁盛。台湾人口只有 2 300 多万，电视频道却超过 100 台，24 小时新闻台有 10 多家，而全世界的电视新闻台才不过 70 余家。在这种竞争激烈的生存环境下，台湾电视新闻媒体要想获得生存与发展，必然会使出不同寻常的手段，因此各种夸大事实、抢新闻甚至炮制假新闻的事件也就见怪不怪了。

于浣君认为，台湾电视新闻媒体有三大“怪象”：②

1. 新闻多且乱

台湾电视新闻画面非常丰富，银幕的上端是字幕（天标）、左面是字幕、下方也

① http：//news. qq. com/a/20070330/001773. htm

② 于浣君．台湾电视新闻媒体的三大“怪象”．http：//news3. xinhuanet. com/tai_ gang_ ao/2006－01/13/content_ 4046875. htm，2006－01－13

是字幕（地标），而下面除了走马字幕外，它的上方还有新闻标题，而走马字幕打的与主播读的是完全不同的两则新闻。除了信息繁多外，主播身后的背景更是动态的新闻片段，令观众看得眼花缭乱。画面丰富且有动感，当然可以吸引观众收看，但数量太多反而会适得其反。

2. 新闻娱乐化

在媒体竞争激烈的情况下，要想吸引更多观众，提高收视率，就需要以客为主，加入观众喜欢的元素，使传统的新闻报道不再传统，使观众在吸收信息的同时也可以得到娱乐。例如，台风“马莎”吹袭台湾时，某新闻台在报道“马莎”对台湾造成的破坏时，中间加插了刘德华在香港出席电影宣传活动的报道，之后再报道花莲县因台风的吹袭而停水。或许制作人希望在一些比较严肃的新闻中加入一些娱乐新闻会使观众不会觉得太沉闷，然而这样的处理手法却使人觉得新闻报道缺乏连贯性。此外，娱乐新闻的比重也占了很大的比例，就像韩国影星裴勇俊到台湾引起轰动，某新闻台用了接近半小时的时间来报道他的相关新闻，从裴勇俊到达台湾机场、出席什么活动、穿什么衣服到影迷的反应等，都详细无遗地报道一番，不知道的人还以为自己在收看娱乐台呢!

3. 新闻政治化

由于台湾的政治气氛非常浓厚，党派之争十分明显，不少媒体都有各自的政治倾向，甚至有些媒体是由政党操纵，如“中国电视公司”、台湾电视台是由国民党所办，民间全民电视公司则有民进党的背景。在这样的气候下，媒体很难有中立、客观的报道，新闻媒体无形间成为政党各自的宣传、攻击工具。因此在处理新闻时，都会或多或少地带有偏见，往往只讲立场不讲是非。

这种新闻节目的恶性竞争，对台湾社会产生了深远的负面影响。新闻应该以真实、客观、公正的姿态出现在电视观众面前，但台湾电视新闻实际上却扭曲地反映社会，甚至夸大、制造出不少假新闻，在这种情况下会误导公众，对公众产生很多不良影响，也会影响台湾人的形象。

例如：1997 年，艺人白冰冰的女儿白晓燕遭到绑架后，媒体记者与电视台 SNG 车挤爆了白冰冰家门口。各家电视台都现场直播了警察的搜捕过程，透露了很多警方的信息，主犯陈进兴甚至在躲藏地点收看围捕他的电视直播，这导致警方的几次救援行动都未能成功。而在确认白晓燕遇害后，TVBS 等媒体播放被害人裸露的照片，由此引发舆论谴责。1997 年 8 月 19 日，台北警方在五常街围捕两名“白晓燕案”主要犯罪嫌疑人，当天到现场采访的台湾媒体记者创下历史纪录，没有经验的警方无法控制现场秩序，很多记者私自越过警戒线，险象环生。白晓燕案件的报道过程是台湾电视新闻恶性竞争、过度报道的典型例子，给受害人及其亲属乃至整个台湾社会都造成了程度不一的伤害。

第二节　台湾纪录片的成长

一、台湾纪录片的发展历史

台湾纪录片人几十年来的默默耕耘一直鲜为人知。然而，近年来情况有了很大变化。2000 年，台湾著名纪录片学者李道明在《纪录片在台湾》一文中写道：“上世纪 1990 年代中叶后，纪录片在台湾突然变成一门显学。这是个令人兴奋但也有点莫名其妙的发展。”这个“莫名其妙”的原因值得探讨，笔者希望借由研究台湾纪录片的发展脉络，进而寻找其崛起的动因。台湾纪录片发展历史可划分为四个阶段：

1. 20 世纪 40 年代中期至 60 年代的新闻片时期

1907 年，台湾历史上的第一部纪录片《台湾实况介绍》诞生，开启台湾官方拍摄纪录电影之先河。但在当时，台湾电影业仅被视为娱乐业，该片并未被重视。

1945—1960 年，台湾纪录片以宣传片和新闻片为主，拍摄单位也仅限于政府机构和无线电视台，以新闻时事、节庆典礼、台湾建设、政治宣传、文艺活动、对外交流等为主要内容。

真正具有现代形式的纪录片，在台湾要从 60 年代末陈耀圻的《刘必稼》开始算起。《刘必稼》的创作者陈耀圻在美留学期间深受真实电影影响，他采取模拟同步录音的制作方式，并运用大量自然音、访谈和跟拍等方式，记录了一个花莲农民纯朴的农场生活、个人情感及家庭关系，传达出人与土地的情感以及乐天知命的情怀，全片自然、简洁、生动，可以说是台湾第一部“真实电影”。

《刘必稼》的出现颠覆了当时人们对纪录片的观念，但可惜的是，这种“参与观察”的拍摄方式，虽令人大开眼界，却并未造成影响。官方影片依旧使人望而却步。不过，《刘必稼》引起的震撼没有消失，已间接地影响到当时其他影像创作者的观念。

2. 20 世纪 70 年代的电视纪录片时期

台湾新闻片的黄金时代是 1957—1971 年这段时间。这也正是台湾由经济稳定走向经济发展，由内需型经济转变为外销型经济的时间，包含号称台湾建设“黄金的十年”（1965—1974 年）的大部分。自 1971 年起，电视纪录片取代电视新闻开始在台湾兴起，内容也随着政治局势而发生变化。

20 世纪 70 年代，台湾当局试图以较软性的经济建设与文化风貌为题，向国际社会介绍台湾。“中视”《新闻集锦》（1970—1976 年）的出现，不仅代表着电视媒体体制内的一种纪录片形式产生，也开启了“新闻杂志影片”（news - magazine film）这一纪录片形式在电视上出现的先河。在《新闻集锦》半小时的节目中，穿插国外新闻影片和台湾纪录影像片断，配上旁白或音乐剪辑。负责摄影及制作的“中视”

记者张照堂，在受到《刘必稼》的影响之后，尝试在《新闻集锦》中表现不同的影像创作方式，以观察式的方法呈现自己的所见所想，并结合写实和实验的精神，如播放自己喜欢的欧美民歌，或加上自己的主观旁白，再融合富有台湾乡土味的写真影像，大胆发挥想象，开创出台湾最早的诗意纪录片风格。

此时，台湾不再垄断纪实影像的生产，部分的拍摄资源与机会由民间传播公司与电视商业机构（或准商业机构）合作共享。这样的改变，一方面可以为台湾当局制作宣传片，另一方面也积累了民间影像纪录的工作经验，为20世纪80年代电视纪录片的兴起打下了基础。

20世纪70年代的台湾充满动荡和冲突，国民党当局开始面临一连串的外交挫折：台湾当局被逐出联合国、台日关系紧张、石油危机等。政治与经济形势的严峻使得人心浮动、社会不安。同时，“保钓运动”促使台湾的本土民族意识觉醒，加上以上重大事件带来的反思，电视纪录片由此开始走向现实回归的反省方向，这是台湾视觉文化面向本土的开端。

“中视”“芬芳宝岛”系列以16毫米电影胶片拍摄，内容涵盖台湾民俗、信仰、生态、古迹、地方志与老百姓生活等台湾人文风情，也是台湾最早以本土、人文、地理为题材的专题纪录片。它承袭了西方浪漫式纪录片的风格，开启了电视乡土纪录片的发展，虽仍缺乏对社会问题的关照和挖掘。但在台湾当局垄断媒介、对电视媒体严格管制的当时，能出现少说教且写实表达的纪录片，已是难得的突破。

3. 20世纪80年代的公共电视与独立制片

20世纪80年代ENG（Electronics News Gathering）的出现，为台湾纪录片开辟了新的局面。便携的ENG让拍摄者走出摄影棚大量出外景，将镜头更深入地对准脚下这个宝岛，因而成就了《美不胜收》、《印象之旅》等节目，宝岛的美丽风景和富于现代感的配乐让人耳目一新。

1984年，“公共电视播制小组”（公共电视台的前身）成立，向三家无线电视台征用播出时段。20世纪80年代，公共电视牵动了整个台湾纪录片的发展。在这个时期，公共电视体系的独立与特殊属性，让台湾纪录片题材的多元化有了发展的空间。科技、生态、人文等电视纪录片陆续开拍。公共电视机构及公共电视时段，成为台湾纪录片的主要来源与播放空间。

当时的电视纪录片虽然主要出自公共电视体系，但实际制作则多由民间传播公司承制。比起七八十年代，电视纪录片题材更加多样，呈现出多元化倾向。从历史与族群认同的大叙事到日常生活的琐碎，逐渐摆脱过去的风土民情和台湾形象宣传等议题，逐步反映社会关注的热点。当时，王小棣（民心影视）的《百工图》以较多的记录、较少的报道，呈现各行各业的状况。该片的出现，体现了轻便摄录设备的优势，也体现了政治管制的松动，因此对纪录片的创作产业产生了更为广泛的影响。科技的创新和发展，如Betacam摄像机、Super－VHS、VHS－V8等的出现，不仅降低了纪录片制作的门槛，而且使记录者走到户外，深入社会各个阶层。公共电视体系的纪录片节目间接扶植了许多传播公司和工作室的成长。

20世纪80年代的台湾已从农业社会转型为工商业社会，一方面创造了台湾经济的奇迹，另一方面也使台湾社会贫富差距渐大，社会阶层出现两极分化，由此带来劳资纠纷、环境污染、消费者权益以及犯罪、吸毒、娼妓等社会问题。而与此同时，国民党当局的威权统治逐渐削弱，不安的政治气氛与许多民间运动使台湾人民渐渐开始以陈情、游行、请愿等方式表达对社会、对政府的不满。在这样的大背景下，纪录片的创作焦点自然关注社会的脉动。如“绿色小组”的出现，身兼社会运动的“支持者、记录者及工作者”，利用家用电子摄录一体机，拍摄大量现场实况，并立即剪辑成录像带，广为流通，使得台湾当局所控制的电视媒体无法以官方说法一手遮天。

这之后，相继出现了许多团体，如萤火虫映射体（1988）、新台湾社运视听工作室（1989）、多面向艺术工作室（1989）、台湾报导（1991）、独独影像传播公司（1991）。这些团体与一些独立制作人共同呼应了当时风起云涌的社会运动。

20世纪80年代独立纪录片的另一重要发展，要算“人类学民族志纪录片”的出现与“全景映像工作室”（后简称“全景”）的成立。20世纪70年代的台湾乡土文学论战，不但使得本土思维被凸显，而且原住民议题也受到一定程度的关注。1984年出现了人类学民族志独立纪录片的拍摄。胡台丽导演以16毫米电影胶片拍摄的《神祖之灵归来——排湾族五年祭》忠实记录了台湾原住民社会与传统文化的变迁。

1988年，以关怀社会、关注台湾社会的弱势群体为宗旨的“全景”出现了。当时，王小棣策划的公共电视节目《百工图》培养了许多人才（这些人后来创建了“全景”），吴乙峰就是其中一个，他认为基本上纪录片对他们来说只是工具，他们关心的是社会的弱势者、社会的议题这部分。1988—1990年，他们为公共电视制作的“人间灯火”系列电视纪录片，其主题就是关注社会弱势族群，如反映自闭症儿童的《星星的孩子》、反映颜面伤残人士的《寻找阳光的人》、反映小儿麻痹症患者的《周孟德与程惠鸾》、反映被枪榴弹炸伤的盲眼者的《猪师父阿旭》等。影片播出之后，在社会上引起很大反响，使纪录片在台湾产生了不同以往的社会效应。1990年，其拍摄了“生活映像”系列作品，描写一群在平凡生活与各自领域中展现生命能量的人物，获得了电视金钟奖最佳教育文化节目奖。此外还有如“人间映像”系列（1994—1996）、“拜访小区”系列（1997），以及记录台湾“9·21”地震的系列纪录片。

“全景”将纪录片视为社会的一种文化运动工具，“创作回到民众的生活现场”成为其拍摄纪录片最重要的信念；并强调田野调查是拍摄纪录片的基础，蹲点式的拍摄方式是其重要特色，无论是“人间灯火”、“生活映像”系列，或是日后记录台湾“9·21”地震的纪录片，都花了非常长的时间进行蹲点拍摄，以亲身长期投入记录现场，感受被摄者之生活实况，减低主客体认知差异，以实践的精神，表达对拍摄对象的高度认同和尊重。

由于“全景”作品引起了许多人对于纪录片的创作兴趣和欲望，于是他们开始积极培养纪录片人才并开设相关课程训练（见表 13－1）。

表 13－1　1991—1998 年“全景”人才培养相关活动

时间（年）	活动内容
1991	举办“番薯计划”，利用暑假做短期讲座式的训练
1994	进行“全景纪录片人才培育计划”，是为期一年完全免费的课程
1995	成立电台，以非商业、纯公益为前提，凝结小区意识，办了不少活动
1995—1998	承办文建会“地方纪录摄影工作者训练计划”，以半年为一期，学员来自全省各地，包括社会运动者、文史工作者、原住民、医生、学生等想学习影像纪录的人

4. 20 世纪 90 年代至今的蓬勃发展

20 世纪 90 年代，纪录片在台湾的蓬勃发展直接受惠于 1987 年台湾当局的解除戒严。文化和社会的变迁，深深影响着纪录片的发展。戒严的结束，清除了人们的心理恐惧，形成了自由、多元的社会氛围。经济的富裕、科技的发展及信息的流通，给予台湾纪录片一个良好的发展契机。90 年代中期后，为响应台湾当局推动小区文化建设的政策，台湾当局负责文化事务的“文建会”采取各种举措支持纪录片的训练与推广：

（1）“全景”负责的“地方纪录摄影工作者训练计划”自 1995 年至今，已培养了数十位纪录片工作者。

（2）1996 年 1 月，“文建会”在台北举办了“文化资产纪录片观摩研习营”，邀请国际上优秀的纪录片工作者来台传授经验。第二年起，“文建会”进一步将国内外的纪录片透过“文化资产纪录片巡回观摩研讨会”的活动，连续三年将纪录片观赏推广至全台各地。

（3）1999 年，“文建会”更进一步推动在美国巡回放映台湾纪录片的活动。其他一些台湾当局与民间单位也开始投资纪录片的制作，并设立各种影展与奖项鼓励优秀纪录片的创作。这其中包括：电影基金会的短片辅导金（现已终止）、“新闻局”的纪录长片辅导金、文化艺术基金会纪录片制作补助、联合报系文化基金会的年度纪录短片赞助等。

（4）在影展方面，除金马奖、金穗奖外，尚有“文建会”的“地方文化纪录像带奖”（前身为金带奖）、台北电影奖、国际纪录片双年展（1998）等，提供大小不等的奖金与奖项。

（5）1996 年，台湾第一所电影研究所——台南艺术学院音像纪录研究所设立，开始培训纪录片制作的专业人才。

（6）1998 年，公共电视台正式开播，为独立纪录片工作者提供资金来源（部分）与播出管道。

从此，台湾有了纪录片人才培育的场所、拍摄资金来源、放映与播出管道、奖励和推广的平台。在题材上，台湾纪录片也不再局限于社会或严肃的议题，而是发展到以个人或家人、朋友为拍摄对象的个体纪录片，传递出各种不同的声音。

近几年来，台湾利用各种影展不断地增加纪录片的播放平台，其中以“国际纪录片双年展”最有影响。它始于 1998 年，旨在奖励及促进纪录片的发展，推动国际和台湾纪录片创作者之间的交流。策动者李疾认为，策动纪录片双年展的动机十分单纯，是想在一些官方的影展外，建立一个朴素的、人道的，甚至是更具批判性的影展。而这些精神正都包含在纪录片中。引进世界各国优秀纪录片，从内容到形式极大地丰富了台湾纪录片的创作。从历届双年展的主题来看，也在一定程度上反映了台湾时下社会文化的发展。从 1998 年到 2004 年，台湾“国际纪录片双年展”每届均有不同的主题（见表 13－2）。

表 13－2　1998—2004 年台湾“国际纪录片双年展”简况

时间（年）	主题	内容
1998	回归亚洲	以“关于这个岛屿：台湾纪录片回顾”专题来与亚洲其他国家作对望，从地域相近的亚洲宣告台湾双年展的起步
2000	差异新世纪	因应“9・21”震灾后的心灵重建工作，规划“台湾：生命的风景”、“震殇 9・21”两个专题，记录震灾造成的伤害及之后的各项重建工作
2002	再见，台湾激情年代	立意回首、沉淀曾经改写台湾民主的关键 10 年，耙梳台湾成长的轨迹
2004	新观点・看世界	强调原创性，希望发掘纪录片创作挑战极限的可能性及多元化

综观四届“国际纪录片双年展”引进的外国纪录片，其创作方式的多元化及影像的精致，显示出背后强大的技术支持及财力，而台湾多是以个人或小组（非团队）式的单打独斗出现，使用 DV 拍摄的占多数。相比之下，台湾纪录片在技术上的粗糙和美学上的单一开始引起人们的关注。

在题材的选择上，台湾纪录片趋于温情关怀，崇尚写实主义，表现形式和技巧呈现单一与粗糙。李道明认为，多数纪录片工作者建立了一种“写实的情结”。在此认知中，任何试图美化影像的做法，如设计过的灯光安排、精准的构图、经过安排的事件等，与纪录片的“粗糙”、“不介入”、“无法预知最佳拍摄位置”等本质相违背的情形，都是不适当的，因而造成了台湾纪录片的粗糙及单一。

“全景”风格成为典范后，无形中削弱了80年代末期反主流媒体赋予纪录片的战斗性格，取而代之的多是以个人、家庭、弱势群体或突发事件为主的纪录片，较少对压迫者、当权者、既得利益者提出深刻的批判，也较少触及复杂的政治议题。从金马奖、台北电影节及各大影展的台湾纪录片得奖名单中，均可看出这种趋势。

在参加影展的同时，台湾纪录片也开始走进影院，掀起一股院线热潮。从全台第一部上院线的《穿过婆家村》（1997）算起，到2005年，有约15部纪录片进入院线。其中，《Viva Tonal 跳舞时代》、《生命》、《翻滚吧！男孩》、《无米乐》不仅得奖，也有不错的票房，且在播出后进一步引发大家对主题的延伸讨论。

图13-2 台湾纪录片《翻滚吧！男孩》和《无米乐》①

从内容上来看，这些纪录片卖座的共同原因，在于题材深深植根于台湾这片土地上，以及台湾人共同的生命经验中所散发出的生命力，让人感受到当代台湾普通百姓最真实、纯朴的性情和面貌。《生命》记录着台湾人如何从“9·21”地震的苦痛阴霾中走出，迎接阳光；《无米乐》让人感受农民对生命豁达乐观的积极态度；《翻滚

---

① http：//blog. roodo. com/trinilai/archives/5650853. html
http：//www. chinataiwan. org/twzlk/whysh/ysh/yp/200602/t20060220_ 232827. htm

吧！男孩》则透过七个学体操的男孩和他们的教练，讲述一个为梦想坚持、大步向前的故事。

在这片热潮引发的讨论中，纪录片的宣传营销问题为大家所关注。《生命》、《翻滚吧！男孩》、《无米乐》的成绩证明，纪录片也能通过适当的宣传营销等商业行为，扩大受众群，走向市场。

《翻滚吧！男孩》的导演和制片目标非常明确，就是想求得在市场机制下的生存与突破。首先通过参加"纯十六影展"提高知名度，之后在各大校园巡回播放，并与台北教师会合作发放优惠券，连续一个月在电影院和现场观众交流互动。当票房呈现递增曲线后，再请电视台作专题报道，创造第二轮观影热潮。

《无米乐》导演庄益增则认为，传统的口耳相传及新兴的网络传播是他们最有力的宣传媒介，《无米乐》运用近年来流行于网络上的博客，推介网友的观影心得。博客营销的特点是分享而非广告，博客上的真心分享被读者认同、接受，进而推动传播，再加之网络信息的转寄介绍，一传十，十传百。网络的宣传优势是《无米乐》成功的因素之一。

图 13－3　台湾纪录片《生命》风靡全岛①

2004年，一股《生命》热潮在台湾全省蔓延，究其原因，一是《中国时报》张士达率先以大版面报道，引起其他媒体关注；二是由智邦生活馆发起的"网络写手首映会"，引发近200篇关于"全景映像季"的网络文章；三是郑弘仪《大话新闻》节目长达两天的完整访谈，开发出一群从前不看纪录片的观众。另外还有许多人积极为"全景"宣传，这些因为"全景"长期投入纪录片工作累积的民间支持力量，以及对"9·21"灾难与重建议题的高度关注，成为《生命》走红的主因。

这三部纪录片以不同的宣传推广方式，增强了纪录片成功营销的信心。纪录片的院线热潮，不仅仅提升了观众对纪录片的兴趣，更重要的是建立了一个付费看纪录片的观念。

① http：//www. taiwancinema. com/ct. asp？xItem = 52426&ctNode = 332

一波“纪录片院线热潮”展露的曙光，或许是台湾纪录片的一个希望。但是请不要忘记思考纪录片的属性，它是否都适合商业院线？当纪录片成为必须同时顾及消费导向与商业利益的时候，可以想象，被拍摄者与拍摄伦理将受到挑战。推上院线放映，开放性的观影方式将暴露被摄者的尴尬处境（如果主题或主角较敏感），如何保护、尊重被摄者考验着作者的能力与良知，而这恐怕是除了“要让更多人看到”的初衷之外，也应该思考的问题。

二、台湾纪录片的今天和明天

进入2000年后，资金的匮乏和产业的孱弱仍然是制约台湾纪录片发展的瓶颈。作为文化产业，台湾需要营造一个更加成熟的体制及环境。而一部好的纪录片是需要大量投入的，如法国《迁徙的鸟》历时四年的拍摄、《帝企鹅日记》历时13个月的南极拍摄，而这一切如果没有雄厚的资金、技术及成熟的专业团队的精诚合作是做不出来的。所以台湾纪录片还需要加强“造血”功能，尽快形成自己的产业链。

文化创造与经济社会能否衔接，往往正是文化产业成熟与否的标志。在台湾，文化创造部门通常会避免跟商业扯上太深的关系，它们对台湾的经济社会脉动缺乏深刻的认识与掌握，所以，台湾文化创作与经济接口的薄弱也显示着台湾文化产业的孱弱。以“美国国家地理”、“Discovery”来看，它们各有自己的定位及风格，并已形成一种品牌，自有其标准化、模式化的营销模式，而商业化模式不仅没有给纪录片带来不良的影响，反而还能在此基础上促进优秀作品的出笼。故从西方文化产业的经营方式来看，清晰的定位及目标，熟悉国内外市场，并具有丰富的跨国界、跨行业合作的经验，懂得如何运用自身特色切入市场，找寻立足点，对于形成纪录片产业链至关重要。

台湾纪录片发展至今已有一定的基础，但还须建立一个完整的影视产业体制来从根本上解决问题。近几年来，台湾当局为台湾影视的未来发展投入了很大的热情，不仅将振兴影视产业列为“挑战2008发展重点计划”，更将电影产业列为文化创意服务业的旗舰。台湾“行政院”开发基金决定五年投资200亿于文化创意产业，希望以此激活台湾纪录片的市场。2004年，台湾“行政院新闻局”和美国国家地理频道合作，展开一项名为“绽放真台湾”（Taiwan to the World）的跨国合作计划，拍摄四部台湾本土的纪录片。2006年，赞助台湾制作公司摄制五部纪录片，且通过这样的计划培植台湾纪录片人才。“绽放真台湾”是台湾“新闻局”为了使台湾纪录片与国际接轨，培养纪录片制作人才，壮大制作实力，进而加强台湾影视产业国际竞争力的一项重大举措。

在台湾当局、民间和国际合作的共同努力之下，台湾纪录片未来的发展值得关注和期待。台湾纪录片的发展还有一个更重要的合作伙伴和更广阔的受众市场，那就是祖国大陆。两岸纪录片界的交流与合作是台湾纪录片更好发展的重要途径，相信这也是两岸纪录片拥有更好明天的最佳选择。

第十四章

台湾电视剧与电视娱乐节目

第一节　台湾电视剧：从政治到商业

一、台湾电视剧的发展演变过程

台湾本土电视剧节目的沿革，主要历经以下四个时期的演变：

1. 电视剧初创期的政治宣谕

20 世纪 60 年代初，正是台湾由传统的农业社会向现代工业社会转型的重要时期。此前 10 年，经过国民党当局的积极整治，台湾政局渐趋稳定，而经济方面仰赖外资和美国强大的经济援助，从 60 年代起也成功腾飞。鉴于政治、经济两方面的良好态势，台湾当局对文化方面的管制也逐步放松，电视正是在这个时候开始吸引台湾民众的注意。

1960 年 5 月 20 日，台湾当局借助日本的技术力量，首次试播了蒋介石继任“总统”大典的实况现场，这是台湾史上首次电视转播，也是台湾电视发展的起点。说起来，台湾电视自翻开历史的第一页起，就带有浓重的政治色彩，此后的发展一直与政治形影相随。

1962 年 4 月，台湾电视事业股份有限公司（简称“台视”）成立。这家打着大规模民营电视企业招牌的电视台，实则是台湾当局牢牢控制的大众传播工具。因此，在起初的节目制作上，“台视”注重新闻与宣教节目，全天五个小时的播出时段，仅设置一个小时分别在午间和晚间播放娱乐节目，而费时、费力、费钱的电视剧根本不在计划之列。后来，“台视”考虑到缺乏闽南语节目，于是改变初衷，尝试制作闽南语对白的电视剧，台湾荧屏上第一部电视剧《重回怀抱》由此出现。这部闽南语剧由王明山制作，张永祥编剧，制作和演出都显稚嫩。此后，“台视”又于 1962 年 11 月 8 日推出了台湾电视史上第一部自制的国语电视剧《浮生若梦》，该剧播出后受到影视界的关注，许多人都对制作电视剧产生了兴趣，纷纷要求参与演出或制作。不过，台湾电视剧在 1962—1969 年“台视”独家经营的时期尚处于摸索的草创阶段，无论是编、导、演还是制播，经验上都较为欠缺。

直到 1969 年“中视”开播，这一情况才开始得到改善。“中视”不仅主推彩色电视节目，还借鉴日本连续剧的类型制作思路，推出第一部国语连续剧《晶晶》，使得连续剧成为台湾电视剧的主要式样。《晶晶》一炮打响，“中视”也凭此与“台视”形成争霸的格局。而到 1971 年“华视”开播，台湾的电视剧市场便呈现出三台鼎立的态势。

三雄逐鹿，竞争带动了台湾电视剧制作水平的迅速提升。从题材拓展、形式包装到角色演出，三台各展所长，制作出充分显示本台特色和艺术水准的连续剧。“台视”的连续剧是擅长反映现实的社会生活写实剧，代表作有《风萧萧》、《台北人家》、《伐纣》、《金玉缘》、《秋水长天》；"中视"则善于利用民间侠义及家庭亲情的题材，炮制出《晶晶》、《梨花泪》、《情旅》、《母亲》、《万古流芳》、《亲情》、《孝女心》等佳作；而"华视"对武侠古装传奇剧情有独钟，一口气推出《保镖》、《包青天》、《七世夫妻》、《江南游》等作品。

从20世纪60年代到70年代，10年间台湾电视剧从无到有，经历了逐步爬坡和跃升的阶段。70年代中期的《保镖》、90年代的《包青天》等剧不仅在台湾创造了高达40%~50%的收视率，更是外销到海外市场，取得了不错的反响（新加坡《联合早报》，2003/3/5）。而其他连续剧，像《亲情》、《一代红颜》、《孝女心》、《大地风雷》、《爱心》、《再生花》、《王者之剑》、《大野雄风》等，亦远销美国、新加坡、菲律宾、泰国，深受当地观众欢迎。

不过，台湾电视剧在取得进步的同时，也出现了诸多弊病。首先便是盛极一时的"拖沓风"。由于广告利润的刺激，各电视台在电视剧制作上毫无节制，拖泥带水，越编越长。"中视"先是推出85集的《爱心》和90集的《天下父母心》，"台视"紧跟其后，制作了220集的《傻女婿》，而"华视"1974年制播的武侠剧《保镖》更是长达256集，创下台湾连续剧的纪录，其他两台招架无力，就向"新闻局"提出"申诉"。"新闻局"于是开始对连续剧播出的集数、时数、送审方式等加以规定与限制，以遏制连续剧拖沓之风。

台湾电视剧发展的另一弊病便是深受当时台湾政治大气候的影响，电视剧制作政治宣谕色彩非常浓厚，政治性远远超过艺术性。当然，这也与台湾三台的性质有关（"台视"由台湾当局参与主导，"中视"主要靠国民党资金支撑，而"华视"的建立与"国防部"及"教育部"的需求有关），三台垄断市场长达30年，与"党政军"势力挂钩的态势相当明显。即便台湾于1976年8月通过《广播电视法》，对电视媒体进行规范管理，但是台湾当局对电视媒体的控制也依旧严密。在这种体制下，国家机器借由法令规范的强制性，对电视产业进行控管，这是一种统整的意识形态，借由规范电视产业的内容巩固政权。电视产业承担了政治教化功能，复制官方意识形态。而意识形态挂帅下的电视剧制作自然而然就成为国家机器操控下有力的宣传工具。

2. 港剧盛行下的电视剧创作（1980—1990）

20世纪七八十年代，正是港剧盛行的年代。制作精良的港剧在华语媒体圈内流通和畅销，影响也迅速波及台湾。

1982年4月，台湾引进港剧《楚留香》，自此开创了三台于每周六晚间20：00~22：00播映港剧的传统。这股来自外埠的港剧风为台湾本土民众带来了新鲜的口味，观众也乐于接受。台湾电视剧不得不直面外来节目的冲击和影响，为适应时势和竞争，也开始改变自身节目的产制和包装。而一些香港电视工作人员开始参与台湾电视节目的制作，也间接促成了台湾电视剧制作在编剧选材及拍摄风格上的转变。

最初的转变始于对香港"武侠剧"的跟风和模仿。从20世纪70年代开始，香港三家电视台不惜血本拍摄金庸武侠小说的电视改编剧。《射雕英雄传》、《碧血剑》、《雪山飞狐》、《笑傲江湖》、《倚天屠龙记》等武侠剧在香港的收视率节节攀升，创下一个接一个的收视奇迹，迅速奠定了在剧种类别中的重要地位。由港入台后，这些用国语重新配音的港版武侠剧并未显示出任何水土不适，反倒极合台湾观众的眼缘，在岛内再掀收视热潮。精彩激烈的打斗场面，侠骨柔情的故事情节，贯穿始终的中华武术精神，被认为是港版武侠剧纵横港台的成功秘诀。而在此期间，深受港剧成功的刺激，台湾本土的电视制作人也开始尝试着拍摄武侠剧，剧本多改编自两位大名鼎鼎的武侠大师古龙和金庸的作品。"古龙派"和"金庸派"的武侠剧风格各异，却又自有韵味："古龙派"尤善刻画主人公的跌宕人生和情感经历，剧情曲折，引人入胜；"金庸派"在剧情铺陈上则视角更宽、更广，往往将人物命运与历史背景、民族矛盾串联贯通，大气厚重，令观者有荡气回肠之感。1983—1986年是"台式武侠剧"最为盛行的时代，台湾荧屏大刮武侠风。

在20世纪80年代中期以后，言情剧成为台湾视坛上的新潮流，改编自琼瑶小说的言情剧成为这段时间最主要的电视剧类型。琼瑶言情剧的重要特点在于以情动人、以情感人，缠绵悱恻的剧情发展往往博得电视机前的一干观众尤其是女性观众的泪如泉涌。《庭院深深》、《梅花三弄》、《一帘幽梦》等剧，都在华人地区造成相当大的轰动。

武侠剧和言情剧这一动一静两种类型之所以成为80年代台湾电视剧的主流，很大程度上归因于那个时期台湾社会的转型。20世纪80年代，和平与发展成为世界主流。这无疑对台湾政治、经济、文化产生很大的影响。台湾社会呈现资讯化、多元化、都市化的发展态势。电视艺术一改过去政令宣传的呆板面容，顺应社会大众和都市消费文化的要求，越发宽容、自由、多元。在这样的社会背景下，同属大众通俗文化的武侠剧和言情剧，其兴起是理所当然之事。

20世纪80年代末期，台湾的解除戒严与大陆的改革开放政策，为两岸恢复互动交流奠定了基础，两岸经贸、文化交流日益密切，大陆陆续播出多部台湾电视剧，两岸电视节目交流展开。1989年，"新闻局"颁布了《现阶段大众传播事业赴大陆地区采访、拍片、制作节目报备作业规定》，内容包括："同意大众传播事业经过报备的程序，派员赴大陆地区采访、拍片；广电事业因采访、制作节目需要可接受大陆当地技术层面之支援，或雇用当地临时性人员。"该规定的出台使得三台的连续剧《妈祖外传》、《芙蓉镇》、《风云时代》纷纷前往大陆取景，而琼瑶的戏剧便是这种两地合作模式的代表，该产制方式也逐渐成为台湾电视剧制作的主要方式之一。

而一些大陆演员也参与到台湾电视剧的制作中，1989年，陈冲出演电视剧《随风而逝》，成为首位来台主演电视连续剧的大陆女明星。这种颇具意义的合作方式加深了海峡两岸民众之间的相互了解。

3. **有线电视开放后的乡土剧风潮（1991—2000）**

20 世纪 90 年代，在全球化、商品化的浪潮之下，台湾政治民主化和经济发展的步伐都大大加快，社会结构的多元化进一步加深。台湾的媒体市场自 1988 年“报禁”解除后有很大变化，其中尤以电视市场的改变最为剧烈，1991 年、1993 年及 1997 年这三个年度是这种转变的关键年份。

自 20 世纪 60 年代开始直到 90 年代，台湾的电视市场一直是“台视”、“中视”、“华视”三分天下，这种局面维持了 20 多年时间。1991 年，香港卫星电视公司在台湾的开播标志着“寡占”的结束、竞争的开始。卫视中文台为台湾民众带来了不同口味的视听享受，有人称之为台湾第四台。此时，虽然“寡占”的市场已现裂痕和松动，但是这种竞争只是低层次的。

真正打破台湾电视“寡占”市场结构的是 1993 年有线电视的合法化。1993 年《有线电视法》的公布实施，为岛内电视产业去除管制开启了新页，也正式宣告台湾电视产业结构的重大调整。亚太地区 50 多个卫星电视频道也得以借由有线电视而进入收视户家中，电视“寡占”市场的局面终于被打破，台湾电视市场进入所谓电视的“战国时代”。

1997 年，“民视”的开播更是对台湾电视市场的激烈竞争起到推波助澜的作用。开放和竞争成为市场发展向好的信号。自从有线电视开放以后，电视产业走向分众市场，各种类型的频道快速增加，为迎合市场口味，节目类型也越来越多样。

作为各台重点经营的电视剧也卷入这股多元化的潮流中。诸多境外有别于传统的电视剧亦被引入，包括大陆剧、日剧、韩剧等，并与台湾本地电视剧展开激烈的市场竞争。

为应对竞争，台湾电视剧制作人开始寻求变化和突破，带动本土电视剧创作呈现出视野广阔、异彩纷呈的新格局，而在题材的经营和角色的塑造上都有了可喜的变化。

长久以来，台湾电视剧的人物塑造一直是“阴盛阳衰”，女性角色的比例远远超越男性角色。这可能与台湾电视剧收视群体以女性观众为主有关。不过，自 90 年代开始，一些男性角色开始崭露头角，受到观众的追捧和热议。其中，最为成功的有“台视”的《旧老爸新爹地》，“中视”的《我的爸爸是主播》、《男人活该》，等等。《我的爸爸是主播》讲述了一个当上主播的未婚爸爸与其三个非亲生女儿之间的喜剧故事。该剧生活气息浓厚，幽默风趣，其清新的风格更是对过往那种注重情爱纠葛的电视剧造成一种冲击。《旧老爸新爹地》和《男人活该》则着眼于男性的婚姻生活，展现了男性在职场、家庭生活中遇到的诸多现实问题及内心活动。贴近生活、关注现实是该阶段台湾电视剧的一个重要特色。

这个阶段台湾电视剧的另一重要特色是，与整体社会氛围相呼应，大量乡土剧开始出现。1990 年，首部剖析“省籍情结”的“华视”八点档连续剧《爱》成为始作俑者，全剧以国、台语穿插，叙述了不同省籍之间的矛盾冲突、温馨的族群融合等，强调“我们都是生活在同一块土地上”的本土观念，由于题材新鲜有趣、收视率较高，共播出68集。1993年，《广播电视法》取消对方言的限制后，闽南语的乡土剧如雨后春笋般涌现。如1994年“中视”的《牵手出头天》，“华视”的《兄弟有缘》；1995年“台视”的《台湾水浒传》、《台湾情》、《台湾演艺》，“华视”的《兄弟有缘2》、“世间夫妻”系列之《我爱我妻我爱子》，等等。“华视”1995年的八点档播出的五部电视剧都是乡土剧，“世间媳妇”系列一时创下收视率纪录。“民视”创立之后，慢慢地摸索形成有自身特色的制作之路，在电视剧方面也开始尝试制作具有台湾本土特色的乡土剧，未曾想一炮打响。1998年由白冰冰主演的《春天后母心》更是夺得八点档收视率的冠军宝座。“民视”也因此形成了以台语连续剧为黄金时间主打类型的惯例。“但是这种乡土剧目标观众群以中南部为主，剧中对白全以台语为主，加上棚内三机作业，拍摄集数随着收视率不断增加，动辄一两百集，固然在本地市场获得极佳的广告经济效益，但是因为种种因素限制（如集数过长、台语化、本地元素太多等），使得这类剧种往往无法外销到海外市场。”即便如此，整个90年代，乡土剧的制播在台湾岛内蔚然成风，并借由电视剧广为传播闽南语，促使民众在语言形态中回归本土，唤醒台湾民众的文化认同。

随着电视剧制作水准的不断提高，台剧对外输出的数量也开始增多，而与大陆的交流与合作也日益频繁。继1989年陈冲成功出演台剧《随风而逝》之后，大陆童星金铭再次参演“华视”“六个梦”系列剧集之《婉君》，并一举成名。这个时期，两岸文化、经贸的交流往来已是不可阻挡的潮流。1990—1995年短短五年间，台湾向大陆出口电视剧共83部。1994年，台湾连续剧《包青天》在上海电视台一经播出便大受欢迎，“黑脸包公”的形象逐渐深入人心。据上海当地有关统计显示，该剧的收视率高达30%。

交流是双向的。自1996年2月起，大陆电视剧节目开始被正式引进台湾，随即引发台湾片商的购片风潮，“中视”购置了《三国演义》、《天桥梦》等连续剧，卫视中文台与“超视”则争购刘晓庆的力作《武则天》，起步最早的嘉裕传播公司则发出“等了九年，终于盼到可见天日的一天”的感叹，并且宣布拥有上海台、北京台各1 000小时及广东台500小时的电视连续剧播出时间。一时之间，台湾电视台纷纷赶搭大陆剧热潮。

20世纪90年代末，海峡两岸的荧幕上还出现了风靡一时的“还珠格格”现象。而其幕后操刀手正是来自台湾的言情剧大师琼瑶。《还珠格格》这部古装剧是两岸电视界通力合作的结晶，在海峡两岸获得极大的成功。此剧由平鑫涛、琼瑶夫妇的怡人传播公司与湖南经济电视台牵头合拍，无论是制作团队还是演员阵容都由两岸电视精英组成。

图 14－1 古装剧《还珠格格》风靡海峡两岸①

其实，类似《还珠格格》剧的合拍模式并不是第一次。在此之前，许多台湾制作人便通过这种方式，与大陆制作单位共同投资拍片，分担风险和分享利润，并产制了不少脍炙人口、流通于华语市场的电视剧，如琼瑶夫妇的怡人传播公司与湖南经济电视台合拍的“六个梦”系列，周令刚的飞腾传播公司与北京电影制片厂合作的《戏说乾隆》，台湾纵横国际影视传播公司与北京电影制片厂合拍的《人间四月天》等。

除合拍之外，还有一种合作模式是协作制作，由台方出资并提供主创人员，在境内拍摄全部或部分外景，大陆一方提供劳务或设备、器材、场地予以协助的电视剧制作方式，双方根据协议进行利益分配。这类片子因为大陆是协拍，算是台湾剧，如“华视”早期制作的《风华绝代》、《红楼梦》等。

第三种合作模式是以委制名义，由台湾与大陆电视台合作，播出台湾剧，类似台湾的外制外包制度。“中视”首先与上海电视台合作，播放《火鹤》、《七夕花》等连续剧，由上海电视台给予每集 60 分钟节目 75 秒的广告，每 15 秒的广告是 1.5 万人民币，以广告时间折算制作费。这种方式除了经济获益之外，更重要的是可以突破配额限制。

无论是哪种方式，都有利于提高台湾以及大陆电视剧制作水平。

4. 商业化时代的偶像剧产业（2001 年至今）

20 世纪 90 年代之后，随着台湾的政策松绑和频道开放，有线电视播出越来越多的境外卫星频道节目，台湾观众收看节目的来源变得颇为多元，之前长期占据收视榜前列的八点档、“花”系列电视剧不再是观众唯一的选择。日本、韩国、新加坡等地

① http://blog.163.com/zgcx_edu/

的外来节目迅速占据文化市场。进入21世纪，台湾电视剧市场更是劲刮“日风”、“韩流”来袭。台湾传统的电视剧之所以不再受宠，除了外来节目的分流外，也因为台湾本土年轻收视族群的成长以及他们带来的不一样的收视品味。

受到外来影视文化的刺激，台湾的电视业开始作出转变，并制作出与以往不一样的电视剧。2001年7月，“华视”以日本神尾叶子的漫画《花样男子》为脚本，制作出与日本相仿的偶像剧《流星花园》。影片一推出，便如旋风般横扫亚洲电视剧市场，掀起一股前所未有的收视热潮，剧中的四位新人F4“一夜走红”。随后，“台视”制播出以本土剧本为主的《吐司男之吻》，同样获得台湾观众的追捧。在两部偶像剧均获得收视佳绩后，偶像剧似乎成为台湾电视界创收救市的灵丹妙药，电视台之间的“偶像剧战火”越烧越旺，各式偶像剧层出不穷。特别是无线电视台，将其当成重新站稳八点档的利器。而为了争取年轻观众，与有线电视台主流的大陆剧、日剧、韩剧、港剧等有所区别，无线电视台竞拍偶像剧，广邀偶像歌手和综艺节目主持人参与演出，并且大量地招募新人，甚至“民视”还调整原有电视连续剧的播出时段，目的只是空出时间播出偶像剧。台湾电视剧正式进入偶像剧时代。

图14-2　台湾偶像剧《流星花园》[①]

① http：//tv. shanzhuyu. cn/v/131/

台湾偶像剧的盛行，更带动一波台湾流行音乐、流行文化的风潮。不少台湾新晋艺人，不仅是偶像剧里面的男女主角，更是流行音乐的偶像歌手。不少演艺公司更是明文规定旗下艺人在发唱片之前，必须先拍偶像剧。

偶像剧在商业包装与营销上也屡有创新，除了照旧主攻八点档之外，还大量发行VCD、原声带等文化衍生品，更兼通过网络进行传播，显现出浓烈的商业化特色。像吴宗宪率领旗下艺人演出的《极速青春》，必须透过网路才能收看。这些策略契合年轻观众的生活方式和媒体的使用习惯，因而大受欢迎。

当然，除了在宣传、包装与行销上有别于过往的电视剧之外，这些偶像剧在内容上也有自身特色。传统八点档的连续剧，多靠曲折离奇的情节铺陈以及缠绵悱恻的情感纠葛取胜，但是数十年如一日的老套路早已让观众倒尽胃口。而台湾偶像剧的成功之道，则在于其符合演员够漂亮、情节够梦幻、场景够写实三大标准。偶像剧尤其善于制造童话般的浪漫爱情故事，而高大威猛的男主角、美丽娇俏的女主角更是为这些爱情神话增添了梦幻唯美的元素。

2005 年 12 月 28 日，AGB 尼尔森公布的电视收视调查显示，2005 年，台湾自制的偶像剧收视率都有不错表现，不论是在无线或是有线电视十大收视戏剧排行中，五成都是偶像剧，其中《王子变青蛙》、《天国的嫁衣》与《恶作剧之吻》在有线与无线都创下收视佳绩（见下表）。

2001—2006 年偶像剧收视率统计表

年份	偶像剧收视率（%）
2001	流星花园（5.83）
2002	流星花园 2（3.94）
2003	狂爱龙卷风（3.08）、MVP 情人（2.42）、海豚湾恋人（6.10）
2004	我的秘密花园（5.63）、天国的嫁衣（4.03）、斗鱼（4.92）
2005	格斗天王（3.64）、王子变青蛙（8.05）、恶作剧之吻（6.50）
2006	爱情魔发师（6.24）

二、台湾电视剧的类型

在台湾，电视是一种高度类型化的媒介。不同节目使用不同的程式，构成不同类型与风格。具体就电视剧而言，程式包括人物、情节、场景、拍摄风格等众多元素，依据这些特定的符码和模式，得以分门别类。电视剧中出现的特定类型与公式结构一方面顺应了电视产业标准化的规模生产，另一方面满足了观众特殊的观剧爱好和特殊时代环境下的心理需求。

电视剧类型的划分方法众多，其中任何一种都无法详尽。一般而言，可先依存形态分出时间或空间不同之电视剧，划分出现代剧/历史剧，或本地剧/非本地剧等。次者，依据反映途径之想象、语言、角色、情节之公式化特质，观察各剧中之独特规律，举出电视剧的不同类型。

台湾的电视剧自60年代发轫，至今约40多载，其间，产生的戏剧类型不在少数。下文将对那些最能反映时代特色和地域特色的电视剧类型加以介绍。

1. 武侠剧

武侠剧在20世纪80年代的台湾荧屏上曾经风光无限，剧中那些身怀绝技、行侠仗义的传奇人物成为不少台湾民众心中的英雄。在武侠剧盛行的年代，台湾各台制播的武侠剧不在少数，但是享有盛誉的电视武侠剧大都改编自古龙和金庸的武侠小说。这是因为，一来原著内容十分精彩，无论是情节、故事还是人物都颇值玩味，十分适合拍摄电视剧；二来金庸和古龙的武侠原著早已流传甚广，读者众多，出自这些原著的同名电视连续剧当然也会受人关注。

金庸和古龙的武侠小说自成体系，改编自他们的武侠剧也各具特色。由金庸小说改编的武侠剧传承了小说的特色：历史背景厚重，恢宏大气。而人物命运又往往与民族矛盾、国家前途紧紧相连，其间透视出中华民族传统的精神气节和仁义道德。剧中主人公大都智勇双全、行侠仗义、情深义重，大都不为个人、不为私仇，而是为民族安危、国家兴亡、大众福利，显示出不同一般的大气魄。《射雕英雄传》中的郭靖、《天龙八部》中的萧峰、《倚天屠龙记》中的张无忌都是代表。

与之不同的是，由古龙小说改编的武侠剧淡化了故事的历史背景，也缺少金庸剧中常见的宏大场景。对人物和故事的挖掘是古龙武侠剧的特点，如《萧十一郎》中的萧十一郎、《小鱼儿与花无缺》中的江小鱼、《楚留香》中的楚留香皆是重情重义、有血有肉的个性人物，而且他们身上折射出来的叛逆精神符合现代社会的文化价值观。总体来说，此类电视剧的故事情节扑朔迷离，人物多谋善断，有洞察幽微的分析、推理能力，成为传统武侠与现代侦探的典范之作。

古装武侠剧之所以能成为80年代台湾各大电视台通行的类型，原因如下：其一，武侠剧大多着力营造其中的武打场面，武功招式变幻莫测、扣人心弦，打斗精彩纷呈，视觉效果甚佳，这符合电视媒介善于传输动态画面的媒体特性，也给台湾民众带来了精彩的视觉盛宴。其二，武侠剧中的主人公虽多为虚构的武林人物，但他们的人生经历颇具相似之处——以小人物出场，此后机缘巧合或得武林秘籍或遇高人名师，再经发奋苦练，终成盖世奇功，此后行走江湖，除暴安良、除奸去恶，不仅赢得英名，更获美人芳心，成就一段英雄美人的佳话。这种类似的人物设计和剧情满足了不少台湾普通民众的心理需求，武侠人物的成长轨迹和人生传奇是他们所期盼但在现实生活中未能实现的，虚构的武侠世界给予了一定的替代性补偿。其三，武术向来是中华民族优秀的传统文化，在华人当中颇受尊敬和推崇。武侠剧的播出恰好是对于武术精神的传承和弘扬，“除暴安良、除奸去恶”也符合武术精神和社会“正义必将战胜邪恶”的伦理道德价值观，自然会受到观众喜爱。

不过，台湾古装武侠剧的大量涌现，也引发了不少问题：

首先，大量出现的武侠剧并不能确保都是精品，其中不乏粗制滥造之作。一些作品将武侠剧简单等同于打斗戏，武侠文化和武侠精神均弃之不要，只是无休止地打斗和杀戮，刀光剑影中血腥四溅，这非但无益于弘扬伟大的武术精神，反而受到社会的批判，对社会和青少年的成长有害无益。

其次，随着时间的流逝，武侠剧的公式化、同质化现象严重，相似的人物设置、情节安排，剧情内容总是在复仇、争霸以及夺宝这三个主题中兜转，缺乏创新，这无疑让电视机前的观众顿觉乏味，曾经辉煌一时的武侠剧随着观众的流失也不得不陷入收视低谷。

长远来看，台湾的武侠剧制作还有潜力可挖，现代视听技术发展迅速，特技拍摄和后期制作都有提升空间，这些都为拍出更惊险、更逼真的武打场面奠定了基础。而能否重拾丢弃的武术精神则是武侠片东山再起的关键。

2. 历史剧

20 世纪 80 年代，一部《一代女皇》的电视连续剧一举创下 51.7% 的收视纪录，成为台湾电视史上最受欢迎的节目。此部电视剧以“一代女皇”武则天的生平故事为蓝本，展现了一段跌宕起伏的宫廷人生。该剧人物性格丰富饱满，更兼情节曲折，因此一举成功。《一代女皇》的成功还引领了一股争拍历史剧的风潮，慈禧、杨贵妃、潘金莲、李师师等中国历代的名女人纷纷再现电视荧屏。

历史剧是指通过历史故事塑造艺术形象，总结历史经验与教训，展现人生感受与社会思考的戏剧类型。一般而言，它包括两类：一类是尊重史实的正剧，另一类是娱乐剧，即戏说剧。历史剧的兴起有其内在原因：一则中国是一个拥有数千年帝制历史的国家，历代帝王将相的传奇身世、宫廷秘事是平民百姓追寻和热议的话题，历史剧可以大大满足这种探寻历史的需求；二则历史剧对于宫廷争霸、政治角力这些题材多有涉及，所展露的人性、权术等对于现实社会中生活的人们多有映照和借鉴意义；三则历史剧的场景舞美设计多以古代皇宫为背景，金碧辉煌的皇宫大殿、华丽精美的宫廷服饰、精雕巧凿的古董摆设带来视觉享受；四则一些历史剧中所折射出来的中国传统道德与价值观念，对现代社会中的人有教化和启迪作用。像《铁血杨家军》、《威震四海》这些阐扬忠孝节气的历史剧都深受台湾民众推崇和喜爱。

20 世纪 80 年代最成功的历史剧作品是《一代女皇》，而到了 90 年代最热的历史剧则当属“华视”拍摄的《包青天》。《包青天》讲述的是宋仁宗年间，开封府尹包拯为官清廉、不畏强权、为民申冤、除奸去恶的历史故事。此剧由台湾演员金超群主演，整部剧以不同主题的故事分成 41 个独立单元，总共拍摄了 236 集，其中“铡美案”、“狸猫换太子”、“鸳鸯蝴蝶梦”等单元令人印象深刻，极受欢迎。《包青天》

在台湾上档播映期间，形成万人空巷争看《包青天》的热烈境况，而“开封有个包青天，铁面无私辨忠奸……”的电视剧主题曲更成为台湾 KTV 点击率最高的传唱歌曲。《包青天》的成功并非偶然，它契合了台湾社会的现实背景——90 年代的台湾政治黑暗，政坛贪污、腐败丑闻不断，“黑金”政治成风，一些官员依凭权势在社会当中为非作歹，欺压弱势。这些都引起台湾民众心中极大的不满。《包青天》使现实中无望的台湾民众想象性地释放了愤懑的情绪，明察秋毫、不畏强权、为民请命的清官形象是民众对未来台湾政治的一种强烈愿望和期待，而剧中那些作奸犯科的达官权贵最终死在包拯的铡刀之下，则更令观众们大呼过瘾，因为正义与法理最终得以呈现。《包青天》的演出团队实力超群，制作精良，既有悬疑丛生的故事情节，又有精彩绝伦的武打场面，是一出优秀的历史电视连续剧。

图 14－3　历史剧《包青天》的演出团队实力超群①

图 14－4　历史剧《戏说乾隆》②

除历史正剧之外，戏说剧在台湾的收视市场上也取得了不错的成绩，其中的代表就是开历史剧“戏说之风”的《戏说乾隆》。此剧以幽默诙谐的笔触，描写风流天子乾隆皇帝三下江南微服私访的趣闻轶事，在娱乐性、趣味性、可视性上下工夫，以“戏说”为引线，熔正史、野史和民间传说于一炉。剧情发展一波三折，生动风趣，但又点到为止，吊人胃口。语言对白妙趣横生，嬉戏笑闹皆有噱头，给观众带来了欢乐、喜悦与别样的兴致。

3. 言情剧

情感是电视剧的亘古主题。在台湾，琼瑶的言情剧是一道绚丽的风景线。琼瑶系

① http://image.baidu.com/i? ct = 503316480&z = 0&tn = baiduimagedetail&word = % B0% FC% C7% E0% CC% EC% BE% E7% D5% D5&in = 19559&cl = 2&cm = 1&sc = 0&lm = －1&pn = 291&rn = 1&di = 3027373472&ln = 2000&fr = &ic = 0&s = 0

② http://image.baidu.com/i? ct = 503316480&z = 0&tn = baiduimagedetail&word = % CF% B7% CB% B5% C7% AC% C2% A1% CD% BC% C6% AC&in = 5640&cl = 2&cm = 1&sc = 0&lm = －1&pn = 130&rn = 1&di = 7452698718&ln = 2000&fr = ala0&ic = 0&s = 0#pn130

列言情剧就像琼瑶言情小说一样在台湾极受欢迎。

琼瑶在电视界的第一次"触电"是在1986年。她与"中视"合作，录制了第一部也是唯一一部未根据自己小说改编的电视连续剧《牵情》。《牵情》的成功坚定了琼瑶进军电视剧市场的决心。

此后数十年，她将自己的言情小说推向荧屏，这一系列的言情剧包括《几度夕阳红》、《在水一方》、《烟雨蒙蒙》、《海鸥飞处彩云归》以及《一帘幽梦》等剧集。而主演这些剧集的演员，像刘雪华、秦汉、刘德凯、马景涛等演员更是成为琼瑶旗下的御用演员。

琼瑶剧几十年来一直在台湾电视剧市场上反响颇佳，不少剧作收视率高达40%，《庭院深深》曾突破50%的大关，《还珠格格》、《情深深雨濛濛》等剧更是畅销台湾、大陆两地。

图14-5　琼瑶剧《情深深雨濛濛》①

琼瑶的言情剧数量众多，但总给人似曾相识的感觉。剧情大多跳不出才子佳人、落难公子遇贵人、负心汉陈世美等故事原型，出现一种"三段式"结构：身份地位相距悬殊的男女一见钟情——被家庭或社会所分离——历经磨难最终幸福结合。而委婉曲折的情节推进、含蓄秀美的画面意境、俊朗清纯的男女主角、优雅隽永的文辞对白成了每部剧固定的符码。但是，这种一而再、再而三的类型重复却依然使观众趋之若鹜，并为其剧情、角色动容落泪，个中原因耐人寻味。

琼瑶系列言情剧善于在剧中构建一个单纯的二元世界，隶属其间的人物往往呈二元对立之势，非善即恶。善良者具有崇高的品性和人格，为恶者则多为卑鄙阴毒、穷

① http：//blog. 998. com/2009/10/songjiang-movie-see-qiong-yaos-play/

凶极恶之徒。如《庭院深深》中章含烟之于张爱琳，《情深深雨濛濛》中依萍的母亲文佩之于雪琴，《还珠格格》中小燕子、紫薇之于皇后、容嬷嬷。人物善恶的对立一来有利于剧情的推进，二来容易加深观者对剧中角色的印象，始终保持对剧情的关注。

从一而终、坚贞不渝的爱情观向来为中华民族所认可并推崇。琼瑶的言情剧牢牢把握住中华伦理文化的核心，大打“情感”牌，将中国人的爱情演绎得惊天动地却又感人至深，尤其是塑造出不少“贞女”形象。琼瑶剧中的不少女主角大都我见犹怜，动不动就泪湿衣衫、含愁蹙额，但对爱情坚贞不渝，并勇于付出，而她们的忠贞常常会换来最终的人生幸福。无论是这种坚贞的爱情观还是大团圆式的结局都是民众所认可和接受的。

琼瑶言情剧在摄制上也颇见功力，尤其是选择外景别具匠心。无论是流云飞虹、山石花鸟，还是恭王府、岳麓书院，自然和人文景观都给人以美的视觉享受。而剧中不时出现的俊男靓女也满足了民众爱美、追求美的审美期待。

对琼瑶的系列言情剧，学界褒贬不一，有人认为琼瑶的剧作情节雷同、矫情媚俗，只是一出出向壁虚构的灰姑娘罗曼史，只具有地摊流行性，没有什么深刻的思想价值。不过，无可否认的是，琼瑶系列言情剧赢得了观众和收视率，通俗化、大众化的艺术特色也符合倡导文化消费的当下社会。

4. 乡土剧

乡土剧着重围绕家庭，描写家人悲欢离合和诚信背叛，再现亲情、爱情、友情、威胁、伤害、解救与疾病等故事。乡土剧的道具、服装、舞美等大多不以反映具体时期或民族为目的，只是大致分为古装、清初和现代三个时段，人物则简化为富人和穷人两个阶层，在剧情对白方面则以台语为主。

乡土剧之所以深受台湾民众欢迎，很大程度上得益于其贴近生活和强调真实感，有时甚至有“家长里短”之嫌。另外，其情节大都以描述亲情伦理和情感问题见长，让生活中各种烦恼、快乐统统入戏，往往是好人好得让人欲罢不能，坏人又让人恨得牙根痒痒，让观众在“爱憎分明”中释放自我。而以台语贯穿全剧，配以台湾特有的自然风光、乡土背景，不仅能唤起台湾本土观众强烈的族群认同，还让生活在现代都市的人群心灵得到舒放。

一般而言，台湾乡土剧存在着相对固定的模式，有人归纳出台湾乡土剧的 20 项公式，其中包括：①经常设置情爱纠葛、兄弟失和、子孙不肖、婆媳问题等情节；②剧中主角往往遭遇车祸、癌症或失去记忆等意外事故；③家族内斗、外遇、私生子复仇、争家产等情节；④剧中泛滥着哭戏、叫骂戏等。

在台湾的演艺界，活跃着一批独具传统文化底蕴的优秀编导，他们为台湾民众奉献了一批优秀的乡土剧。导演林福地就是其中的代表。他于 20 世纪 80 年代执导的乡土剧《星星知我心》给他带来了导演生涯的无上荣誉，该剧一举囊括了 1984 年台湾金钟奖的最佳连续剧节目奖、最佳导演奖、最佳编剧奖和最佳女演员奖四项大奖。

《星星知我心》讲述的是一个原本美满幸福的家庭却因丈夫遭遇车祸，妻子罹患绝症而被迫四分五裂，五个子女被母亲送到不同家庭收养，由此生发出人生的不同命运。该剧热情礼赞和颂扬了人伦亲情和传统美德，充满人情味和乡土味，体现出了乡土剧的特色。导演林福地充分展现了驾驭乡土剧的能力，不仅在拍摄上运镜细腻，整体风格清新自然，展现出浓烈的乡土气息，而且在人物塑造上也颇见功力，戏中女主人公古秋霞个性鲜明、有棱有角，成为一个坚贞、伟大、富有爱心的母亲形象。

图 14-6　乡土剧《星星知我心》①

近年来，台湾也涌现出了一些优秀的乡土剧。其中“民视”推出的乡土剧《飞龙在天》是2000年全台最受欢迎的电视连续剧，该剧总共播出248集，上档期间，台湾地区内几乎男女老幼均曾收看该剧，收视率领先其他无线三台245天，创下了一个收视奇迹。此剧以江湖恩怨为主轴，更兼糅合了男女之间的爱恨情仇，并借由剧中“忠义堂”和“霸台会”这正、反两派的角力和交锋，传达出邪不胜正的价值理念。

另一部颇受台湾民众首肯的乡土剧是长达526集的《意难忘》，它以赖天佑父女、林通海父子、黄昆山父女和王胜天、王胜志兄弟为主要人物，展现两代四家人在商场竞争中的社会价值、人情义理、亲情、友情、爱情和人性的真善伪恶。由于剧情非常生活化，极易让观众产生认同感。

5. 偶像剧

台湾偶像剧最早源于日本偶像剧，由于剧中的人、事、物、空间等反映出时下流行趋势与面临的问题，传统上称之为“趋势剧”（trendy drama）。但是在台湾，“趋

① http://bb.news.qq.com/a/20090928/000072.htm

势剧”的称谓并不存在，台湾业界引进这些节目后，利用剧中偶像的号召力，于是将“趋势剧”改为“偶像剧”。知名影剧评论家黑鸟丽子则对偶像剧作了如下定义：偶像剧是造就爱情的工具。偶像剧很重要的一点就是需要浪漫的爱情，必须反映现代人面临的社会问题。此外，偶像剧中出现的都是最新鲜、最流行的东西，如最新的服装、最热门的约会方式与地点、最流行的通信器材、新兴的爱情观和最新鲜的口头语等。因此，偶像剧的基本元素就是纯爱、浪漫、流行、梦想、俊男美女及贴近现实，至少贴近观众情感抒发和想象可能空间的现实。简言之，偶像剧就是能够反映时代精神的时尚剧。

台湾偶像剧是21世纪后发展起来的一种类型，它身上带着这个时代所具备的大众化、通俗化以及商业化的特征。虽然发展时间不长，但是已经在各大电视台引起一轮轮的收视热潮，成为如今台湾电视剧市场最重要的流行剧种之一。

台湾偶像剧在逐渐发展中，形成了一些基本特色：剧中男女主角多为俊男美女，演而优则唱，唱而优则演；画面拍摄讲究唯美、浪漫，豪宅、名车、美景、时尚衣着以及科技3C产品则是剧中经常出现的重要物具；这些偶像剧一般集数不多，控制在15~25集，少数剧集会有例外；由于偶像剧通常主打年轻市场，商业色彩浓厚，在剧集的宣传包装和推广营销上往往具有大众文化生产工业的特性，播出时经常会同步推出电视原声带、电视小说、纪念饰物、海报等衍生商品。受欢迎的节目，下档后通常还会推出DVD或VCD以持续推广。

“爱情”是偶像剧叙事的核心，纯洁、美好、校园式、贴近生活的爱情故事是偶像剧对年轻族群的吸引力所在。以爱情作为叙述重点的偶像剧在剧情内容和情节设置上存在一定的模式，多见以下情节：出身名门、多情的男主角和出身贫寒、楚楚可怜的女主角在偶遇后一见钟情，出现灰姑娘故事的现代语境；可是，男女主角的爱情却因为出身和家庭的关系受到无端阻隔，有情人似乎有缘无分；第三者出现，使这段感情徒生波折，二人情演变成三角恋；男主角和女主角突遇灾祸，导致失忆；身世之谜萦绕剧中人物，并牵连兄弟友谊、父母感情；结局往往是两种，或是皆大欢喜，有情人终成眷属，或是女主角在唯美的场景中告别人世，留下美丽的倩影和回忆。

台湾偶像剧随着自身发展，除了传统类型，也产生出一些另类变体。有人将台湾的偶像剧分为“改编日本漫画版”、“校园不知愁滋味版”、“都会爱情悲喜版”和“灵异版”四个类别，分述如下：

（1）改编日本漫画版：台湾偶像剧刚出现的时候很多都是改编自日本漫画。日本漫画在台湾有着很好的群众基础，因此改编的偶像剧能迅速赢得极好的收视率，其中最具代表性的就是2001年改编自日本漫画《花样男子》的《流星花园》。该剧讲述了四个系出名门的翩翩少年和一个出身贫寒却极富个性的女孩之间错综复杂的友情、爱情故事。偶像剧由五个出道不久的年轻演员出演，分别是F4——言承旭、周渝民、朱孝天、吴建豪以及大S徐熙媛。他们虽然演技生涩，但俊朗秀美、青春不羁，非常符合剧本“青春”的主题以及台湾年轻人的审美标准。因此，这阵青春明快的“流星雨”很快在台湾全岛星辉闪耀，F4 名声大振，女主角大 S 更是入围该年度金钟奖最佳女演员，蔡岳勋也凭借此剧成为偶像剧导演的代表。

（2）校园不知愁滋味版：这种类型的偶像剧集中在校园范围，围绕男女学生关系展现他们的喜怒哀乐。而拍摄场景选择在年轻人熟悉的校园内，这也受到了广大大学生、中学生的追捧。其中，“华视”的《麻辣鲜师》最具代表性。

（3）都会爱情悲喜版：这类偶像剧描述的是在灯红酒绿的都市生活中年轻男女悲喜的爱情故事，背景与现代都会的脉动有密切关系。代表性剧作包括“台视”的《吐司男之吻》、三立的《薰衣草》以及 MUCH TV 的《阳光果冻》。如浪漫的偶像剧《薰衣草》，主要叙述一对青梅竹马的恋人故事：梁以熏与季晴川两小无猜，感情甚笃，然而季晴川一家却要移民美国。临别时，他送给梁以熏一个熏衣草瓶，两人相约在梁以熏 20 岁生日当天，在曾经就读的小学见面。可是，时空环境的变迁和不同的人生际遇，使两人的相见历经几番波折，衍生出一系列故事。剧情围绕着熏衣草瓶这个象征物，当它出现时爱情就存在希望，而当它消失时爱情就使人绝望。《薰衣草》在台湾获得了巨大成功，而且顺利地迈向国际，短时间内即卖出北美、马来西亚、越南、中国大陆与港澳等国家和地区的版权，价码高出《流星花园》好几倍。

图 14－7　电视剧《薰衣草》[1]

---

① http：//blog. cctv. com/html/91/744191－481013. html

（4）灵异版：这是加入灵异成分的偶像剧。如“台视”的《感应拍档》。有人认为《感应拍档》像是年轻版的《玫瑰瞳铃眼》，而《蓝星》则破天荒地使用高画质摄影器材，将剧中安以轩灵魂出窍和广丰男翩然起舞的镜头拍得唯美浪漫。

台湾的偶像剧自2001年出现以来，很快成为一股潮流。然而，这波新兴的热潮却在瞬间强势之后，以更快的速度消退。从2001年开始，不足五年的时间，偶像剧便转入低潮。究其原因，主要有：首先，台湾偶像剧制作的创新不足，市场上充斥的都是同质化严重的偶像剧，而剧组一窝蜂地跟拍，作品良莠不齐；其次，近年日本、韩国的偶像剧有回涌之势，它们积极抢滩导致收视市场的分流；最后，台湾观众的收视口味近些年也发生了转变，原有的剧情模式已经不能满足他们的需求，需要有更新的刺激。因此，偶像剧未来的发展一定要加强原创力，写出更多、更好的剧本。

虽然前景不容乐观，但近年来台湾偶像剧并非全无亮点。2008年《命中注定我爱你》单集最高13.64%的收视率创台湾偶像剧收视新高。2009年，《痞子英雄》在金钟奖上大有收获，《败犬女王》掀起收视热潮，《下一站幸福》则成为岁末最后的惊喜。这都让人们看到台湾偶像剧出现的可喜变化。

第二节　台湾电视娱乐节目

任何一种电视节目形态的发展都离不开它所处的时代背景和社会文化等外部环境，台湾的电视娱乐节目也是如此。从外部环境上看，台湾的地理位置和社会状况决定了其电视节目收视市场的狭小和媒介资源的相对匮乏。但同时，台湾相对发达的经济实力和相对宽松的媒体管理政策，又使得其媒介市场呈现出一种蓬勃发展的自由竞争态势，这也就是只有3.6万平方千米的台湾岛竟然有多达上百家电视台的原因。

而正是在这样一个严重供过于求的开放市场中，为了争夺有限的观众资源，电视娱乐节目的生产者都使出浑身解数，制作出了今天我们所看到的参差多态、良莠不齐的台湾娱乐节目：其中，既有令人拍案叫绝的节目创意，也有令人嗤之以鼻的无聊话题；既有令人开怀大笑的机智幽默，也有令人避之不及的低级趣味；既有感人肺腑的真诚沟通，也有肆无忌惮的冷嘲热讽。可以说是既优秀又作秀，既通俗又恶俗，这就是台湾的电视娱乐节目——一个折射出台湾社会万象的水晶球。

也正是因为如此，台湾电视娱乐节目也为我们的研究提供了一个难得的“节目参照系”和“媒体生态族群”，通过对其发展历程的梳理和现状的分析，不仅有助于我们从更深层次了解其成功的特色、隐藏的问题及其原因，进而探讨其未来的发展走向，也有助于我们借鉴其中的成功之处，反思大陆娱乐节目中所存在的一些类似问题，以促进大陆电视娱乐节目向着更好的方向发展，实现形态更新、内容改进乃至整个娱乐节目产业链的打造。

一、台湾电视娱乐节目的发展历程

为了对台湾电视娱乐节目有一个全面、深入的认识，有必要对其产生和发展的历史进行一个学理层面的梳理和透析。因为任何事物都不是凭空产生的，而是一定有其必然的来源和积累，只有站在历史的纵轴上，才能够让我们对台湾电视娱乐节目的来龙去脉了解得更透彻，从而能够对台湾电视娱乐节目的发展现状进行更为准确的分析。概括地说，按照时间的先后和形态的更迭，台湾电视娱乐节目的发展历程可以分为以下几个发展阶段：

1. 20 世纪 60 ~ 70 年代：用歌舞装点荧屏

在台湾电视事业诞生之初，就有了娱乐节目。1962 年，台湾电视事业股份有限公司（简称“台视”）成立，在其最早播出的电视节目中，就有一些以歌舞为主要内容的电视节目，如《群星会》、《天上人间》、《交谊厅》、《大千世界》等。其中，尤其值得一提的是台湾“第一个综艺暨现场直播节目”①《群星会》，它主要借鉴了当时的广播节目《空中歌厅》，只不过是将演唱的现场从录音棚搬到了演播室，从而通过电视媒介实现了可视化传播。

在政治环境紧张、娱乐节目匮乏的 60 年代，《群星会》的开播极大地满足了人们对于通俗歌曲的消费需求，在观众的支持下，《群星会》延续了 15 年之久，一共播出了 1 200 多集，它的成功也充分说明了观众对电视娱乐节目的欢迎程度。随着台湾经济的进一步发展，又出现了一些布景豪华的娱乐节目，如《银河璇宫》、《翠笛银筝》等，这些节目虽然加入了一些游艺、猜谜等内容，但仍然是以歌舞为主。

随着“中视”与“华视”的出现，台湾的电视节目市场告别了“台视”一家独大的局面，形成了三台并峙的竞争格局，不同电视媒体之间的竞争直接导致了新的娱乐节目形态的出现。为了巩固老大的位置，“台视”继续挖掘歌唱节目方面的潜力，于 1965 年推出了歌手竞赛类节目《五灯奖》。这种融合了流行音乐和竞赛元素的节目形态一经推出马上获得了观众的热捧，甚至出现了八家地方性电台一起转播《五灯奖》的场面，可谓盛况空前。《五灯奖》一直“亮”了 30 多年，到 1998 年停播时总共播出了 1 701 期，堪称台湾生命力最强的电视娱乐节目，其成功之处还在于首次实现了企业在电视节目中的植入性广告营销，为节目提供赞助的田边制药销售业绩暴增七倍，这也开创了节目营销的成功范例。

看到《五灯奖》大红的“中视”自然不甘心被“台视”抢尽风头，于是在 1970 年推出了新的大型综艺节目《欢乐假期》来与《五灯奖》竞争，还创办了风格类似的《六灯奖》来争夺收视市场份额。“华视”也不甘寂寞，仿制了《才艺竞赛七灯奖》，虽然后来者都不如《五灯奖》影响那么大，但一时间，尽是明星歌手在竞赛节

① 陈炜．《康熙来了》——台湾综艺节目对大陆同类节目的启示．福建艺术，2006（5）：60

目的舞台上"你方唱罢我登场"，为电视荧屏增加了不少轻歌曼舞，这也成为这一时期台湾电视娱乐节目最主要的特点。

2. 20世纪70~80年代：开始多元化的发展格局

这一时期，台湾的电视娱乐节目开始摆脱了早期歌舞表演占尽风头的局面，开始了多元化的发展之路。其中，最受观众欢迎的要数综艺类娱乐节目，即在一档节目中融入多种表演形态和内容的节目。此外，喜剧演员表现的戏谑短剧类娱乐节目、以年轻男女擦出爱情火花为看点的婚姻速配类娱乐节目、以各种软性话题为内容的娱乐访谈类节目也崭露头角，开始了它们在台湾的蓬勃发展。

这一时期拔得头筹的是"华视"，它在1979年开播的《综艺一百》，熔歌舞、短剧、杂技于一炉，这也是台湾最早的"拼盘式"综艺类电视娱乐节目。这种融合了多种舞台表演艺术的电视节目形态一经推出，立即受到观众的热捧，尤其是里面的"畅销歌曲排行榜"，几乎成了当时台湾唱片业的风向标。当时台湾电视界的"克隆"之风也很盛行，类似的"拼盘式"综艺节目还有"台视"的《电视街》、《小人物狂想曲》，"华视"的《百战百胜》等。

与另外两大台不同，"中视"另辟蹊径，模仿日本著名的娱乐节目《志村秀》，开发出了新型的娱乐节目《黄金拍档》，它首创了由五位喜剧演员联合主持的形态，主要是由倪敏然、张菲、徐风、罗江、检场五个人根据简单的故事大纲，即兴联合演出一幕幕令人捧腹和戏谑的喜剧，还糅合了一些秀场歌舞，其喜剧化的表演风格深得观众喜爱。这一节目的出现也丰富了台湾综艺类节目的形态。

20世纪90年代，谈话类电视娱乐节目也开始在台湾电视荧屏上出现，并显示出不错的发展势头①。当时，这类节目主要是邀请一些新闻名人、影视明星到节目现场，与主持人及观众在一起交流一些家庭、婚姻等问题。其中，比较有代表性的是张小燕主持的《女人，女人》，其内容主要是谈论与女人相关的"性"话题。在此之前，台湾观众看了太多歌舞升平的娱乐节目，所以谈话节目出现时，这种坦诚的沟通和语言的魅力让观众觉得耳目一新，得到了不错的关注度。台湾最早的一批谈话节目主持人像张小燕、胡瓜一露面，就凭借其优秀的口才受到了观众的喜爱。

3. 20世纪90年代至今：娱乐节目的蓬勃发展

到了20世纪90年代，随着台湾《有线广播电视法》的公布实施，各种资本背景的有线电视台开始浮出水面，台湾电视娱乐业的三大台迎来了更多的竞争者，其中最具实力的要数1993年9月28日成立的无线卫星电视台（TVBS）。从此，台湾的电视娱乐业也进入了一个蓬勃发展的黄金时期。

这个时候，三大台为了迎接新兴电视台的挑战，都把娱乐节目当作竞争的重头戏来进行打造，推出了很多新的娱乐节目。例如，"华视"的《综艺万花筒》和《全家

---

① 邹振东．类型与特点——析台湾的电视谈话节目．中国广播电视学刊，2006（4）：75

乐》、“台视”的《周末满点秀》和《龙兄虎弟》、“中视”的“欢乐”系列《欢乐星期五》、《欢乐八点见》、《欢乐100点》等，都体现了各自不同的特点和风格。

除了在节目制作上的不断推陈出新之外，三大台还在节目的播出方式上进行改革，将一些受欢迎的娱乐节目由周播改为日播，以形成带状的节目收视链，让观众养成收视惯性，以培养观众的忠诚度。如“华视”的“黑色短剧”节目《连环泡》、“台视”的《天天开心》和“中视”的《综艺我和你》，在当时都是每日联播，在收视市场上也是割据一方，互不相让，使得台湾娱乐节目收视市场更加繁荣火爆，进入了一个多元化的发展格局。

进入21世纪后，台湾娱乐节目迎来了一个更加繁盛的时期，除三大台之外，新兴的有线电视台和卫星电视台开始大放异彩，出现了中天娱乐、东森综合、纬来综合、三立都会、八大娱乐等新兴电视娱乐力量。在这种情况下，除了《我猜我猜我猜猜猜》、《周日八点档》、《快乐星期天》等老牌综艺节目外，一些带着鲜明时代特征的娱乐节目也脱颖而出，像《康熙来了》、《全民大闷锅》（2007年更名《全民最大党》）、《两代电力公司》、《少年特攻队》等以极具想象力的创意、新鲜的形态和贴近当下台湾人娱乐心理的内容，给电视娱乐节目市场带来很大的冲击，台湾的电视娱乐节目因此也显得更加丰富多彩。

二、台湾电视娱乐节目的现状解读

目前，台湾的电视娱乐节目可以说已经发展得十分成熟，不仅传统的歌舞、游戏、访谈、竞赛类娱乐节目在融入了新的时代因素后继续占据着电视荧屏的黄金时段，一批像《全民大闷锅》、《超级星光大道》等形态更为新颖、内容更为多元的娱乐节目也在不断地涌现出来。不过，娱乐节目在不断超越过去、保持良好发展势头的同时，其中所存在的一些问题也显得比以往更加突出。下面先按照形态的不同，对台湾的电视娱乐节目进行分门别类的解读，然后再分析节目的生产者和消费者——因为正是由他们共同决定了节目的面貌，对这二者的分析有助于我们更好地了解为什么台湾电视娱乐节目会成为今天的样子。

1. 专业化运作——台湾电视娱乐节目现状的形态分析

台湾电视娱乐节目最为突出的特点是专业化程度非常高，这一点在其形态上体现得非常明显，就目前所能够看到的台湾娱乐节目中，几乎能够想象得到的各种娱乐样式都有非常专业的相关类型节目来加以呈现。为了便于分析，笔者将从形态上把目前的台湾电视娱乐节目主要分为三大类：综艺游戏类、软性访谈类和竞赛博彩类。

（1）综艺游戏类。

综艺游戏类节目可以说是台湾现存“历史最悠久”的娱乐节目，从《群星会》和《五灯奖》开始，就可以看到现在台湾一些综艺游戏节目的雏形。综艺游戏类娱乐节目的主要形态是在不同的板块中进行歌舞、杂耍、模仿秀等表演内容和一些邀请嘉宾和观众参与的游戏，有时候会用竞赛、竞猜或者某个主题形式将表演内容串联起来。在过去的综艺节目中，主持人一般不是节目主角，而主要起串场的作用，节目的主角是那些进行歌舞才艺表演的嘉宾。但随着张小燕、张菲等极具特色的主持人出现后，主持人逐渐在综艺节目中占据了主要地位，成为一档节目的关键人物，也是观众收视的主要驱动力，他们的个人风格会决定节目的整体特色，而那些歌舞表演内容，反而成为节目的点缀。

在当今台湾的综艺游戏类节目中，最具代表性的可能就是《综艺大哥大》和《我猜我猜我猜猜猜》。这两档节目都是用主持人来带动整档节目的活力。《综艺大哥大》是由张菲主持的一档融合了各种表演形式和节目形态的综艺节目，一般分为三个单元：第一单元是“歌舞表演”，所选的歌曲除了本土流行歌曲外，也有一些闽南语歌曲和外国歌曲。此外，一些出新专辑的歌手也常到节目中借机宣传。然后是“八卦侦察庭”这个单元，主要是针对一些名人和明星的八卦问题，展开一些访谈。这个单元最大的特点就是凭借张菲的人缘能够请到当事人来现场，而不是其他嘉宾在节目里众说纷纭。最后是“英语教室”这个单元，主要是设置一个场景，教观众三五句日常用语。张菲和善亲切，和不少台湾演艺明星关系都不错，从不在节目中让对方出丑，别人也愿意来节目“捧场”，因此，《综艺大哥大》总是呈现一派和和气气、歌舞升平的场面。而与之相异趣的是吴宗宪的《我猜我猜我猜猜猜》，吴宗宪的主持风格一向以“刻薄毒辣”著称，因此节目也常常以“开涮”嘉宾的方式来取悦观众。

图 14－8　吴宗宪的《我猜我猜我猜猜猜》①

图 14－9　《综艺大哥大》的主持人张菲②

① http：//image. baidu. com/i? ct = 503316480&z = 0&tn = baiduimagedetail&word = % A1% B6% CE% D2% B2% C2% CE% D2% B2% C2% CE% D2% B2% C2% B2% C2% B2% C2% A1% B7&in = 28306&cl = 2&cm = 1&sc = 0&lm = －1&pn = 27&rn = 1&di = 10183590120&ln = 2000&fr = &ic = 0&s = 0

② http：//www. gzycw. com/compere/male/200901/compere_ 2792. html

（2）软性访谈类。

软性访谈类娱乐节目的主要形态有两类：一是找到大家感兴趣的名人（一般是娱乐明星），对其生活和情感等方面进行访谈；二是找到最近受到社会关注的话题，邀请与这个话题相关的人士，来了解这个方面的情况。之所以称为软性，主要是因为其中一般不涉及政治、经济、民生等严肃话题，也不像国外一些脱口秀那样用故意挑衅、激怒嘉宾让其出丑的方式来娱乐观众，而是在一种很轻松的氛围中谈论一些无伤大雅的话题，基本上都是以让主持人、嘉宾和观众“皆大欢喜”的方式结束。这一类节目的代表性栏目主要有《康熙来了》（蔡康永和徐熙娣主持）、《小燕有约》（张小燕主持）、《两代电力公司》（蔡康永主持）、《国光帮帮忙》（孙鹏、屈中恒、庹宗康主持）等。

图 14－10　访谈类娱乐节目《康熙来了》①

目前，风头最盛的软性访谈节目可能就数《康熙来了》，而这档节目的成功在很大程度上要归功于两位主持人：蔡康永是美国加州大学电影电视专业硕士，出过畅销书，并且曾经主持过多个谈话节目。他对娱乐节目有着自己的理解，认为生活很舒适的人在现实生活中就会笑，而只有生活不太好的人才需要看娱乐节目，所以娱乐节目不能让人觉得沉重，一定要让大家开心，这种价值观直接影响了他的主持风格：提问

---

① http：//www. jysls. com/thread－183383－1－1. html
　http：//yule. sohu. com

温文尔雅，却常常放声大笑，擅长在和风细雨般的聊天中让嘉宾娓娓道来。而他的搭档徐熙娣则是一位很“放得开”的女明星，谈论任何话题都不会有丝毫的忸怩害羞，她的性格率真爽朗，又带着点少女的天真活泼。他们两个人在开放的心态、聊天的率真和即兴的幽默上找到了契合点，又在感性和理性、活泼和儒雅之间形成了主持风格的互补，这才成就了《康熙来了》这档独具特色的软性访谈节目。

（3）竞赛博彩类。

竞赛博彩类娱乐节目的主要形态是邀请明星嘉宾参加一些有趣的游戏竞赛，并设立一些奖项给游戏获胜者，节目的看点就在于这些明星在比赛中运气如何、他们面对输赢的表现怎样、比赛最后的悬念将如何揭晓以及谁能够获得价值不菲的奖品等。而且，这类节目一般都带有很强的“赌博”色彩，参加者很多时候都是靠运气获胜，在节目界面的设计上也类似于真实的赌场（例如《小气大财神》中常备的专业赌博工具，主持人徐乃麟与曾国城身着赌场工作人员的服装等），这种设计有利于加强节目的紧张气氛，让观众有一种身临其境的真实感。这一类节目的代表性栏目还有徐乃麟主持的《至尊百家乐》、胡瓜主持的《欢乐幸运星》等。

当然，以上三类只是在台湾占主流的娱乐节目，还有很多其他形态的优秀娱乐节目，如美食类娱乐节目《大小爱吃》，选秀类节目《无敌星鲜人》、《超级星光大道》等，限于篇幅，不能拿出来一一进行分析研究。而且随着时代的发展，很多新出现的娱乐节目越来越多地体现出多种形态融合的特点。例如，《全民大闷锅》将模仿秀、脱口秀和情景短剧融合在了一起；《型男大主厨》把美食节目和明星对决融合在一起；选秀类娱乐节目《超级星光大道》则把才艺表演和明星打造结合在一起。诸如此类，体现出台湾电视娱乐节目形态越来越复杂和丰富的整体走向。

但与此同时，台湾电视娱乐节目也暴露出其最大的问题，就是低俗化现象严重。台湾电视娱乐节目的观众资源有限，而制造娱乐节目的电视媒体却不在少数，由此而引发的激烈竞争一方面使得电视娱乐节目不断推陈出新，制作出更为新颖的节目形态和更为好看的节目内容，另一方面也导致了一些娱乐节目为了吸引观众的眼球，争夺收视率，不惜剑走偏锋，甚至不断地挑战正常人的心理接受底线和伦理道德底线，反映到节目中，就是其中所包含的一些低俗消极因素的出现。概括一下，有以下几点：

①在节目中用与“性”相关的内容来吸引观众注意，这会对青少年起到一些消极的诱导作用。在台湾的电视娱乐节目中，主持人带“黄腔”已经不是什么新鲜事。例如，吴宗宪主持的 *Jacky Show* 经常以色情电话、随车小姐、“牛郎”、包二奶等话题作为节目内容；娱乐节目《齐天大胜》中，也出现过一些跟情色有关的内容，像钢管舞大赛、电臀大赛等。

②以让人出丑、挑战普通人心理接受极限为节目卖点，企图以此满足一些观众的阴暗心理。例如，在《周六乐翻天》中，主持人吴宗宪让嘉宾摸癞蛤蟆；小 S 曾经在一档娱乐节目中帮人舔脚；还有在著名歌手黄舒骏主持的《皇家女子学院》的节

目中，就曾作出让嘉宾相马茜吃蝙蝠的举动，结果黄舒骏还因此被告上法庭。诸如此类，不一而足。

③在节目中宣扬一些有悖科学常识的内容，有可能会对观众产生不良的心理影响。例如，著名的灵异节目《鬼话连篇》里面经常播出一些未经科学考证的超自然视频资料。还有一些以算命为主题的娱乐节目，通常会邀请几位星座“专家”和主持人、嘉宾一起讨论生活中的各种命理。这些“专家”会根据星座、生肖、面相、掌纹等情况，总结每日星座运势，预测未来运道。显然，这些都是违背科学常识的。这些不良的娱乐节目内容都值得我们反思和警醒。

2. 台湾电视娱乐节目的生产者和消费者

台湾电视娱乐节目的运作特色在很大程度上都是由其生产者和消费者所决定的。这是因为，任何一个娱乐节目的运作是否成功，主要的衡量标准就是看其是否能够激发节目生产者的智慧，同时俘获节目消费者的眼球。而且，所有的电视娱乐节目都是由人生产出来，也是给人看的，因此，对台湾电视娱乐节目现状的分析，离不开对其节目的生产者与消费者的研究。应该说是台湾独有的社会环境催生了有着鲜明特点的台湾人，又是这样一些台湾人在生产和消费各类娱乐节目。

首先，从节目生产者的角度看，台湾电视娱乐圈中有一批既有实力又敬业的制作人员，他们对电视娱乐节目的质量精益求精，并为节目的发展不断地贡献着自己的智慧。这里所说的制作人员，既包括了节目策划、编辑等幕后工作人员，也包括了主持人、嘉宾等幕前工作人员，他们的理念和实践在很大程度上决定了台湾娱乐节目的运作特色。

也许是台湾竞争激烈的电视节目市场激发了他们取之不竭的创造潜能，也许是台湾标榜的“言论自由”给他们提供了天马行空的想象空间，台湾的电视策划人员总是能够拿出一些让人眼前一亮的娱乐节目创意。从早期制作《群星会》的关华石和邱慎芝夫妇，到70年代《五灯奖》的策划人周宜新、《欢乐周末》的制作人晏光前，直至《康熙来了》、《全民大闷锅》的策划人王伟忠，他们用自己的天才创意，给一代代的台湾电视观众带去了不间断的笑声。

综观台湾的电视策划人，有三个特点值得关注：首先，他们都很敬业，而且对电视充满了热情，如台湾著名策划人王伟忠就说，从事自己喜欢的行业是件很幸运的事，因为喜欢策划节目，所以才会努力想出很多创意去实施；其次，他们的好创意都具有很强的贴近性，紧扣了观众的心理需要，如风头正盛的《全民大闷锅》就很好地满足了民众渴望调侃政治、宣泄不满的诉求；最后，他们所策划的成功节目都有很强的互动性，让观众感受到参与其中的趣味，台湾的电视策划人更像观众的朋友，因为只有了解观众，才能赢得观众喜爱，否则只会让大家远离。

图 14－11　中天娱乐节目《全民大闷锅》①

台湾的娱乐节目主持人也是一个非常抢眼的群体，虽然在这个群体中每个优秀的主持人都有自己鲜明的特点，但从整体上看，台湾娱乐节目主持人仍然有一些共同特质，这些特质就是主持人这个行当中的从业人员经过几十年的摸爬滚打锻炼出来的赖以立足的基本技能，这也可以说是入行的门槛。正因为拥有了这些特质，他们才能在台湾的电视娱乐界站稳脚跟，笑傲风云。

要想了解台湾娱乐节目的主持人，必须首先从台湾的秀场文化探究起，因为最早的一批娱乐节目主持人很多都是从台湾民间的综艺表演场所锻炼出来的。“秀场”就是台湾以前的歌厅、舞厅等表演场所，在这样极端商业化的环境中，为了能够保住饭碗，主持人必须要使出浑身解数来博得观众高兴，就像台湾《综艺大哥大》的张菲所说：“秀场年代，脑快嘴贱是所有主持人的必备功底，因为如果三句话里面观众没有笑声，就只能立刻走人。”②

当电视传媒发展起来以后，这些长期在秀场中打拼的娱乐节目主持人开始走上荧屏，在与电视媒介及观众的磨合过程中逐渐形成了台湾独有的“主持文化”，后来的主持人比起前辈来更是“青出于蓝而胜于蓝”，不仅在机敏反应上有过之而无不及，而且在知识素养、眼界视野和开阔心态上都更胜一筹。台湾娱乐节目主持人给人印象最深的是心态上的完全放松，放松的心态使得他们在节目中都显得十分自然，反应也很机敏，即使遇上突发事件也能从容面对，甚至利用这些意外更好地展现出自己的魅力来。

另外，台湾娱乐节目主持人都表现出十足的平民立场。他们知道为了赢得观众的

① http：//0591pk. cn/html/2008－07/18097. htm
② Bright Tinker. 解析台湾的综艺类节目 . http：//my. donews. com/brighthink/

喜爱，就必须让他们产生认同感，消除距离感，娱人必先娱己，要做到这一点，首先就要敞开自我，善于自嘲，只有把自己嘲笑得体无完肤，嘉宾才有可能拿下“面具”，表现出最本真的一面来。有时候还需要作为搭档的主持人之间互相调侃一番，才能把现场的气氛点燃，所以我们看到了那么多台湾主持人在节目中耍宝逗乐，互相挖苦。

上面分析了台湾娱乐节目主持人作为一个群体所具有的整体性特征，其实，这些特征只是主持人要做到的“规定动作”，要想在竞争激烈的电视娱乐圈里占据有利位置，“个性化主持”才是最有效的生存策略，那些著名的娱乐节目主持人无不有着自己独特的主持风格和绝招，只有在主持娱乐节目时使出精彩的“自选动作”，把自己的特点和优势发挥得淋漓尽致，才能赢得观众的喜爱。

例如，有着“综艺天王”之称的吴宗宪，其主持娱乐节目最大的特点就是反应机敏，善于在第一时间抓住对方话语中的歧义进行最“恶毒”的夸张攻击，虽然这种攻击很多时候都带有“黄腔”，甚至拿生理缺陷说事，但在那样一个大众娱乐的语境中，往往让被耍弄者又好气又好笑，却从来没有一个嘉宾在现场发作，因为他们知道吴宗宪这么做的主要目的只不过是博得观众一笑而已。当然，经常挖苦别人的吴宗宪自己也是“甘居下流”，经常用自我作践的方式来自我解嘲。如在《我猜我猜我猜猜猜》的一期节目中，一个女嘉宾自称自己的兔子会跳绳，然后让嘉宾来猜是不是真的，吴宗宪一本正经地说：“请问它是自己拿绳子吗?”女嘉宾笑着说：“它太胖了，跳不了几下的。”吴宗宪马上来劲了：“你这样的身材有资格批评别人吗？还真是的!”还有一期节目中，吴宗宪奉承一个女嘉宾说：“你这张专辑是我个人的最爱，里面10首歌我都倒背如流。”阿雅随口问他：“那么第三首?”吴宗宪马上摆出一副夸张的表情说：“第三首啊可是相当厉害！它在整张专辑里面排在第三的位置，可谓是强棒!”阿雅：“废话不要多，你快唱一下!”吴宗宪：“谁说我不敢唱，不敢唱的是小狗！……以后大家就叫我小狗好不好?”①

在台湾的电视娱乐界，有不少娱乐节目都实行“主持人中心制”，一些大牌的主持人都有自己的团队，如吴宗宪的“宪宪家族”、张小燕的“小燕家族”等。同时，台湾娱乐节目的主持人也背负了不小的骂名，因为在电视节目中，他们代表着背后整个制作团队的意图与想法，也承担着媒介与观众沟通的职责，他们的一举一动最受人们关注，因此只要他们主持的节目不好看，观众第一反应就是主持人不行。但是，有些主持人为了博得观众的喜爱，在舞台上极尽挖苦嘲笑之能事，故作惊人之语，这就难免过犹不及，反而让人产生反感和厌倦的情绪。例如，吴宗宪的主持风格就备受争议，因为他经常肆无忌惮地开一些低俗的玩笑。其实，放松而不放纵、幽默而不油滑、机智而不刻薄、取悦而不是讨好观众，这才是真正优秀的娱乐节目主持人。

---

① 资料来源：百度贴吧（吴宗宪贴吧）. http://tieba. baidu. com/f? kz = 13663791

而作为主要消费者，台湾娱乐节目的观众也值得研究。台湾人口只有 2 300 多万，却有 100 多家电视台，观众对于电视娱乐节目的重要性自然不言而喻，有了优秀的收视率才能够吸引广告商投资，电视媒介才能进入良性的运转，因此对观众的争夺就成了不同的电视媒体之间必须要进行的战争。可以说，台湾每一个电视娱乐节目的存在都是为了满足观众某一方面的喜好，而任何节目的改版与调整、新节目的诞生、旧节目的停播，也都是基于观众的口味变化。

当我们批评台湾电视传媒生产出那些情色、低俗、无聊趣味的娱乐节目时，请不要忘记，在台湾这样一个商业化又缺少政府管制的电视节目市场中，观众需求才是刺激电视媒介生产的动力，有什么样的观众趣味，才有什么样的节目倾向，如果没有收视市场的话，一些饱受诟病的娱乐节目根本就支撑不了多久。所以，从某种程度上说，目前台湾娱乐节目中一些低俗化问题可以说是电视媒介和观众共谋的结果。这种现象对于大陆的电视传媒而言，也有一定的借鉴意义：对于观众的趣味和需求，绝不能一味去迎合，那样只会堕入越来越低俗的恶性循环，而需要媒体站稳自身立场，制作出优秀的娱乐节目来，往好的方面去引导受众。

三、台湾电视娱乐节目的特色探析

在对台湾电视娱乐节目的历史和现实进行一番梳理之后，就能够对其特色及其原因进行学理层面的归纳和探析了。任何事物的产生和发展都是内外因共同作用的结果，因此，对台湾电视娱乐节目特色的探析也将从两个方面展开：对于媒介节目产品本体的探讨和影响媒介发展的外部环境的探讨。只有将内外因的探析结合起来，才能够对台湾电视娱乐节目的特色及其原因有一个更为全面的认识和把握。

1. 从内因的角度探析台湾娱乐节目的特色

首先，让我们从节目本体的角度出发，探讨一下台湾电视娱乐节目的特色所在。台湾电视娱乐节目的特色，主要体现在节目的三个核心组成元素上，分别是新颖有趣的创意策划、丰富多样的环节控制和精彩纷呈的节目包装。其中，创意是节目的内核，决定了节目的独特性和核心竞争力；环节控制是节目的规则，左右着节目的进程和节奏；而包装则是节目的“门面”，是为了向观众提供一个友好可亲的电视界面。创意、环节和包装，这三者缺一不可，它们形成的合力就是台湾娱乐节目之所以拥有长久魅力的奥秘所在。

（1）节目创意。

很多大陆的电视人看过台湾的电视娱乐节目后，都对其层出不穷的节目创意策划钦佩不已，《艺术人生》的制片人王峥曾说：“我从台湾节目中知道了要靠什么去抓住屏幕前的观众。”① 的确，在台湾这样一个竞争如此激烈的电视节目市场中，只有

---

① 朱冰，陈可人．极端制作．北京：作家出版社，2007

不断地拿出新的节目创意出来，才能站稳脚跟，不被观众淘汰。节目创意是一种十分个人化的天才想法和灵感迸发，因此很难从学理角度对其进行条分缕析的细读，不过，通过对节目本体的研究，还是能够发现一些规律性的东西。

例如，台湾娱乐节目的创意策划总能在现有的媒介话语空间中寻找到观众的兴趣点，显得很灵巧。如在六七十年代，台湾当局对媒介管理得十分严厉，因此，就只能做像《群星会》那样的歌曲集锦和《综艺一百》那样的综艺拼盘；到了八九十年代，台湾解除了戒严后，电视娱乐节目嗅到了“自由”的空气，也觉察到民众对社会批判的渴求，所以敢于策划出一些像《连环泡》那样讽刺社会现实的娱乐节目；到了21世纪，台湾政治氛围更加宽松，娱乐节目的策划也显得更加大胆，如风头正劲的《全民大闷锅》甚至用十分夸张“丑化”的模仿秀来点评时政人物。

台湾娱乐节目策划的另一特点就是不断地挑战陈规，发掘观众新的兴奋点。60年代，资讯工具不发达，电视节目数量也少，歌舞表演自然成为娱乐节目最好的表现形式，这就催生出《群星会》；演唱会式的歌舞表演看多了，难免单调，就加入一些竞赛元素，于是有了《五灯奖》；老是在演播室，看得人有些憋闷，就把表演舞台搬到户外，《翠堤银筝》应运而生；抒情性的综艺节目太多了，就换一些叙事性的戏谑短剧，这就是《连环泡》；总是我演你看，观众会没有参与感，于是有了让观众打电话参与节目的“call－in”新玩法[①]……总之，每一次新的娱乐节目高潮的出现，都是用新的娱乐思维挑战陈规的胜利。

（2）节目环节控制。

到了21世纪，台湾娱乐节目的形态发展也越来越丰富，像《群星会》那样样式简单、形态单一的娱乐节目已经无法再吸引观众眼球，观众需要看到内容更为多样的节目，而节目的丰富内容和新鲜创意则必须有相应的节目环节设置来对其加以控制，才能更好地呈现在观众面前，否则必然流于散漫芜杂。

节目环节的设置有以下几个作用：一是将节目划分为不同的职能单元，每个单元都各司其职，又能形成一个整体；二是控制整个节目的节奏感，让它显得有张有弛，不至于让观众看得厌倦；三是用各种结构方式将节目分解成不同的板块单元，通过这种手段不断地制造刺激点，推动节目一个高潮一个高潮地“波浪式”前进。例如，在《我猜我猜我猜猜猜》中，这种环节控制就做得十分到位，全部节目分为“真的假不了”、“人不可貌相”等单元，每个单元都有兴奋点，而且单元之间衔接也很紧凑，充分体现出环节设置的力量。

（3）节目包装。

注重包装也是台湾电视娱乐节目的一大特点，电视依靠视听手段为一体的传播属性决定了包装之于电视的重要性，娱乐节目只有具备了合适的包装手段，才能完美地

---

① 陈炜.《康熙来了》——台湾综艺节目对大陆同类节目的启示.福建艺术，2006（5）：61

传达娱乐效果。

一是节目的视觉包装。视觉包装的主要组成部分是节目的色彩和灯光，台湾娱乐节目的整体色彩设计多用暖色，色彩纯度很高，因此显得很鲜亮，目的就是让观众的情绪亢奋起来，获得更好的收视效果。娱乐节目的灯光也很明亮多彩，还经常使用戏剧光效，就是为了不断地刺激观众的视觉神经，让他们保持对节目的关注度。

二是节目的听觉包装。节目的听觉包装主要包括节目主持人和嘉宾的声音设计、节目的主题音乐（片头片尾曲）以及节目中的各种特殊音效等。声音对于娱乐节目的重要意义不言而喻，它不仅能煽动观众情绪，烘托现场氛围，还能形成一些特殊的娱乐效果。例如，很多娱乐节目都有自己的片头音乐，让观众听到熟悉的音乐就知道节目即将开始，有利于形成收视的“约会”意识。

三是节目的文字包装。文字包装包括在节目中出现的两个文字系统：一是说明类文字，如栏目logo、主持人、嘉宾名称以及描述客观情况和表述主观意图的字幕；二是表意类文字，如有时候在节目进行到一个兴奋点时，一些看起来很卡通的字幕会马上跳出来，对娱乐节目中正在进行的叙事进行点评和说明，或强调或讽刺，显得娱乐性十足。

如今风头正劲的《全民大闷锅》可以说集中体现了上文所列举的台湾娱乐节目的几大特色，它由台湾“电视鬼才”王伟忠策划创办，其前身是开办于2002年的《2100全民乱讲》。《全民大闷锅》最大的特色在于：让一些演员来扮演台湾政坛人物和社会名流，并模仿这些人的身份和言行，对最近发生的热点新闻事件进行个性化的解读和戏谑化的表现。每期节目都有一个主题，节目的主要形态就是围绕这个主题展开演播室的讨论和演出相关的一些情景短剧。

《全民大闷锅》的一大特色就是有很多极具创意的单元，每期节目都会根据主题内容别出心裁地安排不同的单元组合，让观众总有新鲜感。例如，“总统府就是你家”模仿陈水扁在家招待社会名人或政界名流，短剧的笑点是当陈水扁言不由衷时，墙壁上挂的画以及天花板上的吊灯会掉下来；“芒果乱报”模仿以情色暴力新闻为卖点的《苹果日报》的报道风格，等等。

这档节目之所以如此受欢迎，是因为它在“解闷”和“解气”之间找到了一个完美的结合点——不仅用模仿名人的搞笑方式来“解闷”，还包含了很多让民众“解气”的社会批判内容。在娱乐节目中，如果很直白地表达社会批判的内容，就会显得沉重严肃，而《全民大闷锅》则通过各种有趣的电视手段很好地“包装”了这些社会批判的内容，让观众在哈哈大笑过后，也会觉得其中还有深意，这也使得这档节目不同于那些单纯为了搞笑而搞笑的娱乐节目，而有了一定的内涵。例如，在一期节目中，为了反映民众吃蔬菜难的问题，“白米超人”拿出一根茄子（蓝色）代表“泛蓝阵营”，一根黄瓜（绿色）代表“绿营”，一小根红辣椒代表大陆，然后把它们混合在一起打成蔬菜汁分发给民众，希望各方面都能合作，这样才能让民众享受福祉，显得寓意深远。

2. 从外因的角度探析台湾娱乐节目的特色

在从节目本体角度对台湾电视娱乐节目的特色进行归纳之后，接下来将从外因，也就是台湾娱乐节目产生和发展的时代背景和原因角度出发，来探讨一下台湾电视娱乐节目特色形成的原因。从20世纪60年代到现在，台湾电视娱乐节目经历了在形态上“简单—多样—丰富”，在内容上“拘谨—放松—放纵”这样一个极具“台湾特色”的发展历程。不难看出，它的每一个发展阶段都被打上了深刻的时代和地区的烙印，下面就从经济、政治、文化三个方面对其特色形成和发展的外因进行逐一考察。

（1）台湾经济的飞速发展为电视传媒的产生奠定了物质基础。

经济基础决定上层建筑，一般而言，一个地区传媒行业的发展和该地区的经济发展是息息相关的，台湾自然也不例外。20世纪六七十年代的台湾处于出口导向经济发展时期，台湾当局抓住当时国际分工变化的机遇，利用低廉工资的国际比较优势，大力发展劳动密集型的出口加工工业，带动经济发展。此时，外资对台湾经济发展起了重要作用，台湾企业从日本进口生产资料，向美国出口工业品，形成了生产上依赖日本、市场上依赖美国的三角贸易关系。由此，台湾工业得到了高速发展，也借此晋身“亚洲四小龙”行列，达到新兴工业化国家水平①。

电视行业是一个需要高投入的产业，台湾最早的三大台“台视”、“中视”、“华视”分别由“政党军”三股势力操办，显然，正是有了当时台湾地区的经济实力做后盾，这三大台才得以在台湾实权部门的掌控和支持下顺利进入正常的产业运营阶段，才使得台湾电视娱乐节目的制作和播出成为现实。

经济的发展不仅为电视传媒的产生和发展奠定了物质基础，也进一步提升了社会化大生产的现代化程度，从而导致了更为专业化的社会分工的出现，因此，很多家庭妇女和老年人得以从职业工作中解放出来，成为台湾电视娱乐节目的第一批主要观众。

（2）相对宽松的社会政治氛围为台湾电视娱乐节目的进一步发展和兴盛创造了必要条件。

自从1988年国民党解除台湾的“报禁”以来，统治机构对台湾媒体的管理日趋放松，媒体的播出口径也逐步变大；直至1993年，多年来一直被列为“非法存在”的有线电视被合法化了，禁办新电视台的法规也被取消了；到1998年，台湾已有140多个有线电视系统，播出70～100个频道，形成了发达的有线电视网，电视在人口中的穿透率从1991年的18%增长到1998年的80%，这一增速成为亚洲国家和地

---

① 夏倩芳．台湾电视，从垄断走向竞争．新闻与传播研究，1995（3）：62

区之冠[1]。

电子媒体一向是各国控制最为严密的传媒介质，因此，20 世纪 80 年代台湾当局对电视媒体的“松绑”使台湾电视媒介的生态环境显得更为活跃。多元化的电视媒体在政治倾向上都具有一定的独立性，由此不但形成了不同于国民党当局的声音以及媒介对社会进行监督和批评的机制，而且创立出一种“百无禁忌”的媒介话语环境，这对娱乐节目来说自然是个千载难逢的好机会。如以往“台视”《群星会》中歌手上节目要穿制服，且不能有太多肢体动作的时代已经一去不复返。

正是因为有了这样一个相对自由开放的媒体生态环境，台湾的电视娱乐工作者才得以在没有多少顾虑和限制的情况下努力地进行节目形态、内容等各方面的大胆探索，台湾的娱乐节目才能够在 20 世纪 80 年代开始进入一个蓬勃发展的阶段。

（3）外来文化的影响。

台湾娱乐节目的产生和发展在一定程度上也是受外来文化影响的结果，其中，对台湾影响最大的外来文化要数美国和日本。自从国民党溃走台湾后，美国曾派军队长驻台湾，随之也将美国的大众文化带到了台湾。以美国为代表的西方大众文化对台湾的影响也日益膨胀，这种大众文化的典型特点是崇尚轻松消费和及时行乐，放弃对深度的追求和对道德的把持，而把个人主义和享乐主义放在首位，这对台湾的本土传统文化带来极大的冲击，在很大程度上影响了台湾民众的价值观和审美取向，从而也造就了其娱乐节目的现状。

日本曾经统治台湾 50 年，对台湾的治理从初期的镇压逐渐转为同化，企图通过要求台湾人说日语、改日本姓名、废弃传统信仰等方式将台湾变成其殖民地。这种文化虽然在很大程度遭到了台湾人民的抵制，但随着时间的积累，不论主动接受与否，日本文化仍对台湾的民俗乃至思想产生了一定的潜移默化的影响。近年来，随着资讯手段的日益发达，台湾新生代越来越接受日本的休闲生活方式，连带看电视也“哈日”。具体反映到电视娱乐节目的制作中，就出现了很多借鉴、模仿甚至抄袭日本娱乐节目的同类型节目。例如，吴宗宪的《宪在谁不笑》就和浜田省吾的《餓鬼の使い——笑ってはいけない》十分类似；“台视”《少年兵团》的“你要去哪里”单元、MUCH TV 的《未来日记》，内容、名称都是借鉴日本节目；还有一些节目则采用了日本化的节目名称，如“台视”的《电视宅急便》、“民视”的《综艺有乐町》，都带有浓重的日本味。

① 洪浚浩．在全球化趋势下台湾传媒演变的政治、经济动因及问题与前景．当代中国研究，2000（1）

第十五章

两岸四地广播电视互动

港澳台与内地的广播电视业发展，虽然受到政治、经济、历史等因素的影响，但海峡两岸四地的广播电视业始终保持联系，交流与合作逐年增加，正在形成一个互动的良好发展态势。

第一节　港台风吹进中国内地

20世纪70年代末，伴随着中国改革开放的是中国广播电视进入了真正的发展时期。在内地与港澳台这四个地区中，以国际化大都市香港的广电业发展最早、最快；台湾广播电视虽然起步较晚，但由于其民营性质，发展也很快；而内地随着经济发展和对外开放，广播电视发展也进入了“快车道”；澳门广播电视由于地域所限，则更注重与内地及其他地区的合作。

两岸四地广播电视交流、竞争与合作的发展历程大致可以划分为三个阶段：20世纪80年代、90年代和进入21世纪以来。前两个阶段并没有明显的界线，主要以港台广播电视对内地的影响为主。

表15－1　港澳台与内地广电传媒互动大事记（1979—2000年）

时间	承办方	节目或活动内容	互动形式
1979年1月29日	香港无线电视与广州电视台	《羊城贺岁万家欢》	广州制作，香港电视首次涉足内地
20世纪80年代初	香港亚洲电视	22集电视连续剧《大地恩情》	最早一批进入内地的香港电视剧集
1983年	香港亚洲电视与广东电视台	电视连续剧《霍元甲》	获准在广东电视台播出，次年在中央电视台播出
1984年	中央电视台	春节联欢晚会首次邀请了香港歌星张明敏和台湾歌星奚秀兰登台演唱	春晚这一内地视觉盛宴首次加入港台明星
1984年	广东电视台与香港无线电视	电视剧《铁桥三》	粤港两地首次合作拍摄电视剧
1988年	广东电视台、香港亚洲电视	晚会“省港缤纷迎夏日”，系列专题“香港早晨”	合办，香港摄制
1989年	广东电视台、香港无线电视	春节文艺晚会“省港双辉同贺岁”	合办，广东电视台演播
1989年6月	台湾三家电视台	反映大陆风情电视片《八千里路云和月》、《放眼看大陆》	台湾电视台赴大陆拍摄

（续上表）

时间	承办方	节目或活动内容	互动形式
1989 年起	广东电视台、香港无线电视	“省港杯”歌手大赛	粤港合办，轮流在两地举行总决赛
1989 年 4 月 7 日	台湾当局	《现阶段电影事业、广播电视事业、广播电视节目供应事业赴大陆地区拍片及制作节目报备作业实施要则》	台湾影视赴大陆合作业务合法化
1990 年 2 月 23 日	澳门电视台、广东电视台	澳门电视台台长邓伟雄来访广东电视台	—
1991 年 10 月 9 日	澳门电视台、广东电视台	澳门电视台台长郭锦明一行来访广东电视台	商谈双方合作事宜
1992 年 1 月 17 日	广东电视台	《万紫千红》栏目播出“穗港澳家庭演艺联欢会”	穗港澳三地共 11 户家庭参加了演出
1992 年 7 月	福建电视台	《海峡同乐》	第一个赴台拍片的大陆摄制组
1993 年 12 月 31 日	台湾无线卫星台 TVBS 主办，中央电视台协办	“两岸经济年终访谈”	分别在 CCTV 和 TVBS 演播室制作，采用卫星双向传播
1996 年 5 月 11 日	凤凰卫视中文台、北京电视台	“1996 北京国际电视周”	向亚太地区现场直播闭幕晚会盛况
1996 年 8 月 1 日	广东电视台	推出新栏目《台港澳之窗》	—
1997 年元旦	北京电视台	首届北京电视节在澳门举办	—
1997 年 12 月	台湾电视界	海峡两岸广播电视交流座谈会	学术交流
1999 年 8 月	湖南卫视与香港亚洲电视	亚视购入在湖南卫视热播的电视剧《还珠格格》	在收视率上罕见地击败无线
2000 年 8 月	—	首届澳门电视节在北京举办	—
2000 年	香港无线电视	电视连续剧《创世纪》	第一部在央视黄金时段播出的香港电视剧

由表 15－1 可以看出这一时期的一些特点：就区域而言，粤港两地一衣带水，联系最为密切，内地与港澳台次之；就内容来说，以娱乐节目为主，逐步拓展到新闻节目，加大了两岸四地的文化认同和业务合作；就性质来看，20 世纪 80 年代以交流合

作为主，90 年代则既有竞争又有合作，呈现由单向到双向的对等互动的态势。

香港广播电视一向以商业服务为主，以娱乐节目见长，在经济高速增长的 20 世纪七八十年代更创造出独特的香港影视文化。如较早进入内地的 22 集香港电视连续剧《大地恩情》（三部曲：《家在珠江》、《古都惊雷》、《金山梦》），因与那个年代内地宣教味道很浓的影视作品大相径庭而风靡大江南北，它把重大的历史事件置于背景中，把剧中的人物命运推到幕前，以其浓郁的生活气息演绎出一部打动内地观众的人间悲喜剧。内地也由此认识了作为大众文化的香港电视，而港剧的通俗性和平民化对中国内地电视的影响则更为深远。在香港，“中国文化的延续和西方文化渗透是持续的、同时进行的两个过程，从而形成一种独特的多元混合型文化”①。这种文化通过广播电视这一大众传媒对中国内地的影响是积极的。

20 世纪 80 年代是粤港广电传媒交流与合作的“蜜月期”，两地广电传媒频繁地展开多方面、多形式、多层次的互动。当时的香港亚视还专门成立“中国事务部”，负责与内地同行的接待、联络和合作事宜。“近水楼台先得月”，珠江经济电台借鉴香港广播的主持人和大板块的播报形式，首创了中国广播史上的“珠江模式”。这一阶段的广东电视在全国可谓一马当先，发展迅猛，为新中国电视史留下了不少全国第一：最早自办大型综艺栏目，最早创办杂志性栏目，最早使用文艺节目主持人形式，1981 年创办的综艺栏目《万紫千红》是全国首个由地方台自办的大型综艺性节目。1981 年 1 月广东电视台创办的《国际纵横》成为内地电视台中最早开办的国际新闻专栏。该台于 1987 年元旦开播的《早晨》节目是内地电视台中最早开办的综合性早晨节目。90 年代初，广东电视台自办 50 多个栏目，是当时全国开设栏目最多的省级电视台，广东电视还最早进入生产通俗电视剧的行列。广东电视台以一批本土化内容的系列短剧作为突破口，如《朝见口晚见面》、《乐叔与虾球》、《万花筒》等市井系列和农村系列等。这批短剧承袭了岭南文化诸元素，充满了“广味”，因而受到本地观众的喜爱。广东电视剧生产从此进入了快速成长期，到 1994 年年产量高达 150 集，并形成了以广东台、广州台和深圳电视艺术中心为代表的三个电视剧生产基地。这一阶段广东电视之所以走在全国前列，原因有二：一是改革开放给广东经济带来的高速增长，为电视节目生产带来了雄厚的资金；二是毗邻香港，广东电视学习了境外电视先进的节目制作理念，并开始与境外电视媒体合作。

1989 年 2 月 5 日，珠江频道现场直播广东电视台与香港无线电视台合作、采用双向传送的方式、在 400 平方米演播厅演出的“省港双辉同贺岁”春节文艺晚会的节目。1989 年，广东电视台与香港无线电视台联合举办首届“省港杯”歌唱大赛，以后每年轮流在粤港两地举行总决赛，大大地促进了粤港两地的文化交流和内地流行音乐的发展。后来还有上海加盟，扩大为“港沪粤歌唱大赛”。

① 李燕，司徒尚纪．港澳与珠三角洲文化特色及其关系比较．人文地理，2001（1）：77

这一时期的合作方式主要有两种：一是购买香港的电视节目，主要是深受观众喜爱的香港电视剧；二是粤港电视媒体联合制作节目，共同开发和利用两地的节目资源。“在90年代，影响香港电视文化最关键的社会处境因素，是香港回归中国过程。香港与祖国大陆经过几十年的政治、文化分隔之后，香港人在过渡期内，重新活在中国的轨迹上。香港电视传媒，都在建立‘中国连系’：包括访问、共同制作计划、节目买卖及在祖国大陆提供电视服务等等。”①

相对于香港，由于台海因素的影响，台湾与大陆的交流受到制约相对较多。但台海对峙引发的电波宣传战，客观上促进了海峡两岸广播电视业务的交流，节目主持人概念和一些节目形态就是从台湾引入大陆的。“在顾及现实的情况下，合作仍需避开政治的领域，而着重在文化与生活的层面，音乐作为人类的共同语言，无疑是一个理想的开始，其他生活信息也都可以成为合作的主题。”②

闽台地缘相近、血缘相亲、文缘相承、法缘相循、商缘相连，这就是福建省委书记卢展工新总结的“五缘”，这“五缘”就像无形的长线从古至今牵着大陆和台湾，它是两岸文化交流融合的最坚实的基础和最有力的推动器。在这种文化背景下，东南卫视与台湾业界展开了合作，主要包括三个方面：

第一是节目合作。如《海峡新干线》节目素材的台湾部分，就是由台湾合作伙伴和双方共建的台湾记者站提供，台湾记者站还给东南卫视提供娱乐新闻节目《娱乐乐翻天》的素材。除此之外，在一些特别节目和专题片中，台湾的合作伙伴也给他们提供各种帮助。同时，他们也协助台湾同行在大陆的采访，让台湾同胞了解大陆发生的变化。

第二是节目落地合作。东南电视台是目前祖国大陆唯一有部分节目在台湾省落地的省级电视台，主要是通过合作伙伴的电视网络和台湾的观众见面，曾先后与台湾华夏卫视、太阳卫视等有过良好合作。

第三是主持人和节目形态方面的交流。东南卫视的洪诚阳、黄安就是直接来自台湾的主持人。在节目形态方面，东南卫视也会不定期地邀请台湾业界人士提供意见，两岸文化根出同源，但互有短长，同业交流间接促进了两岸的文化交流。

1997年12月8日揭幕的海峡两岸广播电视交流座谈会的两岸代表一致希望，两岸之间的媒体加强合作，推动广播电视行业的发展。出席会议的祖国大陆参观访问团团长、中国广电学会副会长郭宝新在座谈会开幕式上表示，海峡两岸拥有相同的文化与血脉，两岸同业间的交流合作相当有意义，对相互的益处也更大，希望这次座谈会能对两岸同业之间加强合作起促进作用。台湾“中国时报社”社长黄肇松说，两岸交流经过10年历程已经奠定良好基础，未来两岸电子传媒将有更多的交流空间和机

① 李献文，何苏六．港澳台电视概观．北京：北京广播学院出版社，2004.20

② 梁继红．对台湾广播改革的思路．中国广播电视学刊，1999（11）：41～44

会。台湾财团法人广播电视基金会执行长盛建南表示，台湾广播电视媒体最近几年面临空前的挑战，盼能与祖国大陆媒体建立合作关系，争取共同发展。

尽管台海局势时好时坏，但总体上两岸四地都在逐步放宽政策，使广播电视交流合作合法化、规范化。港澳自不必说，都是传媒业最开放的地区。1989 年 4 月 7 日，台湾当局颁布了《现阶段电影事业、广播电视事业、广播电视节目供应事业赴大陆地区拍片及制作节目报备作业实施要则》，台湾演艺人员至此可以合法进入大陆参加演出和节目制作。但政治因素仍然是一个障碍，如香港影视明星汪明荃正因为其全国人大代表的身份而不能赴台演出。同样，台湾艺员也有类似情况。内地也对境外媒体逐步开放，国家广播电影电视总局相继出台相关政策：1994 年 2 月 3 日，《卫星电视广播地面接收设施管理规定》、《关于引进、播出境外电视节目的管理规定》；1999 年 8 月 10 日，《国家广播电影电视总局关于加强对聘请港、澳、台从业人员参与广播电视节目制作管理的通知》；2004 年 10 月 26 日，《广电总局关于进一步加强广播影视"走出去工程"管理工作的通知》。这些政策使两岸交流与合作处于合法化、常态化。

第二节　粤港竞合"珠三角"

珠江三角洲地区包括广东省的广州、深圳、珠海、佛山等九个市及香港九龙半岛和澳门半岛，在经济上又被称作"9 +2"的经贸协作区域。随着进一步的对外开放，这些地区的经济文化交流合作日益频繁。粤港两地广播电视的广泛接触也是中国电视走向世界的开始。

广东和香港一衣带水，虽然社会制度不同，但由于人文、地理上的接近，长期以来两地仍有十分紧密的联系。早在 20 世纪 80 年代，香港电视已经通过"边境渗透"的方法进入广东境内。当时，在广东珠三角地区的居民只要拥有全频道电视接收机和定向接收天线（俗称"鱼骨天线"），在天气晴朗、没有高大建筑物阻碍的条件下，就能清晰地收看到香港无线和亚视的四个频道。

1994 年 6 月 1 日，广东有线广播电视台正式成立。到 20 世纪 90 年代中期，全省铺设了有线电视光纤网，有线电视技术替代无线接收技术成为中心城市的主要收看方式，使得用户可以接收数十套节目，节目的巨大需求让香港电视趁机进入。政府决定变"堵"为"控"，在所属省有线光纤网中开始传输经过滤（主要是一些不合适的政治内容）的香港无线、亚视的四套节目，香港电视由"边境渗透"变成事实落地。境外电视媒体裹挟雄厚的资金实力和先进的节目理念迅速掳获了珠三角大半收视份额。据调查，从 1997 年到 1999 年，香港电视台同内地电视台在广州地区的市场占有率基本稳定在 80% 和 20% 。

根据中国加入世贸，与境外电视对等落地的承诺，"广东成为全国率先对外开放天空，并且唯一有境外电视频道公开落地的省份和电视传媒开放试验特区"①。2000年以后，境外电视频道突破了仅仅能在中国内地三星级或国家标准二星级以上的涉外宾馆落地入网的局限，先后被国家广电总局正式批准在广东有线电视网络中面向公众播出。2001年2月，香港凤凰卫视被正式批准在广东播出，自始陆续有九个境外频道在广东合法落地（见表15－2）。作为香港的腹地，内地对本地和外国广播机构而言，是一个具有潜力的庞大市场。据统计，内地在2005年约有3.66亿个家庭。香港由于邻近内地，自然成为进入这个庞大市场的跳板。

表15－2　广东落地的境外电视频道

序号	境外电视台名称	合法落地时间	归属	语言
1	香港无线翡翠台	2004年8月27日	香港无线电视公司	粤语
	香港无线明珠台			英语
2	华娱电视台	2001年9月	美国时代华纳集团	普通话
3	凤凰卫视中文台	2001年10月19日	美国新闻集团控股37.6%	普通话
4	星空卫视	2002年3月28日	美国新闻集团	普通话
5	香港亚视本港台	2002年7月	香港亚洲电视公司	粤语
	香港亚视国际台			英语
6	音乐电视亚洲频道（MTV）	2003年4月26日	美国维亚康母公司	普通话
7	澳亚卫视	2006年4月	澳亚卫视有限公司	普通话

20世纪90年代，中央电视台提出建立国际大台的目标和实施精品战略，加大电视改革和节目创新力度，先后创办《东方时空》、《焦点访谈》等一批有影响力的节目，逐步奠定了其在中国电视中的旗舰地位。与此同时，随着卫星电视的出现，以湖南卫视为代表的各省卫视也加入天空争夺战。不过，广东电视占的整体市场份额比率仍不是很大，原因主要是粤语构成一道天然的"方言屏障"。面对电视市场内外挤压，广东电视奋起收复失地的绝地反击。在2000年前后，以广州电视台34频道《广州电视新闻》等为代表的本土新闻和以广东电视台珠江频道《外来媳妇本地郎》为代表的情景系列短剧等娱乐节目，实施战略突围。

数据显示，在广东电视的奋起直追下，境外电视份额呈逐年下降趋势。事实证明，境外电视进入并不可怕，香港回归10多年，境内电视也在与境外电视的竞争中迅速成长起来。截至2006年上半年，在广东各地有线电视网中，由省内电视（包括

① 区念中，余瑞金等．境外电视落地后对广东电视传媒生态环境的影响与启示．岭南视听研究，2005（2）

广东电视台、南方电视台及地市级电视台)、香港电视（无线和亚视）以及中央和省外卫视（包括中央电视台及各卫星电视）形成了三足鼎立之势。广州电视台副台长涂布不无骄傲地告诉笔者：“过去香港电视是老师，现在我们是同学了。”

长期以来，对于粤港文化交流与传媒合作，广东省委省政府始终采取积极支持的态度，并把它看作建设文化大省的重要举措。中共中央政治局委员、广东省委书记张德江认为：“发挥广东省毗邻港澳、对外经济联系紧密的优势，积极借鉴国外发展文化产业的先进经验，提高广东省文化产业的科技应用能力和经营管理水平。积极发展外向型文化产业，使广东省成为我国文化产品‘走出去’的重要窗口。”①

随着数字电视的迅速发展，广播电视的传输渠道大增，香港电视节目供应出现了很大的缺口。从图 15－1 可见，香港广播电视业还是以自制节目为主，但过去丰富多彩的香港本土节目已不能满足需求，香港免费电视的自制节目只占 34.2%，收费电视仅占 17.6%，大量的电视节目依靠埠外。

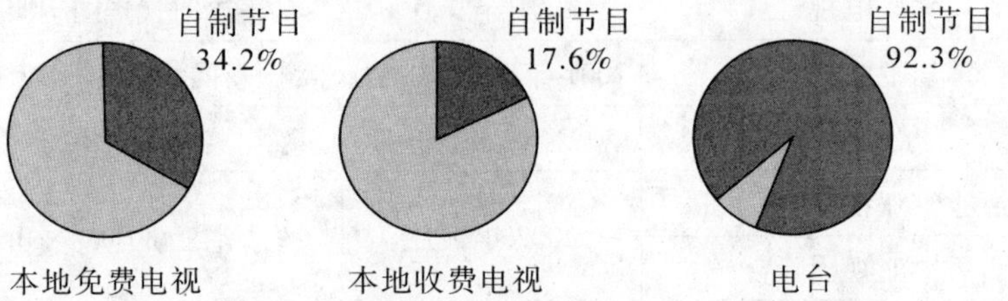

资料来源：持牌机构（指有牌照的电视台电台，不包括地下电台）

图 15－1　电视台/电台自制节目的比例

进入 21 世纪以来，香港非本地电视机构已由 4 个增至 14 个，大大超过了本地电视机构。

根据对等落地的原则和随着香港数字电视的发展，近年来，内地电视频道也纷纷进入香港。香港政府严格控制免费电视频道，迄今只发给无线和亚视共四张牌照，即各有一个中文频道和一个英语频道。因此，内地电视传媒进入香港只能通过付费电视，目前主要通过三种传输方式：

(1) 有线电视。

香港的有线电视有两家：一家是香港无线（TVB）旗下收费电视公司，一家是香港有线电视，即原来的九仓有线电视有限公司。

① 张德江．加快文化大省建设　促进广东经济社会全面协调发展．在全省文化大省建设工作会议上的讲话，2003－09－23

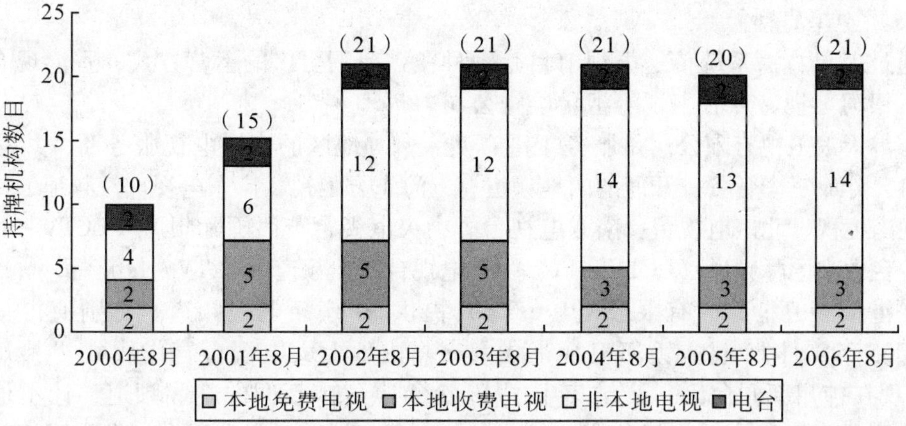

注：不包括其他须领牌电视节目服务（酒店）牌照持牌机构。

图 15-2　香港的电视牌照和电台牌照持牌机构

香港无线收费电视有限公司（TVB PAY）拥有46个频道。截至2007年7月1日播放的内地频道主要有：中央电视台中文国际频道（CCTV-4）、中央电视台英语国际频道（CCTV-9）、神州新闻台、南方电视台卫星频道、深圳电视台新闻综合频道、福建东南卫视、上海东方卫视等。

香港有线电视（Hong Kong Cable Television，CATV）拥有100个频道。开通的内地频道有广东电视台珠江频道（海外），深圳电视台新闻综合频道，中国中央电视台戏曲频道（CCTV-11）、新闻频道（CCTV-新闻）、中文国际频道（CCTV-4）和英语国际频道（CCTV-9）。香港有线电视还于2005年10月1日推出全新的“中国呼声”，即中国国际广播电台的四条频道——多语种频道、环球信息频道、轻松调频频道和华语频道。

（2）网络电视。

香港的宽频电视发展很快，与有线电视形成竞争态势，现也有两大公司：Now和bbTV。

电讯盈科旗下的Now宽带电视拥有115个频道。开通的内地频道有中央电视台英语国际频道（CCTV-9）、中文国际频道（CCTV-4）、中国电影频道（CCTV-6）及南方电视台卫星频道、神州新闻台、深圳电视台新闻综合频道、福建东南卫视等。

香港宽带数码电视（bbTV）开通的内地频道有南方电视台粤语卫星频道、云南卫视、深圳电视台新闻综合频道、陕西卫视、重庆电视台、新疆电视台及中央电视台中文国际频道（CCTV-4）和英语国际频道（CCTV-9）等。

（3）卫星直播。

通过卫星直播系统传送电视节目是一种覆盖范围更广的运营方式，香港现有天浪卫视、银河卫视、点心卫视等卫星电视公司。

香港天浪卫视有限公司是服务于港、澳、台等地区的直播电视服务商，共提供40套节目，分成三个套餐。开通的内地频道有上海东方卫视、广东电视珠江频道、广东卫视、湖南卫视、北京电视台、南方电视台、中央电视台英语国际频道（CCTV－9）、中央电视台中文国际频道（CCTV－4）、中央电视台戏曲频道（CCTV－11）等。

香港银河卫星广播有限公司（exTV）提供30余条电视频道。特别值得一提的是，2005年4月12日，银河卫视正式宣布与内地七大电视台合作成立“神州新闻台”。现在神州新闻台为一个结集中国10个重点省市新闻的新闻频道，让本地观众掌握全国最新、最快的新闻及信息。十大电视台包括：北京电视台、东方卫视、天津电视台、重庆电视台、湖北电视台、陕西电视台、浙江卫视、山东电视台、辽宁电视台及江苏省广播电视总台。

2007年3月30日，点心卫视通过亚太6号卫星正式上星，同时在香港Now宽带网成功播出。点心卫视以香港为第一站播出，并逐步拓展至整个大珠江三角洲地区、世界各国华人社会。点心卫视节目生产商广东星煌文化传播有限公司乃一家新成立的中港合资企业。港方为香港天虹亚洲有限公司，中方为广东南方国际传媒控股有限公司。来自中国内地、香港、台湾三地的优秀制作人员，携手为大珠江三角洲地区的广大观众，奉献一台充满新粤文化韵味的视觉盛宴。目前，该公司将制作基地设在广州市五星级酒店“亚洲国际大酒店”。

由此可见，进入香港的内地电视频道大致可分为三类：一是中央电视台系列频道；二是部分省市电视频道；三是香港与内地合作打造的播出平台，如神州新闻台、点心卫视。合作方式也由简单的对等落地到内容集成、合作合资等多种形式。至此，内地与香港电视的竞争与合作已形成双向互动。

港澳文化与珠江三角洲文化都以岭南文化为根本。港澳文化与珠三角文化之间是互动关系，这种互动性在时空分布中是一个动态过程。港澳与珠三角文化的交流与融合，最终将导致文化的趋同。文化趋同并不是等同。它是发展那些有利于现代化的文化要素，逐步革除不利于现代化的文化要素，同时并不排斥更多表现地方特色的文化要素的存在和发展。

第三节　入世加快互动步伐

进入21世纪，两岸四地先后加入世贸，传媒市场开放的步伐加快了。两岸四地广播电视互动涵盖接触与交流、竞争与合作、碰撞与融合等各个层面。

2001年10月19日，中国国家广播电视总局正式批准凤凰卫视中文台进入广东珠三角地区的有线电视网，使之成为首家在中国内地合法落地的境外电视台。凤凰卫视聚集内地与港台三地传媒精英，共同打造一个有影响力的全球华语媒体。凤凰卫视的前身是卫星电视（即现在的“星空传媒”）旗下的卫视中文台，于 1991 年开播。其后，卫星电视被鲁伯特·默多克的新闻集团收购及改组，并引入刘长乐和陈永棋等人作为投资者，最终于 1996 年 3 月 31 日独立成为凤凰卫视中文台，并陆续开播了电影台、资讯台、欧洲台、美洲台。

其实在此之前，已有众多境外电视频道进入中国内地三星级以上宾馆，已有香港电视在广东珠三角地区事实落地。但是进入 21 世纪以来，国家广播电影电视总局出台了一系列相关政策：

2001 年，出台《境外卫星电视频道落地审批管理暂行办法》。

2003 年 12 月 30 日，出台《关于促进广播电视产业发展的意见》。

2004 年 6 月 18 日，出台《境外卫星电视频道落地管理方法》。

2004 年 9 月 7 日，出台《广播影视节（展）及节目交流活动管理规定》。

2004 年 9 月 21 日，出台《中外合作制作电视剧管理规定》。

2004 年 9 月 23 日，出台《境外电视节目引进、播出管理规定》。

2004 年 10 月 28 日，出台《中外合资、合作广播电视节目制作经营企业管理暂行规定》。

在这些开放政策的推动下，港台广播电视从业人员不仅频繁进入内地，而且不少港台广电传媒纷纷在内地设立记者站、办事处等常设机构，如凤凰卫视就把制作基地设在北京和深圳，香港点心卫视的制作基地就设在广东电视台对面的亚洲国际大酒店。

2003 年 6 月及 9 月，中央政府与香港政府成功签署《内地与香港关于建立更紧密经贸关系的安排》（简称 CEPA）及相关附件，为香港与内地营造了全新的贸易环境。在《内地与香港关于建立更紧密经贸关系的安排》（以下简称《安排》）的基础上，内地与香港特别行政区于 2004 年 10 月 27 日订立了《安排》的补充协议，进一步开放内地市场多个行业，当中包括视听服务行业。根据《安排》的补充协议（通称第二阶段《安排》），内地与香港联合制作的电视节目，经内地主管部门审批后，可视为国产电视节目，在内地播放和发行。此外，根据 2006 年《安排》的进一步开放措施，从 2007 年 1 月 1 日开始，国家广播电影电视总局会将有香港演职人员参与拍摄的国产电视剧完成片的审查工作，交由省级广播电视行政部门负责。

相对于粤港的亲密接触，台闽的交流与合作其实也并不少。虽然受制于两岸关系的影响，但基于对两岸资讯和节目资源的巨大需求，海峡两岸的广播电视工作者还是想方设法进行各种形式、各种渠道的互动。

内地观众想了解两岸大事，许多人会第一时间关注凤凰卫视和东南卫视，而要看台湾新闻，就会选择东南台。东南电视台自开播以来，所创办的《海峡新干线》、

《东南报道》、《闽南语新闻》、《今日福建》、《神州发现》、《相约东南》等节目都是反映两岸交流的知名节目。此外，东南电视台也与台湾的许多电视机构有较为密切的合作，共同推进两岸交流。

图 15－3　2005 年 5 月，东南卫视副总监孙原（中）率《海峡新干线》记者薛含喆（左）等跟踪采访亲民党主席宋楚瑜大陆行[①]

东南卫视的新闻节目《海峡新干线》，是省级卫视中第一档超大容量报道闽、台、港、澳的新闻资讯类节目，聚焦社会、民生、文化、财经等领域，致力于打造一个内容、形式、风格与港、澳、台地区新闻媒体接轨的资讯平台。东南电视台已经建立起一支较为成熟的两岸问题采编播队伍，节目与台湾、香港多家媒体机构合作，并在台湾、香港设立专门节目机构，以获取第一手的新闻素材，争取在第一时间为观众报道两岸四地的最新资讯，在全国产生了巨大反响。这个节目的特色，一是新闻源直接由他们在台湾和香港的记者采访提供，几乎是“原汁原味”的。比如马英九当选国民党主席，东南卫视是最早报道此新闻的大陆电视媒体，并请知名台湾问题专家进行评论。二是他们的关注面以台湾新闻为主，包括民生新闻，也包括时政新闻，有助于大陆的观众更全面地关注台湾动态，促进两岸交流。三是他们的播报形态更接近台湾的主持人，主持人形象清新，播报风格活跃，有亲和力。

除了新闻节目之外，东南台的娱乐节目也是与台湾电视业交流的重要渠道。比如其名牌节目《开心 100》，就是直接请台湾的著名主持人洪诚阳和该台名牌主持人巴晓光、管艺共同主持。《天地英雄》节目也是请台湾著名主持人黄安主持。近几年来，东南电视台主办、承办、联办了多项大型活动，比如“海峡两岸大学生辩论赛”、“海峡两岸中学生演讲比赛”等，从而弘扬了中华优秀传统文化，加强了两岸学校的交流，促进了两岸学生的沟通和互相学习。两岸著名学者也先后为两岸的学生

① http：//news. sina. com. cn/c/2008－12－10/175514859897s. shtml

做“中华传统文化”专题讲座。

相对于大陆的开放政策和香港的积极态度，台湾当局在两岸大众传播交流方面也开始持支持和鼓励的立场，并逐步采取一系列开放措施：

1987 年 11 月，台湾当局宣布开放台湾地区人民赴大陆探亲后，两岸隔绝了近 45 年之布幕终再揭开。

1989 年起，台湾当局开放台湾大众传播人士赴大陆采访、拍片及制作节目。

1990 年，台湾当局开放大陆传播人士来台参观访问。

1991 年 8 月，台湾当局取消台湾记者赴大陆采访须报备登记的规定。

1993 年，台湾当局制定的《大陆地区出版品电影片录像节目广播电视节目进入台湾地区或在台湾地区发行销售制作播映展览观摩许可办法》及《大陆地区影视节目在台湾地区发行、映演、播映（送）之数量、类别、时数》规定中，就大陆地区相关录像节目进入台湾地区予以明确规范。

2000 年，台湾开放大陆媒体记者以每次一个月驻点方式进入台湾地区采访等。

2005 年 11 月 15 日，台湾当局第八次修正《大陆地区出版品电影片录像节目广播电视节目进入台湾地区或在台湾地区发行销售制作播映展览观摩许可办法》，新增广播电视节目得经许可来台展览、观摩。申请时间由展前两个月放宽为一个月，其间可进行版权交易。

2005 年 9 月 28 日，国台办宣布台湾媒体赴大陆采访最多可延长至三个月。目前经批准在大陆采访的台湾广播电视媒体包括：“中央广播电台”、中天电视、TVBS、东森电视、“中国广播公司”、三立电视台等 13 家，驻点地区以北京及上海为主。

2006 年 5 月 9 日，台湾“行政院新闻局”发文说道：“展望未来，本局将赓续配合陆委会整体大陆政策，本‘积极管理、有效开放’之原则，在两岸大众传播交流上，采取支持和鼓励立场持续推动。”

2009 年 9 月，台湾相关部门发布了《大陆地区主创人员及技术人员来台参与合拍电视戏剧节目处理原则》，放宽大陆剧组人员赴台拍摄等方面的限制，为两岸电视剧合拍进一步扫清了障碍。

“澳门没有香港那样高度发达的商品经济，也没有像香港那样高度开放的国际地位，经济发展对文化的影响十分微弱。但是澳门却有比香港更长的开埠史，澳门在中西文化交流史上的地位是香港所不能比拟的。”① 如中国最早的一份现代报纸《蜜蜂华报》就出自澳门。相对港台强大的电视制作，澳门电视不仅起步较晚，而且由于地方小，所以节目资源相对匮乏，但它利用其优越的区位优势，更加积极发展与内地电视台的合作，频繁地与各省市电视媒体联合举办各类电视节和大型活动，以推动澳门电视的发展及两地的文化交流。

---

① 李燕，司徒尚纪．港澳与珠三角洲文化特色及其关系比较．人文地理，2001（1）：77

表15－3　澳门与内地广电传媒互动大事记（1997—2007年）

时间	合作方	合作内容	合作形式
1997年起	北京、澳门	北京电视节	电视节
1999年	泉州、澳门	泉州电视节	电视节
2000年8月	澳门、北京	首届澳门电视节	电视节
2000年10月	澳门、青岛	青岛电视节	电视节
2001年5月28日	澳门广播电视股份有限公司和成都电视台	澳门电视节	电视节
2002年1月1日	澳门广播电视股份有限公司与南京电视台	第一届南京电视节	电视节
2002年5月16日	澳门广播电视股份有限公司与天津电视台	天津电视节	电视节
2002年7月	澳门广播电视股份有限公司与南宁电视台	第一届南宁电视节	电视节
2004年5月	澳门广播电视股份有限公司与内地八家电视台	珠江流域电视节	电视节
2005年1月18日	澳门广播电视股份有限公司与广西电视台	广西电视节	电视节
2006年4月7日	江西电视台与澳门广播电视股份有限公司	2006年江西电视周	签署合作协议
2006年8月	澳门广播电视股份有限公司与河北电视台	澳门电视周	电视周
2007年1月17日	河南电视台与澳亚卫视	加强全面合作的协议	签署合作协议

经过逾20年的接触和磨合，两岸四地广播电视进入了合作发展的“快车道”，笔者把进入21世纪以来的大事列举如下（见表15－4）：

表15－4　港澳台与内地广电传媒互动大事记（2001—2007年）

时间	合作方	合作内容	合作形式
2001年10月19日	（经国家广电总局批准）	凤凰卫视中文台进入广东珠三角地区的有线网络	—
2002年8月	（经国家广电总局批准）	香港亚洲电视的本港台和国际台正式落地广东珠三角地区	—

（续上表）

时间	合作方	合作内容	合作形式
2002 年开始	国家广电总局和教育部主办	“海峡两岸知识大赛”	轮流在海峡两岸举办
2003 年	中国中央电视台国际频道、中国香港卫视［V］音乐台、中国澳门宇宙卫视、中国台湾中天电视台、马来西亚寰宇电视网等	中秋晚会“高峡平湖月正明”	联合现场直播
2004 年 5 月 12 日	澳广视与内地八家电视台	由佛山电视台和澳广视联合发起，由珠江流域的云南曲靖，贵州黔西南，广西梧州，广东肇庆、江门、中山等八家电视台联合主办的“珠江流域电视节”	为祝贺澳广视股份有限公司开播 20 周年
2004 年 9 月 28 日	中央电视台与台湾中天电视台、香港无线电视、澳广视等	“2004 央视‘浦江月—中华情’电视直播中秋晚会”	面向全球现场直播
2004 年 9 月	香港无线电视与南方广播影视传媒集团	达成协议筹组合资公司	开拓广东的电视市场，设立新频道及制作节目
2005 年 5 月	广东电视台和香港有线电视	广东电视珠江频道	进入香港有线电视网
2005 年	香港特区政府驻京办和中央人民广播电台	广播节目《京港直通车》	合作制作
2005 年	香港 TVB 与重庆电视台	为庆祝香港回归祖国八周年和重庆直辖八周年，TVB 与重庆台联合举办大型综艺晚会	分别在重庆卫视和香港 TVB 华语卫星频道同步播出
2005 年 9 月 19 日	CCTV－1、CCTV－3 和 CCTV－4、中国中央人民广播电台—中国之声、台湾东森电视台、台湾 TVBS、香港无线电视、澳门卫视、央视网络电视和新浪网	“天涯共此时”两岸四地中秋晚会	电视、广播、网络同步联动，向全球播出晚会盛况

（续上表）

时间	合作方	合作内容	合作形式
2005 年 12 月 31 日开始	厦门卫视、台湾三立台	“2005 两岸关系十大新闻”评选活动	两岸媒体共同举办，在海峡两岸同步调查，以两岸关系热点新闻评选为主题
2006—2007 年	中央电视台与香港无线电视合拍	为庆祝香港回归 10 周年的长篇电视连续剧《岁月风云》	合拍，并于 2007 年回归期间分别在内地、香港及全球开播
2006 年	香港无线电视与中央电视台	签订战略合作框架协议	合作范围扩展到合拍电视剧和其他计划
2006 年 7 月中下旬	中央电视台与台湾东森电视台	大型系列报道《岩松看台湾》	央视首次以主持人冠名，全方位立体式地报道台湾
2006 年 9 月 2 日	中央电视台、福建省广播影视集团和台湾 TVBS 电视台共同推出	大型电视系列直播节目《海峡西岸行》	分别在两岸播出
2006 年年底	新浪和凤凰网宣布合作	新浪宽带开辟凤凰卫视专区，发布凤凰卫视优秀栏目的视频	内地新媒体与境外传统媒体整合
2007 年	中央电视台、香港亚洲电视台 ATV	10 集香港回归 10 周年特别节目《新香港故事》	合作推出
2007 年 5 月	中央电视台与香港无线电视	大型电视纪录片《大国崛起》	无线购买香港播映权
2007 年 7 月	凤凰卫视、苏州广播电视总台、江苏卫视和台湾东森电视台	大陆首次对台湾跨海捐髓行动报道	联合对整个捐髓、护送过程进行全程直播报道
2007 年 7 月 15 日	海峡两岸 21 家媒体，参与这次联合采访的台湾电视媒体有 TVBS、东森电视台、中天电视台、三立电视台等	“海峡两岸记者草原行联合采访活动”	海峡两岸互动由沿海东部向内陆西部延伸

图 15－4　2008 年中央电视台中秋晚会上央视主持鲁健、香港的曾宝仪和台湾的吴佩慈等共同组成主持“梦之队”①

图 15－5　电视连续剧《岁月风云》②

图 15－6　白岩松和卢秀芳在东森演播室③

① http：//tieba. baidu. com/% D4% F8% B1% A6% D2% C7/tupian/item/e4f0cd11fd5da40bb8127b27. html
② http：//bk. pplive. com/tv/10188/59/61833
③ http：//www. cctv. com/news/china/20050711/103067_ 1. shtml

在表 15 – 4 所列举的大事中，我们欣喜地看到两岸四地广播电视的互动进入了一个新的发展时期，呈现出以下一些特点和趋势：

（1）互动的范围扩大了，合作区域由沿海地区向内地纵深发展，合作内容由娱乐节目向新闻节目发展，时常出现两岸十几家、数十家媒体联合报道重大新闻事件的盛况，而且是向世界进行全方位的传播。

（2）互动的方式增加了，由单一的频道落地向共同打造内容集成平台发展，由单一的电视媒体互动向跨媒体跨区域联动发展，对于两岸一些重大事件和活动，往往是广播、电视、报刊和网络四大媒体联合行动、联合制作。

（3）互动的层次提高了，传媒内容提供由节目购买向联合制作发展，传媒内容生产由联合制作向合资合营发展，有力地推动了整个华语广播电视市场的培育和产业的发展。

但我们还是应正视现在面临的障碍和瓶颈：一方面，两岸的政治关系和四地的文化趋同仍然左右两岸四地广播电视的互动发展；另一方面，这些地区广电业同样面临新的机遇和挑战，就是在全球化、数字化、产业化的背景下，如何做大做强华语传媒，从而取得与西方传媒大国对话的地位与实力。

第四节　合作新路径新模式

伴随着中国改革开放的是广播电视进入了高速发展时期。合作正逐步成为两岸四地广播电视互动的主题。合作范围不断扩大，层次不断提高，各方不断地探索新的合作路径和运营模式。

一、现状考察：人才、业务、节目

内地与港澳台由于社会制度不同、经济发展差异以及相互之间关系等各种因素影响，两岸四地广播电视发展速度和模式不尽相同，但广播电视业界一直存在着广泛的接触、交流、竞争与合作。近 10 年来，在产业化、数字化“两个轮子”的驱动下，两岸四地广播电视的合作领域更加广阔，合作层次不断提高，同时合作的方式日趋多样化，主要体现在四个方面：

1. 节目互换播出

随着数字电视的迅速发展，广播电视的传播渠道大增。进入 21 世纪以来，香港电视节目供应出现了很大的缺口。过去丰富多彩的香港本土节目已不能满足观众需求，香港免费电视的自制节目只占 34.2%，付费电视仅占 17.6%，大量的电视节目依靠外购。如香港 TVB 购买中央电视台的《大国崛起》，进行重新包装并配上粤语播出。台湾是当今世界电视频道最密集的地区之一，现有 100 多个电视频道，对节目的需求非常大，囿于台湾当局的限制，两岸之间的节目交流与合作相对少一些，但近年来不断有突破，截至2009年8月，台湾从大陆引进了2 500小时的电视剧，《大宅门》、《康熙王朝》、《雍正王朝》等大陆电视剧在岛内受到追捧。

2. **联合制作节目**

近年来，两岸四地频繁的经贸文化往来吸引了港澳台众多传媒，从而激活了两岸四地广电节目制作的合作。如中秋晚会“天涯共此时”、周播节目《互动星期天》、大型直播节目《海峡西岸行》、特别节目《千里走青藏》、“海峡两岸记者草原行联合采访活动”等聚集了两岸四地众多广播电视媒体，合作规模不断扩大，规格不断提高，范围从文娱节目拓展到新闻报道。20多年来，两岸合作拍摄电影、电视剧、专题类节目500多部。为了加强联系和便于合作，不少港台传媒陆续在内地设立记者站、制作公司、办事处等常设机构，如凤凰卫视就把制作基地设在北京和深圳，香港点心卫视干脆把制作基地设在广东电视台对面的亚洲国际大酒店。

图15－7　大型直播节目《海峡西岸行》①

图15－8　特别节目《千里走青藏》②

3. **从业人员交往**

两岸四地广播电视从业人员之间的往来与合作日趋频繁，最为集中的是香港的凤凰卫视和澳门的澳亚卫视。迫于岛内市场的萎缩，越来越多的台湾影视人也纷纷选择大陆市场。据国家广电总局统计，每年台湾主创人员参与大陆剧拍摄的有300～400人次。从1987年台湾摄制组来大陆拍摄专题片《八千里路云和月》至今20多年来，台湾的广播影视导演、编剧、演员、摄影师等从业人员有4 000多人次受邀参加大陆影视剧、综艺晚会和专题节目的制作演出。共同举办研讨会、座谈会、广播影视节（展）活动200多场次；台湾业内人员前来大陆参观访问、制作节目、洽谈业务有上

---

① http：//www. chinanews. com. cn/tp/kjxw/news/2006/09－02/783719. shtml

② http：//blog. cctv. com/html/69/806169－1488. html

万人次。①

4. **广电业务交流**

近年来，两岸四地广播电视业务交流也十分密切，相互之间的互访、研讨会（论坛）、广播影视节（展）活动都十分频繁。2005 年 9 月，台湾“两岸科技交流访问团”抵达祖国大陆，除了讨论两岸广播和电视的内容合作、市场开发等问题外，还与中央政府及科技界就两岸的数字电视、IPTV 等电信增值业务的发展，以及知识产权保护等问题交换意见，商讨合作发展计划。2006 年 9 月 19 日，海峡两岸广播事业交流研讨会在台北举行。2007 年 6 月，为呈现两岸四地及海外华语主持人的风采，团结全球华语主持人，推进华语节目走向世界，第 13 届上海电视节推出特别活动“华语强音——新娱乐华语主持人盛典”。

目前，两岸四地广播电视合作已拓展到节目互换播出、从业人员往来、广电业务交流和联合制作等各个领域，但要将合作推向更高的阶段，实现“资源共享、创新共荣”的理想，还须各方本着“前瞻、全局、务实、互利”的原则，开辟合作新路径，创造合作新模式。

二、路径创新：从建立渠道到建构平台

两岸四地广播电视之间经过长期的接触和了解，逐步建立了各种合作渠道，从业务交流到节目合作，从相互渗透到合法落地，逐渐形成了“借船出海”的合作路径。“借船出海”有两大优点：一是节省资金；二是有利于本土化传播。“借船出海”主要有两种方式：一种是通过与对方媒体的合作，建立在对方落地的传播渠道；一种是各方通过合办公司或合办活动，搭建一个媒体运营和内容供应的合作平台。

1. **根据对方需求，建立传播渠道**

10 多年来，通过“请进来，走出去”，粤港广播电视形成了既有竞争又有合作的局面。目前，已有九个境外电视频道（包括香港无线、亚视四个频道，凤凰、华娱、星空、MTV 及澳亚卫视）在广东境内合法落地。进入 21 世纪后，内地电视频道也逐步进入了港澳地区的有线电视网、卫星直播电视和宽带网。目前进入香港的内地电视频道大致可分为三类：一是中央电视台系列频道；二是部分省市电视频道；三是香港与内地合作打造的播出平台，如神州新闻台、点心卫视等。

针对台湾当局设置的障碍，大陆媒体采取灵活多样的对策，“化整为零、借船出海、分散入岛”，大力开展与岛内媒体的合作，实现一种间接的落地。通过与境外媒体的合作，让内地广播电视节目或合办节目逐渐进入港澳台市场。海峡卫视在与境外媒体的合作方面以资源共享为核心来拓展合作的领域和范围，除了与 TVBS、凤凰卫

① 茆雷磊，张勇．广电总局负责人回顾两岸广播影视文化交流 20 年．中央政府门户网站，www. gov. cn，2007 - 11 - 07

视、香港亚洲电视台等华语媒体有合作关系外，通过搭建合作平台，海峡卫视与台湾东森在新闻资源、时间资源、节目资源、技术资源和人才优势等方面可以进行共享、优化和合理配置，从而增强了两岸媒体的竞争力，形成一种双赢的合作。

然而，这种通过建立传播渠道进入对方市场的做法，仍然面临政治、经济和文化诸方面的制约，客观上加剧了各方播出市场的竞争。当然，适度有序的竞争也会促进合作与发展。但是，意识形态和传媒规制使这种方式容易遭受抗拒。笔者认为，现阶段在节目生产与流通方面搭建合作平台更加现实可行。

2. **实现优势互补，搭建制作平台**

海外很多观众对中国的了解往往来自影视剧，文化的传播是通过作品潜移默化来实现的。近些年国产剧的海外销售在走下坡路，这是让我们不得不面对的事实。笔者认为主要原因有二：一是由我国传统的影视生产体系所决定的：重创作轻市场、先生产后发行。而当今好莱坞电影公司都是发行公司，面向全球，以销定产。二是我国影视从业者总是认为国内市场很大，能在这块大蛋糕中切一点就可以了。“制作商瞄准的都是自己那一亩三分地，够吃了就行。”东方传奇国际传媒有限公司董事长铁佛说出了大实话。“从创作源头就没有考虑过海外市场，那怎么可能卖得出去?”如何更好地了解、把握和进军海外市场？与港台广播影视制作业展开更密切的合作是关键的一环。“合拍的着眼点，应该放在海外市场。”央视下属中国电视剧制作中心张子扬副主任明确地提出：“两岸三地合作，现在是一个非常好的机会。大家应该强强联合，即整合各自最优秀的那部分资源，创作出能够传递‘大中华文化’的作品，以此开拓亚洲市场，与日韩展开争夺。”①

2008 年 1 月 1 日起，国家广电总局又推出两项影视产业惠台政策：第一，大陆与台湾合拍的电视剧经大陆主管部门核准后，可视为大陆生产的电视剧播出和发行。第二，广电总局将有台湾演职人员参与的大陆电视剧完成片的核准工作，交由省级广播电视行政部门负责。这些政策为两岸四地合拍影视节目和港台影视从业人员合作搭建了一个很大的平台，必将为做大做强中国影视制作业奠定基础。

3. **面向海外市场，构建交易平台**

目前这种合作仍然受制于各自分割的市场，因此我们的视野应该更开阔一些。对此，赵玉明教授指出：“中国（含港澳台）是世界华语广播电视的主体，加强海内外的华语广播电视的联系和交往对于让世界了解中国、中国了解世界有着重要的不可替代的作用。可以通过双边或多边的平等协商，本着求同存异、互惠互利的原则，继续积极筹组多种形式的华语广播电视研讨、交流、展播联播以及联合制作广播电视节目等活动，推动全球华语广播电视的繁荣。”② 从这个角度来看，放眼华语广播电视和

---

① 宋文娟 . 2007 年电视剧市场：引进来　走出去 . 中国广播影视，2007（3）

② 赵玉明 . 海外华语广播电视的现状与未来 . 中国广播电视学刊，2002（3）

全球传媒市场，两岸四地需要共同建构一个更大的合作平台。

相对广播电视节目制作市场的开放和内容生产的合作，两岸四地更应该考虑加强华语广播电视节目流通和国际交流与合作。众所周知，中国（广州）进出口商品交易会（简称“广交会”）已逾百届，为中国经济贸易和对外开放作出了巨大的贡献。笔者认为，应该“以全球市场为范围，构建一个常规性国际性的影视节目交易平台，打造一个中国影视产品进出口‘广交会’”①。广东曾举办过一个短暂的华语电视周，当今构建一个长期有效的华语广播影视交易平台已是大势所趋。

三、模式创新：从项目合作到产业开发

当今广播电视发展已进入了全球化、产业化、数字化的转型期，两岸四地广播电视都面临着更大的挑战，如何通过创新在产业升级中完成漂亮的转身？加强区域性合作或许是一个好的机遇。近年来，两岸四地广播电视合作开始进入经营层面。具有台商背景的北京环球七福广告公司承包下中央人民广播电台第三套节目并改名为“音乐之声”，对其进行整体包装和运作。在短短几年的时间里，“音乐之声”已发展为全国广播知名品牌。2006年12月，江苏省广播电视总台（集团）与浙江广播电视集团共同投资成立“好易购家庭购物有限公司”，台湾东森媒体集团派驻精英管理团队倾力加盟，三大巨头携手领跑国内电视购物业。但这种合作模式基本上还是以项目合作为主，如要做大做强广电产业还需要变零敲碎打的项目合作为合资合营的产业开发。

国家广播电影电视总局副局长田进在回顾两岸广播影视文化交流历程时指出：“两岸广播影视文化交流合作中，要不断完善协作机制，共同遵循市场经济要求，充分采取商业运作机制，解放和发展文化生产力，繁荣发展文化市场，大力推动中华文化产业繁荣发展，不断增强中华文化的整体实力和国际竞争力。”② 如要真正采取商业运行机制，政府应适时适度开放传媒资本市场。广播电视业有五大投资板块，即政府投资板块、企业投资板块、播出机构投资板块、社会投资板块和外资投资板块。两岸四地企业合资合营就是为了增强广电产业的造血功能。问题是目前的传媒规制仍然是制约产业开发的主要瓶颈。“如果广播电视不加快变革传统行业管制方法，而是一味地人为割断产业链，长时间地把不同性质的资本分割在各个产业链条上，要做大做强电视内容产业，只能是一厢情愿而已。”③ 为了改善产业链形成的外部环境，内地广播电视要尝试进行经营播放平台的公司制改造，引入业外境外资本；积极探索非公

① 谭天，谭奋博．广东民营影视产业发展路径初探．岭南视听研究，2007（3）

② 茆雷磊，张勇．广电总局负责人回顾两岸广播影视文化交流20年．中央政府门户网站，www.gov.cn，2007-11-07

③ 谭天，谭奋博．电视内容产业链的解构与建构．中国广播电视学刊，2006（12）

益性频道频率的公司制改造，组建若干混合所有制的频道频率运营公司。笔者认为，当下两岸四地广播电视可以携手合作的产业开发有三个取向：

1. 以数字内容产业为契机，进军新媒体领域

展望未来，数字化的广播电视内容产业必将成为广电产业集群中的核心产业。两岸四地广播电视要以前瞻性的眼光抓住这一重要发展机遇。当前，有两个主攻方向：一是数字付费电视；一是新媒体。为了推动广播电视有线数字付费频道业务的开展，积极塑造市场主体，面向社会，适度开放，分工合作，建立完善的付费频道产业链，广电总局出台了鼓励民营资本进入的产业政策。对此，民营影视产业应该抓住机遇，进行产业升级和联合发展，把产业链延伸到境外。

新媒体包括网络电视、网络游戏、手机电视、手机电影、手机动画、车载移动电视等新技术催生的新媒体。2007 年 4 月，“全球华语影视产业论坛——两岸三地广播电视经营模式及新媒体发展前瞻”高级研讨会在深圳、香港、澳门三地隆重举行。这显示了两岸四地广播电视进军新媒体的决心，境内外广播电视不仅在内容生产方面而且在内容集成方面和新媒体运营方面都大有作为。对此，内地广播电视要紧紧抓住三网融合契机，联合境内外企业进军数字内容产业，在新媒体领域将会商机无限。

2. 以动漫产业为突破口，拉动广电产业集群

笔者认为，两岸四地广播电视产业合作开发的突破口应该选择动漫产业，因为动漫产业链具有拉动力大和竞争力强的特点，可以拉动广播电视产业集群及各相关产业的发展。目前，全球动漫网游产业每年以 40% 左右的速度增长，2005 年，全球动漫产业产值超过 2 500 亿美元，与动漫产业相关的衍生产业产值超过 5 000 亿美元。美国网络游戏业连续四年超过好莱坞电影业，成为全美最大的娱乐产业。

近年来，我国动漫网游产业呈现出强劲、快速发展的态势，每年保持 40% ~ 50% 的增长速度。据统计，目前我国动漫及相关产业年产值约 500 亿元人民币。广电总局相继出台了一系列优惠政策和措施，以促进国产动画片生产和动画产业发展。但是动画生产投入大，需要足够的市场宽度和多种赢利渠道才能保证其产出和收益。如果两岸四地能够携起手来，一方面利用内地的市场和人力，另一方面利用港台的资本和创意，实现资源整合优势互补，共同开拓海内外市场，中国的动画就能够走向世界，与日美动画产业一决高低。

3. 以构建产业链为纽带，打造全球化 3.0 版本

当今世界创意产业风起云涌，前面所谈的内容产业、动画产业都是创意产业重要的构成部分。托马斯·弗里德曼将全球化分为三个版本：全球化 1.0 版本，贸易是主要的跨国经济活动方式；全球化 2.0 版本，跨国公司在各个国家设立相对独立的公司；全球化 3.0 版本，跨国公司将供应链的各个环节分配到最具比较竞争优势的国家和地区。华语广播影视产业首先要成为大中华 3.0 版本，然后迈向全球化 3.0 版本。目前，凤凰卫视、点心卫视等两地广电媒体正在构建这样的产业链，即总部在香港，制作基地在内地，覆盖向两岸四地及全球华语区域延伸。展望未来，两岸四地广播电视理应加入全球创意产业体系，构建一个跨媒体、跨行业、跨区域的产业集群，形成合力才能做大做强华语广播电视产业。

后 记

2007年年初，在暨南大学新闻与传播学院常务副院长董天策教授策划和主持下，一套境外新闻传播研究丛书开始编写出版。董院长嘱我组织编撰《港澳台广播电视》一书。暨南大学作为面向港澳台和海外的侨校，境外广播电视研究理应成为我们的特色和重点，因此本书既是一部研究港澳台广播电视的学术专著，也是一部适用于内外招学生的特色教材。于是，我满怀信心组织本系教师开始编写。然而，好事多磨，由于参撰人员的变动，此书几近夭折。由于广播电视涉及的学科门类较多，在华南农业大学艺术学院副院长张步中教授的帮助下，该院青年教师张振宇、胡辉、王新峰加盟；与此同时，我院新闻学硕士、肇庆学院青年教师苏常加盟；尔后，我系新来的副教授陈林侠博士加盟更壮大了作者队伍。

《港澳台广播电视》一书的写作强调学术性、实用性和可读性，采取史论结合实务的方式，同时注重案例分析；凸显港澳台广播电视的特色，力求反映两岸四地广播电视的发展与互动。在写作体例上，按历史发展轨迹分列上编、中编、下编三部分，参撰人员和分工如下：

暨南大学新闻与传播学院广播电视系主任谭天教授负责全书框架设计、分工协调、指导写作等统稿和修改工作，同时承担部分内容的撰写。

上编：香港广播电视，暨南大学广播电视系副教授陈林侠博士撰写第一至三章及第四章部分内容；华南农业大学教师王新峰撰写第四章的香港电视娱乐节目；华南农业大学教师胡辉撰写第五章；暨南大学广播电视系谭天、邱一江、陈强等教师也参撰部分内容。

中编：澳门广播电视，暨南大学广播电视系副教授张印平和肇庆学院教师苏常撰写第六至九章。

下编：台湾广播电视，暨南大学广播电视系教师、香港中文大学在读博士张潇潇撰写第十至十二章及第十三章部分内容；谭天教授撰写第十三章的台湾纪录片；肇庆学院教师苏常撰写第十四章的台湾电视剧部分；华南农业大学教师张振宇撰写第十四章的台湾电视综艺节目。

第十五章两岸四地互动由谭天教授撰写。

我要感谢他们认真的治学态度并不厌其烦地修改。本书力求反映港澳台广播电视研究的最新成果，然而由于本书参撰人员多，风格和水平参差不齐，纰漏和滞后仍然不可避免，只能期望在今后的实践与批评之中得以补充和完善。

我要感谢董天策教授对本书的鼓励、支持和指导，他欣然命笔作序为本书增光添彩。我要感谢台湾政治大学的刘幼利教授对本书提出的宝贵意见。我要感谢我的研究生于凡奇、郑爽、杨俊君、马海江和赵云婕等同学的协助工作。我还要感谢暨南大学出版社杜小陆先生辛勤而认真的编辑工作。

历时近三年的《港澳台广播电视》终于脱稿了。然而，面对新媒体和全球化的挑战，华语广播电视的研究还会面临大量的新课题，此书只能作抛砖引玉之用，希望境内外同行更多关注这一研究领域，希望借此与港澳台学者展开更多的学术交流，希望本书的读者给予更多的反馈和批评。（作者邮箱：tt1717@jnu. edu. cn，博客：http：//blog. sina. com. cn/tianten2007）

谭　天

2009 年中秋于暨南园